Lew Kopelew

Und schuf mir einen Götzen

Lehrjahre eines Kommunisten

Aus dem Russischen
von Heddy Pross-Weerth und
Heinz-Dieter Mendel

Hoffmann und Campe

Titel der Originalausgabe
И СОТВОРИЛ СЕБЕ КУМИРА (I sotvoril sebe kumira)
Die Erstveröffentlichung dieses Buches in russischer Sprache erschien 1978 bei Ardis-Publishers, Heatherway, Michigan 48104 (USA)

Die Fotos stammen aus dem Besitz des Verfassers

CIP-Kurztitelaufnahme der Deutschen Bibliothek

Kopelev, Lev:
Und schuf mir einen Götzen: Lehrjahre e. Kommunisten / Lew Kopelew. Aus d. Russ. von Heddy Pross-Weerth und Heinz-Dieter Mendel.
– 1. Aufl. – Hamburg: Hoffmann und Campe, 1979.
Einheitssacht.: I sotvoril sebe kumira [dt.]
ISBN 3-455-03922-7

Gesetzt aus der Korpus Garamond-Antiqua
Gesamtherstellung Richterdruck Würzburg
Printed in Germany

Wir Kinder aus Rußlands
schrecklichen Jahren
können nichts vergessen.

Alexander Blok

Allen, die an mir vorüberglitten,
Am anderen Ufer entschwanden,
Allen mir flüchtig Begegnenden
Bin ich dankbar verpflichtet.

Boris Pasternak

Meinen verstorbenen Eltern,
meinem gefallenen Bruder
und allen nicht mehr lebenden Verwandten,
Freunden, Kameraden, Kollegen
gewidmet.

Inhalt

Erster Teil:

Kindheit in Kiew

Kinder fühlen ein ganz eigenes Erstaunen und werden zu emsigen Untersuchungen angereizt, sobald ihnen etwas, das sie bisher unbedingt verehrt, einigermaßen verdächtig wird.

Johann Wolfgang Goethe

Ohne Zar, aber noch mit Gott

Wo ist das Kind, das ich einst war,
lebt's noch in mir, ist's nicht mehr da?
Pablo Neruda

Werde ich das Erbe wahren,
Erinnerung und Lehren meiner Kindheit?
Jelena Axelrod

Sommer 1917. Die Njanja Polina Maximowna – von der Mutter »Bonne« genannt, obwohl sie eine ganz gewöhnliche russische Kinderfrau war – geht mit mir und meinem zweijährigen Bruder Sanja auf dem Kreschtschatik, unserer Prachtstraße, spazieren. Ringsum Gewühl. Lärm. Plötzlich schiebt mich die Njanja heftig in einen Hauseingang. Menschenmassen ziehen die Straße hinauf. Der Lärm wird ohrenbetäubend. Neugierige drängen sich zum Rand des Trottoirs. Unter Njanjas Armen hindurch sehe ich dreifarbige und rote Fahnen. Jemand wird auf den Schultern getragen, er schwenkt die Arme und ruft irgendwas. Ringsum Stimmen: Das ist Kerenskij[1].

Der Schreck der Njanja überträgt sich auf mich, gleichzeitig zwickt mich Neugier. Njanja liebt den Zaren und haßt Kerenskij: »Dieser Christusverkäufer, hat Väterchen Zar arretiert. Aber wart nur, wenn der Zar erst wiederkommt, dann wird Kerenskij aufgehängt, und der Teufel schleppt ihn in die Hölle!«

Schrecklich, einen Menschen zu sehen, dem so etwas vorherbestimmt ist. Njanja will mich tiefer in den Hauseingang schieben; den dicken Sanja auf dem Arm, quält sie sich mit meinem Widerstand ab. Ich will doch hören und sehen, was vorgeht. Gräßlich, sündhaft – doch es lockt mich unwiderstehlich. Die Menge geht vorüber, bunt, aufgeregt, laut. Gesichter und Stimmen lassen sich nicht unterscheiden …

Ich glaube der Kinderfrau. Aber bei Großvater im Eßzimmer hängt ein Porträt: ein Mann mit einer großen Nase, mit Bürstenfrisur und einem Jackett, wie es mein Vater auch trägt. Keineswegs schrecklich. Das ist Kerenskij. Großvater sagt: »Er ist ein guter Mensch; will Freiheit und Gerechtigkeit.«

Großvater ist eine unbestreitbare Autorität. Sogar Papa gehorcht ihm. Aber der Urgroßvater – Großmutters Vater, Jakow Bogdanow – der ist ein richtiger, echter Held. Er hat zwei St.-Georgs-Kreuze: »Hab' im Kaukasus gekämpft und bei Sewastopol.« Er prahlt damit, daß er bald hundert Jahre alt ist. Sein Bart ist lang und oval, grau mit gelblichem Schimmer. Auch die dunklen Zähne sind lang, und das hagere dunkelhäutige Gesicht ist von Runzeln zerschnitten, aber er geht gerade und ungebeugt. Mit seinem Stock macht er geschickt die Kommandos vor: »Geweeeehr über! Gewehr bei Fussss! Links-zwo-drei-vier! Prrrräsentiert das Gewehr! Links-zwo-drei-vier!« Urgroßvater, der Held, denkt offenbar ähnlich wie die Kinderfrau.

»Kerenskij – das ist ein Stromer, ein Taugenichts, ein Hansdampf ohne Hosen ... Ich habe unter fünf Zaren gelebt, bin unter dem gottseligen Alexander dem Ersten geboren. Kam unter Nikolaj dem Ersten zu den Soldaten. Ein strenger Zar war das. Unter Alexander dem Zweiten, dem Befreier, kam ich wieder nach Hause ... Das war der, der die Freiheit brachte. Die hat Zar Alexander den Bauern und Soldaten gegeben, aber nicht dieser Stromer. Auf dem Platz neben dem Kaufmannsgarten stand der ›Zar-Befreier‹, groß, aus dunkler Bronze, mit Backenbart, langem Uniformrock und großartigen Epauletten. Hab' auch unter Zar Alexander dem Dritten, dem Friedenbringer, gelebt, unter Nikolaj dem Zweiten ... Das war ein kleiner, ein bißchen dummer Zar, hat uns Juden beleidigt, die Japaner haben ihn geschlagen und die Deutschen, er hatte auf Rasputin gehört ... Aber trotzdem – er war schließlich ein Zar, und das heißt, Gott hat ihn uns gegeben. Ich werde auch noch den sechsten Zaren erleben: Nikolajs Bruder, den Michail – von dem heißt es, daß er tapfer ist. Der jagt den Stromer Kerenskij weg wie einen Hund ...«[2]

So erhob sich vor mir der erste Held meines Lebens in einer Wolke undurchdringlicher Widersprüche. Njanja und der Urgroßvater waren gegen ihn, Großvater für ihn. Vater und Mutter stimmten offenbar mit dem Großvater überein, wollten sich aber nicht klar äußern: »Wenn du größer wirst, verstehst du es.«

Später sprach niemand mehr von Kerenskij. Es tauchten immer neue Namen auf – Lenin, Trotzkij, der Hetman, Petljura, Denikin ... Die Kinderfrau blieb dem Zaren treu.

Als die Deutschen in Kiew einmarschierten, erschienen an den Wänden Plakate: Zar Nikolaj telefoniert mit Kaiser Wilhelm, erbittet seinen Beistand, um im Land wieder Ordnung zu schaffen. Dieses Plakat erstaunte die Njanja und mich sehr. Wir wußten doch, daß der Kaiser unser schlimmster Feind war! Vor gar nicht langer Zeit hatte sie mir das Lied beigebracht:

Und es schrieb der deutsche Kaiser
an den Zaren, unsern Herrn:
Rußland werde ich erobern,
und in Moskau wohnt' ich gern!

Teurer Zar, sei ohne Sorge –
Rußland geben wir ihm nicht ...

Aber jetzt war alles wie umgekehrt.

Die Deutschen waren eine sichtbare Macht: Viele Soldaten mit großen, schweren Helmen, riesige Kanonen, satte, dicke Pferde. Und all das – für den Zaren.

Die Njanja schärfte mir ständig ein: den Zaren muß man lieben und ehren. Sorgfältig bewahrte sie bunte Postkarten und Ausschnitte aus Zeitschriften auf: der Zar und die Zarin, einzeln oder zu zweit oder zusammen mit dem Zarewitsch Alexej und den Töchtern. Wenn sie in diesen Bildern kramte, schlug Njanja das Kreuz über ihnen, schluchzte, schneuzte sich und flüsterte Gebete. Ich betete morgens und abends kniend im Bett. Die Kinderfrau sagte mir vor. Ich bat Gott um Gesundheit für Papa und Mama, für meinen Bruder Sanja, für die beiden Großmütter und Großväter, die Tanten, Onkel und unbedingt auch

für Väterchen Zar, den man den Gottgesegneten nennen mußte. Wir beteten heimlich, die Eltern durften es nicht wissen. Unter dem Siegel der Verschwiegenheit hatte sie mir erzählt, daß die Eltern einen schlimmen, den »jiddischen« Glauben hätten, und daß die Jidden Christus gekreuzigt hätten – ich aber könne, wenn ich erwachsen sei, mich taufen lassen, auch rechtgläubig werden und in den Himmel kommen. Das war verlockend. Wir verschwiegen, daß wir in die Kirche gingen, daß wir den Zaren liebten, daß ich schon das Vaterunser auswendig konnte. Wenn wir spazierengingen, bekreuzigte ich mich wie die Njanja vor allen Kirchenkuppeln. Ihre Ikonen von der Gottesmutter und Nikolaj dem Gerechten hingen in der Ecke des Kinderzimmers, an sie richtete ich alle Gebete. Ich hoffte, wenn ich größer sei, könnte ich meine Eltern überreden, sich taufen zu lassen, und alles wäre gut.
Die erste »Ideenkrise«, der erste entschiedene Überzeugungswandel hing mit dem Einmarsch der Deutschen zusammen. Bisher mußte man sie hassen. Sie waren Feinde: böse, dick, feige, ihre Helme hatten scharfe Spitzen obendrauf. Sie flüchteten vor den Kosaken und vor unseren heldenhaften Soldaten. So war es in der Zeitschrift *Niwa* abgebildet; nach Kiew kamen sie nur wegen der verfluchten Verräter, der Bolschewiken.
Die erste Überraschung: Die Helme der Deutschen hatten gar keine Spitzen, sie waren glatt und dunkel und sahen wie Kochkessel aus. Die zweite Überraschung war das Plakat mit dem freundschaftlichen Gespräch zwischen Zar und Kaiser. Und schließlich stellte sich heraus, daß die Deutschen gar nicht böse waren. Als unser Sanja auf dem glatten Bürgersteig hinfiel und zu brüllen anfing, sagte ein vorbeigehender deutscher Soldat lustig »Hoppla!«, hob ihn auf, schnippte geschickt mit den Fingern und pfiff so laut, daß Sanja augenblicklich zu heulen aufhörte. Nun war ich endgültig überzeugt, daß die Deutschen gute Menschen seien, nicht nur für den Zaren, sondern für uns alle …
Eines Morgens erzählte Polina Maximowna unter Tränen, daß die Bolschewiken den Zaren umgebracht hätten. Sie führte mich

in die Kirche. Dort wurde feierlich und traurig gesungen. In der Menge standen auch einige Deutsche, die ihren Helm abgenommen hatten. Ich gab mir große Mühe, ein paar Tränen hervorzuquetschen, rieb die Augen mit der Faust und schniefte – ich fürchtete, die Kinderfrau könnte meine Gefühllosigkeit entdecken, und mir selber war es auch peinlich, daß ich kein bißchen traurig war.

Aber der Zar war für mich ebenso weit entfernt und unsichtbar wie Kerenskij; weder Bilder noch feierliche Gebetsworte der Njanja gaben ihm lebendige Gestalt.

Bis zum Februar 1917 hatten wir im Dorf Borodjanka gewohnt: Vater war Kreis-Agronom. An einem verschneiten, sonnigen Morgen kam die Nachbarin angerannt und jammerte: »Ojojoj – der Zar ist gestürzt, und die Leute auf dem Markt verprügeln Leschtschinskij.« Leschtschinskij, der Forstaufseher, war ein großer Mann mit schwarzem Schnurrbart, langem Säbel und Sporen an den Stiefeln. Mit süßem Schauer stellte ich mir vor, wie die bärtigen Bauern in ihren zottligen Mützen und Felljacken ihn mit dem Riemen prügelten, so wie Vater mich prügelte, oder mit der Rute, wie unsere Köchin ihre Tochter Galja versohlte ... Das war schrecklicher und erstaunlicher, als daß irgendwo der Zar gestürzt worden war. Von wo hatten sie ihn heruntergestürzt? Vom Thron – einem großen goldenen Sessel mit goldenem Doppeladler?

Die Njanja weinte und bekreuzigte sich. Mutter ächzte, rang die Hände und rief: »Sofort in die Stadt, in die Stadt, rasch zum Bahnhof!«

Wir fuhren zu der zwölf Werst entfernten Station und wohnten dort mehrere Tage zu viert in einem kleinen Zimmer: Mutter, die Kinderfrau, Sanja und ich; dann kam der Vater und brachte uns nach Kiew zu Mutters Verwandten. Und er erzählte etwas, das mich viel mehr als alles andere erschütterte.

Einige Tage vor dem Ruf »Der Zar ist gestürzt!« hatte Milka, Vaters Jagdhündin – schokoladenbraun mit milchfarbenen Flecken, weichen Hängeohren und guten, leuchtenden Augen – Junge geworfen. Die Welpen waren blind und winzig, zitterten und waren zum Weinen süß. Und als wir wegfuhren, heulte ich tatsächlich und bettelte, sie mitzunehmen. Mutter und Njanja sagten, es sei ganz unmöglich, sie seien noch viel zu zart und schwach. Bald, wenn sie etwas größer seien, könnte ich noch genug mit ihnen spielen. Das erste, was ich Vater fragte, war: »Wie geht es Milkas Kindern?«, und ich erfuhr die furchtbare Nachricht: Sie waren tot! Vaters Freund, der reiche Hofbesitzer Pjotr Ochrimowitsch Dobrywetschir, war auf Besuch gekommen, etwas später erschienen ein paar Bauern und baten die Köchin, den Vater herauszurufen. Mutter schrie auf: »Die wollten dich ermorden!« Papa erwiderte ärgerlich: »Dumme Liese, sie wollten sich mit dem Agronomen beraten!« Aber Dobrywetschir bekam Angst vor ihnen, wollte sich in der Vorratskammer verstecken, und trat dabei in der Diele versehentlich die Welpen tot ...

... Revolution – das ist, wenn ein Postkarten-Zar vom Thron heruntergestoßen wird, außerdem ist es etwas ziemlich Komisches, aber Peinliches – das nackte Hinterteil Leschtschinskijs, den die zotteligen Bauern verprügeln, und schließlich etwas Schreckliches, Trauriges: Welpen werden totgetreten.

Mai. Zeit, um für den Sommer auf die Datscha zu fahren. Die Wintermäntel waren mit Naphtalin eingemottet, in alte Laken eingenäht und hingen wie lange weiße Kokons an den Wänden der Zimmer, die mit Körben und Koffern vollgestellt waren; das lustige Durcheinander mit all dem Reisefieber dauerte zwei, drei Tage. An einem dieser Morgen erwachte ich von einem lauten Dröhnen. Die Fenster sprangen scheppernd auf, von der Wand fiel ein weißer Sack – ein eingenähter Mantel – und plumpste auf mein Bett. Mutter rief: »Wir fliehen in den Keller!« Das Dröhnen wiederholte sich, zerbrochenes Glas klirrte. Wir liefen über die Hintertreppe hinunter, im Keller drängten sich viele Leute, Kerzen brannten. Es roch nach nassem Brennholz. Irgendein unbekannter bärtiger Mann in Uniformmantel sagte: »Die Deutschen hauen ab ... Auf dem Duma-Platz ist schon die Entente mit Petljura ...«[3]

Später stellte sich heraus, daß Pulvermagazine in die Luft geflogen waren. Die Deutschen blieben noch bis zum Spätherbst in der Stadt. Wir lebten auf der Datscha in Darniza, im Wald standen deutsche Kanonen. Dort sah ich endlich einen Offizier mit einer Pickelhaube wie ich sie von den Bildern kannte. Er kam sogar zu uns ins Haus und ging Arm in Arm mit Mutters jüngerer Schwester, Tante Tamara, spazieren; er erlaubte mir auch, seinen langen, hellen Säbel mit den glänzenden Streifen auf der Scheide anzufassen. Er selbst war auch lang und hell: seine Augen, seine Knöpfe und die silbernen Schulterstücke blitzten.

Im Herbst sprach man ringsum voller Sorge davon, daß die Deutschen abzögen und Petljura käme; dieser Name wurde immer öfter genannt. Mein Bruder Sanja war dreieinhalb Jahre alt, er zeichnete sich durch Phlegma aus, hatte gerade gelernt, »R« zu sagen, und brachte dieses wundervolle neue Kunststück überall an. Einmal rief Sanja ungewöhnlich erregt: »Mama, sieh doch, dorrt kommt Petrrrjurrra! Mit einem rrriesengrrroßen Hut!«

Eine große Dame mit einem sehr großen, runden Pleureusenhut und langem, engen Kleid ging mit lächerlich kleinen Schrittchen das Trottoir entlang. Sanjas Ausruf gehörte lange zu den Familienanekdoten.

Ich wußte zu dieser Zeit natürlich längst, daß Petljura keine Frau, sondern ein böser Ataman ist. Mit seinem Namen war das schreckliche Wort »Pogrom« verbunden. Ein Wort, purpurrot und schwarz. Als die Petljura-Leute kamen, saßen wir zu Hause, auf die Straße konnte man nicht gehen: »Es wird einen Pogrom geben.« Durch das Fenster sah ich Soldatenkolonnen in blaugrauen Mänteln, ähnlich wie die deutschen Uniformmäntel. Sie trugen graue kaukasische Pelzmützen oder Helme, die wie eine halbe Melone aussahen, aber oben in der Mitte einen Kniff hatten – so etwas hatten auch die französischen Soldaten auf den Bildern in der *Niwa* getragen. Es vergingen mehrere Tage, und wir gingen wieder spazieren. Die Reiterei von Petljura stand auf dem Platz. Sie hatten ebenfalls große

Geschütze. Und sie sangen ukrainische Volkslieder – dieselben, die meine erste Kinderfrau Chima gesungen hatte, und die auch Vater sang, wenn er gut gelaunt war.

Die ersten sichtbaren Eindrücke von den bolschewistischen Führern, von Lenin und Trotzkij, waren Karikaturen in den Zeitungen der Deutschen und der Weißen. Am deutlichsten erinnere ich mich an eine: Lenin als Zwerg mit einer Schirmmütze, breitem Gesicht, Spitzbart und Hosen voller Falten; daneben Trotzkij mit großer Brille auf der Hakennase, eine zerknautschte Mütze auf dem Lockenkopf, magere krumme Beine, die in Stiefeln stecken. Vor ihnen eine Formation von zerlumpten, dümmlich dreinblickenden Kerlen. Die Kinderfrau sagte von ihnen: »Das sind die Antichristen, die Zarenmörder!« Diese beiden Namen – Lenin, Trotzkij – wurden damals immer zusammen genannt. Sie drangen in meine Kindheit gleichzeitig mit dem drohenden Kriegslärm ein, waren verbunden mit dessen unbegreiflichen Mächten, erschreckend, geheimnisvoll und verlockend.

Entferntes, dumpfes Artilleriefeuer: Alle ringsum sind angespannt, erregt, es wird irgend etwas passieren. Später in der Nähe dröhnender Geschützdonner. Mutter ruft: »Bringt die Kinder ins Badezimmer!« Da es keine Fenster hatte, galt das Badezimmer als der sicherste Raum der Wohnung. Aber auch dort konnte man manchmal einen scharfen Knall – Schüsse – hören, oder schnell aufeinander folgendes Knattern, wie von einer riesigen Nähmaschine. Das waren Maschinengewehre. Die Nachbarn aus den oberen Stockwerken kamen zu uns; wir wohnten in der Beletage. Darunter war nur der »Cinematograph«, dort wohnte niemand. Abends spielten die Nachbarn mit meinen Eltern Lotto oder Préférence, oder sie sangen. Wir hatten ein Klavier. Von Vater hieß es, er sei ein »guter Bariton«. Am meisten liebte er gefühlvolle Lieder, manchmal sang man bei uns auch im Chor.

Die Lieder waren traurig und wunderschön. In der Nase juckten warme Tränen. Wenn die Schüsse weit entfernt waren, wurden im Kinderzimmer die Fenster mit Kissen abgedichtet und mein Bruder und ich zu Bett gebracht. Aber durch die Tür waren Lachen, Gesang und Gespräche zu hören. Worte setzten sich fest: »Sie greifen an ... sie gehen zurück ... der Hetman ... die Deutschen ... Petljura ... die Entente ... Lenin ... Trotzkij ... Denikin ... die Roten ... die Weißen ... Bolschewiki ... Hajdamaken ... sie greifen an ... gehen zurück ... Pogrom ... Hunger ... Erschießungen ... Tscheka ... Gegenspionage ... Ration ... Hausdurchsuchungen ...«

Damals gab es viele unheilträchtige Redensarten. »Die Bolschewiki sagen: Raubt das Geraubte, und requirieren alles ...«, »Jeder Intelligenzler ist für die ein Konterrevolutionär und wird an die Wand gestellt ...«

Ich erinnere mich nicht daran, daß es in unserem Haus Anhänger der Sowjetmacht gegeben hätte. In derselben Wohnung wie wir lebte auch die Hausbesitzerin – die alte deutsche Madame Schmidt –, der der »Cinematograph« gehörte. Sie ging langsam, war dick und breit; über den üppigen Schultern reckte sich ein winziger, runder Kopf empor mit einem dunklen, faltigen Gesicht voller Warzen, hinten hatte sie einen Dutt, einen grauen Knoten. Sie hatte nur ein Zimmer für sich behalten. Ich hörte einmal, wie Mutter sagte: »Die Schmidtsche hat sich die Wohnung mit Juden vollgestopft, damit die Roten sie nicht enteignen.« Wenn Mutter ihr aber begegnete, sprach sie mit fremder, süßer Stimme, lächelte und fuhr mich an: »Sag ›Guten Morgen‹ und mach einen Diener!«

Die Kinderfrau Polina Maximowna verließ uns Ende 1918, als die Deutschen noch da waren, offenbar hatte Mutter meine rechtgläubigen Neigungen bemerkt.

Aber die guten Beziehungen zu Polina Maximowna bestanden weiter. Sie blieb im gleichen Haus bei ihrer Schwester, der Kassiererin im Cinematographen, und half ihr: Sie löste sie an der Kasse ab oder kontrollierte die Eintrittskarten. Manchmal ließ sie mich hinein in den dunklen, magnetisch anziehenden Saal. Dort roch es scharf und widerlich süß – ein besonderer Kino-Geruch, ein wenig dem in Apotheken und Konditoreien ähnlich, aber doch wieder ganz anders, eben der eigene Duft dieses

wundersamen, großen Saales: zwölf Stühle in jeder Reihe, und zehn Reihen insgesamt.
Auf einem scheppernden Klavier spielte Polina Maximownas Schwester laut, schnell und lustig. Das schien mir eine größere Kunst zu sein als das leise, langsame und meist melancholische Spiel der Nachbarinnen auf unserem Klavier. Wenn ich die bat, mir etwas Lustiges wie im Cinematographen vorzuspielen, klimperten sie meist irgendwelche albernen Liedchen vom Zeisig, der an der Fontanka Wodka getrunken hatte oder vom grünen Krokodil. Es war deutlich herablassend und wirkte beleidigend auf einen Menschen, der schon ganz allein den ziemlich dicken Robinson Crusoe durchgelesen hatte und der nicht nur irgendwelche dummen Kinderreime, sondern Puschkins Ballade vom weisen Fürsten Oleg und sogar den Monolog des Zaren Boris Godunow auswendig kann.
Im Cinematographen sah ich die lustigen Abenteuer Glupyschkins und irgendwelche unverständlichen Filme, in denen eine bleiche Vera Cholodnaja gezeigt wurde, mit großen dunklen Augen, mit riesigen Hüten und langen, langen Kleidern. Sie rang die Hände, weinte große, kalte Tränen, und neben mir im Saal die Frauen weinten ebenfalls; ich begriff nicht, warum, und ich wartete geduldig auf die nächste Vorstellung mit dem Clown Glupyschkin.

In Kiew wechselten die Herrscher häufig. Jedesmal gab es dabei Schießereien, und jedesmal kamen dann die Nachbarn zu uns, um Lotto oder Préférence zu spielen und zu singen.
Bis ich ins Bett mußte, blieb ich bei den Erwachsenen, gab Spielmarken aus und hatte sogar die ehrenvolle Aufgabe, die Nummern auszurufen. Ich kannte schon alle Zahlen, und Mutter war sehr stolz darauf.
Als Nachfolgerin von Polina Maximowna kam ein deutsches »Fräulein«, Jelena Franzewna. Sie war hochgewachsen und blond, hatte ein schmales Gesicht, lächelte selten, war aber gerecht. Ikonen hatte sie keine, sie las in einer kleinen Bibel. Manchmal las sie daraus auch mit gedämpfter Stimme vor. Von

Christus sprach sie auch, aber ihr Christus verlangte nicht, daß ich mich bekreuzigte. Mehr noch, es stellte sich heraus, daß er selbst und auch seine Jünger Juden waren – gute wie wir; gekreuzigt hatten ihn andere, böse, solche wie Trotzkij und die Bolschewiki, die ebenfalls gegen Christus waren. Er aber hatte gelehrt, allen zu vergeben, Mitleid zu haben und nicht nur seine Freunde, sondern auch seine Feinde zu lieben. Das war ganz ungewöhnlich und schön.

Mutter prahlte gern mit meinen »erstaunlichen Fähigkeiten«, wenn Gäste kamen und an Beschuß-Abenden die Nachbarn da waren, zwang man mich, Gedichte aufzusagen. Mir war das gräßlich zuwider. Ich sträubte mich und bekam Ohrfeigen. Wahrscheinlich ist das der Grund, warum ich sowohl das Gedicht vom Schokoladenkeks wie den Monolog von Boris Godunow radikal vergessen habe. Irgendeine Klappe im Gedächtnis ist zugeschlagen. Statt Gedichte aufzusagen, fing ich einmal davon an, daß Christus gefordert habe, seine Feinde zu lieben und ihnen zu vergeben. Und mir täten Lenin und Trotzkij leid. Sie täten mir leid, weil niemand sie liebte.

Vater verzog den Mund und ohrfeigte mich, zorniger und stärker als jemals sonst, erst auf die eine, dann auf die andere Backe, dann schlug er mir die flache Hand gegen die Stirn: »Idiot... verkommener Wicht!«

Mutter schrie auf: »Er ist doch noch ein Kind, er weiß nicht, was er sagt!«

Ich nahm alle Kraft zusammen, um nicht zu heulen, und trompetete: »So hat es Christus gesagt! Er war auch ein Jude! Christus hat gesagt, daß man seine Feinde lieben muß!«

Irgendein Nachbar beruhigte meinen Vater: »Er ist doch noch ein Kind... noch ganz klein .. braucht Sanftmut..« Mutter brachte mich ins Kinderzimmer und flüsterte: »Sag so was nicht, sag das ja nicht! Du willst doch nicht, daß Mammi und Pappi totgemacht werden. Sag so was nicht – man schlägt uns alle tot.«

Das war offenbar mein erster politischer Auftritt. Er hatte ebensowenig Erfolg wie alle späteren. Eine Zeitlang versuchte ich beharrlich, mich davon zu überzeugen, daß ich Lenin und Trotzkij wirklich bedauerte. Aber im Grunde waren sie für mich ebenso unreal und körperlos wie der Zar meiner Kinderfrau.

In unserer Familie sprach man von den Bolschewiki als »Banditen« und »Räubern«. Ich erinnere mich an einige Hausdurchsuchungen – »Requirierung von Überfluß«. Ein junger Mann in Lederjacke und hohen Schaftstiefeln nahm Vaters Jagdgewehr weg; eine Frau mit rotem Kopftuch und Militärmantel band Bettwäsche und Servietten zu einem Bündel zusammen. Am Morgen darauf berichtete Mutter stolz den Nachbarn, sie habe die silbernen Löffel im Korsett verstecken können. Das Wort *Tscheka* wurde in erschauerndem Flüsterton ausgesprochen... Im zweiten Stock, direkt über uns, wohnte ein würdiger alter Herr. Er hieß »Staatsanwalt«. Groß, dick, mit einem kurzen, zweizipfligen Bart. Auch seine Frau war dick und sah würdig aus. Ihre Tochter wurde »die Schönheit« genannt. Noch viele Jahre danach hatte ich bei dem Stichwort »Schönheit« immer sie vor Augen – groß, mit weißem Gesicht, den blonden Zopf als Kranz um den Kopf gelegt, große graublaue Augen und ein kleiner, roter, herzförmiger Mund. Wenn geschossen wurde, kam der Staatsanwalt mit Frau und Tochter zu uns. Er überredete Vater, Vorsitzender des Hauskomitees zu werden. Der Staatsanwalt wurde von der Tscheka als Geisel abgeholt und erschossen. Als die Weißen gekommen waren, ging meine Mutter mit dessen Frau und Tochter, um nach der Leiche zu suchen. Als sie zurückkam, weinte sie lange. Viele Erschossene hatte man nicht mehr beerdigen können. Im Cinematographen wurde der Film »Greueltaten der Tscheka« gezeigt. Ich durfte nicht hinein, aber im Aushang waren Aufnahmen: Leichen lagen auf Treppen, auf Trottoirs. Ich verstand nicht, was »Geisel« bedeutete, aber dieses Wort zog unausweichlich die Worte »Erschießung« und »Greueltat« und das Gefühl traurigen Grauens hinter sich her.
Die Weißen erwiesen sich ebenfalls als grausam. Noch am er-

sten Tag, als sie in die Stadt einzogen, verhafteten sie meine Eltern. Ein riesiger Kosak mit rotem Gesicht, blondem gezwirbelten Schnurrbärtchen und breiten roten Streifen an den Hosen stieß mich grob mit dem Fuß von sich. Er roch nach Schweiß und Leder. Ich kroch unters Bett. Später brachte Jelena Franzewna Sanja und mich nach oben zur Baronin, die mit Mama befreundet war. Die Baronin, die Witwe des Staatsanwalts und noch andere Nachbarn gingen, um sich für die Freilassung der Verhafteten einzusetzen. Ich aber brüllte und behauptete steif und fest, die Weißen seien schlimmer als die Bolschewiki, schlimmer noch als Petljura. Am Morgen kamen die Eltern zurück. Später hörte ich oft Mutters Berichte davon, daß die Menge auf den Straßen jeden »zerrissen« habe, der »Kommissar« oder »Tschekist« genannt wurde, und davon, daß auf dem Bahnhof Hunderte von Verhafteten ohne Essen und Trinken gesessen hätten und einer nach dem anderen zur Erschießung weggeführt worden sei.

Während der weißen Besetzung wurde manchmal in drohendem Ton von Pogromen gesprochen. Auf zwei Tage eroberten die Roten die Stadt zurück. Damals gingen wir in eine andere Straße zu einer Freundin der Baronin, sie selbst kam auch mit, und alle zusammen saßen wir in einem Keller, weil man mit einem Pogrom rechnete. Mutter sagte mir: »Wenn sie dich fragen, woher du bist, sag, ›vom Kaukasus‹! Wenn die herauskriegen, daß wir Juden sind, schlagen sie uns tot.« Sie flüsterte atemlos und hysterisch, und ihre Augen waren verängstigt.

Im Keller kamen viele Leute zusammen; es war ungemütlich, auf Kleiderbündeln und Packen zu schlafen. Von draußen hörte man Schießen – einzelne Schüsse und das Geprassel der Maschinengewehre. Am letzten Morgen kamen zwei Soldaten mit Mänteln und roten Schulterstücken zu uns herunter, um Wasser zu trinken. Der Ältere von ihnen hatte einen Bart, der andere war noch ziemlich jung. Die sagten: »Die Rotbäuche haben wir hinter die Desna zurückgejagt. Die Juden haben aus dem Hinterhalt auf uns geschossen.«

Mutter drückte mir die Hand so sehr, daß ich noch lange einen

blauen Flecken auf dem Handrücken behielt.
An diesem Tag konnten wir in unsere Wohnung zurückkehren. Auf der Straße standen in Gruppen Soldaten mit roten Schulterstücken und einige Fuhrwerke. Auf einem lag ein Toter, er war mit einem Mantel zugedeckt. Die Füße in Schnürschuhen mit blinkenden Beschlägen schauten darunter hervor. Es war die erste Leiche, die ich in meinem Leben sah.
Der Mann der Baronin – ein Offizier – kam zu Besuch zu uns und sang mit meinem Vater Romanzen. Er war hochgewachsen, mit schmalem Gesicht und sehr glattem, glänzendem Haar. Das goldgelbe seidene Uniformhemd mit den fest eingenähten schwarzroten Schulterstücken war umgürtet mit einem schwarzen, silberbeschlagenen Gürtel; hinten trug er eine kleine Revolvertasche aus Samt. Er erzählte voller Verbitterung, und Mutter wiederholte seine Worte später (»aber nicht weitersagen!«) gegenüber den anderen Nachbarn: »Wir können nicht siegen. Die weiße Bewegung geht unter. Die Roten haben eine eiserne Organisation. Die Kommune ist eine Macht. Und bei uns herrscht Chaos und Schlamperei.«
Die Zuhörer stöhnten. Mutter und die anderen Frauen rangen die Hände. Ich verstand, daß sie sich *verstellten.* Und alle durcheinander riefen sie: »Das ist Rußlands Untergang . . . wir kommen alle um . . . Läßt die Entente denn so etwas zu?«
Als ich das Wort »Kommune« hörte, hatte ich aus irgendeinem Grund ein weites Feld mit einem großen Pfosten und der Aufschrift »Kommune« vor Augen . . . Die »weiße Bewegung«, da gingen Soldaten in weißen Hemden, und Reiter in weißen Tscherkessenröcken ritten auf Schimmeln . . . Die »eiserne Organisation der Roten« sah ich als viele eiserne Treppenstufen, wie wir sie auf dem Hinterhof hatten: Bei Frost waren sie schneidend kalt, die Finger blieben daran kleben. Und auf den Treppen standen Kanonen, Maschinengewehre und Leute in roten Hemden . . . »Entente« klang wie ein Frauenname, aber das sonore, orangerote Wort erinnerte auch an ein Blasorchester mit blitzenden Trompeten, dröhnenden Trommeln und klirrenden Becken . . . Die Entente war riesig und mächtig, aber

sehr weit weg. Die Roten dagegen irgendwo in der Nähe. Von ihnen wurde immer öfter und immer voller Angst gesprochen. Früher wartete man auf die Weißen, aber seitdem sie da waren, fürchtete man sie bei uns in der Familie... »Abwehr«: das klang ebenso unheilvoll wie Tscheka. Vaters Schwestern, Tante Lisa und Tante Ronja, hatte die *Abwehr* geholt, und Mutter weinte richtig, obwohl sie diese Tanten nicht mochte und Vater Vorwürfe machte, daß Lisa getauft und Ronja unerzogen und alle beide Bolschewistinnen seien.

Im Spätherbst zogen wir in eine Wohnung in der Reiterstraße, in einem anderen Bezirk. Aus dem alten Haus kamen nur manchmal die magere Baronin mit ihrem Mann und die Witwe des Staatsanwalts zu Besuch. Eines Tages kamen sie, um sich für immer zu verabschieden: Die Weißen gingen zurück. Die Frauen weinten und küßten sich. Die Staatsanwaltswitwe fragte Mutter: »Sie haben nichts dagegen, wenn ich Ihre Kinder segne?« Mutter antwortete sehr höflich, aber, wie ich bemerkte, nicht mit ihrer echten Stimme, sondern irgendwie »gekünstelt«: »Was sagen Sie da, was denn, es gibt doch nur einen Gott!« Die Staatsanwältin schlug über Sanja und mich das Kreuz, küßte uns und sagte: »Gott sei mit euch, Gott sei mit euch.« Als sie fort waren, warf sich Mutter auf uns, küßte uns und murmelte irgend etwas auf jiddisch. Vater lachte.

Weder die Weißen noch die Roten oder Petljura riefen bei mir Sympathien hervor. Nur einmal gefiel mir ein *richtiger* General: fliederfarbener Mantel mit himbeerrotem Futter, goldene Epauletten mit Zickzacks darauf. Er trat aus einem Haus mit Säulen, vom First wehte eine große dreifarbige Fahne. Der Wachtposten mit einem französischen Raupenhelm reckte die Brust und winkte keck mit dem Gewehr im angespannt ausgestreckten Arm seitwärts. Der General legte die Hand an die Mütze mit der Kokarde und bestieg ein Automobil. Die Tür öffnete ihm ein Schwarzbart im Tscherkessenrock mit Dolchgehenk, knallte die Hacken zusammen und klirrte dabei mit seinen Sporen. Der Chauffeur trug eine Lederjacke und eine Ledermütze und hatte eine große, rechteckige Brille. Das Automobil schnaubte und röhrte und stieß hinten kleine blaue Wolken aus, der Geruch war scharf, glühend, unbekannt. Der General fuhr ab, und grüßte mit nachlässig gespreizter Hand an der Mütze.

Das war ein großartiger Augenblick gewesen. Die wirklichen Weißen dagegen, die alltäglichen – das war der Kosak, der die Eltern abgeführt hatte, das war die Angst vor dem Pogrom und die trübseligen Reden des Mannes der Baronin...

So hatte ich damals als Achtjähriger weder politische Überzeugungen noch Führer, noch Helden. Es gab nur Gott, den guten lutherischen Gott von Jelena Franzewna.

Im Winter kamen die Roten. Unsere neue Wohnung hatte vier Zimmer. Und bald »rückten wir zusammen«.

Ein Zimmer mietete ein großer, rothaariger Lette mit breiten Backenknochen in einer knirschenden Lederjacke und ungewöhnlichen Stiefeln, die wie Schuhe bis hinauf zur Wade geschnürt wurden. Er trug eine riesige Pistole in einem Halfter aus Holz. Zu Hause war er selten. Mutter und Jelena Franzewna nannten ihn hinter seinem Rücken »Tschekist«, sprachen voller Angst und Haß von ihm. Kam er heim, waren sie überaus höflich. Mehrmals bat Mutter ihn mit süßlicher Stimme:

»Genooosse, ich flehe Sie an: Können Sie denn das Haus nicht auch ohne diese Waffen betreten? Wir haben doch Kinder... plötzlich geht ein Schuß los. Ich würde den Verstand verlieren! Die Kinder können krank werden...«

Er antwortete kurz und lachte ebenso kurz und leise:

»Haha, das ist kein Gewehr... das schießt nicht... Kann's Ihnen zeigen!«

Mutter schrie auf.

»Ich flehe Sie an, Genosse! Ich flehe Sie an, das ist doch gar nicht nötig! Um der Kinder willen!«

Wieder lachte er leise: »Haha, nicht nötig, dann eben nicht!«

Sein Zimmer war immer unverschlossen, aber ich durfte nicht hinein.

»Wag nicht, auch nur den Fuß hineinzusetzen! Jelena Franzewna, lassen Sie die Kinder nicht einmal bis an die Tür heran! Diese Seuche! Typhus! Er bringt aus der Tscheka alle möglichen Infektionen mit. Hat auf dem Tisch und dem Bett Zeitungen und Broschüren liegen. Ekelhafter Schmutz – ist durch alle möglichen Hände gegangen ... Und an der Wand hat er seine Heiligen: Lenin und Trotzkij – das sind ihre Ikonen.«

Selbstverständlich versuchte ich doch ab und zu, meine Nase in das verbotene Zimmer zu stecken. Dort roch es irgendwie anders als sonst in unserer Wohnung – nach Leder, kaltem bitteren Rauch, aber ganz und gar nicht wie der von Vaters *Papirossy.* Es gab noch einen fremden Geruch – säuerlich, so ähnlich wie Zeitungen rochen und die Plakate, die an der runden Säule an der Straßenkreuzung klebten. An die Wand hatte der Tschekist in säuberlichen Papp-Rahmen zwei aus der Zeitung ausgeschnittene Zeichnungen aufgehängt. Ein glatzköpfiger Mann mit zusammengekniffenen Augen und kurzem hellen Bart und ein dunkelhaariger mit Brille, einer buckligen Nase, schwarzem Bart und hochmütig vorgestreckter Unterlippe. Der rothaarige lettische Tschekist reiste bald ab.

Wieder wurde geschossen. Die Polen kamen. Wir wohnten nun im dritten Stock, jetzt waren wir es, die zu den Nachbarn hinuntergingen. Im Parterre lebte eine große Familie. Ich hörte, wie Mutter verächtlich von ihnen sagte: »Regelrechte Dorfjuden! Waschen sich wahrscheinlich nur einmal in der Woche.«

Dort gab es einen Jungen – Senja, ein Jahr jünger als ich. Er war still und nachdenklich, hielt sich krumm, zog den Kopf zwischen die Schultern und konnte überhaupt nicht lügen.

Ich dagegen kannte schon längst den Wert der elterlichen Belehrungen: »Lüg niemals! Sag nie die Unwahrheit!« Oben bei uns spotteten sie über Senjas Mutter: »Hat die Haarzotteln abgeschnitten, einen Zwicker aufgesetzt und meint, daß sie schon dadurch zu ’ner Studierten – und natürlich Bolschewikin wird!« Unten, ein paar Minuten darauf sagte Mutter zu ihr, süß wie Honig:

»Ach, meine Liebe, Sie können sich gar nicht vorstellen, wie glücklich ich bin, daß wir hier wohnen, zusammen mit Ihnen,

einer intelligenten jüdischen und so sowjetischen Familie! In der alten Wohnung in der Dmitrijewskij-Straße war das ganze Haus voller Weißgardisten und Petljura-Leuten. Tagein, tagaus haben wir um unser Leben gezittert. Ich schwöre Ihnen bei der Gesundheit meiner Kinder, ich hab' Ljowuschka beigebracht zu sagen, wir seien aus dem Kaukasus; ich selbst hab' das Kind in diesem Alter lügen gelehrt. Ein regelrechter Albtraum!«
Manchmal, wenn ich Mutter hörte, war ich drauf und dran, ihr zu glauben. Denn etwas Wahres war immer in ihren Worten. Ich selbst log damals viel und mit Begeisterung. Als wir noch in der Dmitrijewskij-Straße wohnten, und Jelena Franzewna Sanja und mich auf den nahegelegenen Platz spazierenführte, erzählte ich den Kindern dort, mein Vater sei ein spanischer Minister, wir seien vor der spanischen Revolution geflohen, und ich selbst hätte vom Balkon aus gesehen, wie Leute geköpft wurden. Warum ausgerechnet spanische Revolution, weiß ich nicht mehr. In dem neuen Haus erzählte ich etwas Wahrheitsähnliches von Straßenkämpfen, die ich auf der Straße beobachtet haben wollte. Besonders ausgefeilt hatte ich die Episode, bei der einem Soldaten blaue Därme aus dem Leib quollen. Von diesen blauen Därmen erzählte ich noch Jahre danach. Ereignisse, die ich miterlebt hatte, schmückte ich mit großartigen Einzelheiten aus: wie die Weißen meine Eltern verhafteten, wie wir zwei Tage im Keller saßen. Unseren rothaarigen Untermieter beförderte ich zum Haupt-Tschekisten bei Trotzkij, der jede Nacht Dutzende von Menschen erschoß.
Senja glaubte alles. Mein anderer Freund Serjosha dagegen aus dem vierten Stock glaubte mir aus Solidarität. Er war stark, hatte eine breite Stirn, prügelte sich gut und konnte großartige Dinge erzählen. Sein Vater, ein Offizier und St.-Georgs-Ritter, war noch im Deutschen Krieg gefallen. Seine Mutter, eine schweigsame, kleine Frau, arbeitete als Sekretärin. Serjosha war von uns allen der Selbständigste. Er ging alleine einkaufen und machte sich sein Mittagessen warm. Manchmal durfte ich ihm helfen. Bei ihnen im Schrank stand der Ulanenhelm des Vaters mit dem quadratischen Oberteil – noch aus dem japani-

schen Krieg –, ein richtiger Säbel und ein echter Kavalleriesattel. Er brachte mir neue Worte bei, grandios und heroisch: »Degengriff, Portepee, Schabracke, Sattelzeug ...« Serjosha erzählte, wie sein Vater mit einem einzigen Säbelhieb die Deutschen von den Schultern bis zum Gürtel mittendurch gehauen hätte. An der Wand hing ein Bild des Vaters – ein echter Held: stolzer Blick, dünner Schnurrbart, breite Brust mit weißem Ordenskreuz.

Aber der Erzähler vergaß auch sich selbst nicht. Er fuhr zum Vater an die Front und schoß dort selber; nicht mit einem Gewehr, natürlich, dafür war er noch zu klein, sondern mit einem Maschinengewehr – das brauchte man nicht hochzuheben, man mußte bloß zielen und abdrücken. Ich konnte das nur mit Mühe glauben, aber schließlich glaubte mir Serjosha als mein Freund auch, daß ich unter Maschinengewehrfeuer die Dmitrijewskij-Straße entlang geflüchtet sei und daß vor meinen Augen, zehn Schritt entfernt – na, so weit wie von hier bis zur Wand – dem Soldaten die Därme aus dem Bauch gekommen waren ... Es wäre einfach nicht anständig gewesen, an dem zu zweifeln, was er erzählte.

Der vertrauensselige Senja glaubte uns beiden. Er selbst kannte nur eine verworrene Geschichte darüber, wie sein Vater sich mit einem Studenten angefreundet hatte, dessen Bruder in einem schwarzen Russenhemd Bomben baute, und sein Vater trug auch so ein schwarzes Hemd, und seine Mutter nannte ihn »Landstreicher wie von Gorkij«, und die Gendarmen hatten ihn verhaftet, weil sie dachten, er hätte die Bomben hergestellt, und hielten ihn eine Woche und einen Tag lang fest ...

Senja war für die Sowjetmacht. Er sagte, Lenin und Trotzkij seien große Führer, außerdem gebe es Budjonnyj, Schtschors, Kotowskij und Pjatakow: Sie seien auch Führer, aber kleinere. Aber Serjosha und ich wußten bestimmt, daß nur Alexander von Mazedonien, Zar Peter, Suworow und Napoleon groß waren, daran gab es nichts zu zweifeln. Serjosha nannte auch noch die Zarin Katharina »die Große«. Ich widersprach: Eine Frau, die an keiner einzigen Schlacht teilgenommen hatte, könne man

nicht als groß bezeichnen und hielt ihr den »Alten Fritz« entgegen. Serjosha war nicht einverstanden: Schließlich hätte selbst der Marschall Suworow Katharina gehorchen müssen, und außerdem hätte Friedrich gegen Rußland gekämpft und sei besiegt worden.
Katharina und Friedrich blieben strittig. Aber daß irgendwelche lebenden »Führer« groß sein könnten, glaubten wir beide nicht. Senja konnte nicht diskutieren. Er fing immer gleich an zu stottern, machte ein beleidigtes Gesicht und berief sich vor allem auf seine Tante Riwa, die Parteimitglied war und im Gouvernements-Gewerkschaftskomitee arbeitete. Mein Vater dagegen hatte in seinem Schrank 82 Bände der Enzyklopädie von Brockhaus-Efron stehen – dunkelgrün mit Goldschnitt. Darin kamen sowohl Zar Peter wie Friedrich vor, aber weder Lenin noch Trotzkij oder andere von Senjas Führern. Nach einer Rücksprache mit seiner Tante erklärte Senja feierlich, das seien Bücher aus dem alten Regime. Das konnte uns nicht erschüttern. Diese großartigen Bände der Enzyklopädie mit Zeichnungen, Karten, Flaggen und Wappen aller Staaten, mit allen Ländern, Städten und Flüssen, allen Zaren und Schriftstellern – sie verdienten natürlich mehr Vertrauen als irgendeine Tante.
Die polnischen Truppen hielten Kiew nicht lange besetzt. Uns Jungen begeisterte die großartige Parade. In Kolonnen marschierten einheitlich grau-violett uniformierte Soldaten. Sie gingen im gleichen Takt mit der Musik und rissen bei jedem Schritt die Beine hoch. Die Kavallerie trabte. Jede Eskadron hatte gleichfarbige Schecken mit einheitlichen Blessen und Manschetten. Die Soldaten riefen alle laut und uns ungewohnt statt »Hurra« – »Vivat«!
Auf der Straße fragte ich manchmal die polnischen Soldaten mit ihren quadratischen Mützen auf deutsch, wie spät es sei? Manche von ihnen antworteten fröhlich und fragten ihrerseits nach meinem Alter, wo meine Mutter sei und ob ich Geschwister habe.
Serjosha gegenüber prahlte ich mit diesen Unterhaltungen, er aber verurteilte sie. Er war gegen die Polen und gegen die deut-

sche Sprache, lernte Französisch und sagte, er hasse die Deutschen, weil sie seinen Vater getötet hätten. Wenn wir uns stritten, warf ich ihm vor, daß die Franzosen Moskau verbrannt und im Krim-Krieg Admiral Nachimow getötet hätten, während Zar Peter die Deutschen geliebt hatte und Katharina selbst Deutsche gewesen war. Manchmal schlugen wir uns auch – er für die Franzosen, ich für die Deutschen.

Senja beteiligte sich nicht an unseren Streitigkeiten und prügelte sich überhaupt nie. Er lernte Hebräisch und erzählte uns von den Heldentaten Samsons, der Makkabäer und Bar Kochbas, der zusammen mit seinem zahmen Löwen in den Kampf gezogen sei. Aber das ähnelte mehr den Märchen, während bronzene Napoleons mit untergeschlagenen Armen leibhaftig auf den Schreibtischen in unserer und Serjoshas Wohnung standen. Bei Serjosha und bei uns gab es die riesigen Goldschnittbände »Der Vaterländische Krieg von 1812« mit vielen Illustrationen. Und von Nachimow erzählte mein Urgroßvater, der ja beim Krimkrieg dabeigewesen war: »Wenn Nachimow nicht gefallen wäre, hätten wir sämtliche Franzosen, Engländer und Türken ins Schwarze Meer gejagt. Nachimow war ein wirklicher Held, ein so kluger Admiral, daß sogar Zar Nikolaj ihn verehrt und auf ihn gehört hatte. Und wie sie Nachimow getötet hatten, da hat Menschikow, dieser Verräter, Sewastopol den Franzosen und Engländern übergeben.«

Es gab viele große Leute, aber alle gehörten sie in die Vergangenheit, waren nur in Bronze und auf farbigen Bildern unter Seidenpapier erhalten geblieben.

Die Polen zogen ab, wieder gab es Schießereien. Wir saßen in der Parterre-Wohnung. Die Zimmeraufteilung war genau wie oben bei uns. Aber ein Klavier hatten Senjas Eltern nicht, auch keinen grün-roten Teppich. Gar nicht zu denken an einen Bücherschrank mit Brockhaus-Efron oder einen Schreibtisch mit grünem Filzbelag, einem bronzenen Napoleon und pompösem Tintenzeug. Bei ihnen unten war alles grau, schäbig, und überall roch es sauer. Senjas kleiner Bruder lernte gerade erst

laufen, und an allen möglichen Stellen hingen seine Windeln zum Trocknen. Mutter sagte später: »Proletarierwohnung! Entsetzlich der Schmutz, in dem sie hausen!«
Serjosha und seine Mutter gingen während der Schießereien in den Keller zum Portier. Und Mutter sagte: »Diese Offiziersfrau ist eine Antisemitin, trägt uns gegenüber die Nase hoch. Eine feine Dame ist das – tippt auf der Maschine und raucht Zigaretten!«
Als die polnischen Truppen abzogen, drangen Plünderer in unsere Wohnung ein. Jelena Franzewna brachte Sanja und mich ins Kinderzimmer, umarmte uns und betete auf deutsch. Aus dem Zimmer der Eltern war Mutters laute, jammernde Stimme zu hören: »Beim Leben meiner Kinder – ich schwöre Ihnen, das ist alles, was wir haben. Hier die paar Löffel – echtes Silber. Die Uhr ist aus Gold, ich schwöre es bei Leben und Gesundheit! Nehmen Sie alles, aber verschonen Sie die Kinder. Sie haben doch auch eine Mutter, vielleicht auch Kinder! Oder Sie bekommen noch welche – gesund sollen sie sein! Ich beschwöre Sie beim Leben Ihrer Verwandten und Kinder ...«
Später erzählte sie, daß sie Vater das Leben gerettet habe. Die Plünderer waren entweder Polen oder Petljura-Leute oder auch einfach Banditen, und sie hätten Vater gleich im Zimmer erschießen wollen, und zwar direkt beim Spiegelschrank. Sie forderten Gold.
Zwei Tage währte der Artilleriebeschuß; wir verbrachten die Zeit unten im Parterre oder saßen im Badezimmer.
Als dann die Rote Armee wieder einzog, wurde sie als ein freudiges Ereignis empfunden. Ungeachtet der großartigen Parade, hatte die polnische Besatzung niemandem von den Bewohnern unseres Hauses gefallen. Fast jeden Tag erzählte man schreckliche Geschichten davon, wie die polnischen Soldaten auf offener Straße junge Männer verprügelt und ihre Begleiterinnen weggebracht hätten, wie sie einen Fährmann am Dnjepr mit Stiefeln traktiert hätten, weil sie für die Überfahrt nicht bezahlen wollten. Und schließlich hieß es sogar, sie hätten das Höhlenkloster in Brand stecken wollen, hätten die lutherische Kir-

che und die Synagoge auf der Kleinen Wassilij-Straße angezündet und Maschinengewehre aufgestellt, damit niemand zum Löschen kommen könnte. Das Kloster und die Synagoge blieben zwar unbeschädigt, dennoch konnte man von diesen angeblichen Brandstiftungen der Polen noch zehn Jahre später erzählen hören.

Als die ersten Roten zu uns in die Wohnung kamen – ein Offizier und ein Soldat –, klopften sie an und baten um etwas zu trinken. Mutter begrüßte sie aufrichtig und herzlich, ich hörte ihre »echte« Stimme, obwohl sie ziemlich oft und laut das Wort »Genosse« wiederholte.

Der Offizier war jung, trug einen langen, grauen Uniformmantel, ein Säbelgehenk umgeschnallt. Der Rotarmist hatte eine Uniformjacke an und eine spitze Pelzmütze auf dem Kopf. Beide klirrten mit ihren Sporen, ihr Koppelzeug knirschte, und sie hatten lange Säbel. Mutter bat sie an den Tisch, bewirtete sie mit Borschtsch. Vater bot Zigaretten an. Mein Bruder und ich wurden ins Kinderzimmer geschickt. Aber ich schlich mich vorsichtig zurück und starrte die Helden an, die gerade erst die so mächtige, so parademäßige polnische Armee besiegt hatten, und versuchte zu verstehen, wovon sie redeten.

Mutter erzählte danach oft: »Das ist echte Gleichheit – Offizier und Soldat am selben Tisch! Dieser rote Offizier war ein richtig gebildeter Mensch, Arztsohn, hatte Abitur. Der Soldat – natürlich ganz einfacher Herkunft, aber er hat den andern zum Vorbild und schon gelernt, die Gabel richtig zu halten, ›Bitte‹ und ›Danke‹ zu sagen. Nur geschmatzt hat er noch ...«

Der junge Offizier sagte mehrmals sehr ausdrucksvoll und stolz: »Wir sind die Budjonnyj-Armee ... unsere Budjonnyj-Armee.« Im selben Ton sagte er »Genosse Lenin rief auf ... Genosse Trotzkij hat befohlen ...«, ich aber konnte mich nicht zurückhalten und fragte: »Haben Sie Lenin und Trotzkij gesehen?«

Er lächelte und sagte: »Ja, ich habe sie gesehen.«

Wovon er noch sprach, weiß ich nicht mehr, möglicherweise, weil meine Mutter mich gleich packte und Jelena Franzewna mich wieder ins Kinderzimmer zerrte, vielleicht auch deshalb, weil ich in den folgenden Jahren derart viel zu diesem Gespräch mit Budjonnyj-Soldaten hinzuerfand, daß ich selbst nicht mehr die dürftigen Fädchen der Wahrheit aus all dem herausfinde, was im Gedächtnis hängenblieb.

Ein paar Tage später gab es ein Meeting auf dem großen Platz beim bronzenen Hetman Bogdan Chmelnitzkij[4]. Es gelang mir nicht, mich durch die dichte Menschenmenge durchzudrängeln, und ebenso vergeblich versuchte ich, auf die eiserne Gitterumzäunung des Denkmals zu klettern. Aber später erzählte ich, daß ich auf dem Schwanz von Chmelnitzkijs Pferd gesessen hätte. Dort drängte sich wirklich ein Häuflein von Jungen, die ich glühend beneidete. Auf dem Platz gab es viele Rotarmisten, Reitereinheiten waren in Formation aufgestellt. Die Mehrzahl aber waren einfache Leute, wie man sie tagtäglich auf der Straße traf. Ich sah zum erstenmal so viele rote Fahnen. Auf einer Tribüne oder einem Lastwagen entdeckte ich einige Menschen in Uniformmänteln und dunklen Paletots. Einer von ihnen winkte mit einer Mütze und rief laut: »Büüürger von Kiew!«

In der Menge sagte jemand: »Das ist Trotzkij.« Andere widersprachen, wieder andere stimmten zu oder zischelten, man solle still sein, damit man etwas hören könne. Den Redner kannte ich nicht, und was er sagte, konnte ich nicht verstehen. Die Leute in der Menge behaupteten: »Er trägt einen schwarzen Ledermantel und Zwicker – also ist es Trotzkij.«

Später erzählte ich oft davon, wie ich Trotzkij von Chmelnitzkijs Pferdeschwanz aus hätte reden hören, und erklärte im Nachsatz völlig wahrheitsgetreu, vor innerer Bewegung und kindlicher Dummheit hätte ich – damals noch nicht neun Jahre alt – keines seiner Worte behalten.

Erste Liebe und erste Ideologie

Je tiefer unsere Erinnerungen eindringen, desto freier wird jener Raum, wohin alle unsere Hoffnungen zielen – die Zukunft.
Christa Wolf

1920 ging Jelena Franzewna von uns fort. In den folgenden drei Jahren lösten mehrere deutsche Bonnen einander ab – Charlotta Karlowna, groß, rundäugig, mit dicken feuchten Lippen; Wilarsia Alexandrowna – sehr alt, blaßgrau und zerflossen wie Quark. Die letzte war Ada Nikolajewna, eine verwelkte Dame aus Riga mit traurigen, guten Augen. Als ich schon zur Schule ging, unterrichtete sie noch für ein Jahr meinen Bruder Sanja. Ich weiß nicht mehr, wie und was jedes der »Fräuleins« uns lehrte, aber im Endergebnis schnatterten Sanja und ich fröhlich deutsch, konnten es auch lesen und schreiben. Sanja war zu jener Zeit noch politisch indifferent. Ada Nikolajewna ging fort, als er gerade acht Jahre alt wurde. Ich aber mit meinen zehn Jahren war fest davon überzeugt, die Deutschen seien das kultivierteste Volk der Welt, außerdem die besten Freunde Rußlands und die deutsche Monarchie die gerechteste aller Regierungen gewesen.

Bücher liehen wir uns in der evangelischen Gemeindebücherei im Pfarrhaus. Im Amtszimmer des Pastors hing ein Lutherbild, das die ganze Wand einnahm: ein entrückter, zum Himmel gewandter Blick, dunkelbraune Soutane, dunkelpurpurner Hintergrund. Für mich blieb dieses Bild noch lange der Inbegriff schöner, erstmals von nahem gesehener Malerei. In den Romanen von Karl May vollbrachten edle Deutsche Heldentaten in den verschiedensten Ländern der Welt, am häufigsten unter den nordamerikanischen Indianern. Nicht minder anziehend waren die Bücher über den »Alten Fritz« und über die Taten von »Lützows wilder, verwegener Jagd« im Jahre 1813. Am meisten freute es mich, wenn die Deutschen sich mit den

Russen verbündeten und gemeinsam gegen die Schweden oder gegen Napoleon kämpften.

Zwei Sommer – 1921 und 1922 – verbrachten wir in dem Sowchos, in dem mein Vater als Agronom angestellt war. Direktor war Karl Maier, der diese Ländereien früher als Gärtner gepachtet hatte, daher nannte man den Sowchos nach alter Gewohnheit »Die Maiersche Gärtnerei«. Sie unterstand aber jetzt dem Städtischen Wirtschaftsausschuß; statt Blumen wurden Kartoffeln, Kohl und rote Rüben gezüchtet ... Nur auf den jeweils brachliegenden Feldern wuchsen üppige, verwilderte Tulpen und Dahlien. Der Direktor hatte eine große, zu seinem Haus gehörende Parzelle mit vielen Obstbäumen.

Karl Maier war hochgewachsen und muskulös, grauhaarig, auf dem linken Auge hatte er den grauen Star. Er trug einen dichten Schnurrbart, wirkte majestätisch und war sehr schweigsam. Nach Hause kam er nur zum Mittag- und Abendessen.

Mutter sagte: »Er bringt es einfach nicht fertig, schlecht zu arbeiten. Alles muß er selbst nachprüfen, jedes Beet. Weil sie so arbeiten, geht es den Deutschen gut. Sie sind ordentlich und gutmütig, denn sie haben Bildung.«

Maiers ganze zahlreiche Familie arbeitete. Jeder kannte genau seine Pflichten. Die Frau, »Großmutter Ida«, groß, gerade, dunkler Teint und blitzende Augen, immer mit einer komplizierten Frisur, hatte die Oberaufsicht über Blumen, Gemüse, das Geflügelhaus und das eigentliche Haus. Ihre Schwiegermutter, die 90jährige »Großmutter Maria«, hatte die Kühe, die Schweine und den Kaninchenstall unter sich. Ihr Gesicht, wie aus trocknem Holz geschnitzt, wies kaum eine Falte auf. In ihrem großen Mund hatte sie große, gelbe Zähne. Sie rauchte selbstgemachte Zigarren – auf dem Dachboden trockneten Tabakblätter. Großmutter Maria stand früher auf als alle anderen, sie trug einen dunklen Zwillichrock, dunkle Schürze und grobe Schuhe mit Holzsohlen ohne Absätze. Mit ihren sehnigen, männlich breiten Händen trug sie mühelos Melkeimer und Futterschüsseln. Sie war ebenso schweigsam wie ihr Sohn, wirkte noch strenger als er, sprach gar kein Russisch. Nur ab und zu

schimpfte sie halb ukrainisch, halb deutsch: »Lump ... Hundesohn!«
Die Tochter der Maiers – »Tante Lucie« – war ebenfalls groß und wirkte immer besorgt. Sie kochte und wirtschaftete im Haus, nähte und flickte, kümmerte sich um die Kinder, brachte ihnen Lesen, Schreiben und Rechnen bei.
Lucies Mann – »Onkel« Hans Spannbrucker – grub die Gärten um, fuhr Mist, säuberte Kuh- und Schweinestall, erledigte die Zimmermanns- und Stellmacherarbeiten und hatte den Werkzeugschuppen unter sich. Er war breitschultrig und stark – mit Leichtigkeit hob er Baumstämme über seinen Kopf hoch, die wir Kinder nicht einmal zu viert vom Platz bewegen konnten. Seine fröhlichen, hellen Augen sahen unter dichten Brauen hervor, über seinem großmächtigen, dunkelbraunen, gezwirbelten Schnurrbart erhob sich eine lustige Stupsnase. Er war die lebendige Verkörperung aller männlichen Tugenden, die mich in den Büchern begeisterten. Als Soldat im deutschen Heer hatte er niemals gegen Rußland, sondern vielmehr gemeinsam mit den russischen Soldaten 1901 in China gekämpft und am Sturm auf den kaiserlichen Palast in Peking teilgenommen. Tante Lucie zeigte stolz seine Trophäen: eine schwarze Lacktruhe, die geheimnisvoll bittersüß duftete, mit zarten bunten Bildern, einen laut knisternden seidenen Kittel in Schwarz, Himmelblau und Orange und mehrere Messing-Statuetten. All dies waren Schätze des chinesischen Kaisers, in ehrlichem Kampf von einem Helden erbeutet. In China war der Soldat Spannbrucker erkrankt, zunächst dort in das russische Lazarett und schließlich nach Kiew gebracht worden, wo der lutherische Pastor und seine Gemeindemitglieder die Deutschen besuchten. Auf diese Weise lernte er die Tochter des Gärtners Maier kennen und wurde dessen Schwiegersohn.

Lucie und Hans hatten drei Kinder: die ältere Tochter Lilli war gleichaltrig mit mir, weißblond und ernst, geschickt im Haus, still und penibel; Erika, ein Jahr jünger als ich, war ein dunkelhaariger, flinkäugiger Schalk; und der sechsjährige Bubi

– schmächtig, kränklich, aber eigensinnig. Er rannte immer mit uns herum, schlug sich Knie und Nase blutig, aß Kalk und unreife Beeren, brüllte manchmal vor Angst, beklagte sich aber nie.

Onkel Hans beschäftigte sich mehr mit uns als die anderen Erwachsenen. Wenn er arbeitete, halfen wir ihm, während er uns bedächtig erzählte. Er lud Mist auf eine Schubkarre und erzählte, er fuhr den Mist zum Komposthaufen, und wir fegten und harkten im Kuhstall. Er kam zurück und arbeitete weiter. Er erzählte uns vom Krieg in China und von den verschiedenen Tieren, von Kühen und Walfischen, von Pferden und Elefanten, von Napoleon und dem Alten Fritz und davon, daß die Äcker gedüngt werden müssen. Mit ihm zu arbeiten und seine Anordnungen auszuführen, war ehrenvoll und machte Spaß. Die Mädchen halfen öfter den Müttern in der Küche oder der Großmutter im Garten. Bubi und mein Bruder Sanja konnten noch nicht viel tun. Daher betrachtete ich mich als Onkel Hans' Hauptgehilfe, gab an und wetteiferte mit ihm. Es war verletzend, wenn er plötzlich nicht mich, sondern die Mädchen losschickte, um Nägel oder den langen Stock mit dem Sack und dem Messer daran zu holen, mit dem die Äpfel gepflückt wurden.

Am schönsten aber war die Jagd. Mit seinem Zwilling und der Patronentasche wirkte Onkel Hans noch großartiger und schöner. Er machte zumeist Jagd auf Spatzen, seltener auf Rebhühner. Wir gingen hinter ihm her und sammelten das erlegte Wild ein. Es war schrecklich, angeschossene Sperlinge zu töten, die verängstigt und kraftlos zappelten. Aber Onkel Hans brachte uns bei: »Mach sie tot! Dreh dich nicht um, werde nicht blaß. Sie sollen sich nicht quälen. Man darf weder Vögel noch andere Tiere quälen. Deshalb muß man sie gleich mit dem Kopf auf einen Stein oder den harten Boden schlagen. Wenn du feige bist, müssen sie sich mehr quälen. Ein Mann darf sich nicht vor Blut fürchten, weder vor fremdem noch vor dem eigenen. Bei Mädchen ist das entschuldbar, aber du sei ein Mann!«

Es waren Lektionen einer vernünftigen und sozusagen gerechten Grausamkeit. Ich gab mir große Mühe, sie zu erlernen, biß mir auf die Lippen, schlug die zitternden bluttropfenden Körperchen auf die Erde und kam mir wie ein richtiger rauher Krieger vor. Es war zum Übelwerden traurig und trotzdem anziehend. Fast ebenso wollüstig hatte ich früher Mädchen verhauen. Und zwar nur Mädchen – mit Jungen prügelte man sich einfach. Bis zum Alter von etwa neun Jahren führte meine Neigung zu Mädchen dazu, sie verhauen zu wollen und dann zu bemitleiden. Davon träumte ich vor dem Einschlafen. Aber auch Beschreibungen von Hinrichtungen, Folter und Mord faszinierten mich. Mit neun oder zehn Jahren etwa begann sich alles zu ändern. Der Drang nach Gewalt, das Interesse an schrecklichen Büchern und Bildern wurde von durchdringendem Mitleid ergänzt. Ich weinte beim Lesen. Zu den Mädchen zog es mich in anderer Weise als früher. Und doch war irgend etwas Verwandtes in diesen schmählichen, aber unwiderstehlich verführerischen Neigungen.

Onkel Hans wurde der erste echte Held, den ich von Nahem sah. Und seine Tochter Lilli war das erste Mädchen, in das ich mich »richtig« verliebte. Und ich war sehr begierig darauf, Leiden, Leidenschaft und Verzweiflung zu erfahren ... Ich verliebte mich so, wie man sich nur mit neun oder zehn Jahren verlieben kann, wenn man schon »Ivanhoe« und »Fürst Sserebrjanyj« gelesen und die Tscharskaja[5] verachten gelernt hat – obwohl ich sie heimlich doch verehrte – und erst ganz kurz zuvor erfahren hatte, wie Kinder zustande kommen.

Wenn wir Verstecken spielten oder im alten, ausgetrockneten Bassin oder im dichten Himbeergesträuch Hütten bauten, war ich immer darauf bedacht, bei Lilli zu sein, sie zu berühren. Beim Versteckspiel kletterten wir manchmal zusammen auf den Dachboden, wo – für mich unbegreiflich – erstaunliche Schätze einfach so herumlagen: Stöße alter deutscher Zeitungen, Zeitschriften, viele Jahrgänge alter Kalender, eine Menge illustrierter Bücher, Weihnachtsbaumschmuck, zerbrochenes Spielzeug und aller möglicher Kram. Lilli und ich verkrochen uns oft in abgelegene Winkel auf dem Dachboden oder in den Büschen, damit wir beim Versteckspielen nicht »anbrannten«. Einmal küßte ich sie unverhofft, schmatzte ihr, selber erschrokken, irgendwohin zwischen die rosige Wange und die weißblonden Löckchen. Sie tat, als hätte sie es gar nicht bemerkt, aber als ich es dann rasch noch einmal versuchte, flüsterte sie abwehrend auf deutsch: »Nei, nei – man darf nich!«, und lief fort – rot geworden und, wie mir schien, erzürnt.

Da ging ich auf die Dorfstraße, auf der ab und zu Pferdefuhrwerke und selten, beileibe nicht jeden Tag, ein Lastauto vorbeikamen – dröhnend, schnaubend, stinkend – und legte mich quer über die staubigen Fahrspuren. Ich wollte aus unglücklicher Liebe sterben und quälte mich ab, in mir das Gefühl bitterster Verzweiflung hervorzurufen. Von meinem Vorhaben hatte ich noch rasch meine Cousine verständigt – mit allergrößtem Ehrenwort, nichts zu verraten, versteht sich. Aufgeregt rannte sie hin und her, redete mir zu, am Leben zu bleiben und zu unserem Spiel zurückzukehren. Sie war zwar ziemlich häßlich, trug eine große, runde Schielbrille und hatte kaum Haare auf dem Kopf, die waren ihr, als sie Scharlach gehabt hatte, abrasiert worden, aber sie vermittelte fabelhaft geschickt, und ehe noch so ein Lastauto-Ungeheuer mich überfahren konnte, teilte sie mir mit, Lilli habe heilig versprochen, wenn sie groß sei, würde sie mich heiraten. Wir hatten auch früher schon »Ehepaar« gespielt: Lilli und ich waren die Eltern, Erika, Sanja und Bubi unsere Kinder. Lilli kochte, buk richtige Piroschki, briet Spatzen, und als Wein tranken wir Kirsch- oder Himbeersaft.

Nach dem verhinderten Selbstmord fragte ich sie mehrmals vielsagend, wann wir denn nun endlich erwachsen seien? Diese Frage wurde unser gemeinsamer geheimer Spaß, fast frivol. Lilli wurde tiefrot und nannte jedesmal eine andere Zahl zwischen 15 und 20. Danach begann ja sowieso das Greisenalter.

Mutter wollte mich um nichts in der Welt in die »sowjetische Armeleuteschule« gehen lassen. Mein Bruder und ich wurden

zu Hause unterrichtet, und als Mutter endlich nachgab und der Beschluß gefaßt worden war, daß ich in die dritte Klasse kommen sollte – damals sagte man »dritte Gruppe« –, stellte sich heraus, daß meine Kenntnisse für die »Armeleuteschule« in keiner Weise ausreichten. Ich sprach zwar fließend deutsch, konnte – dank Danilewskij und Mordowzew[6] – alle Zaren mit ihren Regierungsdaten auswendig aufsagen, kannte außerdem viele deutsche, englische und französische Könige dank Walter Scott, Dumas und Shakespeare, deren Werke ich zum Geburtstag geschenkt bekam. Aber ich hatte keine Ahnung von Arithmetik, benutzte in der Rechtschreibung noch das alte, vorrevolutionäre Alphabet, und in der Geographie hatte ich nur recht verschwommene Vorstellungen, die sich vor allem auf Jules Verne, Thomas Mayne Reid und Karl May stützten.
Damals trat Lidija Lasarewna in mein Leben, die verspätete Schulanfänger wie mich vorbereitete. Sie unterrichtete Russisch, Geschichte und Erdkunde, außerdem neue Orthographie. Lidija Lasarewna war klein, breit gebaut mit breiten Backenknochen und dunkelhäutig. Sie hatte kurzsichtige, hervortretende Basedow-Augen – grau und sehr gütig, eine große Nase, einen breiten Mund und dunkles, glattes Haar, das hinten zu einem großen Büschel zusammengesteckt war. Im Winter hatte sie eine runde Pelzmütze auf, im Sommer ein schwarzes, flaches Hütchen, und stets ging sie in langen, dunklen Kleidern.
Von Lidija Lasarewna hörte ich zum ersten Mal Worte wie Ideal, Humanität, Menschenliebe, Wohl des Volkes, Sache des Volkes, Liebe zum Volk ... Vielleicht waren sie mir schon früher begegnet, aber erst durch sie nahm ich sie in mich auf.
Wir arbeiteten dreimal in der Woche zusammen. Sie wohnte in der Großen Wallgraben-Straße, zwei Häuserblocks von uns entfernt. Ungeduldig wartete ich auf jede Stunde. Es gab zwar auch langweilige Aufgaben, wenn ich etwa für irgendwelche Kaufleute ausrechnen mußte, wieviel irgendwelche »Partien« Stoff kosteten, oder wenn ich den Preis von Äpfeln erraten mußte, die um soundsoviel teurer waren als Birnen. Die Preisangaben in dem alten Lehrbuch von Schaposchnikow und Wal-

zew waren lächerlich und wunderlich. Da wurde in Rubeln und Kopeken, sogar in halben Kopeken gerechnet, und auf der Straße kosteten zwei Karamelbonbons drei Millionen Rubel! Aber es gab auch interessante Aufgaben, beispielsweise wenn herauszufinden war, warum ein Reisender einen anderen einholen muß, oder wer von ihnen im Gegenzug fährt.

Am schönsten waren natürlich die Russisch-Stunden. Lidija Lasarewna las zusammen mit mir Gedichte und Prosa. Und jedesmal war es so, als ob sie die Texte zum ersten Male läse. Manchmal weinte sie, versuchte vergebens, ihre Tränen zu verbergen und entschuldigte sich mit Schnupfen. Wenn wir Nekrassow lasen, weinten wir gemeinsam: über die »Russischen Frauen«, die »Eisenbahn«, und auch über die »Gedanken an einem Portal«; wir weinten über Nikitins Gedichte: »Eine tiefe Grube ist gegraben«, »Ach, Kamerad, auch du kennst das Unglück« und über Nadsons »Allein und vergessen wuchs ich heran«. Wir weinten über die Erzählungen von Korolenko[6] »Makars Traum«, »Die Wundersame«, »In schlechter Gesellschaft«, über die »Stechfliege« und »Onkel Toms Hütte«.

Wenn sie sagte, man müsse ehrlich sein, mit den Schwachen Mitleid haben, die Tapferen und Guten ehren, Feiglinge, Heuchler, Egoisten und Geizkragen verachten – überzeugte mich das nicht nur, weil sie irgendwelche besonderen Worte fand, sondern weil sie selbst begeistert war von der Schönheit des Wahren und des Guten, weil sie sich über gute Menschen und gute Taten wirklich freute, und weil ihr vor dem Eigennutz und dem Bösen graute.

Ihr fiel es sehr schwer, dieses laute, komplizierte und listige Leben zu leben, das ringsum alle führten: meine Eltern, unsere Nachbarn und Bekannten. Manchmal erschien sie mir sogar hilflos, und dies nicht nur, wenn sie, die Kurzsichtige, vergeblich nach ihren verlorenen Haarnadeln suchte.

Lidija Lasarewna war eine überzeugte Anhängerin der Narodniki, eine »Volkstümlerin«[7]. Sie liebte Nekrassow mehr als Puschkin, obwohl sie, wenn sie die Poeme »Poltawa« und »Der eherne Reiter« rezitierte, alles ringsum vergaß. Korolenko liebte

sie mehr als Tolstoj und Tschechow, obwohl sie sagte, daß diese beiden die größten Schriftsteller seien, die je auf Erden gelebt hätten. Die Namen Sheljabow, Perowskaja, Kibaltschitsch und Vera Figner[8] sprach sie mit solcher Ehrfurcht aus wie keine meiner Kinderfrauen den Namen Christi.
Mutter war auf Lidija Lasarewna eifersüchtiger als früher auf die deutschen Bonnen. Ihren Freundinnen erzählte sie manchmal in meiner Gegenwart feindselig-spöttisch:
»Diese alte Seminaristin ist nicht ganz normal. Hat keine eigenen Kinder und hängt sich jetzt an fremde ... Kennt nur, was in den Büchern steht, aber nicht das Leben ... Ist nicht von dieser Welt. Natürlich, ist sie lieb und gut ...«
In solchen Minuten haßte ich meine Mutter und schrie wütend: »Lidija Lasarewna ist der beste Mensch auf der Welt, der klügste und beste!«
»Du liebst sie also mehr als deine Mutter, ja? Mehr als die eigene Mutter, die ihr Leben für dich hingeben würde? Ich hätte krepieren sollen wie ein Hund, ehe ich so etwas zu hören kriegte ... Liebt eine ungepflegte Seminaristin, so eine Heulsuse mehr als die eigene Mutter ... Da lebt man nun für seine Kinder, gibt ihnen sein ganzes Blut, die ganze Gesundheit! ... Vielleicht begreift ihr es einmal, wenn ihr mich begrabt ...«
In Fahrt kommend weinte Mutter laut, schlug sich vor die Brust und vor den Kopf und schrie völlig unverständliches Zeug. Dann beruhigte sie sich allmählich, trank Baldriantinktur und belehrte uns:
»Niemand liebt euch so wie die eigene Mutter, niemand ...«
Ein andermal aber sagte sie vor denselben oder anderen Nachbarinnen herablassend oder sarkastisch, je nach ihrer Stimmung:
»Unser Ältester hat eine so großartige Lehrerin, daß er sie mehr liebt als Vater und Mutter ... Na ja, das kann man verstehen, sie ist eine gebildete Persönlichkeit, Volkstümlerin, Bestushew-Schülerin[9]. Sie ist zwar ein bißchen ›na ja‹, Sie wissen schon: lauter Bücher, Broschüren und Gedichte. Überhaupt so überirdische Ideale ... Natürlich, ein edler Mensch, eine echte

Intelligenzlerin, die man achten und verehren kann. Aber so zu leben – nein, Gott behüte! Das möchte ich weder mir noch anderen wünschen. Nur Luftschlösser und verdorbene Augen. Und wenn Sie wüßten, wie die liest!«

Nun machte Mutter sehr treffend und komisch vor, wie die kurzsichtige Lidija Lasarewna die Nase ins Buch steckte und vor Rührung laut schniefte.

Im Frühjahr 1922 wurde ich Pfadfinder, ein »Wölfling«, wie sich die Mitglieder der 2. Kiewer Abteilung, »Die Wölfe« nannten. Führerin der Wölflinge war ein bleiches, langes, kurzhaariges Mädchen, Anja. Sie erzählte uns von Baden-Powell[10], brachte uns Turnübungen mit dem Pfadfinderstock bei und versprach, sie werde uns zeigen, wie man Lagerfeuer macht und Zelte aufschlägt. Sie verlangte, wir sollten in unsere blauen Halstücher für jede gute Tat einen Knoten machen – wenn wir beispielsweise einen Blinden über die Straße geführt, oder einen kleinen Jungen vor den stärkeren Großen beschützt, wenn wir einem Passanten eine verlorene Tüte nachgebracht hätten.

Geschichten von den großen Schlachten zwischen den Pfadfinder-Abteilungen POKS, TOKS und KWOS[11] hörte ich oft, erzählte sie weiter und erfand welche hinzu, erlebte aber selbst keine einzige. Ich erinnere mich nur an lautstarke Wortgefechte und an ein paar kleine Raufereien in den Anlagen vor der Sophien-Kathedrale, auf den Plätzen der Stadt, auf dem Wladimir-Hügel und im Botanischen Garten. Es kam schon vor, daß diese Raufereien politisch waren. Die erste Abteilung, POKS, galt aus unbekanntem Grunde als »weißgardistisch«, man rief ihnen nach, sie seien für Zar Nikolaschka und die adligen Herrchen, die im Schwarzen Meer badeten. Von der Abteilung TOKS hieß es, hier seien die »gelbblauen«, also Petljura-Anhänger, in der Überzahl, die bewußt nur ukrainisch sprechen. Ganze echte Pfadfinder dagegen gab es nur bei uns, in der Abteilung KWOS; wir verteidigten die Armen und Schwachen und liebten die Sowjetmacht. Bei uns gab es auch die ersten JUK – Junge Kommunisten.

Die Pfadfinderabteilungen wurden von 1923 an aufgelöst und 1924 endgültig verboten. Der neue JUK-Führer Milja nahm uns mit zu sich nach Hause, in eine große Wohnung in der Proresnaja-Straße. Sein Vater war Zahnarzt. Milja requirierte ein Zimmer hinter der Küche im Souterrain und erklärte es zum Klub der Jungen Kommunisten. An die Wände hängten wir aus Zeitungen und Zeitschriften ausgeschnittene Bilder von Marx, Lenin, Trotzkij, Karl Liebknecht, Rosa Luxemburg, Kalinin, Demjan Bednyj, Tschitscherin, Lunatscharskij, Budjonnyj und Kotowskij[12]. Wir malten selbst die Parolen »Proletarier aller Länder, vereinigt euch!«, »Den Lords in die Fresse!«, »Wir sind die junge Garde der Arbeiter und Bauern«, »Es lebe der Komsomol und die Jungen Kommunisten!« ...
Wir versammelten uns nach der Schule, sangen neue Lieder: »Wir brauchen eine Flotte, viele Dutzend Einheiten aus Stahl«, »Und der Komsomol, er lacht und lacht: er marschiert nach Westen« und natürlich »Wir gehen mutig in die Schlacht für die Sowjetmacht«. Auch ukrainische Volkslieder sangen wir.
Milja erklärte uns, daß wir in der Sowjetukraine leben, daß nicht nur die Petljura-Anhänger ukrainisch sprächen, sondern auch alle Bauern und viele Arbeiter, und daß die Pfadfinder, die in der Schule die Ukrainisch-Stunde nicht mitmachen und sich über ukrainische Aufschriften, Schilder und Plakate lustig machen, Dummköpfe und Konterrevolutionäre seien. Man müsse sie agitieren, umerziehen oder ihnen in die Fresse hauen. Das gefiel mir, ich hatte von frühester Jugend an zu Hause ukrainisch sprechen und singen gehört. Von der ersten Kinderfrau Chima, die ich mehr als alle Bonnen geliebt hatte, von Vaters Freunden, den Agronomen. Großmutter – Vaters Mutter – sprach nur ukrainisch und jiddisch. Manchmal fuhr sie mich ärgerlich an: »Red bloß nicht dieses Kauderwelsch, ich versteh' das doch nicht. Wenn du deine Muttersprache nicht kennst, nicht Mameloschen*, dann sprich wenigstens wie

* Jiddisch

andere ordentliche Menschen, und nicht wie diese Überfeinen: ›Bittesährr!‹ und ›Waas-ist-das!‹«
Der Sommer in Maiers Gärtnerei, die Liebe zu Lilli, meine eigenen Beete, auf denen ich Radieschen, Gurken, Salat und sogar Tomaten zog, lenkten mich von den Sorgen um Pfadfinder und Junge Kommunisten ab.

Im Herbst 1923 kam ich endlich in die Schule und wurde in die dritte Gruppe aufgenommen. Die Schule lag weit von unserer Wohnung entfernt an der Ecke Marijnsko-Blagoweschtschenskaja und Wladimir-Straße, ein ehemals privates Progymnasium, das jetzt Grundschule hieß und eine Nummer trug. Aber niemand nannte sie so, alle sprachen nur von der »Leschtschinskaja-Schule«, weil die Direktorin so hieß. Fanja Grigorjewna Leschtschinskaja unterrichtete selbst Arithmetik und Naturkunde. Außerdem hatten wir Russisch, Französisch, Zeichnen und Turnen. Ich fühlte mich in der Schule nicht wohl. Ich war verspätet eingetreten, denn wir waren erst nach Beginn des Schuljahrs in die Stadt zurückgekommen. In der dritten Gruppe war ich der Älteste; die Kleineren nannten mich »Hopfenstange« und verlangten, ich sollte ihnen einen Spatzen fangen. Aber ich wußte weniger als sie, genauer gesagt, ich wußte überhaupt nichts von dem, was sie schon durchgenommen hatten. Das erbitterte mich. Mutter war stets so übertrieben entzückt von meinen Erfolgen gewesen – das hatte mich zwar geärgert, aber ich war mittlerweile daran gewöhnt –, und nun wurden mir hier in der Schule irgendwelche Knirpse und Rotznasen als Beispiel hingestellt, sogar kleine Mädchen mit Rattenschwänzen und Haarschleifen. Selbst beim Singen war ich einer der Schlechtesten; so ein pickliger Quieker, den ich mit der linken Hand hätte zusammenstauchen können, war Vorsänger und Erster, obwohl er eine widerwärtige, fast mädchenhafte Stimme hatte. Nicht mal beim Turnen klappte es, ich war zwar stärker als viele, aber ungeschickter.
Die Schule mochte ich daher gar nicht, und als ich die Masern bekam, freute ich mich darüber wie über eine Befreiung. Ich

war selig in dem halbdunklen Zimmer – wie es damals bei Masern vorgeschrieben war – und vergoß bei meinen ersten selbstverfaßten Gedichten Tränen. Die Verse überschrieb ich »Der Hammer«. Der Anfang lautete:

Laut und dröhnend fällt der Hammer,
doch er fällt auf Eisen nicht:
Glas, Kristall, Palast und Kammer
er zu edlem Stahl zerbricht.

Vor Mutter versteckte ich die Verse, damit sie nicht damit prahlen konnte, aber natürlich las ich sie Lidija Lasarewna vor, die sie ernsthaft anhörte und guthieß; sie wandte nur vorsichtig ein, es sei unnötig, Zeilen aus fremden Gedichten, selbst wenn sie von Puschkin stammten, zu benutzen. Und sie riet mir, mehr poetische Werke zu lesen, und meine eigenen Worte zu suchen. »Natürlich schreiben viele Menschen in der Jugend Gedichte, aber vielleicht hast gerade du den göttlichen Funken ...«

Auch nachdem ich zur Schule ging, unterrichtete Lidija Lasarewna mich weiter; sie verstellte sich nicht, als sie mir sagte, daß sie sich freute, mich zu sehen; in ihrem Bücherschrank fand ich immer wieder ein noch nicht gelesenes Buch – nicht Jules Verne oder Nat Pinkerton, die ich mir bei meinen Freunden besorgte, sondern die Romane Amphiteatrows »Die Sechziger« und »Die Siebziger«, Brzozowskis Roman »Morgenrot« über die Narodowolzen[13], die Memoiren von Kropotkin, Stepnjak-Krawtschinski[14] und Vera Figner, die Zeitschriften »Die Vergangenheit«, »Zwangsarbeit und Verbannung«, »Natur und Menschen« und viele Übersetzungen – Spielhagen, Jack London, Upton Sinclair ...

Als ich Lidija Lasarewna von der Schule berichtete, davon, daß die guten Pfadfinder jetzt zu den Jungen Kommunisten gehen, die bald darauf Junge Spartakisten und später Lenin-Pioniere genannt wurden, war ihr dies alles wirklich interessant und wichtig.

Vor den Eltern mußte ich meine politischen Aktivitäten verbergen. Mutter verspottete und verfluchte die »Landstreicher, die Kinder gegen ihre Eltern hetzen«. Vater drohte: »Wenn ich dich mit dem roten Lappen um den Hals sehe, kriegst du Dresche, daß du nicht mehr sitzen kannst, ich sperr' dich ein, und lass' dich nicht mehr in die Schule!«
Lidija Lasarewna dagegen hörte interessiert zu.
»Das ist sehr gut, daß bei euch Kameradschaft herrscht, daß ihr Gutes tun und den Menschen helfen wollt... Der Kommunismus ist ein großes Ideal. Der erste Kommunist war Christus. Alle guten Menschen haben von Gleichheit, Brüderlichkeit und Gerechtigkeit geträumt – Bakunin[15], Kropotkin, die Narodowolzen. Aber es ist sehr wichtig, daß die Idee rein ist, und daß sie mit reinem Herzen verwirklicht wird, mit reinen Händen... In der Bibel gibt es das Wort, der Mensch sei nicht für den Sabbat, sondern der Sabbat sei für den Menschen geschaffen. Auch der Kommunismus soll für den Menschen sein, und nicht umgekehrt...«
Manchmal bedrängte ich sie mit Fragen. Ich wollte unbedingt wissen, was sie selbst von Lenin und Trotzkij hielt, ob sie ebenfalls auf seiten der Sowjetmacht sei. Lidija Lasarewna antwortete ausweichend und bekam rote Flecken im Gesicht. Sie konnte keine Unwahrheit sagen, fürchtete sich aber sichtlich, irgendwelche Gedanken zu äußern, die mich verwirren könnten:
»Lenin ist sehr klug. Sogar genial. Und, natürlich er ist ein echter Revolutionär... Er stammt aus einer guten Familie. Sein älterer Bruder Alexander[16] war Narodowolze, war ein Held – hat ebenso wie Sheljabow sich für seine Genossen geopfert. Lenin schlug seinem Bruder nach. Natürlich liebt er das Volk. Will das Gute. Aber, weißt du, er ist zu ungeduldig und unduldsam. Und hat deshalb Grausamkeiten zugelassen. Na, so wie Robespierre, wie Marat. Und zudem ist er ein Materialist. Nicht persönlich, nein, persönlich ist er natürlich ein Idealist. Das sagen alle: Er ist uneigennützig und bescheiden. Aber aufgrund seiner Überzeugung ist er ein Materialist,

das heißt, er glaubt nicht an die Kraft der Ideale. Das hat er von Marx. Der war natürlich auch genial und persönlich ein edler Mensch. Aber er erkannte nur die materiellen Kräfte an – das Kapital, die Ware, die Fabriken und das Geld. Und Lenin denkt genauso, meint, die Hauptsache sei, erst mal die materiellen Kräfte und die Macht zu erobern. Alles andere komme danach. Um die Revolution zu verwirklichen, war ihm jedes Mittel recht. Und was wurde daraus? Alle Hungrigen gegen die Satten; die Arbeiter und Bauern gegen die Besitzenden, gegen die Intelligenz ... ›Raubt das Geraubte‹. Und dabei waren Puschkin und Tolstoj Gutsbesitzer, Turgenjew auch.

Ich habe viele Aristokraten, Kaufleute und Fabrikanten gekannt, die der Revolution geholfen haben – Sofja Perowskaja beispielsweise war die Tochter eines Generals. Und wie steht's bei den Bolschewiki? Lenin ist ja selber adelig, Lunatscharskij, Tschitscherin und die Kollontaj[17] auch. Doch sie gelten als Ausnahmen, die den notwendigen gnadenlosen Klassenkampf nicht beeinträchtigen könnten. Aber jeder erbarmungslose Kampf macht die Menschen mitleidslos, grausam und ungerecht. Und dann kann es keine Gleichheit, keine Brüderlichkeit, keine Freiheit geben. Das haben Korolenko, Tolstoj, Kuprin[18] und Gorkij geschrieben – die besten russischen Schriftsteller. Und Schriftsteller in anderen Ländern auch. Lies unbedingt die ›Erzählung von den zwei Städten‹ von Charles Dickens und von Victor Hugo ›Das Jahr 93‹ ...

Lenin ist natürlich ein Genie und persönlich ein guter Mensch, aber Trotzkij ist kalt, grausam und ehrgeizig. Natürlich ist er auch eine hervorragende Persönlichkeit – ein Armeeführer und Redner ... Und ein Revolutionär war er auch. Aber er ist schlechter als Lenin. Er denkt mehr an politische Doktrinen als an das Volk, er denkt an den Staat und an die Armee, und nicht an das Wohl des Volkes ....«

Fast genauso urteilten meine Eltern, ihre Freunde und Bekannten, wenn sie über Politik sprachen:

»Lenin ist immerhin ein Genie. Persönlich ein anständiger

Mensch, aber besessen ... macht seine kommunistischen Experimente, läßt das Volk leiden ... aber trotz allem ein politischer Kopf ... Er hat schließlich den freien Handel wiedereingeführt. Und den Bauern geht es heute besser als früher ... leben wie Gott in Frankreich ... Bewahre uns der Himmel davor, daß Trotzkij an die Macht kommt. Dann gibt es wieder Terror, dann kommt der Krieg mit der Entente ... Trotzkij will so rasch wie möglich die Weltrevolution. Er provoziert einen Antisemitismus, wie es ihn früher nie gegegeben hat ...«
In der Abteilung sangen wir:

Rote Armee, vorwärts marsch voller Mut,
es ist Genosse Trotzkij, der befehligt gut!

und

Lenin mit Trotzkij und Lunatscharskij verbündet,
hat den Proletarier-Verband gegründet.

An den Hängen des Wladimir-Hügels und des Zaren-Gartens grölten dagegen die Besprisorniki[19] mit heiseren Stimmen Knittelverse:

Was ist da zu sehen? Ach
Lenin-Trotzkij auf dem Dach!
Und sie rufen, diese Zweiheit:
»Leute, gebt uns endlich Freiheit!!«

In unserer Wohnung hatten wir inzwischen wieder »zusammenrücken« müssen. Bald nachdem uns der rothaarige Tschekist verlassen hatte, wurden zwei Schwestern bei uns einquartiert, die an der »Rabfak«, der Arbeiterfakultät, studierten. Etwas später kam noch ihr Bruder dazu, der war noch Schüler. Die ältere Schwester war hübsch und still. Die jüngere, kupferrot, mit rundem Gesicht, Sommersprossen und einem roten Kopftuch, sang viel und gern mit blechern scheppernder Stimme. An eins ihrer besonderen Lieblingslieder kann ich mich noch gut erinnern:

Der Stolz des Staats der Arbeiter sind wir, der Komsomol,
der teuren Heimat sind wir Hoffnung und Bastion.
Und jeder ehrlich Schaffende der weiß es wohl:
wie unsre jungen Kräfte dem Feinde drohn.

Die Melodie klang traurig und romantisch, sie sang sie scharf und kehlig, aber mir kam es kriegerisch und prophetisch vor:

...die alten müden Kämpfer ersetzen wir,
den Weltenbrand im Proletarierherz entzünden wir...

Die Schwestern hängten in ihrem Zimmer die Bilder von Lenin, Trotzkij und Alexandra Kollontaj auf. Einmal sagte ich, ich sei für Lenin, aber gegen Trotzkij. Da schlug mich die jüngere derb vor die Stirn und sagte: »Du Rotznase, was verstehst du schon – Lew Dawydowitsch ist der beste Freund, Genosse und Helfer Lenins, er ist der beste Leninist.« Ich wurde wütend und schrie irgendwas über Grausamkeit und Ruhmsucht. Da warfen mich die Geschwister einfach aus dem Zimmer.
Mit dem Bruder rechnete ich später ab, als wir allein waren. Er war älter und stärker als ich, aber ich rief Serjosha zu Hilfe; zu zweit warfen wir ihn zu Boden, schoben ihn unters Bett und verlangten, er solle »Nieder mit Trotzkij!« rufen. Er stöhnte und fauchte, wollte aber nicht rufen. Wir ließen es bei leichten Püffen bewenden – einen Liegenden schlägt man nicht.

Im Frühjahr 1923 las ich zum ersten Mal richtig »erwachsene« politische Bücher – Wilhelm Liebknechts »Die Kommune« und Ferdinand Lassalles Vorträge »Über die preußische Verfassung«. Es waren zwei Broschüren mit dunkelrotem Umschlag, auf gutem Papier und in alter Orthographie geschrieben, das verlieh ihnen besondere Solidität und Überzeugungskraft. Die neuen Bücher, Broschüren und Lehrbücher waren

auf dunklem, porösem Papier in fahlen, schnell verblassenden Lettern gedruckt.
Bei Lassalle verstand ich fast nichts, vertiefte mich aber mit um so größerer Verehrung in die einigermaßen verständlichen Passagen über die Notwendigkeit der Volksmacht und die Unausweichlichkeit des Sozialismus. Liebknecht erzählte dagegen klar und deutlich vom Heldentum und vom schrecklichen Schicksal der Pariser Kommunarden. Als ich von der blutigen Maiwoche und dem Tod Dombrowskis[20] las, weinte ich dieselben heißen Tränen wie über meinen Lieblingsbüchern von Nekrassow, Korolenko und Dickens. Mein Entschluß stand endgültig fest: Ich bin ein überzeugter Kommunist!
Den Sommer verbrachten wir westlich von Winniza im Dorf Sobolewka. Mein Vater hatte hier in der Zuckerfabrik zu tun. Wir wohnten im Hause des Werkmechanikers Pan Tadeusz Waszko; dessen jüngster Sohn Kasik war gleichaltrig mit mir, die jüngste Tochter Sosja ein Jahr jünger. Beide waren befreundet mit Sbyschek und Kasik, den Söhnen des einäugigen Werkzeugmachermeisters. Zum Unterschied von dem schwarzhaarigen Waszko-Jungen wurde der andere Kasik der »Rote« genannt. Ich verliebte mich sofort in Jadzia, die rundgesichtige Tochter des Chemikers. Mit ihrer jüngeren Schwester Helenka, einer spitznäsigen, stillen Schelmin, und der kleinen, rundlichen Wanda, die ohne Unterlaß schnatterte, bildete sie ein unzertrennliches Kleeblatt.
Allesamt waren gläubige Katholiken. Am Sonntag wurden sie, geschniegelt und gebügelt, zur Kirche in die rund 23 Kilometer entfernte Stadt gefahren. Mir gegenüber verhielten sie sich anfangs mißtrauisch, denn ich hatte gleich erklärt, ich sei Junger Kommunist; außerdem las ich im Garten demonstrativ die rote Broschüre über die Kommune, und zu alldem war ich auch noch Jude. Es gab einige Schlägereien, bis ich begriff, daß das polnische Wort »Shyd« kein Schimpfwort, sondern die genaue Entsprechung des russischen Wortes für Jude, »Jewrej« ist. Im übrigen nötigten wir uns gegenseitig Hochachtung ab – Kasik Waszko war zwar kleiner als ich, prügelte

sich aber tapfer und schlug mit seiner kleinen knochigen Faust haargenau zu, weinte nicht, gab einen Kampf nicht vorm Nasenbluten auf, und als Verlierer wurde er nicht böse. Der zweite Kasik, rothaarig, sommersprossig und gedrungen, war gerissener; er konnte einen durch hinterhältiges Beinstellen zu Fall bringen und böse Schläge in die Herzgrube austeilen. Wenn er verlor, rief er noch im Hinfallen: »Liegende schlägt man nicht!« Sein älterer Bruder Sbyschek ging an Krücken, sie dienten ausgezeichnet als Waffen bei Zusammenstößen mit den Jungen aus den Nachbardörfern.

Die polnischen Jungen nahmen mich bald in ihre Gemeinschaft auf und nannten mich Leon. Zusammen mit mir wurde auch Serjosha akzeptiert, der Sohn des Agronomen aus dem benachbarten Sowchos. Früher hatten sie ihn geschnitten und »Moskowiter« geschimpft.

Zwischen der Siedlung, in der wir wohnten, und der Zuckerfabrik erstreckte sich ein großer Teich, an dessen äußerstem Ende das Dorf lag. In den Büschen und im Schilfdickicht, das ein paar lehmige Badestellen barg, fanden die Kämpfe zwischen den polnischen Kindern vom Werk und den Dörflern statt. Die ersten Male nahm ich auch daran teil. Aber mir war nicht recht wohl dabei, als meine neuen Freunde diese Kämpfe als Teil des ewigen Krieges der polnischen Ritter gegen die »Bauernflegel«, die »Schismatiker«, das »Vieh« erklärten … Ich erinnerte mich an die Verpflichtungen der Pfadfinder und Jungen Kommunisten und beschloß, zum Friedensstifter zu werden. Die Dorfjungen, barfüßig, ohne Mützen, in grauen Leinwandhosen bis zur halben Wade und zerrissenen Hemden, verhielten sich gegen mich grob mißtrauisch. Aber ich sprach ukrainisch, wenn auch nicht ihren Dialekt, und erzählte ihnen von Kiew, vom Krieg, über Bücher, kannte eine Menge Volkslieder. Mit einem ihrer Anführer, dem kräftigen, untersetzten Mitjko, entwickelte sich allmählich eine Freundschaft. Wir prügelten uns ehrlich, ohne Beinstellen, und erwiesen uns als ungefähr gleich stark, obwohl ich einen Kopf größer war als er. Es schmeichelte ihm, daß ich ihm Ebenbürtigkeit zugestand, nachdem ich ihn mit einem Ringergriff, einem Doppelnelson besiegt hatte, den ich selbst erst kürzlich aus Barrows Buch »Tarzan« gelernt hatte. Unsere Freundschaft gewann auch eine wirtschaftliche Grundlage. Kasik Waszko und ich bauten in einer alten steinernen Scheune, die uns sein Vater zur Verfügung gestellt hatte, gemeinsam einen Kaninchenstall. Die ersten Kaninchen kauften wir für bares Geld, das wir bei den Eltern erbettelt oder gestohlen hatten. (Damals waren noch alle möglichen Währungen im Umlauf: neue Fünfer, alte »Limonen«, Kerenskij-Geld, Halbe Kopeken aus der Hetman-Zeit und Denikinsche »Glöckchen«.) Später tauschten wir mit den Dorfjungen die eine Rasse gegen die andere, oder Kaninchen gegen Hefte, Bücher, liniertes oder Kästchenpapier. Mitjko war der Initiator, Mittelsmann und Partner bei den meisten dieser Geschäfte. Er besorgte auch das Futter für unsere Kaninchen – Roggen und Weizen. Ein kleiner Sack von ein paar Kilogramm Korn kostete einen Kopierstift oder zwei gewöhnliche Bleistifte.

Mitjko, den ich durch Serjosha kennengelernt hatte, stand mit den polnischen Jungen auf gespanntem Fuß. Zu meinen Bemühungen, ihn umzustimmen, schwieg er entweder oder antwortete kurz und skeptisch. Er war mürrisch lakonisch, widersprach gewöhnlich nicht in der Sache, warf lediglich ausdrucksvoll hin: »Das sagst du so!« oder »Red nur, red!«

Ich wurde böse, brauste auf und fluchte. Dann erzählte ich von Schewtschenkos[21] polnischen Freunden, erzählte ihm den Inhalt eben gelesener Romane von Sienkiewicz[22], wobei ich allerdings einige Details änderte, denn ich wollte ihn doch überzeugen, daß es bei den Polen sehr gute, bemerkenswerte Menschen gebe. Von Korolenko erzählte ich ihm auch und, natürlich, von Liebknecht.

Mitjko und seine Freunde hörten aufmerksam zu, manchmal schien es, als stimmten sie zu. Die Schlägereien zwischen den Dorfjungen und denen vom Werk hörten fast ganz auf. Aber dennoch kam es nicht zu jener idyllischen Freundschaft »aller mit allen«, wie ich sie mir vorstellte, wenn ich vor dem Einschlafen in der warmen Dunkelheit von der Zukunft träumte, von kriegerischen Heldentaten, von den weichen, rosigen Lippen und den straffen Brüsten Jadzias, von der Zucht einer neuen Kaninchenrasse, vom Ruhm des Dichters und Revolutionärs, des Staatsmannes in Kiew, in Paris, in Ber lin . . .

Waszkos Haus war von einem großen Garten mit dichtem Himbeer- und Johannisbeergebüsch umgeben. Dahinter erstreckte sich gut einen halben Kilometer der Obstgarten, Mistbeete, Gemüsefelder. Vorne wuchsen eng beieinander Ahornbäume und Kastanien, Linden, Akazien und blauschimmernde Edeltannen. Und jenseits des Maschendrahtzauns zog die breite, staubige Straße entlang. Auf der anderen Straßenseite lag die »Genossenschaft« – der Laden, ein langes Haus mit niedrigen, breiten Fenstern und einer gedeckten »Galerie« mit dunkelbraunen, verwitterten Holzpfeilern. Drinnen roch es nach Hering, Machorka, Petroleum, Bast, Sackleinen, Mäusen und verstaubtem süßlichen Naschwerk.

Die Mutter von Kasik und Sosja, Pani Agnesz, wollte uns vor dem Laden Angst machen, versicherte eindringlich in ihrem polnisch-russischen Wortgemisch: »Dort sind immer Bauern; immer betrinkt, dreckig. Dieser Dreck! Dieses Gefluche! Nichts für Kinder! . . .« Meine Mutter fürchtete sich wie immer und überall vor ansteckenden Krankheiten: »Dort gibt es doch Cholera und Bauchtyphus – ich flehe euch an, beim Leben eurer Mutter: faßt nichts an!«

Aber manchmal gelang es einem von uns, einen offiziellen Einkaufsauftrag zu erhalten – einen Lampenzylinder, Streichhölzer, Pfeffer oder Petroleum zu holen. Natürlich begleiteten ihn seine Freunde. Es kam auch vor, daß wir auf dem Wege zum Teich in den Laden gingen, nur so zum Gucken oder um für ein erbeutetes Zehnkopekenstück Postkarten oder Karamelbonbons zu kaufen. Die Bauern, die an der Theke standen oder ihre Machorka draußen auf der Galerie bei den dort angebundenen Fuhrwerken rauchten, bemerkten uns einfach nicht. Es war kränkend, die gleichgültig-verächtliche Geringschätzung uns Fremdlingen gegenüber zu spüren. Nebenbei: Es war auch nicht besser, wenn irgendein jüngerer, bärtiger Bauer, sonnenverbrannt, in grauem Kittel mit ausgeblichener Stickerei, nach Schweiß, Teer und Stroh riechend, uns plötzlich spöttisch, aber keineswegs freundlich, fragte: »Na, du Bengel, zu wem gehörst du – zu den Polacken, den Moskauern oder den Juden? . . . Na, sag schon: ›Kukurusa‹ und ›Paljanizja‹.«

Es hieß nämlich, ein Jude könne kein hartes Zungen-R sprechen, Russen und Polen dagegen brächten das weiche, schmackhafte Wort »Paljanizja« (Weißbrot) nicht richtig heraus.

Eines Morgens kamen Jadzia, Helja und Wanda atemlos und aufgeregt zu uns in den Garten gelaufen. Vor Schreck noch außer Atem erzählten sie alle durcheinander: Dort im Laden hinge ein Bild, eine schreckliche Verhöhnung der Gottesmutter. Eine so gemeine, so schreckliche Verspottung, eine solche Sünde und Schandtat! Die rundliche Wanda jammerte die ganze Zeit »Jesus Maria! Jesus Maria!« und bemühte sich zu weinen. Sie begannen, mit den Jungen zu flüstern, und ich spürte plötzlich, wie sie sich alle von mir entfernten, denn die Gottesmutter gehörte ja nur ihnen.

Die Erregung und der Schrecken der Mädchen, das zornige Flüstern der Jungen, das bittere, plötzliche Gefühl, fremd zu sein, verstärkten all das, was ich früher von Lidija Lasarewna, von Korolenko und den Pfadfinderbüchern her wußte: Man darf einen fremden Glauben nicht mißachten, man darf nicht über das lachen, was anderen heilig ist. Und Jadzia war so schön, wie sie, die Fäuste unter dem Kinn geballt, stöhnte: »Heilige Jungfrau, was wird das nur! Was für eine Sünde!«

Und ich spürte die Kraft, die einen wie auf einer Schaukel hochhebt – eine erschreckend kalt machende, leichte und starke Kraft, ungefähr wie das Gefühl, wenn man mit einem gefährlichen Gegner kämpfen oder von großer Höhe sprin-

gen oder über einen schmalen Steg ohne Geländer gehen soll... Ohne mit irgend jemandem zu sprechen, lief ich aus dem Garten und über die Straße. An der Ladentür hing das große gelbbraune Plakat mit der Karikatur, das die anderen so entsetzt hatte: Lord Curzon mit schiefem Mund als Madonna, und Tschernow[23] als bärtiges Jesuskind.
Hinten auf der Galerie stritten einige Bauern über irgend etwas, sahen nicht auf mich und fluchten träge. Ich wartete einige Sekunden, riß das Plakat ab, steckte es unter mein Hemd und ging, wobei ich mir Mühe geben mußte, nicht loszurennen, mit breiten, gespannten Schritten zurück. Der Hinterkopf schmerzte von dem Wunsch, mich umzusehen, und vor Angst, was wohl hinter mir los sei... Aber dafür riefen dann die Mädchen im Garten: »So ein Held! O, Leon, was bist du für ein Held!« Wanda und Sosja küßten mich sogar. Jadzia lächelte leider nur, schaute zärtlich drein und errötete. Kasik Waszko umarmte mich und sagte, wir seien jetzt fürs ganze Leben Freunde. Sbyschek klopfte mir auf die Schulter, und nur der rothaarige Kasik bemerkte mit skeptischem Grinsen, daß nichts Besonderes passiert sei, der Sohn des Pan Agronom sei kein Katholik, sondern Kommunist, und ihm wäre gar nichts geschehen, wenn man ihn erwischt hätte. Für die andern aber wäre es gefährlich geworden. Doch die großherzigen Mädchen fielen über ihn her; wir zerrissen das Plakat und verbrannten es feierlich. Sein Verschwinden blieb ohne Folgen, obwohl ich einige Tage lang ängstlich nach allen unbekannten Leuten Ausschau hielt, die zu uns ins Haus kamen, und noch lange nicht wagte, dem Laden nahe zu kommen.

Ein paar Kilometer vom Dorf entfernt war eine kleine Stadt. Zusammen mit den Eltern kam ich hier mehrere Male in der Kutsche durch, wenn wir auf Besuch in eine andere Zuckerfabrik fuhren.
Die Häuser waren niedrig, weiß gestrichen, aber mit abblätternder Tünche und mit schmutziggrauen oder braunen

Türen. Vor den Häusern und Läden standen bärtige Männer mit steifen Hüten, Schirmmützen oder runden Käppchen und in langen Gehröcken. Sie sprachen laut, singend und schnarrend. Die Frauen riefen ihre Kinder mit gellenden, traurig hallenden Stimmen: »Schlemke-e-e! Mojschenju-u-u!«
Als die Schonzeit vorbei war und die Jagd begann, hielten sich Serjosha, Kasik Waszko und ich uns an unsere Väter. Am Sonnabend fuhr eine große Partie Jäger auf flachen Wagen in die entfernten Sümpfe. Alle übernachteten im Häuschen des Försters, schliefen auf dem Fußboden und aßen zum Frühstück die allerschmackhafteste Sauermilch mit Honig direkt aus der Wabe. Die Jäger hatten das Haus noch vor Sonnenaufgang verlassen, und wir suchten sie später, indem wir dem Klang der Schüsse nachgingen, vorsichtig wie die Indianer schlichen wir uns an. Wir durften nicht nahe herankommen, damit wir nicht versehentlich getroffen wurden. Zu Mittag saßen wir alle dicht ums Feuer, aßen Wild und in der Asche gebackene Kartoffeln, die nach Rauch und Moor schmeckten. Die Erwachsenen tranken Wodka, bei der Heimkehr waren sie angeheitert, prahlten laut; wer Pech gehabt hatte, entschuldigte sich mit Ladehemmung oder daß die Sonne gerade geblendet hätte.
Auf dem Rückweg am Sonntag hielten die Jagdwagen in dem Städtchen an. Die Erwachsenen gingen in die Läden, wir blieben auf der Straße.
Den Wagen umringten barfüßige Jungen mit zerfetzten Mützen oder zerdrückten Hüten, unter denen an den Ohren gedrehte Peieslocken herabringelten. Sie lärmten und lachten, zeigten mit Fingern auf uns wegen meiner nur bis zum Knie reichenden kurzen Hosen. Sie alle trugen, wie auch die Kinder bei uns im Dorf und im Werk, halblange oder lange Hosen mit Umschlag und spotteten: »Kirze Hejsele« (kurze Höschen). Ich versuchte, auf ukrainisch oder deutsch mit ihnen zu reden, wobei ich statt »a« »o« sagte, damit es dem Jiddischen ähnlicher würde. Die älteren Kinder antworteten, wobei sie Jiddisch, Polnisch und Russisch-Ukrainisch durcheinander-

sprachen. Bei ihnen gab es weder Pfadfinder noch Junge Kommunisten. Als ich sagte, ich sei auch Jude, erhob sich mißtrauischer und feindseliger Lärm. Immer öfter und lauter hörte ich *Chaser* – Schwein, *Apikojres* – Gottloser, und *Mamser* – Bastard. Ein lockiger Junge mit einem großen, eingedrückten Melonenhut fragte böse: »Und der junge Herr ißt *Chaser*?« Ich gab zu, daß ich es äße, und versuchte zu erklären, das alte Verbot sei nur für das heiße Palästina gut gewesen, während hier Schweinefleisch ungefährlich sei.
Einige Stimmen schrien los: »Selbst ein Schwein ... *Chaser* ... *Mamser* ... *kisch in toches* (Leck mich am Arsch)!« Schwere Brocken Straßenschmutz flogen, und nur das Einschreiten bärtiger Erwachsener, die in der Nähe standen, verhinderte eine große Schlägerei.
Mir taten diese abgerissenen, mageren, blassen Jungen leid, zugleich war es unangenehm, sie anzusehen und sie zu hören. Es war mir auch vor Serjosha, Kasik und dem Kutscher peinlich. Denn die fremden Jungen redeten dieselbe Sprache wie meine Großväter, Großmütter und manchmal auch meine Eltern. Sie waren irgendwie verwandt mit mir. Aber ich schämte mich ihrer, und noch quälender war die Scham darüber, daß ich mich schämte.
Aus Sobolewka reisten wir im Spätherbst ab. Ich hatte in der Schule gehörig viel versäumt. Aber dafür hatte ich Kenntnisse erworben, wie sie kein Lehrbuch vermitteln kann. Ich hatte gelernt, polnisch zu sprechen und zu lesen; hatte die Bücher von Sienkiewicz und Mickiewitz entdeckt, die Geschichte Polens lieben gelernt – alles, von Mieszko und Boleslaw Chrobry bis zur Kosciuszko, Dombrowski und den Aufständischen des vergangenen Jahrhunderts[24]. Angesteckt von der Begeisterung meiner Freunde sang ich mit ihnen die Nationalhymne »Noch ist Polen nicht verloren«. Damals war ich überzeugt, daß Dombrowski, von dem im Refrain die Rede ist, derselbe furchtlose und edle General der Pariser Kommune sei, von dem Liebknecht schrieb. Dort, in Sobolewka, wurde ich für immer von der Feindschaft gegen die Polen geheilt, die mir

zuvor Sagoskin, Gogol, die Erinnerungen an die polnischen Soldaten in Kiew und die schlechten Witze der Erwachsenen eingeflößt hatten. Außerdem hatte ich gelernt, »mit Ausholen« zu schwimmen, also zu kraulen, Krocket zu spielen, hatte viel über wilde Enten erfahren, darüber, wie Zucker hergestellt wird, was für Kaliber Jagdgewehre haben und wie man Patronen stopft ...

Doch obwohl ich Polen und die Polen liebgewonnen hatte, verriet ich Deutschland und die Deutschen nicht. Zu Weihnachten verbrachten wir mehrere Tage bei den Maiers, und wieder verliebte ich mich in Lilli und beschloß endgültig, sie zu heiraten, obwohl ich Jadzia nicht vergessen konnte. Und in der Schule saß auf der Nachbarbank Ssofa; sie trug noch breite Haarschleifen und kurze Kleider, man konnte die Spitzenkante ihrer Höschen und die bunten Strumpfbänder sehen. Aber sie hatte schon eine richtige Brust, und die Jungen versuchten in den Pausen, besonders aus Ssofa »Öl zu pressen«.

Deutschland liebte ich nun anders – nicht wegen seiner Könige und Feldherren. Ich las das Buch »Unter der Fahne des Bundschuhs« von Altajew, und die Zeitungen schrieben von Barrikadenkämpfen in Hamburg. Im Klub der Jungen Kommunisten gab es Broschüren über Marx, Engels, Liebknecht und Rosa Luxemburg. Meine kindliche Germanophilie verschmolz leicht mit der allgemeinen Menschenliebe, wie Lidija Lasarewna sie lehrte, wie sie mir entgegentrat in den Erzählungen von Korolenko »In schlechter Gesellschaft«, »Makars Traum«, »Sprachlos«, in Kuprins Novelle »Gambrinus«, Gorkijs »Italienischen Märchen«, den Pfadfinderregeln und den Vorschriften der Jungen Kommunisten.

Der kindlich naive, aber echte Internationalismus wurde aus verschiedenen Quellen gespeist. Eine ihrer wesentlichen aber war Gott.

Der Verlust Gottes

Nichts ist geblieben –
Kein Gott und kein Halbgott.
Es herrschen die Hundehetzer
Und ihre Gehilfen.
Taras Schewtschenko

Bis zu meinem sechsten Jahr glaubte ich an den russisch-orthodoxen Gott meiner Kinderfrau Polina Maximowna, die nächsten vier Jahre an den lutherischen Gott, den evangelischen Christus, zu dem Jelena Franzewna und ihre Nachfolgerinnen beteten. Dagegen kam ich einfach nicht dazu, an den jüdischen Gott der Großeltern zu glauben. Wahrscheinlich war nur meine Großmutter väterlicherseits regelrecht fromm. Sie hatte getrenntes Geschirr für Fleisch und Milch und hielt die strengen Vorschriften beim Saubermachen ein. Freitags, manchmal auch an anderen Tagen, betete sie bei Kerzenlicht. Wenn sie – selten genug – zu uns zu Besuch kam, aß sie nichts: »Bei euch ist alles *trefe*. Ihr eßt ja sogar Schweinefleisch. Das ganze Geschirr ist unrein.«
Sie trank nur Tee aus einem Glas und süßte ihn mit Gelee, das sie selbst eingekocht und uns geschenkt hatte. Zucker hielt sie auch für unrein. Der Großvater dagegen, wenn er allein zu uns kam, aß seelenruhig Schinken und alles übrige. Auf das Geschirr kam es ihm nicht an.
Großmutters Gott war kleinlich und verlangte Sinnloses. Warum sollte es Sünde sein, mit einem »Milchlöffel« Bouillon zu essen?
»Es ist Sünde, fertig. Gott hat es befohlen und die Propheten. Du bist noch ein kleines Ferkel. Solltest nicht fragen, sondern gehorchen. Sonst bestraft dich Gott, macht dich blind oder läßt dir Arme und Beine verdorren.«
»Aber warum essen Papa und Mama alles, und Gott bestraft sie nicht?« (Den Großvater wollte ich nicht verpetzen.)

»Sie sind Epikuräer, voller Sünden – Gott verzeih ihnen und sei ihnen gnädig«, murmelte sie zornig auf jiddisch. »Ich bete für sie, und du frag nicht wie ein Dummkopf, bist noch zu klein, um nach Vaters Sünden zu fragen. Hast eine zu lange Zunge, man müßte sie dir abschneiden ...«

Mama rief den allmächtigen Gott oft an, drohte: »Wenn du lügst, straft dich Gott. Wenn du deinen Eltern nicht gehorchst, wird Gott dich bestrafen ...« Ich kann mich nicht daran erinnern, daß sie je ernsthaft gebetet hätte. Aber vor dem Versöhnungstag wurde ein Huhn gekauft, und Mama schwang es mir und meinem Bruder über den Kopf, wobei sie irgendwelche Beschwörungen murmelte. »Das ist, damit alle Sünden und Krankheiten von euch weggehen.« Anschließend wurde das sündige und kranke Huhn ohne Beschwerden verspeist. Als ich fragte, ob wir nicht all die Sünden und Krankheiten nun wieder zu uns nähmen, rief Mutter erbost: »Das verstehst du noch nicht – werd erwachsen, dann begreifst du es.« Später hörte ich mehrmals, wie sie Verwandten und Bekannten meine Frage stolz weitererzählte. »Sagen Sie doch selbst: Ist das nicht ein erstaunlich kluges Kind?«

Am Versöhnungstag fastete Mutter und machte Vater Vorwürfe, daß er aß: »Glaubst du vielleicht, daß deine Mutter für alle betet? Irgend etwas Heiliges muß doch im Leben sein!«

Mutter war mehr abergläubisch als fromm. An einem Montag fing sie nichts an. Sie fürchtete sich vor dem bösen Blick. Wenn irgend etwas verlorenging, band sie ein Tuch ums Tischbein. Das zuverlässigste Mittel, um bei ihr etwas zu erreichen, war, die Gesundheit zu beschwören: »Ich beschwöre dich bei meiner Gesundheit ... gib mir das, erlaub mir das.« Als 1921 Mutters Eltern starben, saß Mutter zusammen mit ihren Schwestern und Brüdern mehrere Tage hintereinander mit bloßen Füßen in ihrer Wohnung. Mir wurde erklärt, das sei ein jüdischer Trauerbrauch. Nichts Feierliches, sondern irgend etwas Seltsames, ähnlich wie Kinderspiele, bloß traurig. Diese Großeltern hatte ich nur selten gesehen. Aber ich wußte, daß »Mutters Mutter« ebenfalls keine *trefene* Speise zu sich nahm, zweierlei Geschirr hatte und am Sonnabend nichts tat, während der Großvater, zu Besuch bei anderen, mit Vergnügen Verbotenes aß. An den hohen Feiertagen besuchten wir vor allem die Eltern meines Vaters. Vaters Vater war breitschultrig, mit rotem Gesicht und kurzem, grauem Bart. Ich kann mich nicht erinnern, ihn beten gesehen zu haben. Dagegen liebte er es, die Bedeutung jedes Festtages zu erklären. Er redete weitschweifig, voll Büchergelehrsamkeit und langweilig. Ich tat, als ob ich zuhörte, und wartete ungeduldig auf das zu *Chanuka* übliche Geschenk, oder daß man endlich die Mohn-Pasteten essen könnte, die es zu *Purim* gab.

Höchster Feiertag war *Pessach*. Alle Kinder und Enkel mußten am Vorabend, dem *Seder*, zum Abendbrot erscheinen. Die Männer saßen mit Mützen am Tisch, und ich begriff nicht, warum. Bei uns zu Hause galt das als unschicklich. In den Kirchen der Russisch-Rechtgläubigen, der Lutheraner und der Katholiken gehörte es sich, die Mütze abzunehmen, aus Höflichkeit vor Gott. Am verdrießlichsten war das Verbot, Brot zu essen. Großmutter hatte an den Pessach-Tagen nur ungesäuerte, fade Matze. Einmal beschloß ich zu schummeln und brachte von zu Hause in der Tasche ein Stück Franzosenbrot mit. Bei Tisch versuchte ich, mir heimlich etwas davon abzubrechen, wurde aber ertappt, und Großmutter gab mir ein paar böse, gesalzene Backpfeifen, zwang mich, das Brot auf den Hof zu werfen, die Hände zu waschen und den Mund auszuspülen. Noch lange klagte sie, wobei sie ukrainische und jiddische Schimpfworte durcheinandermischte, daß sie an einem solchen Festtag den sündigen Enkel bestrafen müsse.

Vaters jüngster Bruder Mischka – Mutter nannte ihn stets »Mischka Bandit«* – und der Mann seiner jüngsten Schwester,

* Er war sowohl in der Weißen als auch in der Roten Armee gewesen, war Kommandant eines Forts in Sewastopol, hatte die Tochter eines früheren zaristischen Offiziers entführt, war desertiert und Krimineller geworden, stellte sich später und gestand seine Verfehlungen, diente irgendwo, und Großmutter hatte seine Frau zum Judentum bekehrt, sie sogar in die Synagoge geführt.

Staatsanwalt und Parteimitglied Mischa, zwinkerten sich während des Sederabends zu, machten ironische Bemerkungen, aber leise, damit Großmutter sie nicht hören konnte, und gossen Wein in mein Limonadenglas. Mitten auf dem Tisch prangte das Weinglas für den Propheten Elias, und alle gossen aus ihren Gläsern dort hinein. Die Haustür blieb offen, damit der Prophet eintreten könne.
Mehrfach stellte ich die traditionellen Fragen, die der Jüngste an den Ältesten am Tisch zu richten hat. Ich wußte sie zwar auswendig, hatte aber vorsorglich – in russischen Buchstaben geschrieben – einen Spickzettel bei mir: *Manischtano chalajlo chase?* – warum feiern wir diesen Tag? Dann suchten die Enkel nach dem vom Großvater versteckten Stück Matze und forderten eine Auslösung. All diese Einzelheiten des Pessach-Rituals empfand ich zwar nicht als so unschön wie die bei Tisch aufgesetzten Mützen und nicht so traurig wie das Fehlen von Brot, aber sie flößten mir keinen Glauben ein. Großmutter, die Hauptvertreterin des jüdischen Gottes, war streng, und außerdem konnte sie offenbar meine Mutter nicht leiden. Regelmäßig kam es nach so einem Familientreffen zwischen meinen Eltern zum Streit. Dabei sprachen sie jiddisch, wenn mein Bruder und ich noch nicht schliefen, aber Begriffe wie *dajne Mame* verstand ich natürlich. Sie sprach gehässig und mit böser Ironie über ihre Schwiegermutter, Vater wurde wütend, schnauzte sie an und gab ihr eine Ohrfeige, dann schrie sie hysterisch »Mörder!« und verfluchte sein ganzes Geschlecht. Sanja und ich fingen an zu heulen, Vater verließ das Haus und knallte die Tür hinter sich zu.
Nein, der Gott unserer Familie, der Gott jener bärtigen alten Männer, die vor der Synagoge herumstanden und in singendem Tonfall sprachen, wobei sie lächerlich mit den Armen fuchtelten, er verdiente weder Liebe noch Verehrung. Oft sagte Mutter spöttisch oder verächtlich zu uns: »Leise, macht nicht so'n Krach, ihr seid hier nicht in der Judenschul'!«, oder sie fand, dieser oder jener hätte einen »widerlich jiddischen Akzent«, oder »wasch dich, du bist dreckig wie'n Dorfjude«,

»nimm die Mütze ab, bist hier nicht in der Synagoge«, oder »fuchtele nicht so mit den Armen wie ein alter Jid aus Oster« (von dort stammte Vater, und in Oster lebten noch viele seiner Verwandten).
Gleichzeitig aber versicherte sie stolz, ihre Familie stamme von einem alten Rabbinergeschlecht ab, während die ihres Mannes bloß *schiker* hervorgebracht habe, die nicht lesen und schreiben könnten: Soldaten, Schuhmacher und, bestenfalls, kleine Ladenbesitzer. Vater ärgerte das, er wurde böse und schalt sie ein Lügenmaul: Ihr Großvater sei Droschkenkutscher gewesen und ihr Vater kläglicher Buchhalter beim Gutsbesitzer. Seine Verwandtschaft spucke auf irgendwelche Rabbiner-Vorfahren, sie verdiene sich ihr Brot ehrlich. Wenn sich Mutter und Vater stritten, erinnerte sie ihn jedesmal daran, daß seine Schwester getauft, sein Bruder Bandit und noch dazu mit einer *schikse*, einer Nichtjüdin, verheiratet sei. Seine Mutter sei eine Frömmlerin, die zwar ihre neue, »nichtjüdische« Verwandtschaft liebe, aber sie – Mutter – hasse und ihr wegen unreinen Geschirrs Vorwürfe mache. Die Worte »Antisemit« und »Judophob« waren für meine Mutter Schimpf- und Schreckworte. Allen Kindermädchen, Hausbesorgerinnen und Bekannten erklärte sie, daß es sozusagen Juden und Jidden gebe, daß das jüdische Volk eine große Kultur besitze und viel gelitten habe, daß Christus, Karl Marx, der Dichter Nadson, Doktor Lasarew – der beste Kinderarzt in Kiew –, die Sängerin Isa Kremer und unsere Familie Juden seien, während diejenigen, die auf dem Schwarzmarkt die fettesten Geschäfte machten, und die Kommissare bei der Tscheka Jidden seien. Und überhaupt, der Jargon, Jiddisch, sei verhunztes Deutsch, unbeholfen, unanständig; ihre Kinder sollten ihn gar nicht hören, um sich nicht das richtige Deutsch zu verderben, das sie lernen. Das Althebräische dagegen sei eine schöne, kultivierte Sprache. Sie selbst sprach es nicht, pflichtete aber den Großeltern bei, daß mein Bruder und ich Hebräisch lernen müßten. Daher tauchte im Winter 1921/22, als Lidija Lasarewna mir Nachhilfeunterricht gab, ein Hebräisch-Lehrer im Hause auf.

Ilja Wladimirowitsch Galant war bis zur Revolution Professor für Geschichte an der Kiewer Universität gewesen und gab nun Privatunterricht in Fremdsprachen und Hebräisch. Er kam mir sehr alt vor, war zerstreut und unordentlich, vergaß, seine Gummischuhe an- oder auszuziehen; sein Jackett war ständig voller Zigarettenasche, er drehte sich dünne Zigaretten mit zitternden, bläulichen Fingern. Das Pincenez mit der schwarzen Schnur fiel ihm ab und zu von der großen, ebenfalls bläulichen Nase, und auf den welken, bläulichen Wangen hatte er graue Stoppeln. Er begann, mich in hebräischer Grammatik zu unterrichten, die mir gleich ebenso langweilig und sinnlos vorkam wie die Tonleiterübungen von Beyer, die ich stundenlang auf dem Klavier klimpern mußte. Unsinnig war ja auch schon, daß man »umgedreht« lesen mußte, von rechts nach links. Wenn er zu reden begann, verlor sich Ilja Wladimirowitsch in seinem Stoff und vergaß seinen Schüler. Zu Beginn jeder Stunde sagte er, was drankommen sollte – biblische Tradition, jüdische Geschichte. Doch dann ging es mit ihm durch: Er erzählte ausführlich über Babylon, die Assyrer, das alte Ägypten, Griechenland und Rom. Und ich fragte und fragte. Er wurde mir zum Prüfstein der Kenntnisse, die ich aus historischen Romanen gewonnen hatte. Feurig erzählte er von der Schlacht an der Kalka[25], von der Fronde, Richard Löwenherz, den Verdiensten Ssuworows[26], Napoleons und anderer Feldherren. Ilja Wladimirowitsch sollte mich in der jüdischen Religion unterweisen, aber er sagte, alle Völker hätten ein und denselben Gott, alle Religionen seien voller Vorurteile und enthielten dennoch vieles Gute. Moses und Christus seien große Propheten gewesen, nur naive Fanatiker hätten ihnen Göttlichkeit zugeschrieben. Als größter Prophet aber galt ihm Leo Tolstoj, von ihm sprach er mit einer Bewegung, die sich auf mich übertrug. Stolz zeigte er mir eine von ihm verfaßte Broschüre – offenbar über die jüdische Frage –, deren Vorwort aus Briefen Tolstojs und Korolenkos bestand. Mich ehrte das Vertrauen des alten Lehrers, und seine Erzählungen interessierten mich sehr: Wie die ägyptischen und die jüdischen Krieger bewaffnet waren, welche Belagerungsmaschinen es gab und wer Kriegselefanten eingesetzt hatte...

Die Großeltern überzeugten sich zu ihrem Kummer, daß ich nach einem ganzen Winter Unterricht bei Professor Galant kein einziges hebräisches Gebet kannte und keinerlei Unterschied zwischen Moses und Christus sah. Das lag nicht nur an ihm. Viele Ansichten Ilja Wladimirowitschs stimmten mit dem überein, was Lidija Lasarewna sagte. Als ich sie nach Gott fragte, antwortete sie, Gott sei natürlich kein alter Mann mit Bart, wie Ikonen und Bilder ihn darstellten, er sei das große Gesetz der Liebe, das Ideal des Guten, jene Kraft, die uns erkennen läßt, was gut und was böse ist. »Und was mit uns nach dem Tod geschieht, wo Himmel und Hölle sind – darüber sprechen wir, wenn du größer bist, das sind sehr komplizierte Dinge...«

Im nächsten Winter wurde mir gesagt, Ilja Wladimirowitsch sei sehr krank und könne keinen Unterricht mehr erteilen. Der neue Hauslehrer war ein Student, er sollte mich in Hebräisch und Musik unterrichten. Langbeinig, mager, mit Brille und langer, roter Nase, die ständig tropfte, aber nur selten mit einem schmutziggrauen Taschentuch abgewischt wurde, mißfiel er mir von der ersten Minute an. Ich weiß nicht mehr, ob er mir Religionsunterricht gab oder irgend etwas von Gott sagte, nur eines weiß ich, er versuchte zu beweisen, daß alle Juden nach Palästina auswandern und dort ihren Staat schaffen müßten. Er brachte mir die zionistische Hymne bei und das traurige Lied auf die russischen Verse von Frug: »Mein Freund, in kalter Fremde wuchs ich auf, Sohn der Unfreiheit und der Trauer des Volks. Zwei Dinge gab das Schicksal mir – Freiheitsdurst und Sklavendasein.«

Ich war jedoch zu dieser Zeit schon bei den Jungkommunisten, konnte die Internationale singen und war überzeugt, daß man die zionistischen Pfadfinder, diese »Makkabäer«, ebenso verhauen müsse wie die »weißen« und die »gelb-blauen« Pfadfinder. Ich wollte in kein Palästina auswandern, und wenn ich von Reisen und Abenteuern träumte, dann natürlich von

Afrika, Indien und Südamerika. Ich wünschte mir sehr, nach Deutschland zu reisen, wo doch in aller Kürze die Revolution beginnen mußte, oder nach Amerika, wo es Wolkenkratzer, Cowboys, Neger und Indianer gab, und wo die Revolution ebenfalls nicht auf sich warten lassen würde. Der neue Lehrer war mir so gleichgültig, daß ich nicht einmal mehr seinen Namen weiß. Es kamen sowieso nur wenige Stunden zustande. Beim dritten oder vierten Mal gab er mir mehrmals schmerzhafte Kopfnüsse, weil ich weder meine Aufgabe gelernt hatte, noch im geringsten dazu bereit war, einen jüdischen Staat zu schaffen. Wenn ich ihm zu widersprechen wagte, nannte er mich einen Idioten, der fremde Parolen nachplappert. Beleidigt und verbittert, sagte ich zu ihm: »Wenn Sie so klug sind, warum leben Sie denn dann in Kiew und studieren an der Kiewer Universität? Fahren Sie doch in Ihr Erez Jisroel, *ich* will in Kiew bleiben! Das ist meine Stadt, ich bin hier geboren ...« Daraufhin begann er mich regelrecht zu verprügeln und an den Ohren zu reißen. Ich heulte und wehrte mich. Mutter und Ada Nikolajewna kamen angelaufen. Mutter schrie: »Mörder! Bestie! Ich lasse es nicht zu, daß mein Kind von schmutzigen Händen angefaßt wird. Raus aus meinem Haus, Sie rotziger *Melamed* (Kinderlehrer)!« und noch irgendwelche jiddischen Schimpfworte.

Er antwortete ihr auf jiddisch mit böser, piepsender Stimme und ging, wobei er die Tür laut zuwarf. Mutter rief, man solle Wasser aufsetzen und mich von dieser Seuche reinwaschen. Ada Nikolajewna stöhnte und lamentierte auf deutsch:

»Das ist ein Henker! Ein Pharisäer! Ein böser pharisäischer Henker!«

Und so gelang es mir nicht, an den nörglerischen, strengen jüdischen Gott zu glauben. Gleichzeitig entwuchs ich unmerklich für mich selbst und völlig ohne Trauer auch dem erhabenen, feierlichen und gnädigen orthodoxen Gott. Der lutherische, weniger prächtige, dafür verständlichere, fast familiäre »liebe Gott« wich leicht jener naiven wohlmeinenden, unpersönlichen Religion des Guten, die mir Lidija Lasarewna einflößte und die Ilja Wladimirowitsch mit gelehrter Toleranz in mir festigte; als ich elf Jahre alt war, glaubte ich an einen Gott, der am meisten dem von Schiller besungenen ähnelte:

Brüder, überm Sternenzelt
Muß ein lieber Vater wohnen.

Etwa zu dieser Zeit las ich zum ersten Mal die »Ode an die Freude« und nahm sie wie eine triumphierende Wahrheit auf, als den Ausdruck des allerhöchsten Lebenssinnes. Mein Gott wurde der gute Vater aller Menschen, aller Völker und Stämme – der Gott Leo Tolstojs, der Gott in Korolenkos Erzählung »Makars Traum«, der Gott Schillers und Dickens'. Ihm ähnelte der Christus aus den deutschen biblischen Geschichten, dem *Sakja Muni* aus den Gedichten von Mereshkowskij, der sich niederwarf vor den Hungrigen und Bettlern. Und dieser einzige und vielgestaltige Gott half mir, mich von trüben Gedanken zu befreien, von den dunklen Gefühlen, die Haß gegen fremde, anderssprechende und andersgläubige Menschen erzeugen.

In der vierten Klasse begann ich, mich allmählich an die Schule zu gewöhnen. Aber eben nur – zu gewöhnen. Der wichtigste Teil des Lebens war nicht die Schule, sondern die Abteilung in der Jugendgruppe, der Hof, die Straße, der Nikolaj-Garten und der Park am Goldenen Tor, der Wladimir-Hügel, der Botanische Garten. Dort spielten wir Fußball, »Kosaken und Räuber«, dort prügelten wir uns, tauschten Bücher ... In der Schule lernten wir bloß. Zwar gab es in jeder Klasse einen gewählten Ältesten und einen an jedem Tag neu bestimmten Diensthabenden. Aber das »gesellschaftliche« Leben in der Schule begann für mich erst mit der fünften Klasse.

Zum wichtigsten Ereignis des Jahres 1923, meines zwölften Lebensjahres, wurde der Verlust Gottes. Ich verlor ihn noch dazu unter äußerst unernsten Umständen. Ich hatte Besuch von einigen Klassenkameraden, wir spielten Verstecken, und Sorja, der als der Gebildetste der ganzen Klasse galt, teilte mir mit, während wir nebeneinander im muffigen Geruch von Staub und alten Schuhen unter einem Bett lagen, es gebe keinen Gott. Ich empfand Trauer und Furcht, Sorja sprach im Flüsterton, ernst und überzeugend. Er hatte es von seinem älteren Bruder erfahren und von anderen vertrauenswürdigen Personen. Aber Sorja war selbst eine Autorität für mich. Sein Vater war ein bekannter Arzt, seine Mutter – ebenfalls Ärztin – war die strengste von allen Müttern, die ich kannte. Von ihren Söhnen sprach sie nie anders als von Stromern, Banditen, Strolchen, Taugenichtsen. Sie sperrte sie im Zimmer ein, aber sie rissen durch das Fenster aus und ließen sich an der Regenrinne herab – die Wohnung lag im ersten Stock. Die Mutter ließ sie ohne Mittag- und Abendessen zu Bett gehen – sie stahlen buchstäblich alles aus dem Büfett und den Küchenschränken –, sie prügelte ihre Söhne mit allem, was gerade zur Hand war; die schrien laut Zetermordio, ihre Mutter schlage sie tot, und machten sich geschickt aus dem Staub. Es waren drei Söhne. Der älteste, Grischa, war in der Berufsschule, poussierte schon mit Mädchen, war Pfadfinderführer, später bei den Jungkommunisten, schwamm durch den Dnjepr, boxte, fuhr Fahrrad und sprang vom Dach eines zweistöckigen Hauses – mit einem Wort, er war für uns das absolute Ideal der Tapferkeit. Der jüngere, Ossja, war in der dritten Klasse, kannte aber noch wüstere Ausdrücke und schmutzigere Lieder als Grischa, fluchte in Reimen, schlug sich gerne herum und jagte andere Kinder: Seine Lieblingsausdrücke waren »Arsch polieren«, »eins auf den Rüssel geben« und »in den Wanst treten«. Sorja, mein Klassenkamerad, war kurzsichtig und trug eine Brille. Er sammelte Steine und Briefmarken und hatte ein Herbarium, aber am liebsten las er über wilde Tiere, Vögel, Vulkane, Kristalle und dergleichen. Auf seinem Regal standen die dicken Bände von Brehms Tierleben. Sie gehörten ihm selbst, und er las sie auch wirklich. Er hatte ein Aquarium, hielt in Käfigen Kanarienvögel, Stieglitze und Papageien, und in Kisten im Abstellraum hatte er eine Schildkröte, einen Igel und noch irgendwelche Tiere. Als schwächster der drei Brüder, ließ er sich wild auf Schlägereien ein, wenn man sich an seine Schätze wagte. Wir beide waren völlig verschieden und deshalb eine Zeitlang gute Freunde. Ich verehrte in ihm den Gelehrten, während er sich für meine politischen Betrachtungen und die Gedichte interessierte, die ich je nachdem im Stil Lermontows, Nekrassows, Nadsons und Demjan Bednyjs[27] in Menge verfaßte. Aber wir hatten auch gemeinsame Interessen – Jules Verne, die Geschichte Rußlands und besonders die Narodowolzen. Sorja liebte seinen Vater sehr, der Sozialrevolutionär war und, wie Sorja versicherte, Sheljabow und Vera Figner persönlich gekannt hatte; er sei für die Sowjetmacht, doch ohne die Kommunisten. Lenin verehrte und liebte er, Trotzkij nicht...

Und so, zu zweit unterm Bett liegend, erklärte mir Sorja, daß es keinen Gott gebe und nie gegeben habe, daß die Menschen vom Affen abstammten und allgemein von den Zellen und Amöben herkämen. Ich wußte schon früher, daß in der Bibel viel wirres Zeug steht, daß Adam und Eva und die Arche Noah natürlich Märchen seien. In der Kinderenzyklopädie und dem unbestreitbar richtigen Brockhaus-Efron waren Artikel mit Bildern, die vom Universum berichteten, vom Altertum, den Brontosauriern und der Eiszeit... Ich wußte bereits, daß das All unendlich ist, und fürchtete mich sehr davor. Besondere Angst hatte ich im Dunkeln vor dem Einschlafen. Oder auf dem Dorf abends unter dem riesigen offenen Himmel, wenn man plötzlich an die kalte Grenzenlosigkeit dort über den Sternen dachte. Gott war der einzige Trost. Ich versuchte, Sorja zu widersprechen, und zitierte Schiller und Puschkin. »So soll am Grabestor das junge Leben spielen...«: Damals liebte ich diese Zeilen am meisten und meinte, man müßte sie am liebsten haben.

Sorja kannte Schiller nicht und lehnte ihn daher desto entschiedener ab, während er Puschkin zu seinem Verbündeten aufrief. »Es gibt keinen Gott, nur die gleichgültige Natur.« Er war unerbittlich. »Gedichte – das sind bloß Gedichte, Ausgedachtes, aber Wissenschaft – das ist Wahrheit; und die Wissen-

schaft hat bewiesen, daß es Gott nicht gibt.«
Lidija Lasarewna, an die ich mich mit den neuen Zweifeln wandte, bestätigte im wesentlichen die Worte meines ersten Lehrmeisters in Atheismus. Zwar erklärte sie wieder, Gott sei ein sittliches Ideal und das Gute schlechthin, sprach von Tolstoj – Gottes Reich ist in uns –, von der Kraft der Harmonie, die die Bewegungen der Sterne und Planeten lenke. Aber jetzt war mir schon deutlich, daß dies ganz und gar nicht das war, was die Leute Gott nannten. Nein, es war nicht jener allgemeine, gute und weise Vater, an den ich auch noch nach ihrem Unterricht geglaubt hatte. Aber ich wurde nicht auf die Lehrerin böse, schließlich hatte sie mich nicht einfach belogen, sondern mich vielmehr vor dem kalten Schrecken der unendlichen Leere ohne Gott behüten wollen, vor dem traurigen Bewußtsein der eigenen Winzigkeit und vor der Sinnlosigkeit des Lebens. Wenn ich sterbe, werde ich begraben, verfaule, und Schluß – nichts weiter.
Aber ich bemühte mich mannhaft, diese furchtbaren Entdekkungen zu bewältigen.

Eines Abends kam Großvater erregt, mit düsterem Gesicht zu uns: »Lenin ist tot. An der Duma hängt die schwarze Fahne.«
Aufgebracht schrie ich los: »Das ist wieder so ein Gerücht! Wie oft ist das schon erzählt worden!« Vater gab mir eins hinter die Ohren. »Werd' deinem Großvater gegenüber nicht frech, du Lümmel, verschwinde!«
Im Bett heulte ich ins Kopfkissen. Ich bildete mir ein, um Lenin zu trauern, die Bourgeoisie zu hassen, die seinen Tod gewollt hatte, und auch Vater und Großvater zu hassen. Doch bald wurden diese Gefühle von den normalen Träumereien vor dem Einschlafen verdrängt, von kriegerischen und damals schon erotischen. Ich befehligte ein Kriegsschiff, verfolgte Piraten, entdeckte neue Inseln wie die geheimnisvollen Eilande Jules Vernes voll unbekannter warmer Ströme, und rettete natürlich blauäugige Mädchen mit langen goldenen Locken, in weißen Spitzenkleidern, mit breiten himmelblauen Seidenschär-

pen. Früher waren die abendlichen Träumereien grausam gewesen: Ich schlug kleine Mädchen wegen irgendwelcher Vergehen auf ihr zartrosa Hinterteil, und sie taten Abbitte, weinten und küßten mich. Später dann rettete ich sie vor Schlägen, die ihnen von anderen drohten ... In meiner Pfadfinderzeit erfuhr ich, wie die Kinder zur Welt kommen. Zuerst war mir das bis zum Erbrechen widerlich, und fast schmerzhaft schämte ich mich bei dem Gedanken, daß alle Erwachsenen, auch meine Eltern, auch Großvater und Großmutter ... genauso wie die Hunde, auf die mich »Aufklärer« aufmerksam machten, und wie es mit Kohle an die hintere Hofwand gekritzelt war ... Ich wollte es nicht glauben und erkundigte mich bei Lidija Lasarewna, dem einzigen Erwachsenen, dem ich glaubte. Sie erzählte lange, wobei sie rot wurde und schnaufte, von Blumen, Staubfäden und Stempeln, von den Naturgesetzen. Sie sagte, daß ich die Einzelheiten nicht zu wissen brauchte, daß ich alles zur rechten Zeit erfahren würde, aber daß ich immer daran denken sollte, daß nur ungebildete, schmutzige Leute häßliche Worte sagten und sich lustig machten über das, was ein schönes Geheimnis zweier Menschen sein müsse. Denn das sei die Liebe. Und auf diese Weise entstünden Familien, pflanzte sich die menschliche Art fort ... Ich lauschte ihr begierig und dankbar, mit dem Gefühl freudiger Erleichterung, als sei klebriger Schmutz von mir abgefallen; aber schon wenige Minuten danach schaute ich auf ihr breites, weiches Becken und dachte an ihren schmächtigen Mann, einen schweigsamen Ingenieur, der stets freundlich unter seinem bürstenförmigen Bärtchen her und durch seine runde Brille auf der blassen, dünnen Nase lächelte. Sie hatte also genauso – – – wie die Staubfäden und Stempel.

Die Gedanken vor dem Einschlafen, mit dem Kopf unter der Decke und vor den fest geschlossenen Augen grelle Sterne, bunte Flecken, Muster, und schließlich lebende Bilder, wurden immer verworrener. Die Mädchen erschienen nicht nur mit aufgelöstem Goldhaar und in weißen Spitzenkleidern, sondern es tauchten auch andere auf wie die Pionierleiterin Anja, kurzhaarige, die sich die Locken aus der Stirn strichen, in weißen Apachenblusen mit blauen Plisseeröcken. Ich schlief mit ihnen im gleichen Bett, obwohl ich mir nicht so ganz klar vorstellte, was dabei zu tun sei. Und ich war auch schon nicht mehr einfach Schiffskapitän auf der Jagd nach Piraten oder auf Entdeckungsfahrt zu unbekannten Inseln, sondern ich kämpfte für die Revolution und baute in Paris und Berlin Barrikaden, wurde Anführer der Narodnajawolja-Bewegung in Amerika und bildete aus Cowboys eine Rote Garde.

In jener Januarnacht reiste ich zu Lenin aus dem revolutionären England, wo ich das Herz der Königstochter erobert hatte, ein rechter roter d'Artagnan, und Lenin ernannte mich zum Volkskommissar der britischen Kriegsmarine, zum Befehlshaber über die ganze Flotte. Er lobte mich sehr: »Du bist jung, aber du hast bewiesen, daß du es verdienst.« Und Lenin sprach über mich in den allerbesten Worten Lidija Lasarewnas: »Ein wirklicher Revolutionär, ein Idealist. Ein edler, uneigennütziger Mensch.« Und ich ging stolz an dem verwirrt dreinschauenden Trotzkij vorbei. Die Pionierleiterin Anja sah mich verliebt an, und ich goß Wohltaten aus über alle Jungen aus unserem Hof, aus unserer Klasse, unserer Abteilung ...

Morgens auf dem Schulweg sah ich an der ersten Straßenecke eine Menschengruppe an einer Litfaßsäule stehen ... Ein schwarzumrahmtes Plakat: die Meldung vom Tod Lenins. In der Schule waren alle verwirrt. Statt der ersten Unterrichtsstunde wurden einige Klassen im Musikzimmer versammelt, wir lernten die Lieder »Unsterbliche Opfer, ihr sanket dahin«, »Von schwerer Unfreiheit zu Tode gequält«, »Weint nicht am Grab der toten Krieger«, dann wiederholten wir die »Internationale« und das »Vermächtnis« von Taras Schewtschenko. Die Lieder waren traurig-feierlich. In den Augen standen uns echte Tränen. Einige Mädchen weinten unverhohlen. Nach der großen Pause begann der normale Unterricht. Laut Stundenplan hatten wir Französisch. Monsieur Cartier, hochgewachsen, mit einem großen ovalen Gesicht und großartigem Scheitel, verbreitete schon von fern den Geruch von *Eau de*

Cologne. Aber wir nannten ihn aus irgendeinem Grunde »Kartoffel« und verfaßten ungeschickte Verse: »Monsieur Kartoffel – verliebter Stoffel, peut-être – fenêtre, centimètre.« In dieser Stunde begann ich ein Gedicht über Lenin zu schreiben. Strophe für Strophe zeigte ich es Sorja. Es war voller Schwulst und unwahrscheinlich lang. In der ersten Version begann es mit den Worten »Der Führer fiel, – Gefangener der Ehre«. Sorja gefielen die Verse, und er gab mir brauchbare, kritische Ratschläge, verwarf aber sofort den »Gefangenen der Ehre«.*
Monsieur Cartier bemerkte unsere Korrespondenz – wir saßen an verschiedenen Tischen (unsere Schule hatte den Dalton-Plan eingeführt und die früheren Bänke abgeschafft) und schnappte bei mir die vollgekritzelten Blätter: »Qu'est ce que c'est? Warum störst du den Unterricht schon wieder?« Ich sah ihn leidend und stolz an: »Das ist ein Gedicht auf den Tod Lenins! Vielleicht wissen Sie, daß gestern unser Führer, Genosse Lenin, gestorben ist?«
Cartier wurde konfus, gab mir die Blätter zurück, ging fort und murmelte, man müsse sich trotzdem anständig benehmen, erst recht an solch einem Trauertag.
Noch lange lasen und hörten wir in der Abteilung Gedichte und Erzählungen über Lenin und sangen Trauerlieder. Die älteren Jungen berieten, wer jetzt an seine Stelle treten würde. Einige nannten Trotzkij. Andere widersprachen und wiesen darauf hin, daß er nicht einmal zur Beisetzung erschienen sei. Kalinin wurde genannt, Lunatscharskij, und damals hörte ich offenbar zum ersten Mal die Namen Rykow, Sinowjew und Kamenew[28]. Aber über Rykow wurde zumeist verächtlich gesprochen: der Säufer. Daher hieß der Wodka auch »Rykowka«.
Im Sommer 1924 wohnten wir in einem Landhaus in Darniza. Der Hausbesitzer hieß Schewtschenko. Und sein Sohn, ebenso alt wie ich, hieß mit Vornamen Taras, worauf er sehr stolz

* Lermontow-Plagiat. Lermontow schrieb zu Puschkins Tod: »Der Dichter fiel – Gefangener der Ehre.«

war. Dem Hausherrn waren die Bürgerrechte entzogen, er war Kulak, besaß außer den beiden sommers vermieteten Häusern noch zwei Bauernkaten und eine Mühle. Niemand wußte genau, wie viele Kühe, Pferde und Schafe ihm gehörten. Als ich Taras fragte, sagte der:

»Wir haben, was wir brauchen. Ich weiß nicht, wieviel das ist – es gehört nicht alles dem Vater, auch die Tante hat bei uns untergestellt, und Leute, die in der Armee sind.«

Taras erklärte mir, das Wort »Kulak« sei unflätig; Taugenichtse, Tagediebe und Lumpen vom Dorfarmenkomitee hätten es sich ausgedacht. Aber Lenin habe gesagt: »Schafft kultivierte Landwirte!« Er habe gewollt, daß die Bauern Kultur besäßen und gut wirtschafteten. »Mein Vater war in der Roten Armee, war Held, hat mit dem Maschinengewehr geschossen, war, ich weiß nicht wie oft, verwundet, und dann wurde er ein kultivierter Landwirt, schaffte sich Dreschmaschine und Separator an, betrieb nicht mehr Dreifelderwirtschaft, sondern führte Fruchtwechsel ein, wie es in der guten Landwirtschaft gemacht wird. Aber die Dorfarmenkomitees sind gegen so was. Deshalb schimpfen sie uns ›Kulak‹. Lenin war für die Bauern, für die Ukraine. Aber die Komitees und Trotzkij sind für die Städter, für die Soldaten ...«

Taras erzählte, als sein Vater Lenins Tod erfuhr, habe er sich hingesetzt, wo er gerade war, habe einen ganzen Tag lang auf dem Brennholzstapel gehockt, geweint und mit niemandem geredet. Taras' Vater, sehnig und untersetzt, mit gerötetem, knochigem Gesicht, dünnem, herabhängendem Schnurrbart und dunkelbraunen, rauhen Zangenarmen, war finster und streng. Einmal schlug er Taras wegen irgendeines Vergehens derart mit dem Peitschenstiel, daß der bloß ein einziges Mal rufen konnte: »Vater, ich tu's nicht wieder!«, und dann nur noch unaufhörlich und durchdringend schrie. Als ihn der Vater endlich losließ und ihm noch einen kurzen bösen Stoß gab, verkroch sich Taras unter der Veranda und jammerte lange: »Alle Knochen hat er mir zerhauen!« ... Ich zitterte vor Furcht und Mitleid, wollte sogleich zur Miliz laufen und alles

berichten. Taras flüsterte ergeben und schniefte: »Tu's nicht, die ganze Miliz hat Angst vor ihm, er würde sie alle erschlagen, er ist wie Machno[29] ...«
Und dieser düstere Mann, furchtlos und ohne Erbarmen, wie jene Saporoger Kosaken und Hajdamaken, von denen ich bei Gogol, Schewtschenko und Sienkiewicz gelesen hatte, weinte, als Lenin starb. Ich hörte, wie er meinem Vater sagte, mit dem er sich manchmal sachlich unterhielt und den er »Ihre Gnaden« und »Bürger Agronom« nannte: »Wenn Lenin noch lebte, würde er den Bauern richtige Freiheit geben. Der verstand und achtete die Landwirtschaft. Aber die da, die Zykows-Rykows, was verstehen die schon? Trotzkij ist auch zu den Bauern nicht gut; er ist Städter, Militär. Natürlich, an der Front war er ein Held, Oberkommandierender, das weiß ich auch, hab' ja in Petrograd gekämpft und bei Perekop, sogar in Sibirien. Aber jetzt haben die Zykows-Rykows Trotzkij kleingekriegt und wollen selber Kaiser sein. Das heißt, es gibt Zerrüttung auf dem Lande und in der Armee. Aber ohne Bauern und Soldaten kann sich kein Staat halten. Die Engländer und Franzosen, die Japaner und Polen werden uns mit bloßen Händen schnappen.«
Vater erzählte verschiedentlich seinen Freunden von diesem Gespräch und nannte es ein Beispiel von Volksweisheit. Er erinnerte an die düsteren Prophezeiungen unseres Hausherrn, als die Zeitungen den ironischen Brief Bernard Shaws an die sowjetische Regierung und das böse Antwort-Gedicht von Demjan Bednyj druckten. Bednyj schalt Shaw einen »Dörrfisch« und schimpfte: »Zu welcher Gemeinheit bist du doch gedörrt!« Ich war selbstverständlich auf Seiten Demjan Bednyjs, des großen Dichters und Autors der »Hauptstraße«. Unsere Klasse »5 b« hatte das Poem auswendig gelernt und es mit verteilten Rollen in der Aula zum siebenten Jahrestag der Oktoberrevolution, zum Tag der Pariser Kommune, zum 1. Mai und zum ersten Jahrestag von Lenins Tod vorgetragen. Ich gehörte zwar nicht zu jenen Enthusiasten, die Bednyjs Dichtung für die beste der Welt hielten, pflichtete aber bei, daß seine Gedichte möglicherweise besser seien als die Puschkins und

Shukowskijs[30] – denn die waren Aristokraten gewesen –, aber die von Lermontow und besonders die von Nekrassows waren bestimmt nicht schlechter.
In diesem Winter geriet ich zum ersten Mal in die Oper, hörte den »Dämon«*; sang danach manchmal »Wein' nicht, mein Kind, wein' nicht vergeblich« und »Du wirst die Weltall-Königin«, und besiegte in literarischen Streitgesprächen meine Opponenten mit dem umwerfenden Argument, daß Gedichte, die zu Opern würden, zweifellos bedeutender seien als solche, die nur Gedichte blieben. Und so stellten das »Märchen vom Zaren Saltan« und »Eugen Onegin« in meinem Bewußtsein die fast schon erschütterte Autorität Puschkins wieder her. Demjan Bednyj aber, auch wenn er hinter Autoren von Opernversen zurücktreten mußte, stand unermeßlich viel höher als irgendein frecher Engländer. Einige Bände Shaws, die sich im väterlichen Bücherschrank fanden, waren voll geschwätziger, aber langweiliger und kaum verständlicher Theaterstücke und Aufsätze. Und Shaws Verbündeter, der Vater von Taras, war ein Kulak, und ich wußte schon, daß dies durchaus kein ungerechter Schimpfname für kultivierte Landwirte war, sondern die richtige Bezeichnung für die Dorfbourgeoisie. Aber meine Verteidigung Demjan Bednyjs, die Entlarvung des Kulaken Schewtschenko aus Darniza und des fernen Bernard Shaw endeten damit, daß mich der Vater ohrfeigte und brüllte: »Dummkopf! Idiot! Wiederholst wie ein Papagei die Zeitungslügen! Dummer Papagei – wag nicht, diese stinkenden Zeitungen zu lesen!« Mutter setzte sich, wie immer, mit Geheul und Tränen für mich ein: »Du schlägst das Kind noch einmal tot! Was willst du denn von ihm, das bringt man ihnen doch in der Schule bei!« – »Ach, so etwas lernt ihr nun in der Schule! Ich sollte dich besser Schuster werden lassen!«
Im Herbst 1924 kam ich in die fünfte Klasse und damit in eine andere Schule, die »Einheitsarbeitsschule Nr. 6«, die im Gebäude des früheren Realgymnasiums gleich beim Wladimir-

* Nach Lermontows Poem »Dämon«.

hügel untergebracht war. Dem Eingang gegenüber stand auf einem kleinen Platz vor einer Straßenbahnhaltestelle die weiße Statue der Fürstin Olga, flankiert von ebenfalls weißen Statuen irgendwelcher Frauen und Greise: Nonnen und Mönche.

Im Unterschied zu der kleinen Leschtschinskaja-Schule, wo der Direktor und die Lehrer über alles bestimmten, wo eine strenge Ordnung herrschte (unserer Meinung nach »Unterdrückung wie unter dem alten Regime«), war die neue Schule riesengroß mit vielen Schülern und freizügig – es gab allein vier fünfte Klassen. Ich kam in die »5 b«, die sich selbstverständlich als die beste der ganzen Schule herausstellte, die kameradschaftlichste, mit dem am höchsten entwickelten politischen Bewußtsein und natürlich mit den rauflustigsten Kerlen.

Vom Direktor, dem Genossen Markman, hieß es, er sei ein ehemaliger Schuhmacher. Er sprach leise und singend und stieß mit der Zunge an. Dessen eingedenk trat er selten und jeweils nur kurz in der Öffentlichkeit auf.

Der eigentliche Schulleiter war der Unterrichtsleiter Nikolaj Iwanowitsch Judin, der früher im Realgymnasium unterrichtet hatte. Klein, mit blassem rechteckigen Gesicht, glatt gekämmtem graumelierten Haar, trug er immer einen Tolstojkittel. Er sprach leise, aber verständlich, langsam und überzeugend. Er unterrichtete Physik in den oberen Klassen. Seine Frau, eine dürre, dünnlippige kleine Französin, gab Geographie, nachdem der Französischunterricht abgeschafft worden war.

Als wir Ägypten »durchnahmen«, erzählte sie, daß Napoleon zur Aufmunterung seiner Soldaten davon gesprochen habe, daß »Vierzig Jahrhunderte von der Spitze dieser Pyramiden auf uns herabschauen«, und fragte in der nächsten Stunde: »Weißt du noch, was der Kaiser Napoleon über die Pyramiden gesagt hat?« und »Warum hat Kaiser Napoleon das gesagt?« Bei einer richtigen Antwort lächelte sie freundlich. Ich wußte meine Lektion einigermaßen, aber die Frage nach Napoleon paßte mir nicht: »Warum muß man eigentlich wiederholen, was irgend so ein Kaiser gesagt hat? Er hat das Volk

unterdrückt, war ein Ausbeuter und Konterrevolutionär und gehört nicht in die Erdkunde.«
Das kleine spitze Gesicht der Lehrerin rötete sich feucht und zornig.
»Du redest Dummheiten. Der Kaiser Napoleon war ein großes Genie.«
»Er war ein böser Genius und kein großes Genie, ein Konterrevolutionär, ein Weißgardist, er hat die große französische Revolution in Blut ertränkt.«
»Das ist eine Unwahrheit, das ist eine dumme Lüge. Du bist ein dummer, frecher Junge. Geh raus!«
»Wieso ›Geh raus‹? Ich habe meine Aufgaben gelernt!«
»Raus mir dir – ich gebe dir ein ›Ungenügend‹!«
»Ach so! Das heißt, Ungenügend dafür, daß ich Ihren Napoleon nicht anerkenne, und außerdem soll ich noch rausgehen? Wir haben hier kein altes Regime in der Klasse, wir sind eine Gruppe einer sowjetischen Schule. Wir brauchen außerdem keinen Napoleon, keine Konterrevolution.«
»Geh raus, verlasse sofort die Klasse, unverzüglich! Du bist ein Ruhestörer, du bist ein Anarchist...«
Inzwischen schrie sie und schlug mit der kleinen Faust auf den Tisch. In ihrer quiekenden Stimme zitterten Tränen. Ich aber fühlte mich noch stärker und sah sie frech an.
»Na gut, ich gehe! Aber nicht allein! Los, Jungs, wer gegen das alte Regime ist, geht mit mir! Soll sie doch mit ihrem Napoleon alleine hierbleiben!«
Fast alle Jungen und sogar einige Mädchen stürzten sich mit fröhlichem Lärm zur Tür. Die Stunde war unterbrochen. Ich wurde noch am selben Tag vor das Lehrerkollegium gerufen, Markman und Nikolaj Iwanowitsch kamen. Es gab lange Debatten. Auf meiner Seite stand der Vertreter der sechsten Klassen, Filja Fialkow. Der Sprecher der Schülervertretung dagegen, Tolja Granowskij, schimpfte mich »Idiot mit Partisanenallüren«. Sein Wort wog schwer: Er war schon im Komsomol, trug eine Lederjacke und eine riesige Schirmmütze. Mein Leben lang haßte ich ihn für seine Beurteilung meines

Verhaltens, gestand mir aber nicht ein, daß ich seine Größe bewunderte, die Art, wie absolut sicher und düster-streng er den Vorsitz in Versammlungen führte, heiser und hartnäckig redete, zu mehr Bewußtsein aufrief, zum Bündnis mit dem Dorf, zum allgemeinen Beitritt in die Reihen der Roten Hilfe oder der »Kinderfreunde«.

Die Schülervertretung sprach mir eine Rüge aus wegen Störung des Unterrichts, tadelte aber auch die falsche politische Linie der Lehrerin. Bald nach dieser Versammlung wurde ich in die Schülervertretung gewählt und Redaktionsmitglied der Schulwandzeitung »Lenin-Funken«. Außerdem hatte ich als junger Pionier an den Versammlungen des Pionier-Vorpostens teilzunehmen. Für die Redaktion der Wandzeitung waren zwei Mädchen verantwortlich: Inna Antipowa und Tanja Jurtschenko aus der siebten Klasse. Inna war hellblond, kurzhaarig, mollig und sehr ernst. Sie schrieb Gedichte, die mich durch ihre großartigen Wortverbindungen tief beeindruckten: »Dynamit-Rufe«, »Energie-Flüge«, »Sieges-Mai«. Tanja war eine untersetzte, kräftige Sportlerin mit kastanienbraunem Zopf und leicht schrägstehenden, dunklen Augen. Nach langem Schwanken, welcher von beiden der Vorzug zu geben sei, verliebte ich mich in Tanja, wagte aber natürlich nicht, meine Liebe zu gestehen. Oft riß ich abends in den städtischen Anlagen Blumen ab, wobei ich mich geschickt vor den Wächtern versteckte. Die Sträuße steckte ich dann an Tanjas Türklinke, klingelte und rannte fort. Sie hatten für mich besondere Bedeutung durch die Gefahr, der ich mich ihretwegen aussetzte. Wenn Tanja dann am nächsten Tag in der Schülervertretung erzählte, daß ihr wieder ein Unbekannter ein Riesenbukett Blumen gebracht habe und ihre Mutter den Anonymus den traurigen Ritter nenne, guckte ich weg, wurde rot, schwitzte, tat, als ob ich nicht zuhörte und achtete doch ängstlich darauf, nicht das kleinste Wörtchen, das sie sprach, zu verpassen. Ein Jahr später, als schon vielerfahrener Kerl, der alle möglichen Enttäuschungen durchgemacht hatte, traf ich Tanja, die nach der Siebenjahrschule inzwischen in die Berufsschule ging, und ge-

stand beim Austausch von Schulerinnerungen, daß ich ihr die Blumen gebracht hatte. Tanja lachte und sagte, sie hätte es geahnt, »aber ein Mädchen darf nicht fragen«. Drei Jahre später erfuhr ich, daß Tanja beim Durchschwimmen des Dnjepr ertrunken war; ich weinte die halbe Nacht lang.
Manchmal sieht man auf der Reise, wenn man abends durch unbekannte Orte kommt, in einem erleuchteten Fenster eine Mädchen-Silhouette, und einen Augenblick lang glaubt man, hier sei es, das Glück; man möchte am liebsten aus dem Zug springen und hinübergehen. Und dann steigt Trauer auf, und viel, viel später erinnert man sich an jenes Fenster und jenes unbekannte Mädchen, jedesmal auf eine andere Art schön und einzigartig ...

In der Schülervertretung und im Vorposten waren meine Hauptaufgaben die Wandzeitung und der »Kampf um die Disziplin«: Niemand sollte sich während der Pausen prügeln, keiner aus dem Unterricht verschwinden, man mußte aufpassen, daß keine Fenster eingeschlagen und am Büfett keine Krapfen gestohlen wurden. Die Mitglieder der Schülervertretung ernannten jeweils Diensthabende und gingen selber durch die Korridore und über den Hof, trennten Kampfhähne, dämpften den Lärm der Jüngeren. Diese Milizionärspflichten mochte ich nicht nur deshalb nicht, weil ich manchmal von stärkeren Ordnungsstörern selbst Hiebe bekam, sondern auch, weil es sehr schwierig ist, die Anstrengungen eines Ordnungshüters und eine gewöhnliche Keilerei auseinanderzuhalten, wenn man selber eine Faust in die Rippen oder ans Kinn bekommt ... Wie soll man sich da auf Ermahnungen und Appelle an die Einsicht beschränken? Am schwersten aber war es, gerecht zu bleiben. Denn gerade in unserer berühmten Klasse, der »5 b«, später der »6 b«, gab es berüchtigte »Schläger« und »Strolche« – Sjewa Morosow, Petja Wilsker und Kolja Siwatschow. Dazu kam, daß Petja und Kolja »Kumpel« meines besten Freundes, Kolja Bojko, des Träumers und Spötters, waren. Die drei verhielten sich herablassend ironisch gegenüber meiner gesellschaftlichen Aktivität. Sjewa, Petja und Kolja Siwatschow interessierten sich hauptsächlich für Fußball, Nat Pinkerton, im Sommer für den Dnjepr, im Winter für Schlittschuhlaufen und das ganze Jahr über für Filme: in welches Kino man sich am leichtesten ohne Billett hineindrängeln könne, um zum x-ten Mal Harry Piel, Douglas Fairbanks, die »Roten Teufelchen« oder die Drei Musketiere zu sehen.

Kolja Bojko las dieselben Bücher wie ich, liebte historische Romane und gefühlvolle Gedichte; die Angelegenheiten der Schülervertretung und der Jungen Pioniere bezeichnete er als Stumpfsinn ähnlich wie das Briefmarkensammeln, manchmal dagegen ereiferte er sich für grandiose und unerfüllbare Vervollkommnungs-Projekte, schlug vor, eigene Klubs, Orchester und eine Bibliothek zu gründen, eine richtige Zeitung herauszubringen und sogar eine Wohngemeinschaft oder Kommune zu bilden. Mit Kolja konnte man ernsthaft über politische Themen sprechen. Sehr häufig stimmten wir in unseren Anschauungen überein. Wir verehrten bedingungslos die Größe Lenins, waren davon überzeugt, daß die Sowjetmacht die gerechteste und richtigste auf der Welt sei und die Bolschewiki die allerbeste Partei. Ebenso dachten damals wohl alle unsere Freunde in der Klasse und bei den Pionieren. Politische Differenzen entstanden nur über Einzelfragen – wer wichtiger sei: Trotzkij oder Budjonnyj, ob es stimme, daß der Sowjetstaat mit Wodka handelte, ob im Geschichtsunterricht auch die Zaren drankommen müßten ...

Für Trotzkij begann ich etwas mehr Sympathie zu empfinden, als es immer öfter hieß, er werde rausgeschmissen und weggejagt, seine Zeit sei abgelaufen. Zum ersten Mal entstand in mir ein gutes Gefühl für ihn, als ich im Schullesebuch »Die befreite Arbeit«, ich weiß nicht mehr wessen Erinnerungen, über den Bürgerkrieg las. Der Autor beschrieb, wie der tapfere Volkskommissar für Kriegs- und Marineangelegenheiten mit seinen Reden die Soldaten mitriß, wie furchtlos und geschickt er seine Einheiten führte und wie er nach dem Kampf die Rotarmisten umarmte und küßte, da er über andere Auszeichnungen für sie nicht verfügte. Dann las ich das Buch von Larissa Reisner[31] »Die Front 1918«. Hier war Trotzkij schon ein völlig legendärer Held, der zusammen mit dem Begleitschutz seines Zuges eine Kosaken-Attacke zurückschlug, indem er mit Konservendosen warf, die die Kosaken für Handgranaten hielten. Sie flohen und boten dem gezielten Feuer der wenigen, aber kaltblütigen Schützen den Rücken. Zur Prosa Gedichte. Mein Lieblingsdichter nach Demjan Bednyj wurde zu dieser Zeit Jessenin[32]; meine Freunde und mich entzückten sowohl seine verführerisch sündigen Kneipen- und Vagabundenlieder als auch seine heroischen: »Über den großen Feldzug«, »Die Ballade von den 26«. Im »Feldzug« las ich die Worte, die aus den späteren Ausgaben verschwanden: »Lenin und Trotzkij sind unser Gespann, los doch, versucht es! Los, deckt sie ein! ... Ach, du Ataman, bist nicht Feldherr, kaum ein Hauptmann, während bei uns Kommunarden der Genosse Trotzkij steht. Er hat uns befohlen – ohne Schwatzen, ohne Prahlen, unsere Pferde am Don zu tränken.«

Die Lehrer und Pionierführer sagten über Jessenin: » Ein Dekadenzler ... glaubt sogar an Gott ... hat gegen Demjan Bednyj geschrieben und ist für Christus eingetreten ... schimpft auf den Kommunismus.« Aber alle wußten, daß er ein sehr guter Dichter ist. Das sagte auch unser Literaturlehrer Wladimir Alexandrowitsch Burtschak, der mein wichtigster Lehrer in der fünften Klasse wurde. Äußerlich war er Schewtschenko sehr ähnlich – glatzköpfig, mit dichtem, ergrauendem Kosakenschnurrbart und dichten Augenbrauen. Er wirkte rauh, war aber in Wirklichkeit gutmütig und naiv listig. Ebenso wie Lidija Lasarewna liebte er Nekrassow mehr als Puschkin. Aber anders als sie war er unerbittlich streng und konsequent. Lidija Lasarewna konnte sich darüber beklagen, daß Puschkin geschrieben hatte: »Ich schmeichle nicht, wenn frei des Zaren Ruhm ich preise«, und gleich darauf las sie eine gute Stunde lang Puschkinsche Gedichte vor und wischte sich die Augen ... Wladimir Alexandrowitsch dagegen deklamierte niemals etwas von Puschkin, sondern las »als Beispiel« etwas vor, wobei er ärgerlich sagte: »Seine Gedichte sind natürlich schön, sehr schön, aber er hatte Leibeigene und gab ihnen nicht die Freiheit. Und wer sind seine Helden? Ebensolche Herrschaften wie er, dieselben, die ihre Bauern prügelten und wie Vieh verkauften oder gegen Hunde eintauschten. Mazeppa und Pugatschow[33] hat er wie dargestellt? Als Taugenichtse und Verbrecher. Und wer waren sie? Volkshelden. Kämpften für die Freiheit. Und andererseits ist Zar Peter bei ihm wie dargestellt? Fast als Heiliger! Dabei begann es doch unter ebendiesem Peter mit der richtigen Leibeigenschaft, mit allgemeiner Soldaten-Dienstpflicht und den Gendarmen ...«

All das klang sehr überzeugend und rief eine Menge schwieriger Fragen hervor. So lange ich denken konnte, liebte ich Zar Peter, den Zar und Zimmermann, den Soldaten. Ich liebte ihn dank Puschkin, dank dem Buch mit Goldschnitt aus der Vorkriegszeit »Das Leben bedeutender Menschen«, dank Brockhaus-Efron, den Romanen von Danilewskij und Mordowzew[34] und schließlich dank der Oper »Zar und Zimmermann«, in der Peter von Nikolaj Oreschkjewitsch, Vaters Freund, gespielt wurde. Er sang so schön und verprügelte die holländischen Soldaten eindrucksvoll mit einem Schemel und sogar mit einem Tisch. In Peter vereinigte sich eine Anzahl mir wichtiger Eigenschaften: Er war tapfer und gut, liebte Rußland – »Von Peter wißt, er hängt am Leben nicht, Rußland nur soll glücklich werden.« – aber auch die Deutschen, seinen Städten gab er deutsche Namen.

Ich wußte auch anderes von ihm. Auf der Straße, neben dem Park am Goldenen Tor, saß ein junger blinder Leierkastenmann. Seine hohe, schwere Stirn wölbte sich über einem kleinen dreieckigen Gesicht. Eine gestickte, helle Bauernbluse sah aus dem fadenscheinigen städtischen Jackett hervor. Auf dem Bürgersteig lag auf einem säuberlich ausgebreiteten schwarzrotkarierten Handtuch seine graue Schaffellmütze. Dahinein warf man Geld. Er drehte den Griff einer alten Drehorgel, die trübselige, dünn zitternde Seufzer von sich gab, und rezitierte psal-

modierend mit angestrengter kehliger Stimme Volkssagen und Schewtschenko-Gedichte, wobei er die Verse traurig dehnte. »Da erschraken selbst die Polen und Tataren, als sie sahen, wie Zar Peters böse Henkersknechte uns traktierten. Fortgetrieben wurden Tausende, und aber Tausende mußten ihm im Sumpf die Hauptstadt bauen. Und vergeblich weinten kleine Kinder hungrig ihren Vätern nach.«
Am Wladimir-Hügel saß ein anderer Blinder, ein alter Bandura-Spieler in zerrissenem Leinenhemd und Leinenhose, der sang auch traurige, böse Lieder über Peter und Katharina II.: »Katharina, Satanstochter, was hast du angerichtet?!«

In der Schule lernten wir Geschichte nach der Buchserie »Russische Geschichte« von Schischko. Auf den blaßblauen, blaßgrünen und trüb-roten Umschlägen stand die sozialrevolutionäre Devise »Im Kampf erwirbst du dein Recht«. Diese Bücher stellten alle Zaren als Tyrannen dar, despotisch und ausschweifend. Peter I. waren einige sehr böse Seiten gewidmet, auf denen mir völlig unverständliche Schimpfworte vorkamen: Sadist, Syphilitiker, Paranoiker ... Man mußte in der Enzyklopädie nachsehen. Allerdings hatte ich sowieso kein rechtes Vertrauen in den Geschichtsunterricht, weil uns allen der Lehrer nicht gefiel – ein kahlköpfiger, gelbhäutiger alter Mann mit schmutziggrauem Bärtchen und einem feuchten Froschmund. Er hörte schlecht; wen er aufrief, der mußte nach vorne zum Katheder kommen, er verlangte von uns, sehr laut zu sprechen, packte uns bei der Schulter und zog uns wie mit einem feuchten Schraubstock zu sich heran. Die Mädchen aber ließ er manchmal gar nicht mehr fort, streichelte ihnen die Schulter und kicherte: »So, mein Mädelchen, so, und jetzt sag mir mal: Woher kommt das Sprichwort ›Mit dem Sankt-Georgs-Tag ist's aus und vorbei‹?«[35] Dieser alte schmierige Bock war auch gegen Peter.
Von Napoleon war ich inzwischen ziemlich enttäuscht. Früher hatte er mir recht gut gefallen. Denn das Buch von Erkmann-Chatrian »Der Freiwillige von 1813«, Lermontows Gedichte,

die Romanze »Nach Frankreich zogen zwei Grenadier'«, die Nikolaj Oreschkjewitsch und Vater so ausdrucksvoll sangen, stellten Napoleon nicht nur als großen Kaiser und großartigen Menschen dar, sondern auch als liebenswerten »kleinen Korporal«. Doch dann las ich, zwölfjährig, »Krieg und Frieden«. Die französisch geschriebenen Passagen, die Naturschilderungen und die Berichte, »wer wie denkt«, überschlug ich. Aber atemlos las ich von den unerhörten Ereignissen, von Schlachten, von Liebe. Wie erbärmlich war doch dieser Napoleon! Und wie hatte Tolstoj ihn beschrieben! Nicht wie Schischko, der einfach den Usurpator beschimpfte, den Unterdrücker der großen Revolution, das bluttriefende Idol der Soldateska.
Nach der Lektüre von »Krieg und Frieden« meinte ich, es sei ungerecht, Volkskommissar Trotzkij mit Napoleon gleichzusetzen.
Im Herbst 1924 erschienen Artikel hoher Parteifunktionäre gegen Trotzkijs Schrift »Lehren des Oktober«. Da wurde hämisch und unehrerbietig von ihm gesprochen, er sei stets Gegner Lenins und Menschewik gewesen. Die Artikel Sinowjews und Kamenews überzeugten mich nicht, sie waren weitschweifig, manchmal unverständlich und erwiesen sich als persönliche Abrechnungen: Trotzkij hatte nämlich daran erinnert, daß Sinowjew und Kamenew am Vorabend der Revolution kleinmütig geworden waren und im Gegensatz zu Lenin den Zeitpunkt der Revolution verschieben wollten. Wütend gemacht, benutzten sie nun die Gelegenheit, ihm eine Retourkutsche zu verpassen.
Damals begegnete mir zum erstenmal der Name Stalin. Von allen, die Trotzkij angriffen, schrieb er am verständlichsten. Aber er behauptete, Trotzkij sei kein großer Feldherr gewesen. Das konnte ich nicht glauben. Durch unser Lesebuch »Befreite Arbeit«, durch Jessenin und Larissa Reisner wußte ich es besser. Außerdem gab es einen noch verläßlicheren Zeugen gegen Stalins Behauptungen: der siebzehnjährige Schurka Lukaschtschuk war im Bürgerkrieg Ordonnanz bei Divisionskommandeur Kotowskij gewesen und ging jetzt in unsere

7. Klasse. Breitgesichtig, mit breiten Backenknochen, breitem Mund und dickem Kosakenschopf trug er Matrosenblusen offen bis zum Nabel, Hosen mit unwahrscheinlichem »Schlag« und unsinnig lang – bis zum Boden, so daß die Schuhe nicht mehr zu sehen waren. Die brettflache Mütze hielt sich – unerfindlich wodurch – einmal hinten auf dem Wirbel, ein andermal mitten auf der breiten, pickeligen, kühn emporstrebenden Nase. Er konnte fabelhaft laut spucken, so daß es pfiff, dazu noch auf Riesenentfernungen. Er schneuzte sich die Nase virtuos mit zwei Fingern, ging schaukelnd wie ein Matrose mit eingeknickten Knien. Zu abendlichen Versammlungen in der Schule kam er manchmal mit einem Trommelrevolver, der ihm großartig im Halfter auf der rechten Hinterbacke baumelte. Schurka war Waise und ging, wie seine Verehrer glaubten, jeden Sonntag zum Mittagessen und zum Tee zu Kotowskij. Wenn der nicht daheim war, bewirteten ihn Frau und Schwiegermutter. In der Schule hatte er keine Freunde. Uns, das Kleingemüse, verachtete er, ließ sich nicht einmal zu Kopfnüssen herab. Aktivisten, die ihn baten, vom Bürgerkrieg zu erzählen, wehrte er gelangweilt ab:

»Nein, wozu quatschen? Grigorij Iwanytsch quatscht auch nicht, mag keine Leute, die immerfort von ihren Heldentaten faseln. Nehmt euch Bücher vor und lest. Da steht alles drin, von Heldentaten, von Grigorij Iwanytsch und allen, die dazugehören.«

Allerlei Legenden gingen über Schurka um: Er trifft mit dem Revolver auf hundert Schritt eine Schwalbe im Flug ... Den Revolver hat er für Tapferkeit vor dem Feind erhalten und darf ihn daher sogar in der Schule tragen... Er hat eine Geliebte. Und das Tollste: Jemand wollte wissen, Schurka hätte ein »illegitimes Kind«. Wenn er gute Laune hatte, kam er manchmal in die Schülervertretung und in den Pionier-Vorposten, setzte sich auf einen erhöhten Platz – auf den Tisch oder auf die Fensterbank –, damit er, der Untersetzte, auf alle von oben herunter sehen konnte, steckte die Hände in die Taschen seiner Matrosenhose, rauchte, ohne die Zigarette je aus

dem Mund zu nehmen, wobei er sie geschickt von einem Winkel in den anderen schob, und spie virtuos quer durch das ganze Zimmer in den Spucknapf. Falls die Schülervertretung gerade das unziemliche Benehmen irgendeines bösartigen »Stromers« verhandelte, der den Unterricht störte, den Lehrer beschimpfte oder sich in der Pause herumprügelte, mischte sich Schurka ein und sagte heiser: »Was wollt ihr ihn wie einen Trottel rügen? Im Bürgerkrieg haben wir so was abgeknallt. An die Wand und fertig. Und jetzt sollte man sie wegjagen. Soll er doch in den Asphaltkessel zu den Besprisorniki gehen, wenn ihm die Arbeitsschule der Arbeiter und Bauern nicht gefällt!«
Einige Male ließ sich Schurka auch bis zur Redaktion herab, hieß unsere Wandzeitung gut, lobte meine satirischen Gedichte, die ich mit »Der Stachel« unterzeichnete. Ich war glücklich und versuchte, ihn über die Vergangenheit auszufragen. Er erzählte wenig, nicht gewandt, und zu seiner Ehre erinnere ich mich keines einzigen prahlerischen Berichts über ihn selbst. Dafür sprach er aber stets liebevoll und ehrerbietig von Kotowskij:
»Einmal schickte Grigorij Iwanytsch Aufklärer in ein Dorf. Aber der Trupp geht nur in ein, zwei Häuser, trinkt sich dort an Wasser und Milch satt und dreht wieder um, meldet: ›Alles in Ordnung.‹ Wir gingen dann in Kolonne auf das Dorf vor, schwadronsweise, mit Musik. Aber dort saß die Machno-Bande. Mit MG-Feuer haben sie uns eingedeckt – Himmelarschundzwirn! Wir hatten gegen zwanzig oder zweiundzwanzig Tote, die Verwundeten konnte man gar nicht zählen! Für Grigorij Iwanytsch aber gab's nur eins: Kampfbereitschaft wieder herstellen! Schwadrone ausschwärmen! Umzingelung von den Flanken her! Berittene MGs vor! Die Batterie haute rein wies heilige Donnerwetter, machte alles zu Kleinholz. Als alles vorbei ist, ruft Grigorij Iwanytsch die Überlebenden des Spähtrupps: ›Durch eure Schuld sind tapfere Kameraden ums Leben gekommen‹, sagt er. ›Euretwegen ist unser Blut geflossen. Dafür: alle an die Wand. Erschießen. Keine Gnade.‹ Da war auch ein Junge dabei, bißchen älter als ich. Grigorij Iwanytsch mochte ihn, hatte ihn selbst erzogen. Sieht auf ihn, wird rot,

stottert noch mehr als sonst. ›Du‹, sagt er, ›warst bis jetzt wie mein Sohn, auf dich hatte ich Hoffnungen gesetzt. Aber begnadigen werde ich dich nicht.‹ Dem Kommissar tat der Junge leid, er sagte, den könnte man doch begnadigen wegen der Minderjährigkeit. Aber Grigorij Iwanytsch blitzt nur mit den Augen und knirscht mit den Zähnen: ›Nein‹, sagt er, ›es gibt nur eine Gerechtigkeit für alle. Erschießt ihn!‹ Und die andern? Standen schweigend da, manche weinten leise, begriffen ja, daß sie schuldig waren. Und so wurden sie eben erschossen. Aber Grigorij Iwanytsch weinte in der Nacht darauf, und eine Woche lang hatte er jeden Morgen rote Augen. So litt er daran.«
Einige Male erzählte Schurka, wie Kotowskij seine Soldaten selbst aussuchte:
»Unsere Division Kotowskij war in der ganzen Ukraine berühmt, in ganz Rußland, vielleicht in der ganzen Welt. Eine Heldendivision. Mit einem Wort: nicht zu schlagen, nicht zu besiegen. Von überallher kamen Freiwillige zu uns, aus der Stadt und vom Dorf. Manche barfuß, zerlumpt und hungrig, andere auf eigenem Pferd mit ordentlichem Sattel, Karabiner oder Säbel, vom Deutschen Krieg her aufgehoben oder irgendwo gestohlen. Und dazu noch einen Sack Verpflegung. Grigorij Iwanytsch fragte jeden einzelnen: woher, wessen Sohn, warum er kämpfen will. Und immer fragte er zuletzt: ›Und an Gott glaubst du?‹ Wenn einer ›ja‹ sagte, hieß es: ›Du paßt nicht für mich!‹ Und der konnte dann noch so tapfer aussehen, ein gutes Pferd und die allerbesten Waffen mitbringen – Grigorij Iwanytsch nahm ihn nicht: »Geh zu jemand anderem, bei mir ist es so – ich kenne die Menschen, und wenn ich einen Menschen durchschaut habe, weiß ich, was von ihm zu erwarten ist, was ich von ihm verlangen kann. Aber wenn einer gläubig ist, kann ich nicht ahnen, was ihm sein Gott befehlen wird. Bei mir in der Division darf es nur einen Gott geben – den Kommandeur!«
Als die Zeitungen anfingen, gegen die »Lehren des Oktober« zu schreiben, gefiel es Schurka nicht, daß Trotzkij beschimpft wurde. Er sagte zornig: »Das sind alles Etappenhengste, die sich auf ihn werfen, beschissene Kammerbullen, die auf den

Volkskommissar losbellen.« Sinowjew und Kamenew verachtete er ohne Einschränkung: »Die haben noch kein Pulver gerochen, nur Konferenzen abgehalten, gequatscht, Bücher gelesen, Papier vollgeschmiert.« Über Stalin äußerte er sich zwar weniger hart, aber auch negativ: »Der kam an die Front. Sozusagen abkommandiert wie ein Kommissar. Aber von ihm zu dem Genossen Trotzkij ist es wie, na, wie von einem Kompaniechef zu Grigorij Iwanytsch. Nicht das gleiche Kaliber. Auf Trotzkij ist Stalin böse, weil der ihm zwei-, dreimal auf den Arsch knallte, er hätte schlecht gekämpft. Krieg – das ist kein Kinderspiel, da muß Strenge sein, und Lew Dawydowitsch war streng, vielleicht noch strenger als Grigorij Iwanytsch. Hat auch eigene Leute erschießen lassen, wenn es sein mußte. Aber Stalin hat einen Piek auf ihn. Und jetzt stürzt er sich mit diesen Intelligenzlern und Kammerbullen auf ihn. Aber so darf man das nicht mit einem Soldaten machen, so nicht ...«
Schurka war für mich eine Autorität, Kotowskij erst recht. Aber gegen sie stand plötzlich Demjan Bednyj persönlich auf. Der Führer unserer Pioniergruppe Senja, Student an der Arbeiterfakultät, ein echter Proletarier, der schon ein ganzes Jahr als Dreherlehrling gearbeitet hatte und ein hoch gebildetes Komsomolmitglied war – er kam zu unseren Versammlungen mit einem Stapel Bücher, darunter die Werke von Marx und Lenin –; Senja erklärte, Demjan sei der engste Freund Lenins gewesen, und man müsse ihn nicht nur einfach als einen großen Dichter, sondern außerdem als einen Führer der Revolution ansehen. Und es erschien in der »Prawda« sein großes Gedicht »Bumerang«, in dem Bednyj beschreibt, wie er die einzelnen Führer besuchte. Trotzkij traf er nicht an, sah dagegen irgendwelche kleinen Lenzners (Lenzner war der Redakteur der Gesammelten Werke Trotzkijs), die skandierend die »Leh-ren des Ok-to-ber« auswendig lernten. Weiter hieß es geistreich und passend, es hätte sich zwar aus dem Lärm etwas hören lassen, aber ein »Oktober« wäre nicht dabei herausgekommen. Ich empfand dies als Beispiel blendender und edler poetischer Kritik. Demjan war mit Trotzkij nicht einverstanden, be-

schimpfte ihn aber nicht persönlich, sondern machte sich über irgendwelche kleinen Lenzners lustig, wobei er seine eigene ablehnende Haltung gegenüber den »Lehren des Oktober« zart andeutete. Die gereimte Beschreibung der Treffen mit Kalinin, Sinowjew, Kamenew und Rykow machten auf mich keinen besonderen Eindruck, mir gefiel aber Demjans Besuch bei Stalin, einem gutmütigen, freundlichen, unkomplizierten Schweiger. Der Dichter setzte ihm mit Fragen zu, er aber lächelte nur: »Mit Frankreich, diesem Täubchen, müßten wir vorsichtiger umgehen, und er dampfte mit seiner Pfeife. Mit England ist es schon lange Zeit, Frieden zu machen, und er sah zum Fenster hinaus ...« Und zum Abschied sagte er freundlich: »Kommen Sie wieder einmal, es ist so nett zu plaudern.« Der Pionierführer Ssenja fand auch, daß Stalin einer der guten Führer sei, genauso wie Bucharin.[36] Beide tragen keine Hüte und Krawatten, wozu sich sogar Kalinin erniedrigt hatte – na, vielleicht braucht er sie wegen der ausländischen Botschafter, wie auch Tschitscherin; aber Rykow, Lunatscharskij, Kamenew – warum staffieren die sich aus wie Bourgeois? Daraus wächst doch nur Spießbürgertum. Trotzkij hat sich auch zuviel vorgenommen, will der Erste von allen sein. Und gegen Lenin ließ er Kritik los, dazu noch von hinten, als Iljitsch schon tot war. Er war auch schon früher gegen Lenin, vertrug sich aber später mit ihm, gewann dessen Vertrauen. Aber jetzt glaubt er, nach seiner Art kommandieren zu können. Nein, daneben! Seht doch Stalin, das kann man gleich erkennen, das ist eine Arbeiterseele. Und wie er angezogen ist, und wie er schreibt: Wie ein Arbeiter, schön und einfach.

Mir erschien Trotzkij in jenen Jahren wie ein Held, andererseits aber als zweifelhafte Persönlichkeit. Die Zweifel jedoch, die er hervorrief, verringerten seine Größe nicht, gaben ihm sogar irgendeine lebendige Realität und Anziehungskraft. Denn die Beurteilungen aller großen Männer waren widersprüchlich – Peters I., Napoleons und Bismarcks, den meine Bonnen und Hans Spannbrucker so verehrten, und der doch für die Kaiser war, gegen die Arbeiter und gegen die Pariser Kommune.

Die Meinungen über Stalin waren ebenfalls widersprüchlich. Aber er weckte in mir weder ehrfürchtige Begeisterung noch schwierige Zweifel an seiner Person. Stalin schien mir manchen Helden bei Dickens oder Jules Verne zu ähneln: diesen äußerlich rauhen, ungehobelten Männern, die schweigsam, aber insgeheim wunderlich-gut, entsagungsvoll und pflichtgetreu ihrem Kaiser, der Dame ihres Herzens, ihrem Mündelkind dienten usw. So waren die frühesten mit dem Namen Stalin verbundenen Eindrücke im allgemeinen positiv.

Gegen Ende des Unterrichtsjahres 1924–25 und im ganzen folgenden, ließ mein Interesse für die große Politik und den Kampf innerhalb der Partei nach. Mehrere Ereignisse im persönlichen Leben verdrängten sie. Im April 1925 wurde ich 13 Jahre alt und damit »Bar-Mizwa«, im religiösen Sinne volljährig. Die Großmutter war verzweifelt – ich kannte kein einziges Gebet und war noch nie in der Synagoge gewesen – Mutter hatte mich aus Angst vor ansteckenden Krankheiten nicht gehen lassen, und mir selbst war es uninteressant.
Die eigenwillige Kraft des Gedächtnisses – offenbar eben jener »kalte Quell des Vergessens, der die Herzen heilt« (Puschkin) – half mir schon als Kind, rasch alles Unbequeme zu vergessen: das Gedicht vom »Schokoladenkeks«, den Monolog des Zaren Boris, die ich immer vor Gästen aufsagen mußte, jene paar Etüden, die ich schon irgendwie auswendig gespielt hatte, sogar die Notenschrift. Ebenso gründlich vergaß ich das hebräische Alphabet und fast alle Worte außer einigen wenigen, die in den ersten Unterrichtsstunden bei Ilja Wladimirowitsch vorkamen: »Bejs« – Haus, »Joled« – Schüler, »Erez« – Land ... Alles übrige ist wie fortgeblasen und weggekehrt ohne Überrest. Und später, als ich manches Mal sogar sehr wünschte, ans Klavier zu gehen und irgend etwas zu spielen, und als ich das schiefe ungläubige Grinsen derer sah, die mich baten, ihnen eine hebräische Inschrift vorzulesen, konnte ich mich an nichts erinnern.
Damals, 1925, empfand der Großvater im Gegensatz zu seiner Frau natürlich keinerlei Angst vor Gott, hielt es aber für nötig,

daß dieser Tag festlich, wie es nach altem Brauch vorgeschrieben ist, begangen werden müßte.
Man kann sich nicht von seinem Geschlecht und seinem Volk lossagen. Abtrünnige werden von allen verachtet – von jenen, die sie verrieten, wie von jenen, mit denen sie sich anbiedern wollen. Ein Abtrünniger ist kein Mensch, sondern wie ein Unkraut, das wächst, wo sein Samen gerade hinfiel, und das überall stört, allen zuwider ist.
Damit ich nicht zum Abtrünnigen würde, setzte mir der Großvater zu, wenigstens ein Gebet und die kurze Rede auswendig zu lernen, die der 13 Jahre alt Gewordene dem Ritual nach zu halten hat. Beides schrieb er selbst mit großen russischen Buchstaben auf festes, liniertes Papier aus einem Hauptbuch für mich auf, wobei er Akzente, Pausen, sogar Intonationsbezeichnungen hinzusetzte (»lauter«, »freudig«, »traurig« usw.).
Glücklicherweise arbeitete mein Vater damals in einer Zuckerfabrik weitab von Kiew. Er war ein gehorsamer Sohn und hätte womöglich versucht, mich zu Zugeständnissen gegenüber dem Großvater zu prügeln. Mutter erwies sich als Verbündete ihrer Schwiegermutter und verlangte, ich müßte gehorchen. Ich war aber damals schon stellvertretender Gruppenführer in der Pionierabteilung, hatte den feierlichen Eid eines Leninschen Jungen Pioniers geleistet, war in der Schule Mitglied der Schülervertretung, gehörte der Gesellschaft »Die Kinderfreunde«, der Roten Hilfe, dem Verband »Nieder mit dem Analphabetismus« und dem »Verband der Gottlosen« an. Von irgendwelcher Synagoge konnte keine Rede sein, ebensowenig von Gebeten oder rituellen Reden. Der praktische Großvater beschloß, mit mir nicht zu streiten, und schlug ein Geschäft vor: Ich brauchte das Gebet nicht zu lernen, sondern sollte nur vom Blatt den in russischen Buchstaben geschriebenen Text ablesen, wofür er mir ein Fahrrad schenken wollte, ein richtiges neues Erwachsenen-Fahrrad.
Die Versuchung war groß. Keiner in unserer Abteilung hatte ein Fahrrad, und in der Schule nur in der Parallelklasse der Sohn irgendeines Trustdirektors. Sein Rad war Gegenstand

allgemeinen Neides und der Begeisterung aller. Ich hielt es für meine Pflicht, den Pionieren Großvaters Vorschlag zu unterbreiten. Es begann ein erbitterter Streit. Die Gefahr einer ideologischen Spaltung erhob sich. Einige Jungen sagten, da ich nicht an Gott glaubte, bedeute der Gang in die Synagoge und das Gebet an sich nichts: ruck-zuck aufgesagt und auf Wiedersehen! Das Fahrrad dagegen bleibe und werde der ganzen Abteilung nützen, nicht nur der Untergruppe. Der rothaarige Tolja aus der Bassin-Straße hinter der Markthalle, ein heimlicher Raucher, Schläger und Flucher, aber der beste Agitator unter den Besprisorniki und bester Trommler der Abteilung, wies leidenschaftlich nach, daß alle Redereien über »Ehrenwort« und das Gewissen eines Jungen Pioniers, über die Frage, ob man betrügen dürfe oder nicht – daß dies alles Quatsch sei. Bourgeoiser, intelligenzlerischer, kleinbürgerlicher Quatsch. Wie bei den Pfadfindern mit ihren guten Taten – Ehrenwort: stirb, aber brich es nicht! Auf unsere Art jedoch, als Arbeiter und Bolschewik, heißt die Entscheidung einfach: Ein Fahrrad ist eine gute Sache. Auf ihm könnten alle lernen. Und für die Rote Armee wäre es ebenso von Nutzen wie für die Miliz, um Banditen zu fangen. Um einer solchen Sache willen dürfte man dem Großvater einmal gehorchen. Und das wäre nicht einmal Betrug. »Du hast ihm ja gesagt, daß du nicht gläubig bist, das heißt, daß du nicht betrügst. Lerne also auswendig wie das Neujahrsgedicht, nimm das Fahrrad und gib es der Abteilung! Ich würde für ein Fahrrad in die Synagoge und auch noch in die Kirche gehen und den Popen die Hand küssen. Und dann ausspucken, rauf aufs Fahrrad und ab!«

Der Großteil der Mädchen war gegen prinzipienlose Zugeständnisse. Die kleine Anja, die Klügste und die mit der spitzesten Zunge, rief: »Ich achte dich nicht mehr, wenn du das machst! Tolja und die Jungs wollen bloß radfahren, und du sollst ihretwegen Gemeinheiten begehen.. Jawohl, Gemeinheiten. Wenn man ein Fahrrad einfach klaut: Ist das dann vielleicht auch gut für die Abteilung und die Rote Armee und die Weltrevolution? Mit einem gestohlenen Rad herumzufahren?«

Tolja fürchtete sich ein bißchen vor der scharfzüngigen Anja und verehrte sie insgeheim, durfte aber nicht klein beigeben.
»Und was, wenn es gestohlen wäre? Was haben sie denn im Bürgerkrieg und im Untergrund gemacht? Fahrräder gestohlen, Pferde, Autos und ganze Züge! Und wenn unsere Späher von den Weißgardisten geschnappt wurden, haben die vielleicht nicht geschwindelt, wenn's nötig war? ... Und du mit deiner ›Gemeinheit‹, ›nicht mehr achten‹ – so eine Kleinbürgerlichkeit!«
»Kleinbürgerlich? Bist selber ein Dummkopf!«
»Und du kläff hier nicht, Superkluge!«
»Leiser, Jungs! Meldet euch zu Wort, schreit nicht herum!«
»Und was guckst du so, Gruppenleiterin? Auf der Versammlung wird man als Dummkopf bezeichnet. Ich kann vielleicht noch besser schimpfen.«
»Menschenskinder, benehmt euch doch organisiert! Und du, Anja, schimpf nicht, entschuldige dich, sonst entziehe ich dir das Wort.«
»Entschuldigen? Entschuldigt er sich denn auch für das Kleinbürgertum?«
Eine halbe Stunde lang wurden alle durch eine Debatte zur Tagesordnung über das Thema abgelenkt, was beleidigender sei: Kleinbürgertum oder Dummkopf. Tolja behauptete, wenn er »Kleinbürgerin« gesagt hätte, ließe sich das vielleicht vergleichen. Er hätte jedoch eine ideologische Debatte geführt, während sie geschimpft habe. Anja, noch immer unentschuldigt, ließ eine flammende Rede los.
»Nein, im Bürgerkrieg wurde nicht gestohlen, sondern gekämpft: Läßt sich das vielleicht vergleichen? Damals war Krieg, Revolution, Menschen wurden getötet. Und jetzt ist Diebstahl ein Verbrechen. Man darf weder im Laden noch auf dem Markt stehlen. Wenn Leute mit unentwickeltem Bewußtsein oder Besprisorniki stehlen, muß man sie umerziehen, ein Junger Pionier hat allen ein Beispiel zu sein. Und was ist das für ein Beispiel – um eines Fahrrads willen in die Synagoge zu gehen? Eine Schande!«

Wir schrien alle bis spät abends herum. Wieder zu Hause, konnte ich lange nicht einschlafen. Unlösbare Widersprüche quälten mich. Tolja hatte recht: Betrug vergeht, ein Fahrrad besteht. Toljas Billigung war verlockend – er war ein richtiger Kumpel. Aber Anja war auch im Recht – dem zuwider handeln, woran man glaubt, betrügen, sich verstellen vor irgendwelchen bärtigen Rabbinern, ist erniedrigend und gemein. Und wofür? Nicht an der Front, nicht auf Spähtrupp, nicht im Untergrund? Für ein Fahrrad?

Schließlich und endlich setzte ich mich durch. Mutter hatte sich davon überzeugt, daß ein Kompromiß unmöglich sei und fand einen Ausweg. Ich wurde ins Bett gesteckt, für krank erklärt und der Geburtstag überhaupt nicht gefeiert. Die Jungen aus der Pioniergruppe und der Schule, die mir gratulieren wollten, ließ Mutter gar nicht erst in die Wohnung, weil der Großvater kam. Die Großmutter war natürlich nicht gekommen und zürnte noch lange mit Mutter und mir, sprach kaum mit uns, wenn wir sie besuchten. Großvater trat zu mir ins Zimmer und gratulierte mir traurig und unfreundlich. Mit Mutter sprach er ziemlich lange auf jiddisch. Und danach unterhielt er sich noch länger mit mir über die alte Religion, die man achten müsse, selbst wenn man an vieles nicht glaube. Um nicht zum Abtrünnigen zu werden, müsse man wenigstens einige, die wichtigsten Bräuche und Regeln beachten ...

So blieb ich für immer ohne Fahrrad. Aber ich konnte mich nicht so recht als ein tapferer Kämpfer für den Atheismus ansehen. Schließlich hatte ich nicht gekämpft, nicht meine Absichten verteidigt, sondern mich einfach hinter Mutters List versteckt. Und als der Großvater an jenem Abend sagte, wenn ich wieder gesund sei, müsse ich trotzdem in die Synagoge gehen, und als Mutter hinter seinem Rücken flehende Augen machte, die Hand aufs Herz drückte und nickte: sag doch ja!, da stöhnte ich nur, klagte über Halsschmerzen und vermied es feige, eine klare Antwort zu geben.

Zwischen Küssen und Zeitungen

O zarte Sehnsucht, süßes Hoffen,
Der ersten Liebe goldne Zeit
Friedrich Schiller

Ist es die verschwundne süße
Blöde Jugendeselei?
Heinrich Heine

Im Sommer 1925 lebten wir in einem Haus in dem Dorf Budajewka nahe der Bahnstation Bojarka. Dort verbrachte ich die meiste Zeit im Teich, lernte die verschiedenen Schwimmstile, gab die Wandzeitung »Gerüchte aus der Grünen Straße« heraus, die Karikaturen bekannter und unbekannter Sommergäste enthielt, ferner kleine Gedichte und Feuilletons mit schlüpfrigen Andeutungen – ganz gewöhnlichem, echtem Klatsch. Und keinerlei Politik.

Im Herbst brachten die Zeitungen Artikel zum 20. Jahrestag der Revolution von 1905 und erinnerten wieder an Trotzkij. Sein Buch »Das Jahr 1905« wurde neu aufgelegt. Ich las seine Erinnerungen an den ersten Petersburger Sowjet, daran, wie er verhaftet wurde und im Gefängnis saß, an die Verbannung und die Flucht aus Obdorsk. Ich las das alles wie die Romane Coopers, ließ langweilige Erörterungen aus, wenn ich wirklich spannende Seiten entdeckte.

Außerdem beschäftigte mich damals mehr als alle neuen und alten politischen Ereignisse meine erste richtige Liebschaft.

Die Abteilungs-Wandzeitung stellten wir bei mir zu Hause her. Unsere Abteilung, die nach Semjaschko benannt war, hatte ihren Standort am Stadtrand im Alexander-Krankenhaus. Wir kamen dort zu den allgemeinen Versammlungen und zu Festabenden zusammen; an den gewöhnlichen Abenden trafen wir uns lieber mehr in der Nähe. Im Dunkeln durch unbebautes Land und unbeleuchtete Gassen zu gehen, war nicht recht geheuer. Ein paar Mal kam ich mit zerrissenem, blutbeflecktem Hemd – leider aus der eigenen Nase –, mit geschwollenem

Auge, blauen Flecken und Beulen nach Hause.

Wir trafen uns früh am Abend und gingen gemeinsam heim; es fehlte nur noch, daß wir mit Fahne und Trommel marschierten.

Die Proben des Laien-Kabaretts »Gesprochene Zeitung«, die verschiedenen Arbeitsgemeinschaften, die Zeitungslektüre, die Herstellung der Wandzeitung erforderten viel Zeit und jeweils nur eine kleine Gruppe von Mitarbeitern. Die Zeitung konnten wir bei uns in der Wohnung machen, weil Vater gewöhnlich auf dem Lande war und Mutter ihn oft dort besuchte. War sie aber zu Hause, ging sie abends häufig zu Bekannten. Bonnen hatten wir längst nicht mehr. Alles stand unter dem Regiment unserer Hausgehilfin, der schwerhörigen, eifrigen und gutmütigen Tante Mascha. Sanja spielte gewöhnlich mit anderen Jungen auf dem Hof, oder er machte im Kinderzimmer seine Schularbeiten.

Unserer Redaktion stand das Eßzimmer mit dem großen Tisch und dem Büfett zur Verfügung, außerdem das Elternzimmer mit Diwan, Bett, Schreibtisch, Klavier und Bücherschrank. Es hatte mehrere Namen, je nach Bedarf hieß es Schlafzimmer, Salon oder Arbeitszimmer. In den beiden Zimmern konnte man mindestens je vier Druckbogen auf dem Fußboden ausbreiten. Wir arbeiteten flott – schrieben, zeichneten, machten Witze, sangen. Tante Mascha saß in ihrem Zimmer neben der Küche; schließlich durfte ein Pionier keine Hausbesorgerin ausbeuten, noch dazu abends.

Nach der Arbeit spielten wir harmlose Kinderspiele – die Hauptsache war, daß es dabei um Pfänder ging. Um sie wieder einzulösen, mußte man singen, tanzen, ein Gedicht aufsagen oder den bzw. die küssen, »die mir am besten gefällt«. Besonders häufig mußten Pfänder durch »Beichten« ausgelöst werden. Gewöhnlich wurden drei Fragen gestellt: In wen bist du verliebt? Wenn nicht verliebt – wen sonst vom anderen Geschlecht hast du am liebsten? Mit wem würdest du dich am liebsten anfreunden? usw.

Manche nannten zwei oder sogar drei Namen. Mich setzte das beim ersten Mal in Erstaunen als Anzeichen der »neuen Lebensform«. In den Büchern, die ich las, verliebte man sich nicht so. Da gab es wohl häufig Untreue und Eifersucht. Aber das waren Sitten der alten, heuchlerischen Welt. Bei uns muß das alles anders sein ...

Die Gruppenleiterin Fenja, rotbäckig, stupsnäsig, die gerne sang und oft lachte – die beste Turnerin und Springerin in der ganzen Abteilung –, errötete und nannte drei: Zuerst den Führer der Nachbarabteilung, der alle mit seinem soldatischen Benehmen und seinen schwungvollen Kommandos begeisterte und der am Reck ein »Sonnenrad« schlagen konnte, und als zweiten – mich. Erschüttert von dem unerwarteten Glück, weiß ich nicht einmal mehr, wen sie als dritten nannte. Der »erwachsene« 18jährige Leiter einer fremden Abteilung war eine derartige Idealfigur, daß er keine Eifersucht hervorrief.

Damals hielt ich mich selbstverständlich auch für verliebt. Und schwankte ebenfalls, wußte nicht, wen ich vorziehen sollte. Tanja Jurtschenko war ein ganzes Jahr älter; sie ließ sich wohlwollend zu Gesprächen mit mir herab, blieb aber für mich unerreichbar fern. Ljuda Sch. aus der fünften Klasse – hellhäutig, rundlich, mit einem großen blonden Zopf – erschien mir als die Schönste in der ganzen Schule. Allerdings hieß es, sie sei dumm, ideologisch nicht entwickelt. Sie war auch nicht bei den Jungen Pionieren, da ihr das der Vater, ein Priester, verboten hatte, sie trug ein Kreuz auf der Brust ... Aber war es vielleicht nicht verlockend, die Tochter eines Klassenfeindes umzuerziehen? Eine solche Schönheit auf den richtigen Weg zu bringen?

Fenja ähnelte mehr einem raufiustigen Jungen als einem Mädchen, in das man sich hätte verlieben können. Ich bemerkte jedoch nach ihrem Geständnis, daß sie sehr anziehend war. Ihre grünlichen Augen blitzten so fröhlich, ihre vollen roten Lippen waren so hell. Und wenn sie lachte, warf sie den Kopf mit den rotblonden Locken zurück und gab den Blick frei auf einen zarten, weißen Hals. Und die sportliche Bluse wurde von einer großen Brust gespannt ...

Am nächsten Abend schrieben wir die letzten Meldungen ab, säuberten die Überschriften und Zeichnungen mit Federmesser und Radiergummi. Der verantwortliche Redakteur, die »Kleine« Anja, sagte plötzlich, daß alles soweit fertig wäre, die Kleinigkeiten sollte Fenja als die Ordentlichste machen. Und ich sollte ihr helfen. Man würde sich nur gegenseitig stören, wenn man im großen Haufen arbeitete. Unser Chefgrafiker Senja versuchte zu widersprechen. Er wollte noch ein paar Vignetten zeichnen. Außerdem wohnte er in der Nähe von Fenja, sie würden sowieso gemeinsam nach Hause gehen – gestern hatte er sie unter den Mädchen, in die er verliebt sei, als erste genannt. Sie bat ihn jedoch:

»Geh doch zu uns und sag meiner Mutter, daß ich später komme, Senja!«

Und wir beide blieben allein zurück.

An diesem Abend war meine Mutter mit Sanja zum Namenstag zu einer Nachbarin gegangen. Der Vater war nicht in der Stadt. Tante Mascha schlief in ihrem Zimmer.

Wir waren allein in der stillen, dunklen Wohnung.

Auf dem Teppich schimmerte die ausgebreitete Wandzeitung weiß. Mich schüttelten Angst und Ungeduld. Wir kramten noch ein wenig herum, da noch etwas zu Ende zeichnend, dort eine Zeile verbessernd. Wir lagen bäuchlings nebeneinander auf dem Teppich. Jede Berührung war wie eine Verbrennung. Schließlich sagte sie: »Jetzt ist es genug. Wir können uns ausruhen.«

Wir setzten uns auf den Diwan. Ich weiß nicht mehr – wußte es schon am selben Abend nicht mehr –, worüber wir mit gespannter Stimme sprachen, bis ich endlich die seit langem ausgedachte Frage hervorstieß:

»Würdest du jetzt böse sein, wenn ich dich küsse?«

Ein schneller Blick, fröhlich.

»N–nein.«

Atemlos und schwitzend – damit sie nur nicht bemerkte, wie ich mich fürchtete, wie ich zitterte – schmatzte ich auf ihre straffe Wange.

»Küßt man vielleicht so? Kannst es wohl noch nicht?«

Mit Händen, fest wie die eines Jungen, umfaßte sie meinen Hals

und küßte mich auf die Lippen. Feucht, stark. So etwas hatte ich noch nie erlebt. Es duftete fast so wie warme Sauermilch und kalte Frikadellen. Mir wurde schwindlig, fast ein wenig übel. Aber ich faßte mich bald. Küßte sie wieder und wieder. Die Lippen. Die Wangen. Den Hals. Band die Schnüren auf, die den Blusenkragen zusammenhielten. Eine Frauenbrust hatte ich bisher nur auf Bildern gesehen. Ein Duft wie nach Milch und Fleisch, süßlich. Schweißtropfen auf den dunkelrosa Brustwarzen. Wieder wird mit schwindlig. Aber ich küsse und küsse ... »Oho, hast es schnell gelernt!«
Wir sprachen nicht mehr. Küßten uns nur. Drückten uns ungestüm Brust an Brust. Wieder und wieder wurde mir schwindlig. Die Erektion wurde anstrengend, schmerzhaft, die Übelkeit immer drückender. Als es in der Diele klingelte – Mutter und Sanja kamen zurück – fühlte ich Erleichterung. Nur fürchtete ich, daß Mutter bemerken könnte, wie erregt, wie rot und zerzaust wir waren.
Fenja wohnte weit weg. Nach damaligen Begriffen fast am Stadtrand – in der krummen Bassin-Straße hinter der Markthalle, der »Bessarabka«. Die Jungen aus der Bassin-Straße waren berüchtigt wegen ihrer erbarmungslosen Wildheit: Cliquen aus den verschiedenen Höfen vereinigten sich augenblicklich, wenn es einen Fremden zu verprügeln galt. Fenja kannten sie alle – ihr Vater, ein Fleischer, arbeitete in der Bessarabka. Ihr verziehen sie sowohl das rote Halstuch als auch die Freunde von den Jungen Pionieren. Sie und Senja – der Sohn eines Klempners, der allen Anwohnern der Straße die Kochtöpfe und Spirituskocher reparierte – »gehörten dazu«. Nicht einmal der wüsteste Grobian hätte sie angerührt. Aber Gäste aus anderen Straßen wagten sich nur tagsüber zu einem Besuch dorthin, am Abend nur in größeren Gruppen oder in Begleitung von Straßenanwohnern.
An jenem Abend brauchten Fenja und ich lange bis zum Grenzstreifen der Bessarabka. Auf dem Wege dorthin gab es eine Menge gemütlicher Hauseingänge und Passagen, in denen wir uns küßten. Dazwischen versicherte ich ihr, daß ich sie liebe,

daß ich jetzt alles endgültig begriffen habe, daß ich glaube, zum ersten Mal richtig zu lieben, und daß sie mir unermeßlich viel besser gefalle, als alle Mädchen in der Abteilung, in der Schule und überhaupt besser als alle, die ich kenne und kannte.
Von meinem Glück erzählte ich nur einem meiner Freunde – meinem Klassenkameraden Shorsh Brajlowskij, den ich für den ernsthaftesten Berater in den komplizierten Fragen des Lebens ansah. Allerdings hatte Shorsh noch keinen einzigen »Roman gedreht« – er war krankhaft schüchtern, klein, schmächtig, stotterte und hatte ein mongolisch geschnittenes Gesicht, so daß die Mitschüler ihn »Japs« riefen. Dafür aber galt er als außerordentlich beschlagener Theoretiker auf allen Gebieten der platonischen wie der körperlichen Liebe. Er wußte mehr als wir, seine Altersgenossen, von den Besonderheiten der weiblichen Psychologie und Physiologie, über die verschiedensten Techniken normalen und perversen Geschlechtsverkehrs, über die Schädlichkeit der Onanie und die Gefahren der Geschlechtskrankheiten ... Der ernsthafte dreizehnjährige Mann unterrichtete mich, indem er mich vor Hitzigkeit und Leichtsinn warnte:
»D–du s–solltest n–nicht zu weit g–gehen. Sch–schließlich g–gibst du s–selber zu, d–daß es d–dein erster R–roman ist. D–der erste, a–aber n–nicht d–der l–l–letzte. Ihr m–müßt beide eure Gefühle prüfen. S–sie ist n–natürlich ein g–gutes M–mädchen. Hat aber z–zuviel T–temperam–ment. U–und du auch. A–als Pioniere s–seid ihr n–natürlich gegen Kleinbürgertum, Eifersucht, F–familiens–szenen unds–soweiter. A–aber d–du weist noch nicht, w–was Eifers–sucht heißt. Ka–kannst es dir n–nicht einmal v–vorstellen.«
Er riet mir, wir sollten »unsere Gefühle einer Probe unterziehen«, uns eine oder gar zwei Wochen lang nicht treffen. Und wenn nach dieser Trennung alles unverändert sei, könnte schon von ernsthaften Beziehungen gesprochen werden. Ich schaffte es nicht, diesen Rat zu befolgen.
Als wir die nächste Nummer der Wandzeitung herstellten, wurde Raja, die auf mich streng und eingebildet wirkte und

kaum lächelte, zum verantwortlichen Redakteur ernannt. An diesem Tag kam sie mit einer neuen Frisur. Ihr Haar war modern kurz geschnitten, die früher kindlich gleichlangen Ponyfransen fielen ihr jetzt keck auf eine Augenbraue herab. Als ich Raja die Tür öffnete, sagte ich ihr, das sähe toll aus und stünde ihr sehr gut. Sie lächelte auch ganz modern und sah mich schräg an. Das nannte man »Äugelchen bauen«.

»Was ist denn das? Du bemerkst also auch andere Leute? Und dabei sagen alle, du hättest nur für eine einzige Augen . .«

»Wer soll das denn sein?«

»Verstell dich bloß nicht, bitte schön! Ich hasse es, wenn sich jemand verstellt.«

Wir unterhielten uns hastig flüsternd in der Diele. Im großen Zimmer hatten die Jungen unterdessen die zusammengeklebten Bögen der Zeitung ausgelegt. Und die Große Anja sang, wobei sie wie die Dorfmädchen kreischte: »Als mir die Mutter lebwohl gesagt ...«

Fenja kam später als alle anderen und schnaufte.

»Ach ihr, da habe ich vielleicht eben ein paar Besprisorniki agitieren müssen! Drei Kerle – der älteste zwölf, und das Mädchen noch ganz klein. Sitzen neben einem Asphaltkessel auf der Funduklejew-Straße, dreckig, schwarz wie die Schornsteinfeger. Nur Augen und Zähne zu sehen. Kratzen sich, sind voller Läuse. Und essen Brötchen. Ich habe eine volle Stunde mit ihnen geredet, über die gegenwärtige politische Lage, und daß es bald Winter wird. Und überhaupt über den Sinn des Lebens. Hab' ihnen eine Zeitung gegeben. Hatte Glück, daß gerade ein Artikel drin war über die Gesellschaft »Die Kinderfreunde«. Sie haben viel gefragt. Anständige Kerle. Haben versprochen, daß sie noch heute ins Kinderaufnahmeheim im Podol gehen. Morgen rufe ich dort unbedingt an.«

Sie redete und redete ... Ohne Unterlaß. Schnell, laut, leidenschaftlich. Mir wollte es vorkommen, als ob sie angäbe, sich verstellte. Sie war, wie immer, auf eine lustige Art geräuschvoll. Aber auf mich wirkte es geradezu unsinnig ruhelos.

Raja war ihr in allem entgegengesetzt. Dunkelhaarig, dunkel-

äugig, still. Sie sprach wenig und langsam, leise. Warum nur hatte ich sie für streng und hochnäsig gehalten? Sie war nachdenklich und traurig. Aber wenn sie lächelte... Und ich begann, auf ihr Lächeln ein Gedicht zu verfassen: »Wie ein Sonnenstrahl an einem stillen, trüben Tag...«
Shorsh sagte einmal, daß Fenja und sie den Gestalten der Olga und Tatjana aus »Eugen Onegin« ähnelten. Raja errötete und schwieg, während Fenja unzufrieden war.
»Das ist sogar sehr dumm! Junge Pionierinnen mit Gutsbesitzerinnen zu vergleichen, mit höheren Töchtern! Willst du etwa sagen, ich sei eine solche Gans wie Olga?«
An diesem Abend spielten wir wieder Pfänderspiele mit Beichte. Und als Antwort auf die unausbleibliche Frage nach der Geliebten nannte ich diesmal als erste Raja und Fenja nur als zweite. Sie sah mich erstaunt an, fing dann aber wieder schnell und fröhlich zu sprechen an, und lachte immer öfter und lauter. Raja dagegen, als sie beichten mußte, nannte leise, aber ohne zu stocken als ersten mich, danach irgendeinen Verwandten, einen Studenten.
Wir gingen gemeinsam fort. Fenja und ich brachten zuerst Raja nach Hause, danach die Große Anja. Dann waren wir beiden allein.
Grau-lila Oktobernebel. Trüb-gelbe Flecken der Laternen. Unter den Füßen raschelten die Kastanienblätter. Wir sprachen wenig und mit Anstrengung über irgendwelchen Unsinn. Am Ende des Kreschtschatik blieb Fenja vor dem Schaufenster einer Buchhandlung stehen.
»Geh nicht weiter. Es ist kalt. Ich lauf' ein bißchen, daß mir warm wird. Komm, verabschieden wir uns. Zum letzten Mal.«
Wir umarmten uns mitten im Licht des Schaufensters. Küßten uns leidenschaftlich.
»Werde glücklich. Und laß uns Freunde bleiben.«
»Natürlich. Werd du auch glücklich.«
Ich ging eilig zurück. Einem einsamen Jungen kommen abendliche Straßen manchmal wie Dschungel vor. Ein plötzlicher Pfiff von einem Hauseingang her oder der Ruf »Was für einer

schleicht denn da auf unserer Seite?« ließen mich den Schritt hastig beschleunigen ...
Dennoch gelang es mir, gleichzeitig traurig zu sein und eine elegische Befriedigung zu spüren: Die erste Liebe war zu Ende gegangen. Und die ungeduldige Neugier: Wie wird die neue?

Raja wohnte in der Nähe, auf der steilen, lauten Proresnaja-Straße. Man konnte sich öfter sehen, länger zusammenbleiben. Und mit jedem Treffen kam sie mir klüger, bescheidener und rätselhafter vor. Sie küßte niemals als erste. Und bot regelrecht unwillig ihre Wangen dar. Sanft, aber entschieden wies sie zu weit gehende Zärtlichkeiten zurück. Ganz, ganz selten nur gelang es, ihre Lippen zu küssen – doch geschlossen, unnachgiebig.
»Na, genug jetzt. Es reicht! Muß man denn die ganze Zeit nur so ... Los, lesen wir lieber!«
Sie mochte Gedichte. Wir lasen abwechselnd laut vor. Unsere wichtigsten Dichter waren damals Nekrassow und Demjan Bednyj, uns gefielen aber auch Kirillow, Sharow, Kasin, Besymenskij, Oreschin[37]. Plötzlich verliebten wir uns in Jessenin. Dies um so stärker, als es als sündig galt. Schließlich hatte er »dekadente«, ausweglos trauernde Gedichte gemacht. Über Demjan schrieb er so spöttisch und beleidigend, daß das Gedicht nicht gedruckt werden konnte; aber selbst die Erwachsenen kannten seine Spottverse auswendig »Du Schwein, hast Christus nur angegrunzt ...«, mit denen er Demjan Bednyj als »Evangelisten Demjan« attackierte. Wir waren zwar alle überzeugte Atheisten, beim Marsch durch die Straßen sangen wir das unvermeidliche

Drum fort nur mit den Mönchen,
den Rabbis und Popen all –
Wir misten in dem Himmel
mal aus den Götterstall!

Aber die bösartigen, unserer Meinung nach in ihren Grund-

gedanken falschen Verse Jessenins zogen uns doch mehr an als das übermäßig wortreiche und stellenweise unverständliche antireligiöse Poem Bednyjs, das sich über Tage durch die Feuilletonspalten der Zeitungen hinzog.
Um die Wette lasen wir Jessenins Gedichte aus seinem Buch »Das Moskau der Kaschemmen«. Und einmal, als die ganze Redaktion versammelt war – die kühl-vernünftige, schlaue Kleine Anja, die stille Raja, die streitlustige Fenja, die Sängerin Große Anja, der phlegmatische Senja und noch ein paar Jungen – beschlossen wir, einen »Abend der Verletzung der Pionier-Satzung« zu veranstalten.
Im Büfett standen ein paar Flaschen. Ich goß uns Likör und Wodka ein und füllte die Flaschen mit Wasser auf. Wir tranken jeder nur wenig, um so pathetischer fielen die Trinksprüche aus, und um so lauter donnerten die Trinklieder. Zigaretten fand ich in Vaters Geheimfächern. Wir rauchten, husteten, einigen wurde schlecht. Wir rissen Witze über die Führer der Sowjetmacht und sangen:

Lenin hat Trotzkij befohlen:
Fahr zum Markt, ein Pferd zu holen.
Fürs Proletariat, das gute,
kauf zum Fraß 'ne Stute.

Wieder und wieder lasen wir die Gedichte Jessenins und küßten uns auch ohne Pfänder, einfach jeder seinen Nebenmann. Das nannten wir »sich dem Laster hingeben«, sagten: »Seht doch, wie sich die Bourgeoisie zersetzt.«
An jenem Abend war ich noch in Fenja verliebt, und mir war es unangenehm, daß sie sich mit anderen Jungen küßte und dabei laut lachte. Aber Raja, die ich damals erfolglos zu küssen versuchte, wich diesem »Lasterleben« sichtlich aus. Und als schon alle aufbrachen, sagte sie leise zu Fenja und mir:
»Na, jetzt haben wir genug verrückt gespielt, es langt. Niemals wieder so etwas. Es ist nicht ehrlich! Und überhaupt – widerlich.«

Da erschien sie mir als »Zierpuppe« und »Muttis Liebling«. Ich fragte:
»Was ist widerlicher – trinken, rauchen oder küssen?«
Fenja fing an zu lachen. Aber Raja antwortete zornig:
»Spiel nicht den Dummen. Alles Ehrlose ist widerlich.«
Raja wohnte in einer kleinen, engen Wohnung voll großer, alter Möbelstücke. Ihr Vater arbeitete in irgendeinem Büro. Ihre Eltern habe ich kaum gesehen. Alle im Hause standen unter dem Kommando einer alten, brummigen und gutmütigen Kinderfrau. Raja hatte eine Ecke für sich, abgetrennt durch einen riesigen Schrank. In ihrer Ecke standen ein kleiner Tisch und eine große, mit einem Teppich bedeckte Truhe. Auf ihr haben wir oft lange gesessen, uns Gedichte und die Erzählungen von Kuprin und Awertschenko[38] vorgelesen. Prosa lasen wir manchmal auch Kopf an Kopf jeder für sich. Der Kinderfrau sagten wir, daß wir Schularbeiten machten. Und um nicht zu lügen, lösten wir außerdem wirklich noch Aufgaben, büffelten chemische Formeln. Raja war in einer anderen Schule, aber ebenfalls in der fünften Klasse. Mir schien es, als liebte ich sie mit jedem Tage mehr.

Mutter plante seit langem mit Sanja und mir einen Besuch in Charkow. Dort wohnten ihre Schwester und ihr Bruder mit ihren Familien. Wir warteten nur darauf, daß Vater sich einmal Zeit für einen Urlaub nehmen konnte. Wir fuhren zu Weihnachten 1925. Es war meine erste große Reise. Noch nie hatte ich eine Nacht im Eisenbahnwagen verbracht. Vor den Fenstern endlose Schneeflächen, grauweiße Wälder. Weit entfernt vereinzelte Lichter. Trübgelbe Scheinwerfer. Auf den Stationen Bauern in Pelzmänteln, Frauen in Umschlagtüchern. Dann der dumpfe Klang der Bahnhofsglocke, das Zeichen zur Weiterfahrt. Und wieder blieben Schneefelder, verwehte Senken, Dörfer hinter uns zurück. Ein Wald nähert sich und rollt vorüber. Die Welt ist unendlich und voller Rätsel.
Um mich viele fremde, gleichgültige Menschen, die mich nicht bemerken. Das macht traurig und neugierig zugleich. Woran

denkt die zornig aussehende schöne Frau dort drüben mit diesen Locken, die wie auf Frauenbildnissen der Puschkin-Zeit vor den Ohren angeklebt sind? Was flüstern die Männer in Bauernkitteln und hohen Stiefeln, die gemächlich flach-gedörrte Fische essen? Vor ihnen auf dem Tischchen liegt in einer zerknüllten Zeitung ein Haufen Gräten, Fischköpfe und Schuppen.

Ich liege auf der obersten Pritsche im Abteil. Passe mich dem ungewohnten Leben in der Eisenbahn an. Bin aufgenommen in den gewaltigen, vielgesichtigen Stamm der Passagiere. Früher hatte ich davon nur gelesen.

Das Stoßen der Räder. Warmes, drückendes Halbdunkel. Von fern undeutliche, gedämpfte Stimmen, und gleich nebenan, jenseits der hölzernen Trennwand, auf der benachbarten obersten Pritsche Schnarchen mit Geschmatz und Pfeifen ...

Unten erzählt Mutter einer zufälligen Reisegenossin die phantastische Geschichte unserer Familie. Vater ist schon eingeschlafen, und sie kann ungehindert erfinden, wie ihr Mann unter Petljura zum Landwirtschaftsminister ernannt werden sollte, er sich aber der Familie wegen geweigert habe, und wie die besten Professoren in Kiew von der Genialität ihres Sohns reden.

Am Morgen dauert es lange, bis wir endlich in den Bahnhof von Charkow einfahren. Verräucherte Ziegelbauten ziehen sich lang hin. Schienen laufen auf uns zu, vermehren, verzweigen sich. Rote und graue Güterwagen, Pumpen, Lagerschuppen. Der Bahnhof sieht dem von Kiew nicht ähnlich – er ist viel größer und viel prunkvoller. Eine riesige Kuppel wie bei einer Kirche. Unterirdische Gänge, gekachelte Wände, wie zu Hause die Öfen. Auf dem Bahnhofsvorplatz viele Kutscher, die man »Wanjko« ruft; und ihre Pferdeschlitten sind niedriger als die in Kiew. Alle haben dicke blaue Mäntel mit großmächtigen, gefältelten Rückseiten an. Zum ersten Mal sehe ich Autobusse, gelb-rot mit den dunklen, grünen, waffelartigen Schnauzen der Motoren. Selbst die Straßenbahnen sind hier nicht so wie in Kiew – bei uns sind die Stromabnehmer lange, gebogene Ruten mit einer Rolle obendran, und in Charkow sind es Rahmen aus Rohren, die nach oben breiter werden.

Interessant sind die eigenartigen Charkower Worte. Bei Straßenbahnen spricht man nicht von Nummern, sondern von Marken: »Welche Marke fährt zur Sumskaja-Straße?« In den überfüllten Wagen fragt man die vor einem Stehenden: »Stehen Sie an der Pawlowskaja-Straße auf?«: »Aufstehen« heißt hier »aussteigen«.
Exotisch klingt, was die Schaffner ausrufen: »Swerdlow-Straße«, »Rosa-Luxemburg-Platz«, »Teweljew-Platz«, »Karl-Liebknecht-Straße«. Uns in Kiew waren die neuen Bezeichnungen noch nicht eingeimpft. Obwohl auch ich mich bemühe, statt Wladimir-Straße »Korolenko-Straße« zu sagen und den »Kreschtschatik« »Worowskij-Straße« zu nennen – es gelingt dennoch nicht so richtig. Selbst die aktivsten Pioniere vergessen es ständig, und ich ertappe mich dabei, daß ich an den Kreschtschatik oder den Duma-Platz denke, und nicht an den Marx-Platz, an den Kaufmanns-Garten, nicht an den Erster-Mai-Park.
Charkow ist eine Hauptstadt. Das spürt man sofort. Es sind sehr viele Leute, die Bürgersteige reichen nicht aus, man geht auf der Fahrbahn. Zum ersten Mal sehe ich so viele Personen- und Lastautos. In Kiew sind sie selten, vereinzelt, und hier gibt es ungefähr ebenso viele Autos wie Droschken und Lastfuhrwerke.
In Charkow gibt es schon neue Häuser. Wir fuhren an dem großen roten »Passage-Warenhaus« vorbei und an dem grauen Redaktionsgebäude der Zeitschrift »Kommunist«. Auf dem Dach steht die Statue eines Arbeiters mit einem Vorschlaghammer. Der Onkel, der uns abgeholt hatte, erzählt, man habe mit dem Bau eines richtigen Wolkenkratzers begonnen.
Als bei uns am Park am Goldenen Tor zum ersten Mal nach der Revolution der alte Springbrunnen wieder ging, als das große Haus auf der Nestorow-Straße wieder aufgebaut wurde, das noch unter den Polen abgebrannt war, und als am Wladimir-Hügel ein neuer Zaun aufgestellt und die Bänke neu gestrichen wurden, hatte ich in der Pioniergruppe von den deutlichen Erfolgen des sozialistischen Aufbaus geredet. Aber hier gab

es ganz neue mehrstöckige Gebäude. Und an vielen Stellen leuchteten an den Straßen die gelben Baugerüste. Abends gar strahlten an der Sumskaja-Straße helle Laternen, festliche Schaufenster und bunte Aushängeschilder.
In Charkow gab es viel mehr staatliche und genossenschaftliche Läden als private. Die bunten Buchstaben ChZRK – Zentrale Charkower Arbeiter-Genossenschaft – waren fast in jeder Straße zu sehen. In Kiew überwogen dagegen die privaten Läden. Mutter kaufte Milch, Butter, Quark, Schinken und Sahne nur bei Nasarenko auf der Proresnaja-Straße. Und auf meine Agitation gegen die Privatkaufleute antwortete sie einfach: »Kann ja sein, daß sie in deiner Arbeitergenossenschaft billiger verkaufen – aber fauliges Zeug, Freibankfleisch, und dazu sind sie auch noch frech, bei Nasarenko ist alles frisch, und außerdem schreiben sie an.« Und daß Kuchen und Süßigkeiten in der Konditorei bei Frunsinskij besser waren als in der Genossenschaft oder am Schul-Büfett, wußte ich selber.
Aber in Charkow kamen mir die gewöhnlichen Milch-Karamellen aus den Konditoreien der UKO, der Ukrainischen Konditor-Vereinigung, süßer vor als Trüffel aus einem NEP-Laden[39].
Ganz wie in einer Hauptstadt liefen hier die Zeitungsjungen durch die Straßen und riefen aus voller Kehle: »Das Abendradio. Das Abendradio! Die Zeitung ›Das Abendradio‹! Viehischer Mord am Kalten Berg! Viiiehischer Mord am Kalten Berg!«
Die Straßen in Charkow waren enger als die in Kiew – farblos und vollkommen eben, es gab weniger Anlagen und Boulevards, sie waren nicht so dicht bepflanzt. Dürftige Flüßchen mit schmutzigen Ufern, überspannt von ärmlichen, abgetretenen Brücken, die von Passanten überquollen und unter den Straßenbahnen erzitterten. Armselige Rinnsale mit barbarischen Namen: Lopanj, Charkow, Chotj, Njetetsch. Man machte Spottverse darauf. Unsinnig, sie mit dem riesigen, gewaltigen Dnjepr zu vergleichen. Ihre kurzen, ganz unfestlichen Uferstraßen verliefen so unscheinbar und plump! In Kiew dagegen erhob sich der Wladimir-Hügel über Dächer, Straßen, Häuser und Kirchen, über den gedämpften Lärm des Podol; die grün-

gelben Abhänge des Zaren-Parks, des Marien-Parks, des Askold-Grabmals sind dicht mit Buschwerk und alten Bäumen bewachsen, direkt über dem stillen Dnjepr.

An seinem anderen Ufer breitete sich die Ferne aus. Im Winter schwärzlich überhauchtes Graublau, im Herbst goldfarben mit rot schimmernden Reflexen, im Frühjahr und Sommer himmelblau, grünlich, lila. Beim Sonnenuntergang sah man jedes Mal neue Farbspiele – einmal ein Abendrot in goldorange, mit purpur- und glutroten Flämmchen, darüber dünne violette Wolkensträhnen. Ein andermal ein mattglimmendes oder auch ein blasses Gelb, das kaum durch die schweren dunklen Wolken hindurchdringt. Manchmal nur ein hellrosa Flimmern in weißlichem Nebel ...

Jeder Tag in der Ferne hinter dem Dnjepr war anders, doch immer lockte und zog die Ferne, und unerklärliche Trauer umspannte die Kehle, es gab keine Wünsche, keine Gedanken, nur das Verlangen zu schauen und zu schauen ...

Oft habe ich mich vergeblich bemüht, all dies in Gedichten oder im Tagebuch zu beschreiben. Und ebenso vergeblich versuchte ich, mir zu erklären, was ich beim Blick auf den Dnjepr und die Ferne dahinter empfinde.

Während ich im lauten, eilfertig-hastigen Charkow an Kiew dachte, erschien es mir überaltert, schön und nutzlos. So ähnlich wie Puschkin-Gedichte, die hartnäckig im Gedächtnis festhingen, sich mir in einzelnen Versen immer wieder aufdrängten. Dabei wußte ich doch und war davon überzeugt, daß sie unsere Generation nichts angingen, uns fremd waren, nicht zu uns gehörten.

Wenn ich Charkow mit Kiew verglich und versuchte, Ordnung in die wirren, krausen Gedanken zu bringen, fiel mir gleich wieder eine Puschkinzeile ein:

> wie vor der neuen, jungen Zarin
> die Zarin-Witwe sich verneigt.

Auch die Jakobiner fielen mir ein und die adligen Narodowolzen. Saint-Just ebenso wie Sofja Perowskaja hatten ihre Familien verlassen, ihre Besitzungen, die Heimat mit allen liebgewordenen Erinnerungen und waren fortgegangen in die düsteren Elendsviertel der großen Städte. Voll Stolz »erkannte« ich meine wirren Gefühle in den Gedanken wieder, die Victor Hugo, Erkmann-Chatrian, Vera Figner in ihren Büchern ausgesprochen hatten. Selbst in »La Traviata« fand ich sie, in der rührseligen Arie Germaines »Du hast die heimatliche Provence vergessen«.

Die Anziehungskraft Charkows war augenfällig, verständlich und vernünftig. Die Verbundenheit mit Kiew mußte dagegen als Schwäche, als bürgerliches »Überbleibsel«, als sentimentale »Entwicklungskrankheit« überwunden werden.

Fast täglich schrieb ich lange Briefe an Raja in Prosa und Versen, schrieb von Liebe und bitterer Sehnsucht. Die Herzensergüsse waren echt, wenn auch ziemlich übertrieben. Trotz aller Liebe verspürte ich keinerlei Sehnsucht. Aber bei Liebesbriefen gehörte die Sehnsucht nun mal unvermeidlich dazu. Sie schrieb mir zweimal – umfangreiche, mehrere Seiten lange Briefe. Darin erzählte sie ausführlich über die Vorkommnisse in der Abteilung, was auf den Versammlungen passiert war, wer was gesagt hatte, wer krank geworden oder verreist war, wer sich mit wem verzankt hatte. Auch über Bücher schrieb sie, die sie lesen wollte oder gerade las. Über Gefühle kein Sterbenswörtchen. Nur am Schluß des Briefes in ganz kleinen Buchstaben: ich küsse dich. Einen solch frohen Stolz wie bei diesen Briefen habe ich seither nie wieder empfunden.

Während wir zu Besuch in Charkow weilten, fand der XIV. Parteitag statt, auf dem die Partei ihren Namen änderte. Sie hieß jetzt nicht mehr Russische Kommunistische Partei (Bolschewiki), sondern Allunions-Kommunistische Partei (Bolschewiki). Ich las die Sitzungsberichte sehr aufmerksam und gab mir große Mühe zu begreifen, worüber im einzelnen debattiert wurde. Dabei trieb mich so etwas wie die Neugier

eines Zuschauers im Stadion: Wer besiegt wen? Eines Zuschauers – nicht eines Anhängers dieses oder jenes Sportvereins. Ich wußte nicht, »für wen« ich war.
Trotzkij hüllte sich in Schweigen; Sinowjew und Kamenew waren noch vom vergangenen Jahr her in unangenehmer Erinnerung. Der mit ihnen zerstrittene Kalinin hatte Trotzkij sogar positiv erwähnt: »... die von ihm angesammelte Autorität ist die Autorität der gesamten Partei.« Die Leningrader Opposition mit Sinowjew trat geschlossen auf, obwohl in der Minderzahl, attackierte sie tapfer die Mehrheit, die »Leitung«, und sprach im Namen der Arbeiterklasse, der Proletarier von Petrograd. Jewdokimow, Salutzkij und Safarow[40] warfen Bucharin vor, er habe seinen Frieden mit den Kulaken und den NEP-Leuten gemacht und sie dazu aufgerufen, sich zu bereichern. Sehr überzeugend schimpften die Leningrader auf die Bürokraten, diese »Bonzen«. Auch die Krupskaja[41] war für die Leningrader, deren Lenin-Zitate massiver und klangvoller waren als die, welche die Mehrheit anführte. Sinowjew hatte zwar ein unsympathisches Gesicht – fett, glatt, gar nicht wie das Gesicht eines Arbeiters oder Revolutionärs, sondern eine Schauspielervisage. Aber er war wirklich Lenins Freund gewesen, hatte, als Lenin im Sommer 1917 nach Finnland fliehen mußte, mit ihm zusammen in einer primitiven Laubhütte gehaust, hatte mit Lenin zusammen Bücher geschrieben. Er wußte besser als andere, was Lenin wollte, wie sein Vermächtnis lautete. Und jetzt schrie man auf ihn ein, warf ihm vor, er habe die Mittelbauern unterschätzt.
Und wieder einmal sprach Stalin am verständlichsten von allen, ziemlich grob zwar, aber er war ja schließlich auch aus dem kämpfenden Untergrund gekommen und kein Intelligenzler aus dem Studierzimmer. Auch er will, daß Lenins Vermächtnis verwirklicht wird, auch er ist für die Arbeiter, aber auch für Disziplin, für Einmütigkeit. Ohne die geht es auf gar keinen Fall.
Manchmal wechselte ich beim Lesen einer einzigen Zeitungsausgabe mehrmals meine Meinung, stimmte erst mit den

Leningradern, dann wieder mit dem ZK überein. Ein andermal konnte ich überhaupt nicht verstehen, worum der Streit ging: alle wollten dasselbe, alle waren für die Sowjetmacht, für Lenin, für die Arbeiter, gegen die Kulaken, gegen die Bürokraten. Was war es nur? Steckte etwa doch etwas Wahres in den bösen Bemerkungen von Vater und den Onkeln, wenn sie verächtlich zischten: »Sie schlagen sich um die Macht, jeder will höher hinaus«?

Der einzige ernsthafte Gesprächspartner jener Tage war mein Vetter Mark; auch er las die Zeitungen aufmerksam und machte sich Auszüge. Leider sah er auf mich von oben herab, spottete und stellte heimtückische Fragen über lang zurückliegende Parteitage, darüber, was der Unterschied zwischen Nationalisierung und Munizipalisierung sei, wie oft und worüber Trotzkij sich mit Lenin gestritten und wer dabei recht behalten habe. Mark mochte Trotzkij nicht: »Ein Phrasendrescher, Poseur, einer, der nur Feuerzauber losläßt und für ein schönes Wort Vater und Mutter verkauft«. Dagegen gefiel ihm Bucharin »als Person und als Philosoph«, er sei jedoch »zu weich und schöngeistig, unterschätzt die Gefahr der Kulaken«. Mark fand, daß die Leningrader die konsequenteren Leninisten seien, enger mit den proletarischen Massen verbunden als die Mehrheit im Zentralkomitee. »Gewiß, Sinowjew ist unsympathisch – intrigant, mit schriller Weiberstimme und, wie es hieß, sehr grausam – aber schließlich war Robespierre ähnlich gewesen, und gerade er war der wirkliche Führer der Revolution. Camille Desmoulins dagegen – ein Beau und Poet, waghalsig und geistreich – erwies sich als liberaler Schwätzer, der Angst hatte vor dem Terror und der objektiv die Revolution verriet. In der Politik darf man nicht von persönlichen Sympathien oder Antipathien ausgehen. Lenin liebte die Menschewiki Martow und Sassulitsch[42] sehr und mochte weder Trotzkij noch Stalin, dennoch, als es politisch nötig wurde, kämpfte er gegen jene, die er liebte und machte die anderen zu seinen Kampfgenossen; Lenin war mit Sinowjew und Kamenew befreundet, aber im Oktober hätte er sie im

Ernstfall erschießen lassen, und nach dem Frieden von Brest hätte er möglicherweise sogar Bucharin abknallen lassen, obwohl er ihn als Liebling der Partei bezeichnete. Die Politik hat ihre eigenen Gesetze, ihre eigene Moral. Da geht es nicht zu wie beim Fußball, wie bei Pionier-Versammlungen oder in dem Film ›Die roten Teufelchen‹ – die sind für die Roten, jene für die Weißen, alles ist klar... Politik, das ist eine schmutzige Sache. Eine Revolution läßt sich nicht mit Glacéhandschuhen machen, und erst danach fangen die Schwierigkeiten und Komplikationen richtig an... Nach dem Sturm auf die Bastille herrschte ein einziger Triumph und Jubel... Dann das Wunder des 4. August – die Aristokraten verbrüdern sich mit den Bürgerlichen, allgemeine Rührung, aber zwei, drei Jahre danach schlachteten sie einander ab, und später fraßen sich selbst die Revolutionäre gegenseitig auf... Alle Führer kamen unter die Guillotine. Hast du nicht Anatole Frances ›Die Götter haben Durst‹ gelesen? Lies es und denk darüber nach, es ist ein sehr wahres und sehr kluges Buch...«
In Gegenwart von Erwachsenen unterhielt er sich mit mir noch ironischer, als wenn wir allein waren, schließlich war er selber schon erwachsen, fast 19 Jahre alt. Aber ich hängte mich dennoch an ihn, den älteren Freund, den Gebildeten, der viel klüger war als die ganze Verwandtschaft, die ihn nie anders als »das Genie« bezeichnete. Ich erzählte ihm von meinen Herzensangelegenheiten, las Gedichte vor, war nicht böse, wenn er spöttische Bemerkungen machte, und verstand, daß er mich damit an sein Erwachsensein erinnern, mich »erziehen« wollte. Mit großem Kopf, großen Augen und Ohren, krummem Rükken und dünnen Armen ohne Muskeln kam er mir wie ein richtiger Gelehrter und Held vor: Der Geist ist willig, aber das Fleisch ist schwach. Ich war stärker als er, und das glich seine geistige Überlegenheit wieder ein wenig aus.
Das neue Jahr 1926 feierten wir in Charkow in der Wohnung des Onkels; drei Zimmer waren mit Möbeln vollgestellt – riesigen Schränken, Sesseln, die mit Leder oder dicken Stoffen bezogen waren; das vielstöckige Büfett glänzte von Glas und

Bronze. Der älteste Sohn des Onkels, Lonja, war zwei Jahre jünger als ich – blaß, mit langem Schädel, langen, unruhigen Händen und grauen, schläfrigen Augen, die immer auswichen, er ging krumm und schiefbeinig. Auch Lonja liebte die Geschichte, las die vielbändige »Weltgeschichte«, außerdem Kljutschewskij, Ilowajskij[43], und natürlich die Artikel aus dem Brockhaus. Am besten kannte er die Antike und das Mittelalter. Mich ärgerte es richtig, daß er, der Jüngere und Parteilose, den es überhaupt nicht interessierte, womit sich die Jungen Pioniere beschäftigen und der in allem seiner Mutter gehorchte, daß dieser Stubenhocker so viel mehr als ich über Babylon, Assyrien, Persien wußte, über den Peloponnesischen Krieg und über die römischen Kaiser. Ich versuchte, ihn mit England zu übertrumpfen, den Rosenkriegen – mir half dabei Shakespeare, den ich zum 10. Geburtstag bekommen hatte – aber er hatte dafür bis zum letzten die Kapetinger und Valois und darüber hinaus alle skandinavischen und spanischen Könige auswendig gelernt. Seine Belesenheit endete allerdings irgendwo beim Dreißigjährigen Krieg: Weiter war er noch nicht vorgedrungen. Er kannte alle Fürsten von Kiew und Wladimir, während ich mich schon nach Jaroslaw dem Weisen und erst recht ab Wladimir Monomach rettungslos verhedderte mit all den Swjatopolks, Jaropolks und der kampflustigen Nachkommenschaft von Wsewolod dem »Großen Nest«. Dafür zogen wir von Iwan III. an gleich, und von Peter I. an kannte ich die russische Geschichte ebenso wie die der Französischen Revolution viel besser als er. Der Verkehr mit diesem gelehrten Vetter zog mich jedoch wenig an, er sammelte in seinem Kopf historische Daten wie andere Kinder Briefmarken, Schmetterlinge oder Notgeld, einfach als Kollektion, ohne darüber nachzudenken. Als ebenso seltsam erwies sich meine einzige Altersgenossin in dieser Gesellschaft, Mutters Nichte Lena; sie hatte ein dunkelhäutiges, unauffälliges und unbewegliches Gesicht mit spitzem Kinn und einem Muttermal an der Wange, einen fest geflochtenen Zopf, der sich aus irgendeinem Grund fettig anfühlte. Anziehend war allein die große, erwachsene, wie ein Ball elastische Brust. Lena fürchtete sich aber vor dem Küssen, kicherte nicht einmal und sagte schweißgebadet mit Tränen in der Stimme: »Laß' das, ich sag's der Mutter!« Sie gab zu, daß sie noch nie in einen lebendigen Jungen verliebt gewesen sei – am längsten habe sie Alexander von Mazedonien geliebt und später dann zwischen Peter dem Großen und Suworow geschwankt. Diese eigenartige Beichte hörte ich im Schutz des dämmrigen Korridors in einem alten Sessel, als sie schon ein wenig zahmer geworden war und sich nicht mehr losriß. Als Gegenleistung hatte ich mein »Großes Pionier-Ehrenwort« gegeben, sie nicht mehr zu küssen oder ihr in die Bluse zu greifen, umarmen müßte ich sie ja nur, weil der Sessel so eng sei.

Kiew kam mir nach dem hauptstädtischen Charkow, nach den Gesprächen mit Mark über das Schicksal unseres Landes und über die Weltrevolution provinziell vor, und alle Angelegenheiten der Pioniere und der Schule erschienen mir klein und kindlich. Raja sah ich erst am zweiten oder dritten Tag wieder. Sie hörte, wie mir schien, gar nicht richtig zu. Dennoch war es angenehm, sie zu küssen. Und beim nächsten Mal erregte mich ihre schüchterne Abwehr allzu heißer Küsse mehr als die Tatsache, daß sie weder verstehen konnte noch wollte, worin sich das Programm der Leningrader von der Linie des ZK unterschied.

Bald danach bekam ich Scharlach. Ich lag fast zwei Monate im Bett und sah keinen meiner Freunde. Sanja wurde bei Verwandten untergebracht, damit er sich nicht ansteckte. Ich lag allein im großen Elternschlafzimmer, gepflegt von der eigens aus Charkow gekommenen Tante Tamara, die sich damals gerade von ihrem derzeitigen Bräutigam getrennt hatte. Einmal hörte ich sie im Nebenzimmer ausführlich der Mutter erzählen, wie sie sich ihm fast hingegeben hätte. Es war eine außerordentlich unterhaltsame Erzählung, und danach hatte ich wollüstige Träume. Der erste Samenerguß erschreckte mich, und ich beruhigte mich mit der Erklärung, das komme von der Krankheit. Peinlich war es mir dennoch, und ich verbarg den Flecken im Laken. Das dicke Buch »Mann und Frau« half. Dort wurde alles erklärt, und danach waren solche Träume nur noch angenehm, und ich empfand sie als Beweis meiner Mannwerdung. Während der Krankheit las ich »Krieg und Frieden«, diesmal ganz, und all meine Lieblingsbücher von Dickens, Korolenko, Mark Twain, Turgenjew, dann auch die wirklich wissenschaftlichen und politischen Arbeiten Kautskys »Die Vorläufer des wissenschaftlichen Sozialismus«, die Mark geschickt hatte – zerfledderte Broschüren zur Geschichte der deutschen und russischen Sozialdemokratie. Tamara erwarb einmal ein deutsches Modeblättchen – die Beilage zum »Berliner Tageblatt«, die zusammen mit der Zeitung verkauft wurde. Für sie übersetzte ich fast den ganzen Text der Beilage. Mich dagegen interessierte die Zeitung. In ihr eröffnete sich eine ferne, nie gekannte Welt. Reichstagsdebatten, Artikel über die Schwarze Reichswehr, über Feme-Morde, darüber, ob die früheren Monarchen und ehemals regierenden Fürsten ihren Grundbesitz behalten dürften oder nicht; Notizen über die Festnahme von Verbrechern, Gerichtsreportagen, Meldungen von Katastrophen, Orkanen, Demonstrationen, über die Kämpfe in China, über Sportkämpfe, Schönheitswettbewerbe und neue Flugzeuge, über Versuche, alte Menschen zu verjüngen... Jede Werktagsnummer dieser Zeitung war um vieles stärker als irgendeine bei uns, die Sonntagsausgabe gar ließ sich mit nichts Hiesigem vergleichen. Und tagtäglich, außer montags, gab es Beilagen: die interessanteste war das Wochenendjournal »Kladderadatsch« und der sonntägliche, illustrierte »Weltspiegel«. Auf Fotos wurde das Leben in aller Welt vorgeführt: Amerika und Indien, Frankreich und China. Die Aufnahmen waren erst vor kurzem, oft erst in der Woche zuvor gemacht. Über uns schrieb die deutsche Zeitung selten und dann auch nur wenig, in Ton und Sinn freundlich, aber doch irgendwie herablassend. Es gab weder das bösartige Gebrüll der Klassenfeinde noch das erschreckte Kreischen bürgerlicher Kläffer, von denen ich in unseren Zeitungen gelesen hatte. Über ihre eigenen Kommunisten schrieben diese deutschen Bourgeois im selben Ton. In den Reichstagsberichten wurden die Reden der kommunistischen Abgeordneten ohne Kommentar ebenso wie die Reden aller anderen Sprecher gedruckt.

Die schmalen dunkelgrauen Blätter, die bunten Bildseiten der Beilagen rochen anders als unsere Zeitungen und Zeitschriften. Es war der Duft einer fernen, geheimnisvollen Welt, unendlich vielfältig, magnetisch anziehend.

Ich war auf die Bourgeois nicht neidisch, wollte ihnen nicht ähneln, aber ich wollte sie aus der Nähe sehen, wollte mit ihren Flugzeugen fliegen, in internationalen Expreßzügen dahinjagen, mit selbstbewußten Diplomaten debattieren, mich mit diesen lachenden, eleganten Frauen unterhalten. Es könnte mir doch gelingen, ihnen zu erklären, wie falsch sie leben. Und dann würden in den riesigen, reichen Städten Barrikaden gebaut, die Arbeiter bewaffnet, Räte gewählt.

Die Weltrevolution war absolut notwendig, damit endlich das Recht siegte, damit alle Gefangenen aus den bürgerlichen Kerkern befreit und die Hungernden in Indien und China gespeist würden, damit die Deutschen die ihnen fortgenommenen Gebiete und den polnischen Korridor zurückerhielten, damit wir von Rumänien Bessarabien zurückbekämen, aber andererseits sollte es dann keinerlei Grenzen und nirgendwo mehr Kapitalisten und Faschisten geben, und Moskau, Charkow und Kiew müßten ebenso riesige, wohlgebaute Städte wie Berlin, Hamburg und New York werden, bei uns müßten Wolkenkratzer entstehen, Straßen voller Autos und Fahrräder, alle Arbeiter und Bauern müßten sauber und gut gekleidet sein, mit Hüten, mit Uhren... Und überall müßten Aeroplane (damals kannte man das Wort »Flugzeuge« noch nicht) und Zeppeline fliegen.

Die Weltrevolution war absolut notwendig, und hier stritten sich wie zum Possen unsere Führer untereinander. Warum verstehen sie nicht, daß uns dies nur schadet und die

Feinde freut? Trotzkij vereinigte sich mit den Leningradern. Sie nannten sich Leninsche Opposition, sie waren für die Weltrevolution, und das war gut. Aber zum Ärger aller versicherten sie, man könne den »Sozialismus in einem Lande« nicht schaffen. Vielleicht stimmt das, aber es ist trotzdem ärgerlich, schließlich haben wir im Oktober und im Bürgerkrieg gesiegt – warum versuchen wir es nicht, solange kein Krieg herrscht, vielleicht schaffen wir es doch? Und schließlich ist es unseren Arbeitern und Bauern nicht angenehm zu hören, sie seien sozusagen zu »schwach«, selber den Sozialismus zu errichten. In diesem Punkt war ich mit Bucharin und Stalin einig, die bewiesen, daß wir alles können, denn Lenin hatte gesagt: Kommunismus – das ist die Sowjetmacht plus Elektrifizierung. Warum aber schimpften sie so ungerecht auf Trotzkij, Sinowjew und Kamenew wie auf Konterrevolutionäre, als ob sie keinerlei Verdienste hätten?

Die Diskussionen des Jahres 1926 waren verwirrend und unverständlich in ihrer Erbitterung. In der Pionierabteilung waren einige für Trotzkij, und ich stritt mich mit ihnen, weil sie sagten, man könne auf dem Dorf niemandem trauen, jeder kleine Bauer wolle reich werden und sei bereit, das Proletariat und die Weltrevolution für ein Butterbrot zu verkaufen. Ich brüllte mit ihnen herum und redete, wie es in den Zeitungen stand, vom Bündnis zwischen Stadt und Land, daß der Sozialismus von allen Werktätigen geschaffen werde und nicht nur für die Arbeiter in der Stadt – sie stellten die kleinste Minderheit dar, und man dürfe nicht aus ihnen neue Aristokraten machen, Rasin[44], Pugatschow, Kalinin und Budjonnyj seien auch Bauern, Trotzkij sei schon immer gegen Lenin gewesen und wolle »Napoleon werden«. In der Schule waren alle für das ZK, sagten, Trotzkij sei ein Menschewik und eingebildet, Sinowjew und Kamenjew seien Streikbrecher gewesen, und alle Leningrader seien Querulanten. Ich warf ein, daß ohne Trotzkij keine Rote Armee zustande gekommen wäre, daß Sinowjew, der Leiter der Komintern, mit Lenin sein ganzes Leben lang befreundet gewesen war, daß die Leningrader die besten Proletarier und für die Weltrevolution seien, während Bucharin und Stalin auf der Seite der Großbauern und NEP-Leute ständen.

Ich wollte vor allen Dingen gerecht sein und all die miteinander versöhnen, die für die Sowjetmacht waren. Aber eben deswegen zerstritt ich mich mit den verschiedensten Kameraden, wurde in der Diskussion hitzig ungerecht und schrieb nie dagewesene Heldentaten jenen zu, die ich verteidigte. Beim nächsten Streit wiederum verleumdete ich sie ebenso unverdientermaßen. Deswegen zürnte ich mir, aber mehr noch den anderen, kam seltener in die Abteilung, und auch mein Interesse an Zeitungen ließ nach. Statt dessen hatte ich für die deutschen Blätter Feuer gefangen. Bei Mutter erbat oder stahl ich Geld für das »Berliner Tageblatt«, die AIZ (Arbeiter Illustrierte Zeitung) und die sehr teure, dafür aber auch hochinteressante Zeitschrift »Die Woche«. Damals wurden diese Blätter in dem Spezialgeschäft für Zeitungen aus anderen Städten und dem Ausland auf der Wladimir-Straße frei verkauft.

Der Pionierabteilung entfremdete ich mich aber auch aus einem anderen, schwerwiegenderen Grund. Während meiner Krankheit hatte ich von Raja selten Briefe bekommen; ihren immer trockneren Ton erklärte ich mir mit Gedanken an eine Konspiration. Sie wußte, daß meine Mutter in meinen Büchern und Heften schnüffelte. Aber als ich nach meiner Genesung Raja anrief, sprach sie auch am Telefon mit farblos höflicher Stimme. Auf die direkte Frage, wann wir uns treffen könnten – und ich versuchte, einfach und männlich zu fragen, aber zugleich so, daß sie meine Leidenschaft heraushörte – antwortete sie gleichmütig: »Komm doch übermorgen zur Versammlung«.

Während der Versammlung war sie sichtlich darauf aus, sich von mir fernzuhalten. Später auf der Straße, gequält von Eifersucht (auf wen nur?) und einfach von Zorn – wie oft hatte ich davon geträumt, sie wieder zu küssen –, versuchte ich dennoch, ungezwungen mit ihr zu reden.

»Was ist denn mir dir – hast du dich in einen anderen verliebt?«
Sie sah zur Seite, obwohl der große Schirm ihrer tief in die Stirn gezogenen Mütze ihr ohnehin die Augen verdeckte, und antwortete mit für sie ungewohntem Kichern:
»So hör doch mit dem Quatsch auf! Schließlich sind wir keine Kinder mehr. Wir müssen ernster sein.«
Sie ging schneller, forderte andere Mädchen auf, mit ihr ein Lied zu singen.
Fenja nahm mich teilnahmsvoll bei der Hand.
»Na, laß die Nase nicht hängen und sei nicht wütend. Ich bin ja auch nicht wütend geworden, als du von mir weggingst. Hab' schon lange aufgehört, traurig zu sein. Und du wirst dich noch viel eher wieder trösten. Los, singen wir. Wie heißt es noch? ›Sing, und die Trübsal vergeht‹ ...«
»Für uns hat die Stunde des Kampfes geschlagen, geschlagen, geschlagen, der listige Feind hat uns überfallen, überfallen, überfallen ...«
Wir grölten lustig und stampften über das Katzenkopfpflaster der steil ansteigenden, gewundenen Straße. Wir sangen, wie immer nach unseren Versammlungen, und vertrieben die abendliche Dunkelheit der Vorstadt, die kaum von den wenigen Laternen und durch das trübe Licht aus den Fenstern aufgehellt wurde. Das Lied verstärkte das Gefühl: wir sind beieinander, wir stehen zusammen. Und während wir sangen, marschierten wir untergehakt mit den Mädchen, wollten nicht einmal daran denken, daß sie weiche, runde Schultern hatten, an die man sich enger anschmiegen konnte. Für solche niedrigen Gefühle war kein Platz, wenn alle gemeinsam lauthals von der Kommunarden-Abteilung sangen, die da kämpfte »im Donnerhagel der Granaten« oder das Lied »Wir brauchen eine Flotte, viele Dutzend schwimmende stählerne Festungen«.
In der Schule hatte ich mich nach der Krankheit ebenfalls der Schülervertretung und dem Vorposten entfremdet. Die Schulführer – der langbeinige Tolja Granowskij, der mit seiner abgeschabten Lederjacke angab, heiser von seinen tägli-

chen Ansprachen, Filja Fialkow, ein kraushaariger, pickliger Dicker, der Gespräche unter vier Augen »von Mann zu Mann« liebte, tückisch und voller Zoten – sie hatten mich schon früher zu den Oppositionellen, den Abweichlern, gezählt. Sie ließen mich nur noch in der Redaktion der Wandzeitung zu.
Ein wenig schmeichelte mir sogar der Ruf eines in Ungnade gefallenen Talents. Obwohl der wütende Tolja ohne den Schatten von Achtung über mich sagte: »Er ist ein Idiot, ein kleinbürgerlicher Stänkerer, ein Strolch und Maulheld. Aber wir brauchen ihn wegen seiner Kenntnisse. Außerdem kann er zeichnen und schreiben, dichtet sogar ... Na so, ganz allgemein, als Spezialist müssen wir ihn ausnutzen, müssen aber ein Kommissarauge auf ihn haben.«
Zum »Kommissarauge« bei der Wandzeitung wurde Bronja B. ernannt, »Das Eichhörnchen«. Sie war gutmütig, klein, gut gebaut und dunkelhäutig mit einer kleinen, spitzen gebogenen Nase und leuchtend roten Lippen, die aus je zwei kleinen Wülsten bestanden. Die neugierige und freundliche Bronja erschien mir schon bei unserem zweiten Treffen – wir schrieben zusammen irgendein entlarvendes Feuilleton – als die Schönste, Klügste, Beste und – natürlich – Anziehendste von all den Mädchen, mit denen ich je derart lebenswichtige Probleme zu erörtern hatte, wie etwa ob zwischen Mann und Frau Freundschaft möglich sei, ob es Liebe auf den ersten Blick gebe, wie man Begehren von wirklicher Liebe unterscheide und ob es wahre Liebe überhaupt gebe, ob Pioniere sich küssen dürfen, ob ein Mädchen einem Jungen zürnen solle, wenn der sie plötzlich zu umarmen versucht, und ob ein Junge übelnehmen dürfe, wenn sie dazu einfach keine Lust hat oder in einen anderen verliebt ist.
Das theoretische Gespräch, schon an sich spannend, ging natürlich in die noch spannendere Praxis über.

Esperanto und die nationale Frage

Zwei Gefühle, uns wunderbar vertraut,
versorgen mit Nahrung das Herz: die Liebe
zum heimischen Herd, die Liebe
zum Vätergrab
Alexander Puschkin

Auf daß in der Welt
ohne Rußland
ohne Lettland
Einträchtig wir lebten
im Menschheitshaus
Wladimir Majakowskij

Als der neue Lehrer für russische Literatur, Dmitrij Wiktorowitsch, zum erstenmal die Klasse betrat, fand ich, er sähe einem alten Römer ähnlich: der Kopf stolz erhoben; blaß olivfarbener Teint; große, dünne Nase – wie ein halbes Trapez geformt; hohe, bleiche Stirn, schütteres, nachlässig nach hinten geworfenes dunkelblondes Haar, dunkle, kurzsichtig – und offensichtlich verächtlich – zusammengekniffene Augen.
Er dozierte hochtrabend und langweilig. Onegin und Petschorin[45] seien »überflüssige Menschen«, Puschkin sei nur deshalb nicht Dekabrist geworden, weil die Freunde ihn, den leichtsinnigen Poeten nicht in den Geheimbund aufnehmen, ihn schonen, sein Leben nicht gefährden wollten.
Er sprach eingelernte Worte mit eingelernter Betonung. Ausdrucksvoll hob er die Stimme, wenn er »groß«, »genial«, »edel« oder »die Leiden des Volkes« sagte. Verächtlich wie zum Speien verzogen sich seine Mundwinkel, wenn er von »Hofkamarilla« oder »Speichelleckern des Zaren« sprach.
Seine Stunden mochte ich nicht. Und doch war es jener Dmitrij Wiktorowitsch, der mich und noch ein paar Jungen aus verschiedenen Klassen in ein atemberaubend-herrliches Geheimnis einführte: Er lehrte uns Esperanto.
Nach dem Unterricht, wenn sich die Esperantisten-Gruppe in der leeren Klasse versammelte – wir waren etwa 15 – war Dmitrij Wiktorowitsch anders, lebhafter, deklamierte

nicht mehr glatt und wie einstudiert von den »großen Sängern der Leiden des Volks, das von den dunklen Mächten der Autokratie verfolgt wurde«. Jetzt sprach er vielmehr stockend, nach Worten suchend, aber mit echter Leidenschaft, hingerissen von der internationalen Bruderschaft, die keine Grenzen kennt, davon, daß alle Nationen und Rassen vereint seien im Namen des Guten, der Gerechtigkeit, der Aufklärung. In solchen Stunden ärgerten mich weder der begeistert zurückgeworfene Kopf noch die fließenden Gesten, wenn er sich die hohe Stirn mit der langen, schmalen Hand strich, sie wirkten nicht mehr theatralisch.

Die Esperanto-Grammatik ist genial einfach, leicht, und jedem Kopf zugänglich. Es gibt nur 16 Regeln – man kann sie auf einem Löschblatt notieren. Alle Hauptwörter enden auf -o, alle Eigenschaftswörter auf -a, alle Tätigkeitswörter auf -i. Es gibt nur eine Deklination, und keine Ausnahmen.

Es war ein großartiges Spiel – in ein paar Tagen eine Sprache zu lernen, die überall auf der Welt Menschen sprechen und schreiben. Die Sprache ist einfach und wohlklingend, und schon deshalb schön, weil sie so edlen Zielen dient. Das Ziel verkörperte sich unmittelbar im Esperanto, das brüderlich die verschiedensten Wörter und Wendungen verbindet. Als Grundlage dient das Latein, die Mutter vieler europäischer Sprachen, aber auch viele germanische und slawische Worte gibt es im Esperanto, sogar chinesische und japanische.

In dieser neuen Sprache verständigen sich mehrere Millionen Menschen. Die besten gehören einem besonderen Verband an: Sennazieza Asozio Tutmonda (SAT), dem A-nationalen Welt-Verband.

Dmitrij Wiktorowitsch nahm uns in die große Bruderschaft auf, wir bekamen Mitgliedsausweise – grüne Büchelchen –, in denen Namen und Vornamen mit lateinischen Buchstaben geschrieben waren. Ferner erhielten wir das Abzeichen: einen grünen, fünfstrahligen Stern im roten Kreis.

Von nun an sollten wir stolz auf die Frage nach der Nationalität antworten: »keine!« – Sennaziula oder Satano, was

»Mitglied der SAT« bedeutete.
Dies Spiel war um so schöner, als es den Beginn eines neuen Lebens darstellte.
Wem von Kindheit an das Fernsehen alltäglich ist, wer ständig von Bekannten hört, die ins Ausland reisen – als Touristen oder zu wissenschaftlichen Exkursionen, zur Arbeit oder aufgrund einer Abkommandierung –, wer die verschiedensten Ausländer auf der Straße, in den Museen, auf Festivals und bei Sportveranstaltungen sieht – der versteht wahrscheinlich niemals und kann es noch weniger mitfühlen, was ein Kiewer Schüler des Jahres 1926 dachte und empfand. Als kleiner Junge hatte ich deutsche und polnische Soldaten auf den Straßen meiner Heimatstadt gesehen. Aber das war lange her und für immer vorbei. In den Zeitungen standen langweilig stereotype Meldungen aus dem Ausland, in den Zeitschriften sah man dunkelgraue Fotos: schwache Abbilder eines fernen, fremden Lebens, das kaum realer war als die zerfledderten Seiten von Jules Verne, Mayne Reid, Stanjukjewitsch[46] oder die Sprünge der Cowboys auf der schwach zitternden Leinwand. Ich hatte den Mit-Esperantisten noch einiges voraus – schließlich las ich manchmal deutsche Zeitungen und Zeitschriften. Aber auch sie verblaßten gegenüber den persönlichen Briefen aus fernen Regionen, kürzlich erst angekommen, und gerichtet an diesen Mann: unseren Lehrer. Er zog aus der alten Aktentasche bunte, wie lackierte Postkarten hervor, Umschläge mit fremdländischen Marken. Man konnte sie in die Hand nehmen, von ihnen gingen ungewohnte Gerüche aus: der Atem Londons, Paris', San Franciscos, Tokios...
Dmitrij Wiktorowitsch bemerkte meinen Eifer, möglichst schnell Esperanto zu lernen. Ich büffelte Gedichte, mühte mich im freien Sprechen und Übersetzen. Und wieder und wieder fragte ich: wann ich endlich mit ausländischen Esperantisten korrespondieren könne?
Nach dem Unterricht lud er einige von uns zu sich nach Hause ein.
Ich kam voll ehrfürchtiger Neugier.

Ein kleines, enges Häuschen. Man betrat es durch eine schmutzige Küche, in der es sauer und bitter roch, ging dann durch ein halbdunkles, unaufgeräumtes Zimmer voller Schränke, Betten und Truhen, und kam schließlich in das ebenfalls halbdunkle Arbeitszimmer. In dem offenen Schrank, auf dem Tisch, auf den Stühlen und am Boden häuften sich stapelweise Bücher, Hefte, Zeitungen, Folianten, Broschüren, Ordner, beschriebenes und unbeschriebenes Papier.
Dmitrij Wiktorowitschs Frau trug ein bäurisch gebundenes schmutzig weißes Kopftuch und über ihrem Hauskleid eine schmutzige Schürze. Sie sprach den russisch-ukrainischen Mischmasch einer halbgebildeten Städterin. Dmitrij Wiktorowitsch redete mit ihr hochmütig, abgerissen, fast grob, obwohl er sie siezte.
»Stören Sie mich nicht ... Fragen Sie später ... Machen Sie die Tür zu, wie riecht das denn bei Ihnen in der Küche?«
Er trug einen hellgrünen, fettigen alten Hausrock mit dunkelgrünem Kragen und schon zerschlissenen Aufschlägen, saß in einem alten Sessel, unter dessen buntem Überwurf die gedrechselten Mahagoni-Füße und der abgewetzte Atlas-Bezug hervorsahen. Bei diesem ersten Besuch erschien er mir wie der Held eines alten Buches, wie ein Gelehrter, ein Edelmann, den Gontscharow[47] oder Turgenjew hätten beschreiben müssen.
Mir stockte das Herz beim Anblick der Umschläge mit Briefmarken aus Australien, Japan, den USA, Spanien, Argentinien ... Und überall stand sein Name darauf, jeder Brief begann mit der schönen Anrede »Kamarado« oder »Samideano« – Gesinnungsgenosse. Er zeigte uns Zeitschriften in vielen Sprachen und erlaubte mir, die deutschen mitzunehmen; er bat mich sogar, die Unterschriften zu einigen Bildern zu übersetzen, die hungernde Inder oder irgendwelche berüchtigten Banditen, Hinrichtungen in Schanghai, die neuen Dornier-Wasserflugzeuge, den Start eines Zeppelins und andere bemerkenswerte Ereignisse zeigten.
Dmitrij Wiktorowitsch hatte lange gezögert, mir die Zeit-

schriften zu geben. Uns Schüler der sechsten Klasse redete er mit »Sie« an: »Bitte, verlieren und knicken Sie sie nicht, passen Sie auf, daß die Ecken nicht umgebogen werden, wenn Sie sie irgendwohin legen, und achten Sie darauf, daß kein Fett oder Schmutz darankommt.« Vermutlich hob auch Pljuschkin[48] seine Zettel ebenso sorgfältig in seinem mit Gerümpel vollgestopften Haus auf.

Beim nächsten Mal spürte ich schon nicht mehr diese zitternde Spannung und scheue Verlegenheit. Mit fester Hand blätterte ich in den Zeitungen und Briefen, schrieb mir Adressen von Esperantisten heraus, die mit Russen korrespondieren wollten; in den Zeitschriften standen Anzeigen: Name, Adresse, manchmal auch Alter, Beruf und Interessen: etwa Briefmarken- oder Postkartensammler, Liebhaber von Sport, Musik, Schach usw. Einer wünschte, mit Berufskollegen Kontakt aufzunehmen. Ich suchte mir diejenigen heraus, die untereinander »Illustrierte mit ins Esperanto übersetzten Unterschriften« tauschen wollten.

Bald aber erfuhren wir, daß Dmitrij Wiktorowitsch Lehr- und Wörterbücher sowie Esperanto-Literatur mit Preisaufschlag verkaufte. Die begeisterte Verehrung wich Verachtung: »Ein Spekulant.«

Ich zeichnete auf einer Heftseite eine Karikatur: Ein Hausierer mit großer Nase und schiefer Stirn; auf dem Schädel balanciert er ein Brett voller Bücher, aus dem Mund quillt eine Sprechblase: »Wer will Bücher, wer will Wörterbücher – Originalpreise: statt 15 Kopeken 20 Kopeken!«

Jemand schmuggelte das Blatt vor Dmitrij Wiktorowitschs Stunde ins Klassenbuch. Er sah es, wurde rot und blickte majestätisch auf uns herab. Mir schien, als sähe er mich dabei am längsten an. Es war zum Übelwerden schrecklich; ich beschloß, alles zuzugeben, wenn er fragen sollte, wer das gezeichnet hätte. Aber er fragte nichts, sondern nahm das Blatt mit zwei spitzen Fingern, wie man eine Kakerlake greift, und sagte:

»Ekelhaftes Geschmier. Ich werde es jedoch aufbewahren ... zum Andenken an undankbare junge Leute.«

Jemand fragte:
»Was ist das denn? Was ist das für eine Zeichnung?«
Er antwortete ebenso erhaben wie betrübt:
»Dieses ekelhafte Geschmier ist gegen mich persönlich gerichtet. Aber ich halte es für unter meiner Würde, dem Bedeutung zu verleihen ... Fangen wir mit dem Unterricht an.«
Von diesem Tag an lud er mich nicht mehr zu sich ein und rief mich im Unterricht nicht mehr auf. Gut, daß wir nach der sogenannten Brigaden-Labor-Methode lernten: In den Brigaden gab es Verantwortliche für die verschiedenen Lehrstoffe. Jeder von ihnen war für die ganze Brigade verantwortlich. So daß beispielsweise ich Mathematik nicht zu lernen brauchte. Die Zensur wurde nach dem Bericht des Verantwortlichen für die ganze Brigade erteilt. Man setzte voraus, daß er seine Kameraden vorwärtsbringe. Die übrigen prüfte der Lehrer nur stichprobenartig. Ich war Brigadeverantwortlicher für Russisch, übergab das Amt aber nach diesem Vorfall einem neutralen Mitschüler. Außerdem ging ich ins Labor zu Wladimir Aleksandrowitsch Burtschak. Er mochte unser Esperanto nicht:
»Ihr lernt auch so drei Sprachen – Russisch, Ukrainisch, Deutsch. Und keine davon könnt ihr richtig, alles nur halber Kram. Und dann denkt ihr euch noch irgend so ein Esperanto aus. Kein bißchen besser als das Latein, das zum Leidwesen aller Adelssöhnchen früher im Gymnasium gebimst wurde. Nnnein, Bruder, das ist nichts Reelles. Komm lieber her und hilf mit im Labor, eine Wandzeitung über Schewtschenko und Nekrassow herauszugeben. Paß aber auf, daß du keine Rechtschreibfehler machst.«

Von Kind auf lebte ich in einer multinationalen Umgebung. Meine ersten Lehrer, die Schule, die Pionierabteilung, die Freunde, die erste Berührung mit den Ideen des Kommunismus, die Korrespondenz mit ausländischen Esperantisten bewahrten mich vor den klebrigen Instinkten der Xenophobie. Mehr noch, ich reagierte von Jugend auf empfindlich auf unterschwellige Chauvinismen.

Mein Bruder und ich sprachen oft deutsch miteinander. Draußen, im Hof, auf der Straße und in der Schule wußte man, daß wir Juden sind. Bengels, die uns nicht mochten, grölten hinter uns her: »Deutscher – Pfeffersack, schmieriger Wurstelkranz[49], sitzt auf'm Pferd ohne Schwanz, sitzt mit dem Arsch voraus, fällt hinters Haus!« Oder: »Jud' schmieriger, Nummer vieriger, am faulen Stamm kruzifiriger!« »Jud', Jund, läuft an der Lein' wie'n Hund!«
Auf alle Fremden hatten sie ihre Spottverse: auf Russen, Ukrainer, Polen, auf die Chinesen, die an Straßenkreuzungen Fächer, Papierkugeln, Bänder und Lampions verkauften und auf kleinen staubigen Teppichen akrobatische Kunststückchen vorführten. Aus sicherer Entfernung pöbelten sie auch hinter den Tataren her, die durch die Hinterhöfe gingen und alte Kleider aufkauften.
Solche Witzeleien waren mir widerlich. In Kiew, dieser Stadt, die noch unlängst von Judenpogromen heimgesucht worden war, in der die grellen Reflexe des Bürgerkriegs sich für immer in mein Gedächtnis eingeprägt hatten, erkannte ich, glaubte und spürte schon als Junge, daß alle Nationen, alle Sprachen und Religionen gleichwertig sind.
Wenn man mich Saujud' nannte oder Wurstfresser, wenn man mich in nachgeahmtem Jiddisch verspottete – so prügelte ich mich. War mein Gegner stärker als ich, griff ich zu Steinen oder Knüppeln. Es war ein Reflex. Manchmal mußte ich zurückweichen und mit blutiger Nase oder geschwollenem Auge davonlaufen. Aber niemals – nicht als kleiner Junge und auch später nicht – empfand ich das Bedürfnis, den anderen wegen seiner Nationalität oder seiner Religion zu verspotten oder seine Sprache nachzuäffen.
Von meinen nächsten Freunden wußte ich natürlich, ob sie – Russen, Ukrainer, Juden, Polen oder Deutsche waren, es hatte keinerlei Einfluß auf unsere Beziehungen. Aber von vielen meiner Mitschüler wußte ich nicht, »welcher Nation« sie angehörten. Es interessierte mich – und auch uns – damals nicht.
Ich glaubte, alle ehemaligen Bourgeois, Gutsbesitzer, Weiß

gardisten, Kulaken und Menschewiki hassen und fürchten zu müssen. Und es war mir selbstverständlich, alle Proletarier, Kommunisten, Komsomolzen, alle Roten Kommandeure und Veteranen des Bürgerkrieges zu lieben und wie Verwandte zu ehren.

Die guten Ideale der Esperanto-Bruderschaft hielten nicht stand vor der »klassenbewußten« und parteilich kämpferischen Voreingenommenheit. Vielleicht auch deswegen nicht, weil nach und nach einige reale Schwächen dieser Ideale zutage traten.

In den 20er Jahren und noch in den 30er Jahren gab es Enthusiasten, die ihre Kinder von Anfang an dazu erzogen, Esperanto zu sprechen, die ihnen die Puschkinschen Märchen und die Fabeln Krylows in Esperanto-Übersetzungen vorlasen. Darüber hinaus gab es schon ziemlich viel Originalesperanto-Literatur in Poesie und Prosa.

1936 versicherte mir eine ernsthafte, freundliche Moskauerin, daß es sehr bald *nationalitätslose* Schriftsteller geben werde, die ebenso groß wie Dante, Shakespeare oder Tolstoj sein würden; nationale Züge in Thematik oder Stil ihres Schaffens hätten dann nur noch die Bedeutung etwa des Florentiner Dialekts in der »Göttlichen Komödie« oder des Moskauer Tonfalls in Tolstojs »Krieg und Frieden«.

Dem widersprach ich und führte aus, daß der *Internationalismus* gerade deswegen real sei, weil er »inter«, also dazwischenstehe, und die real bestehenden Nationen verbinde und vereine, sie aber nicht leugne oder fresse. Dagegen sei der A-Nationalismus irreal, wie gebratenes Eis. Esperanto könne und solle nichts weiter als ein praktisches Hilfsmittel zur internationalen Verständigung sein, genau wie das Morse-Alphabet.

Es war mir damals schon klargeworden, daß eine künstlich konstruierte Sprache – wie kunstvoll oder rational sie auch gebaut sei, welch edle Gedanken zu ihrer Konstruktion geführt haben mochten – dennoch ein lebloses, papierenes Gebilde bleiben muß. Echte Sprachen wachsen natürlich, sowohl im Wildwuchs wie gesetzmäßig. Ihre Entwicklungsgesetze unterliegen nicht der Ratio. Sie wachsen wie ein sich verästelnder Baum, dessen Wurzeln in den tiefen, unergründlichen Schichten des nationalen Bodens verborgen sind.

Als wir 1935 von Charkow nach Moskau umzogen, war ich 23 Jahre alt. Ich hielt mich für einen voll erwachsenen, reifen Menschen. Schließlich war ich schon seit fünf Jahren mit Nadja verheiratet, seit vier Jahren Komsomol-Mitglied, hatte sechs Jahre das Leben eines selbständigen »neuen Menschen« einer neuen Epoche geführt. Hatte ich in irgendwelchen Fragebögen meine Muttersprache anzugeben, schrieb ich »russisch und ukrainisch«, die Frage nach der Nationalität beantwortete ich mit »Jude«. Das war für mich kein Widerspruch, ich sah nichts Unnatürliches darin. Seit mir als zwanzigjährigem Komsomolzen zum erstenmal die Frage nach meiner Nationalität gestellt wurde – ich erhielt damals meinen ersten Paß – habe ich sie mir oft selbst gestellt. Mit jedem Mal erkannte ich zwingender, daß die Antwort »Jude« lautete. Nicht anders. Denn alle Menschen meiner Umgebung, mit wenigen Ausnahmen, betrachteten mich als Juden. Würde ich sagen, was ich wirklich von mir weiß, empfänden das die einen als ungehörige Aufdringlichkeit, die anderen dagegen als feiges Ausweichen; und alle würden es als egoistischen Versuch, mich der herrschenden Nation anzubiedern, einschätzen.
Nach dem Zweiten Weltkrieg gewann die Frage nach der Nationalität eine andere Bedeutung und einen unguten, gespannten Akzent. Diese Frage und die mit ihr verbundenen Probleme, die das soziale und das private Leben der sowjetischen Bürger heute belasten, werden seitdem von einem eigenartigen Kräftedreieck bestimmt:
Erstens: von der behördlichen Genealogie, sozusagen vom Rationalismus der Fragebogen und Pässe.
Zweitens: von den uralten, irrationalen Herdeninstinkten und der ebenso irrationalen Fremdenfeindlichkeit.
Drittens: von den im Vergleich dazu verhältnismäßig jungen rassistischen Mythen, die angereichert werden mit pseudo-wis-

senschaftlichen »Forschungsergebnissen« über Erbmasse, genetische Konstanten und dergleichen.
Bei der gegenwärtigen dritten Emigrantenwelle wird die Frage der Nationalität der Sowjetbürger mit jüdischen Pässen und auch jener, die lediglich jüdische Verwandte haben, nicht von ihnen selbst entschieden. Einerseits entscheiden darüber die »Schollenverbundenen« (Russisten genannt), andererseits die Zionisten. Darüber hinaus und endgültig bestimmen Beamte der Kaderabteilungen und ungezählte Philister, die in der rassistischen, chauvinistischen Mythologie das nächstliegende Refugium für ihre Komplexe, Inferioritätsgefühle und Unzufriedenheiten finden. Eine Stimme des Blutes habe ich nie gehört. Aber die Stimme der Erinnerung ist in mir laut. Und in der Erinnerung meines Herzens leben Großvater, Großmutter und Tante, die am 29. September 1941 in Kiew in der Schlucht Babi Jar erschossen wurden, weil sie Juden waren. In der Erinnerung meines Herzens leben meine Mutter, mein Vater, die Verwandten, die sich bis zur letzten Minute ihres Lebens als Juden empfunden haben. Mich von ihnen loszusagen, hieße ihre Gräber schänden. Julian Tuwim schrieb von einer Bruderschaft des Blutes: »Nicht des Blutes, das in den Adern fließt, sondern des Blutes, das aus ihnen herausfließt.«
Deshalb habe ich in allen Fragebogen, bei allen behördlichen Anfragen nach meiner Nationalität und einfach allen, die es wissen wollten, geantwortet »Jude« und werde es weiterhin tun. Aber zu mir selbst, zu Nahestehenden und Freunden rede ich anders. Auch jetzt, da ich mich zum Bekenntnis gegenüber den völlig unbekannten Lesern entschlossen habe, auch jetzt versuche ich darzulegen und zu erklären, wie mein nationales Selbstbewußtsein entstand und sich entwickelte. Es war weder eine eindeutige noch eine geradlinige Entwicklung.

Seit ich die Ukraine verließ, sind viele Jahre vergangen, und meine Kindheit liegt noch weiter zurück. Aber bis heute haben nicht einmal meine Lieblingssymphonien jene Macht über mich, wie sie die alten ukrainischen Volkslieder haben. Als Kind

hörte ich sie und weinte. Und auch jetzt bekomme ich manchmal noch feuchte Augen.
Im Winter 1941/42, in den verschneiten, vereisten Wäldern der Waldai-Höhen an der Nordwestfront, erhielt mein Freund Jurij Maslow von seinem Vater einen Brief aus Ufa. Dorthin waren die Gelehrten aus der Ukraine evakuiert worden. Der Philologe Professor Sergej Iwanowitsch Maslow hatte seinem Brief ein neues Gedicht von Wladimir Sosjura[50] beigelegt:

Wenn ich im Jahr des Sieges wieder
zurück nach Hause kommen werde,
so fall' ich auf die Knie nieder,
küsse die heimatliche Erde.
Baschkiriens Schnee im blauen Himmelslicht.
Stunden wie Tränen. Ich steh' alleine.
Es rauscht der Wind mir ins Gesicht,
schluchzender Wind aus der Ukraine.

Wir lernten die Verse sofort auswendig. Unzählige Male wiederholte ich sie laut oder in Gedanken. An der Front. Im Gefängnis. Im Lager.

Im Krieg empfand ich mehr als einmal grenzenlosen, unstillbaren Schmerz bei der Nachricht vom Tode mir naher Menschen. Ich kannte Angst und Verzweiflung. Aber nur zweimal konnte ich die Tränen nicht zurückhalten: am 20. September 1941, als ich im Radio den deutschen Wehrmachtsbericht hörte, die triumphierenden Worte des Feindes: »Über Kiew weht die Hakenkreuzfahne ...« Und im April 1944, als ich in das befreite Kiew kam und auf dem Kreschtschatik, unserer schönsten Straße, zwischen Schuttbergen und rauchschwarzen Häuserskeletten herumirrte. Ich erinnerte mich an alles und erkannte nichts wieder. Blind vor Tränen, sah ich die Passanten nicht.
Kiew. Für mich gibt es keine schönere und liebenswertere Stadt auf der Welt, wenn sie mir auch heute fremd geworden ist. Ich weiß, daß dort fremde, ungute Kräfte an der Macht sind. Ich

will dort nicht leben. Nicht einmal zu Besuch möchte ich hinfahren. Und ich verstehe Viktor Nekrassow[51], der unser Kiew so liebte und so wundervoll darüber schrieb, daß er die ihm feindselig entfremdete Stadt 1974 in tiefer Bitterkeit verließ.

Die Ukraine ist das Land meiner Kindheit und Jugend. Ukrainisch sprach meine erste Kinderfrau mit mir, die mir Märchen erzählte und Schlaflieder sang. Ihre und Mamas Lieder sind mir unvergeßlich. Ukrainisch sprachen auch die Kinder an den Arbeitsstellen meines Vaters auf dem Lande, mit denen ich mich anfreundete, mit denen ich spielte und mich zankte. In der Schule und in der Universität war ukrainische Sprache und Literatur Unterrichtsfach. Ich liebe die gewaltige Dichtung Schewtschenkos, Prosa und Gedichte von Iwan Franko, Lessja Ukrainka, die Bücher von Kulisch, Kotzjubinskij. Auch in der modernen ukrainischen Literatur fühlte ich mich zu Hause: die klugen, traurigen Theaterstücke von Mikola Kulisch, die Gedichte von Tytschina, Serow, Rylskij, Sosjura; Chwyljowyjs und Janowskijs poetische Prosa waren mir unendlich teuer. Bis zum Jahre 1935 versäumte ich keine einzige Aufführung von Alexej Kurbas' Stücken, lief in jeden Film von Dowshenko[52].

Meine erste Arbeitsstelle erhielt ich im Herbst 1929. Die Arbeitsvermittlungsstelle für Jugendliche schickte mich als Lehrer an eine Abendschule für Halbanalphabeten. Ich unterrichtete dort russisch und ukrainisch, Arithmetik, die Grundlagen der politischen Wissenschaft und der Naturkunde – erklärte, daß die Erde sich um die Sonne dreht, nicht umgekehrt, und daß der Mensch vom Affen abstammt. Ein Teil meiner Schüler sprach ukrainisch, einige aus Rußland Zugezogene sprachen russisch, die Mehrzahl jedoch sprach jenes Vorstadtgemisch von Russisch und Ukrainisch, das man je nach Wunsch von der einen oder der anderen Sprache ableiten konnte.

Von 1930 bis 1934 arbeitete ich in einer Lokomotiven-Fabrik. Zuerst war ich Arbeiterkorrespondent, dann Mitarbeiter an der Werkszeitung, von 1932 an auch Verantwortlicher Redakteur des Abteilungsblattes. Sämtliche Artikel und Meldungen schrieb ich auf ukrainisch. Sowohl auf den Versammlungen als

auch in der Redaktion sprach ich nach Möglichkeit ukrainisch. Die meisten alten Arbeiter im Werk empfanden sich als Russen, auch die Angehörigen »proletarischer Dynastien« mit so eindeutig ukrainischen Namen wie Schewtschenko, Redjka, Kriworutschko ... Die neuen Arbeiter – von 1930 bis 1934 erhöhte sich die Beschäftigungszahl im Werk von 8000 auf 30000 – kamen zumeist vom Lande. Sie sprachen ukrainisch.
Ich war fest von der Notwendigkeit der Ukrainisierung überzeugt, davon, daß die sozialistische Kultur »der Form nach national« sein müsse. Unser Werk-Literaturzirkel war groß und verhältnismäßig aktiv. Zunächst schlossen wir uns der Prolitfront an, unser ständiger Leiter war Grigorij Epik. Zu den Versammlungen kamen Mikola Kulisch und Jurij Janowskij. Wir bezeichneten uns als »zur Literatur berufene Stoßarbeiter«.
Damals schrieb ich meine Gedichte nur auf ukrainisch. Natürlich besang ich auch das ferne Rußland, in das unser Werk die schweren Traktoren vom Typ »Kommunard« sandte, und die revolutionären Brüder im Ausland. Auch in späteren Jahren schrieb ich noch ukrainische Gedichte, zuletzt an der Front, im Lazarett, für die blauäugige Schwester Tanja aus der Gegend von Poltawa.
Russisch sprach ich zu Hause mit den Eltern, mit den meisten Freunden und Altersgenossen, mit Nadja, die meine Frau wurde, als wir beide 18 Jahre alt waren. Ich besaß mehr russische als ukrainische Bücher. Und mein Gedächtnis bewahrte unermeßlich viel mehr an russischen Gedichten und russischer Prosa. Meine Gefühle, meine Weltauffassung wurden vor allem vom russischen Wort, von russischen Lehrmeistern geschult und entwickelt, denn auch ausländische Autoren lernte ich meistens in russischen Übersetzungen kennen.
Als meine Überzeugung wiederholte ich die Worte Majakowskijs:

> Und wenn ich ein Neger von weit her wäre –
> dennoch, ohne Mißmut und Trägheit würde ich

Russisch lernen,
allein
Weil diese Sprache
Lenin sprach.

Nach Rußland, nach Moskau kam ich zum erstenmal als Zwanzigjähriger. Bis dahin war ich nur mehrmals in russischen Dörfern im Gebiet Charkow gewesen, hatte mir interessiert die grauen, schindelgedeckten Holzhäuser angesehen, die den weißen ukrainischen Bauernhäusern mit den hohen Strohdächern so unähnlich waren, hatte der ungewohnten Sprache gelauscht. All dies nahm ich auf wie lebendig gewordene Seiten geliebter Bücher. Denn ich glaubte ja, Rußland zu kennen – das ferne, riesige, andersartige Land, das nicht weniger *mein* Land war als die Ukraine. Rußland war ja auf meinen Bücherregalen wie in mir selbst. Ich dachte sowieso immer auf russisch.
Der Professorensohn Roman Samarin, ein früh in die Breite gegangener Brillenträger, kicherte giftig-verächtlich: »Ukrainische Nation! Daß ich nicht lache! So was gibt's nicht, hat's nie gegeben. Halbgebildete, anmaßende Großbauernsöhne haben sie sich ausgedacht, Enkel der Saporoger Räuber vom Dnjepr, die von überall und nirgendwo her kamen und das Zünglein an der Waage spielen wollten in den endlosen Kämpfen zwischen Rußland, Polen und der Türkei. Die Saporoger Kosaken verrieten mal die einen, mal die andern. Ihre Enkel dachten sich dann die Ukraine aus, erklärten die Bewohner dieses Landstrichs als Nation. Dabei bedeutet Ukraina nichts weiter als Rand, Grenzgebiet. In den Dörfern spricht man unterschiedliche Dialekte, die im Oberbegriff ›Kleinrussisch‹ zusammengefaßt werden. Eine besondere ukrainische Sprache gibt's nicht – purer Mythos. Die besten Kleinrussen haben sich schon immer als Russen verstanden – Rasumowskij, Gogol, Schtschepkin, auch Ihr geliebter Korolenko. Dies Getue jetzt um ›Das Ukrainische‹ wird nicht lange dauern. Die heutigen ›Autonomisten‹ sind die Verräter von morgen. Bei einem Krieg gegen Polen oder Rumänien wird man sie erschießen müssen.

Im russischen Staat sind die russischen Kommunisten an der Macht. Sollen sie sich ruhig Union der sowjetischen sozialistischen Republiken nennen – die Hauptstadt ist Moskau, und die Basis ihrer Staatsmacht ist die russische Armee. Nationale Minderheiten hat es immer gegeben. Dem russischen Imperium, der russischen Armee haben immer verschiedene Völker gedient. Erinnern Sie sich doch: Münnich, Barclay de Tolly, Diebitsch, Nesselrode, Todtleben[53] – Hunderte, Tausende von Ausländern waren bei uns hohe Offiziere und Beamte. Baschkiren und Kalmücken ritten 1814 in Paris ein.«
Derartige Auffassungen brachten mich in Rage, besonders, wenn sie hämische Gemeinheiten enthielten. Genauso wütend machten mich aber auch entgegengesetzte Ansichten. Ein Student der Literaturfakultät behauptete auf ukrainisch folgendes: »Einzig und allein die Ukraine ist der echte Erbe des Kiewer Reiches in Sprache, Nationalcharakter und Dichtung. Das Moskauer Reich ist ein Ableger der Tatarenherrschaft, und Petersburg haben Holländer, Schweden und Deutsche gebaut. Rußland war niemals slawisch, sondern ein Gemisch aus finnischen, turanischen, kaukasischen, baltischen und germanischen Stämmen. Die echten Slawen in Nowgorod hat Moskau entweder vernichtet und versklavt. Und nach Peter und Katharina fing die »Europäisierung« an. Auch die Ukraine haben die Petersburger Zaren geknechtet. Dem Volk steht die ukrainische Literatur viel näher als die russische. Schewtschenko ist ein Volksdichter, ein Märtyrer für das Volk. Aber Puschkin war ein kaiserlicher Kammerjunker, ebensoviel Franzose wie Russe. Und alles, was jetzt passiert, ist nur eine neue Phase der gewaltsamen Russifizierung. Wir brauchen all diese Fabriken und Kraftwerke und Traktorenstationen nicht. Die verdrecken nur die Erde und den Himmel.«

Ich versuchte mir selbst und den anderen meine Zwiespältigkeit zu erklären:
»Ich bin in Kiew geboren, als es noch eine russische Stadt war. Jetzt ist sie ukrainisch, das ist gerecht und legal. Trotzdem

bleibt sie die Mutter der russischen Städte.«

Im schrecklichen Hungerfrühjahr 1933 arbeitete ich einige Wochen in mehreren ukrainischen und russischen Dörfern im Rayon Woltschansk. Die Dörfer lagen nicht mehr als zehn, zwölf Kilometer voneinander entfernt, bestanden seit der Zeit Araktschejews und seiner Militäransiedlungen[54]. Unter den vielen niederdrückenden, trostlosen Erlebnissen jener Tage blieben mir manche Gespräche im Gedächtnis.

Eine russische Bäuerin – ihrem geschwollenen, bleichen Gesicht sah man noch die frühere Schönheit an – sagte, nie würde sie ihrem Sohn erlauben, ein Mädchen aus dem benachbarten, ukrainischen Dorf zu heiraten.

»Ich lass' keine Ukrainerin in mein Haus – die kann nicht spinnen, nicht weben, nicht scheuern. Bei denen geht doch alles nur aufs Äußerliche. Die tünchen ihre Häuser mit Kreide und putzen sich auf zu den Feiertagen: gestickte Blusen, Bänder, Perlenketten, Stiefelchen wie Harmonikas. Fast wie die Zigeunerinnen. Und was sitzt drunter? Läuse und Grind. Im ganzen Dorf kein einziges Badehaus. Ist schon viel, wenn so eine Schöne sich morgens wenigstens die Augen wäscht. Nur im Sommer baden sie manchmal husch-husch im Fluß, aber auch nur, wenn's heiß ist. Und das alles bloß bis zur Hochzeit. Ihre verheirateten Frauen – wenn die einmal den Zopf hochgesteckt und das Tuch geknotet haben – dann bleibt das alles ungewaschen bis zum Tod. Nein, eine Ukrainerin kommt mir nicht über die Schwelle.«

Sie sprach überzeugt, glaubte, was sie sagte. Anderntags sprach ich in einem ukrainischen Dorf mit ebenso bejahrten, verständigen Bäuerinnen. Weder Entbehrungen noch Leid – und in jeder Familie gab es Hungertod – hatten das tiefeingewurzelte Mißtrauen, die Mißgunst gegen die Nachbarn geschwächt:

»Wenn mein Sohn eine Russische nimmt, soll er meinetwegen zu ihr ziehen – ich will mit ihr nicht unter einem Dach leben! Die Russen sind ja wie die Schweine: das Haus nicht getüncht, nicht gefegt, ringsherum Schaben und Wanzen ... Und die Hühner und Kälber mitten dazwischen, fressen und scheißen überall. Nur gut, daß sie am Samstag ins Bad gehen. Verbrühen sich wie verdammte Seelen im Fegefeuer, und dann schlafen sie wieder in ihrem Dreck.

Meine Tochter darf mir keinen Russen heiraten. Damit der dann zu saufen anfängt und sie bei den Schweinen schlafen muß. Ihre Frauen, die Unglücklichen, laufen jahraus, jahrein im selben Rock und in Bastschuhen herum. Nicht mal zu den Feiertagen haben sie was Richtiges an den Füßen.«

Wie sollte man diese hundertjährige Feindschaft überwinden? Was für ein Esperanto konnte hier helfen?

Meine Ukraine habe ich immer geliebt und werde sie lieben bis zum Ende. Niemals jedoch habe ich mich als Ukrainer gefühlt oder bezeichnet.

Anfang der 30er Jahre hatte ich schon begriffen, daß die Träume der Esperantisten von einer Menschheit ohne Nationalitäten sterile Utopien sind. Auf die Frage nach der Nationalität antwortete ich damals ohne zu zögern »sowjetisch«.

Ich glaubte, daß dies die objektiv historische und zugleich meine persönliche, subjektive Wahrheit sei, denn ich war ganz sicher, einer der echten, neuen sowjetischen Menschen zu sein:

Ich liebte Rußland und die Ukraine, die ich beide als Heimat empfand, war aber gleichzeitig Internationalist. Denn auch andere Länder, andere Völker interessierten mich, zogen mich an. Keiner Nation gegenüber empfand ich Feindseligkeit. Die deutsche Sprache und Literatur waren mir herzlich nahe. Ich war unlösbar mit meiner jüdischen Familie verbunden. Polen, das Land von Mickiewicz und Sienkiewicz, das Land meiner Freunde aus Sobolewka, war mir lieb und vertraut. Aber ebenso nahe standen mir das Frankreich Victor Hugos und Alexandre Dumas', das Land der Jakobiner und Kommunarden, das England eines Charles Dickens und Walter Scott, das Amerika Mark Twains, Jack Londons, O'Henrys, die Tschechoslowakei Haŝeks und Čapeks, China, wo die Roten Armeen kämpften, Indien mit Rudyard Kipling und Rabindranath Tagore, Japan, wo es so viele Esperantisten gab, daß sie sogar eine neue Religion schufen...

Ich korrespondierte auf esperanto und deutsch mit Menschen aus verschiedenen Ländern. Unter meinen Briefpartnern waren Arbeiter, Studenten, Schüler, auch zwei Kaufleute, es gab Kommunisten darunter, Sozialisten, Evangelisten, sogar einen Anarchisten. Nicht zufrieden mit Esperanto, begann ich noch auf der Schule, mir nach einem Lehrbuch selbst Englisch beizubringen, und später durch Bücher über »Basic English« zu verbessern. 1931, mitten in der hitzigsten Arbeit im Werk, als wir monatelang keinen freien Tag hatten und manchmal mehrere Tage hintereinander nicht nach Hause kamen, traten Iwan Kaljannik und ich ins Abend-Technikum für östliche Sprachen ein, wo wir Farsi belegten. Iwan fühlte sich zu der großen persischen Dichtung hingezogen, während mich Berichte angezogen hatten, daß Farsi nicht nur von Tadshiken und Persern gesprochen werde, sondern auch von einem Teil der Afghanen und von vielen Einwohnern Indiens. Außerdem wollte ich die arabische Schrift lernen. All dies in Erwartung des kommenden Klassenkampfes im Osten...

1932 wurden die Pässe eingeführt. Zum ersten Mal wurde mir offiziell die Frage nach der Nationalität von meinem Staat gestellt. Ich schwankte einige Zeit, was ich eintragen sollte und schrieb dann das einzig Mögliche: Jude.

Der Komsomol-Sekretär war verblüfft, als er erfuhr, was ich »eingetragen« hatte.

»Bist du denn verrückt? Du kannst ja nicht mal Jiddisch. Du mußt ›Ukrainer‹ schreiben: hast die ukrainische Schule besucht, schreibst Gedichte auf ukrainisch. Ich zum Beispiel habe mich als Russe eingetragen, obwohl meine Vorfahren Ukrainer sind. Aber ich war auf der russischen Schule, und kann Russisch besser sprechen und lesen als Ukrainisch. Du hättest wenigstens ›Russe‹ hinschreiben können, das beherrschst du ja ebensogut...«

Ich entgegnete ihm, ich würde mich so lange Jude nennen, wie

ich des Vorwurfs gewärtig sein müßte: »Aha, ist dir wohl peinlich, möchtest es verheimlichen ...«
Ärgerlich zuckte er mit den Schultern: »Na, das ist 'ne kleinbürgerliche Intelligenzler-Abweichung von dir ... Wer sagt denn schon so was? Doch höchstens ein Schuft von einem Weißgardisten, einer von den Petljura-Banden. Diese Schurken muß man ausrotten und nicht darüber nachdenken, was sie sagen. Was du da phantasierst, ist nicht Komsomolzenart.«
Er verstand meinen Entschluß nicht und bezweifelte wohl auch seine Ehrlichkeit. Schließlich hatte das Komsomol-Komitee vor gar nicht langer Zeit meinen ersten »persönlichen Fall« untersucht, bei dem es ausgerechnet um die »nationale Frage« gegangen war.
... In unsere Redaktion war ein forscher junger Kerl gekommen und hatte erklärt, er wolle eine jüdische Sektion beim Fabrik-Komitee organisieren und in unserer Zeitung wöchentlich eine Seite in Jiddisch drucken, außerdem jüdische Wandzeitungen machen. Er verlangte von uns »Beistand und Hilfe«. Er versicherte, seine Projekte seien objektiv notwendig, weil es im Werk mindestens anderthalbtausend Juden – Arbeiter, Intelligenz und Angestellte – gebe.
Damals leitete ich in der Redaktion die Abteilung für »Massenarbeit«. Ich sorgte für die Wandzeitungen, hatte die Arbeiterkorrespondenten unter mir und war zuständig für alle Fragen, mit denen die anderen Abteilungen sich nicht befassen mochten.
Die Argumente des Burschen überzeugten mich nicht. Die vorgeschlagenen künftigen Wähler der neuen Sektion des Fabrik-Komitees waren über die einzelnen Werkstätten und Abteilungen verstreut. Die Leute konnten wahrscheinlich großenteils gar kein Jiddisch. Warum sollte man sie zusammenfassen und gleichzeitig von den anderen Genossen trennen? Aus nationalen Gesichtspunkten? War das nicht Unsinn? Ich widersprach um so nachdrücklicher, als der Autor des Planes, kaum daß er sich mit mir bekannt gemacht hatte, einen Ton anschlug, als verstehe sich meine Unterstützung von selbst.

»Sehr schade, daß du kein Jiddisch verstehst. Oder verstehst du nicht doch ›a bißl‹? Nein? Aber ein jüdisches Herz mußt du doch haben?«
Ich versuchte ihm genau zu erklären, warum ich seine Vorstellungen von der »nationalen Frage« für haltlos hielt, und schlug vor, zunächst einmal eine Umfrage zu veranstalten und festzustellen, wie viele der von ihm »ins Auge gefaßten« Arbeiter und Angestellten Jiddisch konnten. Und wie viele von ihnen eine eigene Wandzeitung überhaupt haben wollten. Von einer ganzen Seite in der Werkzeitung konnte sowieso keine Rede sein – wir brachten auch jetzt schon nicht alles Material unter, und niemand dachte daran, eine russische Seite einzuführen, obwohl es wirklich viele Russen im Werk gab.
Zuerst nahm er meine Einwände gar nicht ernst. Dann wurde er böse, redete von oben herab und in drohendem Ton. Ich sei erst ganz kurze Zeit im Komsomol, stamme von einer kleinbürgerlichen Intelligenzlerfamilie ab, er aber von echten Proletariern. Er sei gelernter Gerber und jetzt in die Metallurgie gegangen. Er habe schon jahrelang nicht als irgendwer, sondern als Kämpfer, als Aktivist mitten im Klassenkampf gearbeitet. Es sei ihm einfach widerlich, mit so einem Rotzbengel, so einem Grünschnabel zu reden, der sich vom eigenen Fleisch und Blut lossage und sich mal den Ukrainern, mal den Russen an den Hals schmeiße ...
Jetzt hielt ich es nicht mehr aus und brüllte derart los, daß mein Fall auf der turnusmäßigen Sitzung der Komsomol-Zelle der Stahlgießerei diskutiert wurde. Ich bekam eine Rüge »wegen Zulassens von Ausdrücken, die objektiv antisemitischen Charakter tragen«.
Es hätte auch schlimmer ausgehen können, wäre nicht der Sekretär der Zelle, die weißblonde Markiererin Anja, gewesen, in die ich mich still verliebt und um derentwillen ich mich bei den Stahlgießern eingeschrieben hatte. Anja schob ruhig und verständig die bösartigsten Ausfälle der Ankläger beiseite. Den Hauptgegner unterstützten noch zwei junge Former, die ebenfalls aus der westrussischen »Ansiedlungszone« [55] für

Juden aus der Zeit Katharinas stammten. Aber sie konnten überzeugt werden. Das Werkkomitee bestätigte die Rüge nicht.

Dieser Fall blieb als trüber Bodensatz im Gedächtnis zurück. In der gleichen Erinnerungsschicht haftete auch der zionistische Lehrer, der mich wegen Widersetzlichkeit verhauen hatte, ebenso die Dorfkinder, die mit Dreckklumpen warfen, und der Zorn des Großvaters über das nicht zustande gekommene Bar-Mizwa-Fest. Niemals fand ich irgend etwas in mir, das mich mit dem Judentum, mit seinen religiösen Überlieferungen oder mit seinen nationalen Idealen verbunden hätte.
Dennoch leben in meinem Unterbewußtsein, in den Wurzeln der Weltauffassung bzw. -empfindung (nicht der Weltanschauung) irrationale Bindungen an meine Verwandten, an ihre Ängste und Hoffnungen, Leiden und Freuden. Deshalb wurde ich auch so wütend auf den Scharlatan, der im Charkower Lokomotivenwerk eine »jüdisch nationale Heimstätte« schaffen wollte. Deshalb erregen in mir bis heute Taugenichtse jüdischer Abstammung besonders heftigen, tiefen Abscheu – Kaganowitsch, Mechlis, Saslawskij[56] – seien sie Ideologen und Tschekisten, Strolche in Amt und Würden oder kleine Speichellecker.
Deshalb empfinde ich heute noch brennende Bitterkeit, wenn ich das erbärmliche Geschwätz höre von den Juden, die »nicht gekämpft haben, und es sich in Taschkent statt dessen wohlergehen ließen«, davon, daß die Juden »von Natur aus Koofmichs und Pfeffersäcke sind«, die »alle unter einer Decke stecken und wie Pech und Schwefel zusammenhalten«, »mit faulen Tricks arbeiten und es stets verstehen, einträgliche Posten zu ergattern und sich zu bereichern.« Genauso weh tun mir die Lügenmärchen der Rassisten, die von den »ewigen Weltherrschaftsansprüchen des Judentums« faseln, davon, daß die Juden kein »Heimatgefühl« besäßen, »keine Bindung an die Scholle«; die Lügen von den »jüdischen Quellen der russi-

schen Revolution« und den »jüdischen Grundlagen des amerikanischen Imperialismus«.
Immer wieder versuche ich – meistens vergeblich – dagegen anzugehen, ich spreche von meinem 1941 gefallenen Bruder, von meinen Verwandten, die in Soldatengräbern liegen, von Kameraden mit jüdischen Pässen, die sich niemals »drückten«, sondern ehrenhaft kämpften und sich immer – seelisch und körperlich – mit Rußland, mit der Ukraine oder mit Bjelorußland verbunden gefühlt haben ...
Doch damit will ich nicht die »jüdische Nation« verteidigen, sondern die Wahrheit, daß nämlich die meisten »Bürger jüdischer Abkunft« tief in der russischen Nation verwurzelt sind.

In der zweiten Hälfte des 20. Jahrhunderts entstand im sozialistischen Rußland ein Großmacht-Chauvinismus, der die Massen stärker erfaßte als alle Formen nationalistischer Ideologien des alten Rußland. Dieser administrativ betreute, nicht offizielle, heuchlerische und gerade deshalb um so lebenskräftigere Chauvinismus hat ganze Völker und Stämme ihrer Heimat beraubt: Kalmücken, Tschetschenen, Krimtataren. Er war es auch, der Tausende von russischen, ukrainischen, bjelorussischen Mädchen und Jungen »jüdischer Herkunft« zur Entfremdung vom eigenen Vaterland verurteilte, zum Verlust der wirklichen Nationalität. Sie wurden zu gläubigen Anhängern des neuen Zionismus.
Ein Teil dieser Exulanten ging bereits nach Israel, ein anderer wird es noch tun und die neue Heimat mit der Erfahrung und den Einflüssen der russischen Kultur bereichern. Doch nur jene Jungen und Überzeugtesten, die an die zionistische Mythologie und Ideologie glauben, werden im neuen Land einwurzeln. Die meisten bleiben wahrscheinlich Emigranten, glückliche oder unglückliche Bewohner eines fremden Landes, dessen Sprache sie mehr oder minder gut sprechen. Gleichgültig ob es ihnen in New York oder Jerusalem, in Paris oder Tel Aviv gut oder weniger gut geht, ob sie froh oder traurig sind, welche quälende Erinnerungen an Verfolgungen und Beleidi-

gungen in der Heimat sie auch begleiten, überall bleiben sie Moskauer, Kiewer, Leningrader.
Einer dieser neuen Emigranten schrieb einem ebenfalls emigrierten Freund: »Mein ganzes bewußtes Leben lang habe ich mich als Jude betrachtet. Schon in der Schule hat man mich gehänselt: ›Eure Nation‹. Zweimal fiel ich deswegen an der Universität durch und wurde nicht als Aspirant aufgenommen. Jedesmal ganz offen wegen ›Punkt fünf‹. Ich begann, Neuhebräisch zu lernen, stritt mir die Kehle heiser gegen die ›Assimilatoren‹, war bereit, sie zu hassen ... Aber jetzt, nach mehr als einem Jahr in Israel, wo es mir im großen und ganzen gutgeht – ich arbeite meiner Neigung entsprechend, materiell klappt alles –, fühle ich mich als Russe und nur als Russe. Und alle rings um mich betrachten mich ebenfalls als Russen. Schon um diese Erfahrung zu machen, sollte man vielleicht hierherfahren. Nenn es, wie du willst, Dialektik oder Paradox – es ist genauso.«
Ich hoffe und ich will glauben, daß die Mehrzahl meiner Landsleute, die durch jüdische Pässe oder sogar nur durch jüdische Gene belastet sind (in einigen sowjetischen Behörden untersuchen die Kader schon dem Nazi-Vorbild entsprechend und unterteilen nach »Mischlingen« ersten bis vierten Grades), nicht erst ins Ausland fahren müssen, um sich als Russen zu fühlen und zu erkennen.
Ich hoffe es, weil ich von mir selbst ausgehe. Für mich war das Judentum nicht meine Nation, konnte es nicht sein. Denn bei uns im Land bilden die sowjetischen Juden keine Nation, sondern eine Schicht, eine Kaste, einen Stand nicht vollwertiger Staatsbürger.
Meinem Stand nach bin ich Jude. Aber der Nationalität nach – Russe.

Meine ersten Jahre im Komsomol fielen mit der Periode des kämpferischen antinationalen Nihilismus zusammen, der den Beginn der absoluten Stalinherrschaft kennzeichnete. 1930 begann – was wir damals nicht begriffen – die Vernichtung des

Bauerntums, die Ausrodung der lebendigen Wurzeln des nationalen und historischen Lebens. Gleichzeitig versuchten die ideologischen Kurpfuscher, die »Überbleibsel« der nationalen Kultur wegzuhacken und auszuscharren. In Hunderten von Städten und Tausenden von Dörfern zerstörten sie die Kirchen. In Moskau wurde die Erlöser-Kathedrale gesprengt, wertvolle Ikonen und kostbare alte Bücher wurden verbrannt; Dostojewskij neu herauszugeben, war verboten; die Bibliotheken wurden von den russischen Philosophen des XX. Jahrhunderts und generell von aller ideologisch fremden Literatur gesäubert.

1931 sagte Stalin: »Die Geschichte des alten Rußland bestand unter anderem darin, daß es unentwegt wegen seiner Rückständigkeit Prügel bezog. Es prügelten die mongolischen Khane. Es prügelten die türkischen Begs. Es prügelten die schwedischen Feudalen, die polnisch-litauischen Pane. Die anglo-französischen Kapitalisten prügelten es ebenso wie die japanischen Samurais. Alle prügelten Rußland – wegen seiner Rückständigkeit, seiner militärischen Rückständigkeit, seiner landwirtschaftlichen Rückständigkeit, seiner industriellen Rückständigkeit. Man prügelte Rußland, weil das etwas eintrug und ungestraft blieb.«

Aber gerade in dieser Zeit begann ich, der ich mich als vorbildlicher Internationalist, als sowjetischer Patriot, als Vertreter des aufstrebenden, vielstämmigen und einigen sowjetischen Volkes verstand, damals begann ich, immer schärfer Kränkung, manchmal auch Schmerz zu fühlen um Rußland, um seine Geschichte und um das russische Wort.

Der politische Emigrant Anton D. aus Österreich, inzwischen Rayon-Sekretär in der Nähe von Nikolajew, versicherte nach dem Essen im Freundeskreis, daß die Russen, bittschön, immer rückständig gewesen seien. Selbst der Genosse Stalin sagte, daß Rußland immer von allen geprügelt wurde. Die russische Revolution sei die Konsequenz günstiger historischer Umstände, aber Arbeiter gebe es bei uns nur wenige – das ganze frühere Proletariat sei in die Parteiarbeit gegangen. Und die

heutigen russischen Arbeiter seien nicht imstande, komplizierte Maschinen herzustellen. Flugzeuge würden für uns von ZGALI* gebaut – und das sei eine italienische Firma. Wenn nicht die ausländischen Arbeiter und Ingenieure hülfen, würde aus dem ganzen Fünfjahrplan nichts.
Den alten Kommunisten, den selbstbewußten, gutmütigen Anton D. begann ich augenblicklich zu hassen. Ebenso haßte ich den Ingenieur, einen Berliner, der bei uns im Werk arbeitete und hochmütig über den Schmutz in den Fabrikhallen spottete, über den vielen Ausschuß, über die ungeschickten neuen Arbeiter, die Bauernjungen von gestern schalt und der angeekelt fauchte: »Asien!« »Russische Schlamperei!«
Ich widersprach den frechen Ausländern und wies sie auf ihre Unkenntnis des Landes hin. Bei diesen hitzigen Disputen feuerten mich die großen Ereignisse, die großen Gestalten der russischen Geschichte an: die Demokratie des Großen Nowgorod, Jaroslaw der Weise und seine Töchter, Moskau mit seinen Kirchen und Festungen, Peter der Große, Lomonossow, Mendelejew[57], die russischen Revolutionäre und die russischen Gelehrten. Von all dem sprach ich so leidenschaftlich entflammt, daß selbst mein Freund und ständiger Verbündeter in diesen Gefechten, der junge Berliner Willi Husemann, der seine »reaktionären« Landsleute scharf verurteilte, mir manchmal vorwarf:
»Du vergißt dabei den Klassenstandpunkt. Infizierst dich mit Nationalismus. Nur, daß es russischer ist.«
Dieselben Vorwürfe hörte ich von Freunden im Literaturzirkel und an der Universität. Sie verfochten die Ehre der Ukraine, ihre historischen Traditionen, die selbständige Eigenart der ukrainischen Literatur und grenzten sich feindselig vom »Moskauertum« ab.
Damals empfand ich meine Zugehörigkeit zu Rußland immer deutlicher und klarer. Schließlich waren Quelle und Grund-

* Staatliches Zentralinstitut für Aerologie. Hier wurden die ersten sowjetischen Flugzeuge konstruiert.

lage meines Lebens ja nicht nur Rußlands jüngste, revolutionäre Geschichte. Beim Lesen, beim Denken, im Streitgespräch über die Ereignisse und Gestalten vergangener Jahre triumphierte oder trauerte ich, wurde stolz oder zornig, verging vor Scham oder versuchte, mich vor unerträglich schweren Fragen ebenso zu drücken wie manchmal vor unguten, peinlichen Gedanken über meine Eltern, über mich selbst.
Ich las die historischen Bücher wieder, die ich von kleinauf geliebt hatte und besorgte mir neue. Auch zur Zeit des hitzigsten Komsomol-Radikalismus liebte ich trotzdem noch die Gedichte und Dramen von Alexej Konstantinowitsch Tolstoj[58]. Nächst Puschkin war er mir der liebste, lieber noch als Nekrassow und Lermontow. Weder Jessenin noch Majakowskij, weder Bagritzkij noch Assejew[59] konnten jemals diese aus der Kindheit stammende Anhänglichkeit schwächen oder gar verdrängen. Alexej Tolstoj und Kljutschewskij (ich las ihn ebenso hingerissen wie ein Abenteuerbuch und glaubte ihm ungeachtet aller Verehrung für den langweiligen Pokrowskij[60], über den ich eine Prüfung mit »ausgezeichnet« bestand, und den ich für einen weisen Marxisten-Leninisten hielt) hatten mich ein für allemal überzeugt von den Vorzügen der altrussischen Volksversammlung und dem gesunden Menschenverstand des Recken Potok der Volkssage.
Ziemlich früh schon kam ich zu der Überzeugung, daß Kiew, Nowgorod, Pskow und das vom Tatarenjoch freigebliebene nördliche Rußland die Hauptquellen für die schöpferischen Kräfte darstellten, die die russische Nationalkultur schufen. Sie hatten im Gegensatz zu Moskau und dem Moskauer Umland nur wenig byzantinische und tatarisch-mongolische Einflüsse empfangen. Das wahre, gute Volkstum Rußlands war nicht bei den Moskauer Zaren oder den Petersburger Imperatoren. Es wurde erhalten und tradiert bei den Pomoren, den Kershaken, Olonetzern und allen übrigen Nachkommen des freien Nowgorod, ebenso bei den Don- und Uralkosaken, den Altgläubigen und trotzigen Bauern Mittelrußlands, die lieber Räuber wurden oder in fremde Länder gingen, als sich der

Leibeigenschaft oder der Macht der Behörden zu beugen.
So verband sich mein Nationalbewußtsein mit den Idealen der Revolution, mit den marxistischen Begriffen vom Klassenkampf.
Bei allen Widersprüchen, die mich verwirrten und die mir Gewissensbisse verursachten, half mir der vieldeutige, vielumfassende Begriff der *Dialektik*, mit ihnen fertig zu werden. Auch Marx und Engels hatten ja ihr Deutschland geliebt, waren mit Nachdruck Deutsche und in ihrer Jugend fast Nationalisten gewesen, hatten ungerecht und böse über die slawischen Völker geschrieben. Und Lenin hatte geradezu den Nationalstolz der Großrussen ermuntert, hatte von den »zwei Nationen innerhalb jeder Nation« gesprochen. Gorkij schrieb über Lenins typisch russischen Charakter.
Dank Leo Tolstoj, Korolenko, Tschechow, Gorkij und anderen großen russischen Dichtern, dank der Debatten mit ukrainischen Freunden und der Bücher der ukrainischen Historiker Hruschewskij, Jaworskij, Jefremow entwickelte sich mein russisches Nationalgefühl niemals zu einem Großmacht-Chauvinismus.

1934 eröffnete Stalin persönlich die Kampagne gegen Pokrowskij und Demjan Bednyj. Ihnen wurde mangelnder Patriotismus vorgeworfen. Damals war das Gesetz über »Landesverrat« verabschiedet worden, dadurch wurde der Begriff »Heimat« amtlich. Das neue Schulgeschichtsbuch (von Schestakow) schrieb über einzelne Fürsten und Zaren sogar freundlicher als Solowjow[61] und Kljutschewskij es getan hatten. Ich freute mich über die Wendung, die sich in der Propaganda und in der historischen Forschung vollzog und eine klare Absage an den antinationalen Nihilismus bedeutete. Die Partei hatte bestätigt, was ich als Kind gefühlt und in der Jugend zu verstehen begonnen hatte.
Die Begriffe Heimat, Patriotismus, Volk, volksecht wurden wieder aufgerichtet. In der Tat: aufgerichtet. Sie waren ja regelrecht umgeworfen, gestürzt worden, in den Schmutz ge-

treten und ersetzt durch die Begriffe »sozialistische Heimat aller Werktätigen der Welt« und »sowjetischer Patriotismus«, die klassenmäßig und parteilich bestimmt waren. Gleichzeitig wurden die Begriffe Humanismus und Demokratie wieder hergestellt und erneuert. Noch unlängst hatten sie als Schimpfworte gegolten. Jetzt wurden sie meistens in positivem Sinne gebraucht. Wir verbanden das mit der Wendung in der Komintern-Politik und glaubten, wir hätten den Bau der klassenlosen Gesellschaft schon errichtet. In Frankreich und Spanien entstand die Volksfront. Die UdSSR trat in den Völkerbund ein. Unser ganzes Volk diskutierte das Projekt der allerdemokratischsten Verfassung der ganzen Welt.

Aber gleichzeitig begannen die Massenverhaftungen. Jede Nacht wurden Hunderte, Tausende immer neuer »Volksfeinde« ergriffen. Die Züge mit den Häftlingswaggons rollten und rollten nach Norden, nach Fernost. Die riesigen Gebiete der Taiga und der Tundra gehörten zum Machtbereich des geheimen Reiches GULAG, zwei- oder dreimal so groß wie Europa; in allen Städten waren die Gefängnisse überfüllt mit Menschen aus allen Schichten und Völkern. Hunger, Prügel, Folter, Erschießungen aufgrund von Urteilen einer irgendwo weit entfernt tagenden »Trojka[62]« gehörten zum Alltag; ebenso wie die Massen trauernder, verweinter Frauen an den Gefängnistoren, in den »Auskunftsbüros« des NKWD...

Und tagtäglich wurden in den Zeitungen, auf Versammlungen und Kundgebungen wie rasend die »entlarvten Feinde« beschimpft, die »Helfershelfer« und alle »mit ihnen Verbundenen«, und jedesmal gestand irgend jemand reuig, daß er »nicht erkannt«, daß er »versäumt« habe, und immer hysterischer, immer aufdringlicher wurden die Appelle zur Wachsamkeit...

Die gespannte Erwartung des Krieges, die immer neuen, alarmierenden Nachrichten von den fernöstlichen Grenzen förderten das wachsende Mißtrauen sowohl gegenüber Fremden

ganz allgemein als auch gegenüber eigenen Landsleuten, die »Verbindungen zum Ausland« hatten.
1929, nach den Kämpfen an der mandschurischen Grenze, sangen wir:

> Ja, die Generäle sind in China mutig –
> Friedliche Arbeiterviertel erstürmen sie blutig!

1936 bis 1938, als am Chassan-See und in der Mongolei schwere Kämpfe, Artillerie-Gefechte und Fliegerangriffe tobten, wußten wir, daß dort die unsrigen die Japaner schlugen. Zwar sprach und schrieb man gewöhnlich von den »Samurais«, aber für alle waren das eben die Japaner – ohne Unterschied von Klassen und Titeln.
Emmanuil Kasakjewitsch[63], der 1937 aus Birobidshan eintraf, erzählte davon, daß man innerhalb von zwei Tagen »radikal« alle Koreaner nach Usbekistan gebracht habe, darunter auch Partei- und Komsomol-Mitglieder sowie Mitarbeiter des NKWD; wer einen russischen Ehepartner hatte, mußte ihn mitnehmen.
Er berichtete über alles ohne Zorn, und ohne es zu verurteilen, ich hörte es ebenso an. Es war unangenehm, daß viele unschuldige Menschen litten, deren Mehrzahl natürlich »unsere« Klassenbrüder waren. Aber schließlich tarnten sich die japanischen Spione und Diversanten, indem sie sich als Koreaner oder Chinesen ausgaben, außerdem wurden Auslandschinesen als Agenten zu uns gesandt. Das bedrohte das ganze Land, Hunderte von Millionen. Was wiederum bedeutete, daß man Hunderttausende verjagen mußte. In denselben Jahren wurden aus unseren Westgebieten Polen, Esten, Finnen ausgesiedelt. Dies wurde ebenfalls als strenge, harte, jedoch notwendige »Säuberung der künftigen Front-Etappe« dargestellt.
In der Ukraine wurden alle Galizier und alle, die aus früher zu Polen gehörenden Gebieten kamen, als verdächtig betrachtet, denn sie konnten ja von der polnischen Abwehr, der »Defenzywa«, geschickt worden sein. Die Komintern löste drei kom-

munistische Parteien auf – die polnische, die westukrainische und die westbjelorussische – durch besondere Beschlüsse, in denen es hieß, sie seien »verschmutzt durch Elemente der Spionage und Provokation«. In verschiedenen Städten der Sowjetunion wurden viele deutsche, polnische, ungarische, österreichische und andere politische Emigranten verhaftet, meistens Kommunisten. Bela Khun, der Führer der ungarischen Räte im Jahre 1919, und Heinz Neumann, der Stellvertreter Ernst Thälmanns, wurden erschossen; der Schweizer Fritz Platten kam im Gefängnis um – er, der im Winter 1918 Lenin das Leben gerettet hatte, indem er ihn mit dem eigenen Körper deckte, als auf ihn geschossen wurde, wobei Platten selbst eine Verwundung erlitt. Sie alle waren plötzlich »feindliche Agenten« und »Spione«.

In mir versiegten auch damals die Illusionen der Pionier- und Komsomolzeit nicht. Während ich die trüben, erschreckenden oder entmutigenden Zweifel verjagte, überzeugte ich mich und andere davon, daß die Hauptsache unverrückbar sei, daß alle Verbrechen und Lügen unvermeidliche, vorübergehende Krankheiten einer »im ganzen gesunden« Gesellschaft seien. Um uns von der Barbarei zu befreien, müßten wir zu barbarischen Mitteln greifen und könnten im Kampf gegen die grausamen und heimtückischen Feinde nicht ohne Grausamkeit und Heimtücke auskommen.

Ideologische und Klassen-Maßstäbe reichten nicht mehr. Denn Millionen Arbeiter gingen mit Hitler und Mussolini, und auch in allen anderen Ländern war die Mehrheit der Proletarier weit von den Idealen der proletarischen Revolution entfernt. Weder die englischen noch die französischen oder amerikanischen Kommunisten – obwohl sie völlig legal agitieren konnten – brachten es fertig, unter den Bedingungen der Weltwirtschaftskrise die Arbeiter und Bauern für sich zu gewinnen. In allen ausländischen kommunistischen Parteien wimmelte es von Spionen. Jeder zu uns gekommene Ausländer konnte sich als Agent der Gestapo, des Intelligence Service, der Defenzywa, der Siguranzia oder der japanischen Abwehr erweisen.

Unsere Führer und Lehrmeister, die leidenschaftlichen Redner, die begabten Schriftsteller, die nüchternen, offiziellen Gerichtsakten bewiesen uns – damals zweifelte man noch nicht an ihnen –, daß die alten Bolschewiki, die früheren Freunde und Genossen Lenins, aus Machthunger oder Eigennutz zu Verrätern geworden seien, zu Drahtziehern und Beteiligten an gräßlichen Untaten. Dabei waren sie einst Revolutionäre gewesen, die sich zu den Ideen des Marxismus-Leninismus bekannt und den Sowjetstaat geschaffen hatten.
Was konnten wir dem Umsturz der Idole von gestern entgegenstellen? Womit die erschütterten Ideale stürzen?
Uns empfahl man vorgestrige: *Heimat* und *Volk*. Wir empfingen dankbar die erneuerten Ideale des Patriotismus, zugleich damit die alten und neuesten Idole, den fanatischen Kult des unfehlbaren Führers mit all seinen barbarischen byzantinischen und asiatischen Ritualen, das blinde Vertrauen in seine Leibwächter, die gewissenlosen Gefängniswärter und Henker.
So stand es um die raffinierten Gesetzmäßigkeiten, die zur Entwicklung der Ideologie des »reifen« Stalinismus führten. Diese Ideologie erlaubte später, jedes beliebige politische Manöver, jede ideologische Pirouette gutzuheißen oder gehorsam zu vollziehen: die Freundschaft mit Hitler, die neue Teilung Polens, den Überfall auf Finnland, die Einverleibung der baltischen Staaten, Ostpreußens, der Kurilen-Inseln, die Ansprüche auf persische und türkische Gebiete.
Auch ich wurde, besonders während des Krieges, von dem verderblichen Einfluß der großmacht-chauvinistischen »Ambitionen und Emotionen« infiziert. Zum Glück nahm ich diese Einflüsse nicht vorbehaltlos auf, sie drangen mir nicht allzu tief in die Seele, schlugen dort keine Wurzeln und fielen bald wieder als tote Schalen ab. Die mir in der Kindheit und Jugend eingeimpften Axiome von Gut und Böse, von der Gleichwertigkeit aller Völker und Rassen basierten auf rationalen Erkenntnissen ebenso wie auf Emotionen und wirkten chauvinistischen Gefühlen entgegen.

Selbst als ich zum gehorsamen, aufrichtig gläubigen Gefolgsmann Stalins geworden war, verwandelte ich mich dennoch nicht in einen steinern, konsequenten Stalinisten, das heißt nicht in einen vollkommen prinzipienlosen, gewissenlosen, zu jedem Verbrechen bereiten Hörigen. Diese rettende Unvollkommenheit und Inkonsequenz meiner geistigen und charakterlichen Entartung verdanke ich Puschkin und Goethe, Korolenko und Lidija Lasarewna, vielen guten Menschen und guten Büchern. Und nicht zuletzt auch dem Esperanto.

Der Traum von der anationalen Bruderschaft der Menschen war utopisch. Eine Absage an die Nation ist ebenso irreal wie eine Unterbrechung der Erdanziehung. Die Schwerelosigkeit der Kosmonauten ist eine kurzfristige, künstliche »Freiheit« von der Erde, gefolgt von der beseligenden Rückkehr zum natürlichen Gewicht, zur Erdanziehung und allen irdischen Lasten.
Der Schöpfer der internationalen Sprache Esperanto, Dr. Ludwig Zamenhof (1857–1917), wurde in dem unter drei Großmächte und Eroberer aufgeteilten Polen in einer jüdischen Familie geboren. Er erhielt eine polnische und deutsch-österreichische Bildung, empfing wesentliche Einflüsse von der russischen und der ukrainischen Literatur (Leo Tolstoj, Iwan Franko), lebte innerhalb der mehrsprachigen Intelligenz der Polen, Juden, Russen, Ukrainer, Deutsch-Österreicher. Er sah, wie im Russischen Reich, in Österreich-Ungarn und in der Türkei scharfe Gegensätze zwischen den Nationalitäten aufbrachen; wie sich in Polen, Böhmen, der Slowakei, Ungarn, den südslawischen Ländern der Habsburger und der türkischen Sultane nationale Befreiungsbewegungen entwikkelten. Damals entwickelten und verbreiteten sich die Mythen und Theorien des Panslawismus, des Pangermanismus, des neuen Antisemitismus – des nicht mehr religiösen, sondern vor allem rassistischen – und des Zionismus. In Deutschland, Italien, Frankreich, Japan und anderen Ländern wuchsen kriegerisch-chauvinistische Bewegungen.

Diese Mythen verunstalteten die natürlichen Bindungen an die heimatliche Sprache und Literatur zu hochmütiger Überheblichkeit, bösartigem Dünkel. Der lebendige Schmerz beleidigter nationaler Gefühle verwandelte sich in tödlich blinden Haß gegenüber allem Fremden, gegenüber allen, die in der Sprache der Unterdrücker sprachen oder die einfach mit dem »feindlichen Nachbarn« verwandt waren.

Der Wunsch, das reale Böse zu bekämpfen, gebar den Gedanken an das nichtreale Gute, gebar die Träume aller Pazifisten, die Utopie des Esperanto-Schöpfers und die glühenden Hoffnungen seiner Nachfolger.

Als ich in der Schule von der Sprache hörte, die dazu ausersehen sei, alle Völker der Erde zu verbinden, erschien mir die Zukunft einfach und klar. Die Menschen aller Länder würden lernen, einander zu verstehen; und ganz von selbst würden Mißtrauen, Feindseligkeit, chauvinistische Lügenmärchen verschwinden. Es würde keine Kriegsanlässe und infolgedessen keine Kriege mehr geben.

Dazu hatten schon Christus und Campanella aufgerufen, Marx und Korolenko. Lenin und meine alte Lehrerin. Puschkin und Mickiewicz träumten von der Zeit, »da Völker, die Kämpfe vergessend, sich zu einer Familie verbünden«.

Wir hatten das Glück, uns dieser Zeit zu nähern.

»Espero« heißt die Hoffnung. Wir hofften, daß bald auf der ganzen Welt jene Kräfte siegten, die für die Brüderlichkeit aller Menschen kämpften – für den Kommunismus. Und wir glaubten, daß in unserem Land jene guten Kräfte triumphierten, daß bei uns schon die Verschmelzung der verschiedenen Stämme und Völker im Gange sei. Ebendeswegen wurde unser Land zum *Vaterland aller Werktätigen der ganzen Welt.*

Wir waren überzeugt, daß die Sowjetunion das aufgeklärteste, schönste und gerechteste Land auf Erden sei. Deshalb müsse sie auch zur stärksten Macht werden. Und wir – die glücklichen Sowjetmenschen – waren verpflichtet, den Proletariern der anderen Länder zu helfen. Wenn erst alle Völker von der Gewalt der Kapitalisten, Faschisten, Militaristen und anderer

böser Mächte befreit seien, würden sie sich selbstverständlich mit uns vereinigen, und damit beginne das allgemeine Glück. Esperanto war unser Werkzeug und unsere Waffe im Kampf um diese großartige Zukunft. Der Esperantisten-Verband vereinte Angehörige verschiedener Parteien – Kommunisten, Sozialdemokraten, christliche Sozialisten, Demokraten, Anarchisten, parteilose Liberale, Gläubige der verschiedenen Religionen ebenso wie Atheisten. Eine solche Vereinigung schien mir das Symbol und Unterpfand einer hellen Zukunft zu sein. Als uns besonders nahe empfanden wir das republikanische Spanien 1936–1939. Wir waren von den Internationalen Brigaden begeistert, weil in ihnen Menschen der verschiedenen Parteien und Nationen vereint waren. In Madrid und Katalonien kämpften Proletarier aller Länder gemeinsam für Gerechtigkeit und Freiheit. Sie verkörperten unsere Träume und Hoffnungen, sie realisierten die Ideale der internationalen Bruderschaft. Zusammen mit zwei Kommilitonen lernte ich eifrig Spanisch. Mehrmals schrieben wir an Stalin, Woroschilow und an Michail Kolzow[64] und baten, an die Front geschickt zu werden. Natürlich bekamen wir keine Antwort.
Wie die Mehrzahl meiner Altersgenossen sah ich gern Filme über Peter den Großen, Alexander Newskij[65] und Suworow. Mir gefielen die patriotischen Gedichte von Konstantin Simonow[66], die Bücher des Historikers Jewgenij Tarle und des »sowjetischen Grafen« Ignatjew[67]. Auch mit der Wiedereinführung der Offiziersränge und -schulterstücke fand ich mich ab. Dies alles belebte anscheinend auf neue, Stalinsche Art (das heißt auch marxistisch-leninistisch) meine alte, aus der Kindheit stammende Verbundenheit mit den Heldensagen der vaterländischen Geschichte, gab den nie verstummten Stimmen »Poltawa« und »Borodino« neue Kraft.

Die Knabenleidenschaft für Esperanto erlosch. Dennoch: Jahrzehnte später, nachdem Krieg, Gefängnis, Rehabilitierung, »Tauwetter« und neue Fröste hinter mir lagen, als ich schon meine Erinnerungen niederschrieb, kam ich allmählich

zu der Einsicht, daß wahrscheinlich ebendiese »Kinderkrankheiten« des Internationalismus, des Esperanto, der Jahre bei den Jungen Pionieren und im Komsomol mich davor behütet haben, mich mit der aggressiven Polonophobie und Finnophobie der Jahre 1939–1940 zu infizieren, mit dem blind machenden Haß »auf alle Deutschen«, mit den verderblichsten Miasmen des amtlichen Großmacht-Chauvinismus.
Aber gleichzeitig veranlaßten jene hartnäckigen Träume, daß ich mich nicht aus Angst, sondern nach bestem Wissen und Gewissen mit der Stalinschen Autokratie identifizierte. Im Gefängnis schrieb ich Gedichte, um mein Gedächtnis zu stärken und meine geistigen Kräfte zu erhalten. Es waren scheußliche Reimereien, aber sie gaben genau das wieder, was ich fühlte und dachte.

Die Fahnen des Oktober verstauben im Parteimuseum
Und älter als die Pyramiden erscheint uns Lenins Mausoleum.
Doch alle Schiffe sind längst verbrannt,
Kein Weg führt zurück zum alten Strand.

Zum Himmel stinkt der Bonzen Eitelkeit,
Die jetzt wie nie vorhanden.
Sie prassen im Luxus, und Elend ringsum.
Doch Stalingrad ist dennoch auferstanden.
Man baut bereits den Wolga-Don-Kanal.

Wagen auch Arschkriecher und Speichellecker
Zu lügen täglich lauter und kecker –
Es gibt doch ein Volk und es gibt ein Land,
Die schließlich erringen die Oberhand.

Als rechtloser Häftling der Stalinschen Straflager glaubte ich unerschütterlich, daß »solange sich die Erde dreht, sind heilig des Mausoleums Marmor und die Sterne des alten Kreml«.
Später – rehabilitiert und wieder in die Partei aufgenommen – klammerte ich mich trotz der schweren Enttäuschungen und

der unerbittlichen Wahrheiten von Berlin 1953 und Ungarn 1956 wieder und wieder an den Rettungsring jener lang vergangenen Träume und Hoffnungen, versuchte, sie mir zu erhalten. Indem ich mich selbst überzeugte, bemühte ich mich, auch andere davon zu überzeugen, daß unsere Bestrebungen und Prophezeiungen sich jetzt doch erfüllten, trotz aller Irrtümer, Fehler und Verbrechen der Ära des »Personenkults«; daß der Sozialismus auf der ganzen Welt, von der Elbe und der Adria bis Indochina siegen werde, daß die Kolonialherren aus Afrika verschwinden werden, wie sie aus Indien und Indonesien verschwunden sind.

Die Erkenntnis kam spät, sie entwickelte sich langsam und nicht konsequent.

Der Prager Fühling 1968 weckte die alten und gebar neue Hoffnungen, alte und neue Zweifel.

Heute verstehe ich, daß die jünglingshaften Esperanto-Träume von internationaler Brüderlichkeit auch verdummende, illusorische Vorstellungen über die Welt hervorriefen, die uns zu Anhängern des Bösen machten. Aber ebendiese Träume halfen mir und anderen, die Reste ihres Gewissens zu behalten, in der Seele Körner guter Hoffnungen zu bewahren. Denn jene Hoffnungen, die als erste das Morgenrot unserer Ära erhellten, sind unsterblich (schon für den Apostel Paulus gab es »keinen Hellenen und keinen Juden«). In meiner Jugend verband ich sie mit der Parole: »Proletarier aller Länder vereinigt euch!« Nach vielen Irrwegen überzeugte ich mich, daß diese Hoffnungen in vielen Gestalten leben. Für mich waren sie am deutlichsten in Dostojewskijs großer Puschkin-Rede: »Wirklich russisch sein, heißt All-Mensch sein.«

Der Artikel des Historikers Roj Medwedjew »Über die Judenfrage in der UdSSR« veranlaßte mich 1971 zu einer brieflichen Entgegnung. Ein Auszug meines Briefes an Medwedjew soll dieses Kapitel beschließen:

»In unserem Lande ist der Antisemitismus gesetzlich verboten. Dennoch wird er tagtäglich praktiziert, und zwar als ein weitreichend angewandter und wirksamer Druck auf die Weltanschauung von Millionen von Philistern: Philister an den Werkbänken, Philister an Schreibtischen, die Gedichte und Romane verfassen, Philister, die in komfortablen Funktionärssesseln Konferenzen abhalten.

Der Zionismus ist sehr viel wirksamer verboten. Ihm hängen Verfolgte und Bedrängte an. Mit ihnen kann man nicht öffentlich debattieren, ohne ihren Verfolgern zu helfen, die jeder Kritik unerreichbar sind. Die existentiellen objektiven Unterschiede zwischen *unserem* Antisemitismus und *unserem* Zionismus sind mir ebenso bewußt wie Ihnen (ich unterstreiche unserem, weil der Zionismus in Israel als ideologische Theorie und politische Praxis der Machthaber eine ganz andere Rolle innehat und einen anderen Stellenwert besitzt als bei uns). Auch mir sind, genau wie Ihnen, die plumpen Lügen von Leuten widerlich, die den Zionismus mit dem Faschismus gleichsetzen, wobei sie Ursachen und Wirkung bzw. Folgen vertauschen und dabei die Hirngespinste der alten alldeutschen und der neuen arabischen Faschisten wiederholen. Aber ich muß feststellen, daß mir subjektiv Zionisten nicht nur einfach fremd sind, sondern daß sie sich objektiv den Antisemiten annähern, indem die einen wie die anderen mir das Recht auf Heimat abstreiten, auf Heimatsprache, auf die Zugehörigkeit zu der Nation, zu der ich wirklich gehöre. Die Antisemiten sehen in mir und in mir ähnlichen Menschen gefährliche ›Fremde‹, die Zionisten schimpfen uns ›Verräter‹, und die Fanatiker – diese wie jene – hassen uns.

In vielen Ländern wurden Stimmen laut, die gegen die Beschränkung der Rechte der sowjetischen Juden protestierten. Diese Proteste richten sich hauptsächlich gegen die Hindernisse, die sich vor denjenigen aufbauen, die nach Israel auswandern wollen, ferner gegen die Unterdrückungen des jüdischen Kulturlebens (Schulen, Synagogen, Theater, Verlage).

Ich verstehe die edlen Ziele der Mehrzahl der Protestierenden, aber mich beunruhigt der Umstand sehr, daß sie fast alle nur von der jüdischen Frage sprechen, nur von der Diskriminierung der Juden, das ist genauso, als spräche man von Deutschland nur als von dem des Jahres 1938 oder von Polen als dem von 1968/69. Das ist faktisch unrichtig und unheilvoll wegen der schädlichen Folgen, eine solche Verteidigung sondert die Juden, die wirklichen und die angeblichen, als Bevölkerungsgruppe aus. Eine derartige Absonderung paßt den Zionisten ins Konzept, unterstützt dabei aber im Grunde die Antisemiten.

Selbstverständlich muß man fordern, daß die Ausreise nach Israel jedem erlaubt wird, der sie wünscht. Aber genauso entschieden muß man fordern, daß den Krimtataren erlaubt wird, in ihre Heimat zurückzukehren, aus der sie brutal vertrieben wurden, und daß den gewaltsam aus dem Wolgagebiet, der Ukraine und der Krim ausgesiedelten Deutschen die Rückkehr in ihre alten Wohngebiete oder die Ausreise nach Deutschland erlaubt wird.

Es darf ganz generell niemand daran gehindert werden, ins Ausland zu reisen. Bewegungsfreiheit gehört zu den menschlichen Grundrechten, wie sie unsere Verfassung garantiert und wie sie in internationalen Verträgen, die unser Staat mit unterzeichnet hat, verankert sind.

Die Behörden dürfen die Schaffung jüdischer Schulen, Institute, Verlage, Theater nicht behindern. Sie sollten im Gegenteil derartige Initiativen fördern. Und ebenso hätten sie dafür zu sorgen, daß die neun Millionen Ukrainer, die nicht in ihrer Heimat wohnen, sondern im Kuban-Gebiet, in Kasachstan, in Fernost ukrainische Schulen, Institute, Theater und lokale Zeitungen einrichten können.

Wer die Rechte der jüdischen Nationalität in der UdSSR durchsetzen will, darf darüber nicht die ungelösten Probleme anderer Völker der Sowjetunion vergessen. Diese Rechte sind nur bei gleichzeitiger Wahrnehmung der Rechte aller Nationen und Völkerschaften unseres Landes zu verwirklichen.

Stalin konnte seine Willkürherrschaft nur durchsetzen und zementieren mit Hilfe einer Ideologie, zu deren Bauelementen die Instinkte und Mythen des Großmachtchauvinismus ge-

hörten. Und es ist nur zu bekannt, daß die fünfundzwanzig Jahre seiner Herrschaft dem russischen Volk und der russischen Kultur mehr an Leiden, Zerstörungen und nie mehr zu ersetzenden Verlusten eingebracht haben als die 250 Jahre des Mongolenjochs.
Die alten und neuen Stalinisten versuchen, unser Volk zu zwingen, dies zu vergessen, sie wollen die geschichtliche Wahrheit ersticken und verdunkeln: offen – indem sie einen Strom erhabener Worte ausstoßen und durch Parade-Flitter blenden; insgeheim – indem sie nationale Feindschaft schüren und Mißtrauen gegen andere Völker wecken und anheizen: gegen Georgier, Armenier, Tataren, Usbeken, Deutsche, Chinesen, Amerikaner, Tschechen, Polen und, natürlich, gegen die Juden. Der Antisemitismus ist ein lang erprobter Wetzstein, um chauvinistische Reißzähne daran zu schärfen.
Deshalb darf man nicht den Antisemitismus bekämpfen, ohne gleichzeitig alle, wie auch immer gearteten Erscheinungen des Chauvinismus zu bekämpfen.
Man kann die antisemitische Mythologie nicht bekämpfen, wenn man nicht gleichzeitig die zionistische Mythologie bekämpft und gegen die grausame reale zionistische Politik in Palästina protestiert.
Die Grundbedingung zur Lösung dieser wie überhaupt aller Probleme unseres gesellschaftlichen und kulturellen Lebens lautet selbstverständlich, daß dies *öffentlich* geschieht.
Nur durch offene, direkte Diskussion in der Presse und auf den Tribünen können bösartige Lügen, Märchen und Mythen jeglicher Art, wie sie die Ignoranten verbreiten, zerstört werden.
Dann würde wahrscheinlich vielen deutlich, daß der Begriff *Jude* bei uns bislang als Bezeichnung für mindestens vier essentiell verschiedene Bevölkerungsgruppen dient:
– die israelischen Juden, d. h. diejenigen, die Israel als ihre Heimat bezeichnen und dorthin auswandern wollen;
– die Juden, die sich als besondere Nation empfinden, aber als ihre Heimat die Sowjetunion ansehen – das Land, in dem ihre Vorfahren generationenlang lebten; sie wollen *hier* den Herd

ihrer Nationalkultur haben; ihre Sprache ist Jiddisch, und nicht das Jiwrit der Israelis;
– die russischen, ukrainischen, weißrussischen, lettischen, georgischen, Bucharaer und kaukasischen Juden usw., die zwei oder drei Sprachen sprechen und gleichzeitig in zwei nationalen Kulturkreisen leben. (Solche Zwiefalt des geistig-kulturellen Lebens in der russischen Literatur stellen z. B. Isaak Babel dar oder Emmanuil Kasakjewitsch, der russischer Prosaiker und zugleich jiddischer Lyriker war.)
– Juden nur dem Paß nach, d. h. Russen, Ukrainer, Bjelorussen, Sprößlinge jüdischer Familien, aber mit dem Judentum ihrer Vorfahren durch nichts außer einer Zeile in Paß und Fragebogen verbunden.
Ich zweifle nicht daran, daß die überwältigende Mehrheit der Menschen, die in unserem Lande als Juden gelten, auf die beiden letzten Gruppen entfällt. In aller Regel verbindet man heute bei uns mit dem Wort *Jude* faktisch keine Nation oder Nationalität, sondern eine *ererbte soziale Lage*, eine besondere *Schicht.* Eine vom Gros der Bevölkerung diskriminierte Schicht, vergleichbar der Schicht der ›Gewesenen‹* in den zwanziger Jahren, der Schicht der ›Familienangehörigen‹ – also der Frauen, Kinder, Eltern – der in den dreißiger Jahren in Stalins Kerkern Verschwundenen und schließlich der Schicht der Soldaten und Zivilpersonen, die zu Beginn der vierziger Jahre in Kriegsgefangenschaft oder unter deutsche Besatzung geraten waren.
Ich gehöre nicht zur jüdischen und nicht zur israelischen Nationalgruppe, sondern zu der zahlenmäßig größeren jüdischen Schicht des russischen Volkes. Ich weise entschieden alle Deklarationen aller Muster-Juden zurück, an die weder sie selbst

* Mit dem Terminus ›Gewesene‹ bezeichnete man pauschal die Angehörigen der Hocharistokratie, des Beamtenadels, der Großbourgeoisie und der reichen Kaufmann- und Fabrikantenschaft.

noch ihre Leser glauben. Aber ich will auch nicht, daß ausländische Freunde – und seien es die allergeachtetsten – für mich eintreten. Die Vorstellung ist grotesk, daß ein Pariser oder Londoner Komitee darauf drängen könnte, ich müsse als Russe anerkannt werden, weil mein Urgroßvater als russischer Soldat bei Sewastopol kämpfte, mein Großvater die Ufer russischer und ukrainischer Flüsse befestigte, vom Arbeiter zum Vorarbeiter und schließlich zum Angestellten aufstieg und mein Vater ein halbes Jahrhundert lang als Agronom auf russischen und ukrainischen Äckern arbeitete, meine Onkel und mein Bruder in russischen Soldatengräbern liegen. Nein, ich will und brauche niemandes Beistand, weder hier noch dort. Aber ich wünsche mir sehr, den Tag zu erleben, an dem alles, was ich Ihnen heute schreibe, offen gesagt werden kann – in der Presse, im Fernsehen, im unmittelbaren Gespräch mit denen, die heute die ›Gerüchte über Antisemitismus‹ in unserem Land als böswillige Hetze bezeichnen.
Wahrscheinlich erlebe ich das nicht. Heute muß ich mich mit meinen Erinnerungen daran zufriedengeben, daß ich im Krieg sowohl für die deutschen Soldaten, die wir gefangennahmen, wie auch für die polnischen Bürger 1945 ein *russischer* Offizier war, und daß ich heute für meine ausländischen Freunde und für viele meiner Landsleute *russischer* Schriftsteller bin. Ich will hoffen, daß ich für meine Enkel ...
Übrigens: Mein ältester Enkel kam schon zweimal mit blauen Flecken nach Hause und heulte: ›Die Kinder wollen nicht mit mir spielen, sie rufen: Du bist Jude! Ich habe ihnen gesagt, das stimmt nicht, ich bin nicht Jude, ich bin der Dima. Aber sie glauben es einfach nicht ...‹
Dennoch hoffe ich, daß er diese Kränkungen einmal vergessen kann, und wenn er sich ihrer erinnert, dann nur wie an eine ferne, absurde Vergangenheit.
Hoffen wir also. Ohne Hoffnung läßt sich nur sehr schwer leben.«

Zweiter Teil:

Jugend in Charkow

Jugend! meine fremde Jugend!
Geh zu anderen, meine Jugend.

Marina Zwetajewa

In der Schule

... die Genossen rüsteten
sich für den Kampf,
waren bereit,
Propheten zu sein.
Boris Slutzkij

Im Spätherbst 1926 zogen wir nach Charkow. Vater war als Agronom an den Zuckertrust der Ukrainischen Republik versetzt worden.

In der neuen Schule und der neuen Pioniergruppe fühlte ich mich fremd. Die Abteilungsversammlungen waren öde und förmlich. Der Leiter hatte es eilig; die Teilnehmer schwatzten leise über Privatangelegenheiten. Die Wandzeitung war zwei Monate alt, langweilig, gesichtslos: Fotos aus irgendwelchen Zeitschriften stumpfsinnig aneinandergereiht. Mich – den Neuen – beachtete niemand. Nicht einmal Fragen stellte man mir, als man mich der Gruppe einer Mitschülerin zuteilte. Sie war es, die mich dann fragte:

»Wo willst du aktiv sein? Bei der Wandzeitung? Na schön. Die Gruppe rufen wir zusammen, wenn's nötig ist. Besondere Vorschriften gibt es nicht. Man kann sich auch während der Pause besprechen.«

Ich kam in die 7. Klasse. Die Schule war siebenstufig, es war also mein letztes Jahr. Die Jungen-Cliquen hatten sich seit langem, meist aus Klassenkameraden, gebildet. Mit Angehörigen der Parallelklassen unterhielt man ziemlich instabile, friedliche Beziehungen. In unserem Schulgebäude befand sich auch die Abendberufsschule für Chemie und Warenkunde, an der hauptsächlich unsere Schulabgänger weiterlernten, darunter auch Nadja, meine spätere Frau. Damals verachteten sie und ihre Freundinnen unsere Clique als ungebildet, frech, flegelhaft.

In ständigem Krieg befanden wir uns mit den Schülern der

anderen Schulen und Nachbarstraßen. Allzu erbittert prügelten wir uns allerdings nicht – eine blutige Nase, ein »Veilchen« unterm Auge galten schon als schwere Verstümmelungen. Dafür prahlten wir ausführlich und beredt von unseren Heldentaten, schafften uns Schlagringe an, Peitschen mit eingeflochtenen Bleistückchen und sogar Messer, auch Jiu-Jitsu-Griffe brachten wir uns gegenseitig bei.

Sorja B. behauptete, er habe bereits letztes Jahr ganz unabhängig von Marx das Mehrwertgesetz entdeckt. Er rauchte. Das überraschte mich, schließlich war dies ein grober Verstoß gegen die Pioniersatzungen. Seine Mutter – eine Ärztin, müde, nervös, aber sehr freundlich und uns gegenüber mitteilsam wie zu Gleichgestellten, hatte nichts dagegen: »Wenn ihr unbedingt rauchen müßt, dann bitte offen, in meiner Gegenwart. Nichts ist schlimmer als Heuchelei und Lüge.«

Sorja war ein begeisterter Sportler, er spielte Fuß- und Handball und leistete allerhand im Laufen und Springen. Er las weniger als ich, exzerpierte aber mehr, nicht nur aus politischen Broschüren und Zeitungsartikeln, auch aus künstlerischen Werken. Er hatte fest vor, ein »Parteistaatsarbeiter« zu werden und in ungefähr 20 Jahren – also mit 35 oder 36 – Vorsitzender des Zentral-Exekutiv-Komitees zu sein. Seine Karriere stellte er sich folgerichtig so vor: zuerst Vorsitzender des Stadtsowjet, dann des Kreis-Exekutivkomitees, danach ins Präsidium des Exekutivkomitees der Ukrainischen Republik, und nach dem Tode Grigorij Iwanowitsch Petrowskijs dessen Nachfolger. Und wenn es eines Tages mit Kalinin zu Ende gehe, habe er schon genug Erfahrungen, um ihn zu ersetzen.

Danja Shabotinskij, Sorjas Vetter, nahm an den kriegerischen Aktionen unserer Clique niemals teil, er interessierte sich weder für Politik noch für Literatur, hatte aber zu meinem höchsten, etwas neidischen Erstaunen ungewöhnlichen Erfolg bei den Mädchen. Er war der erste von uns, der »richtig« mit einem Mädchen aus unserer Klasse schlief, einfach indem er sie davon überzeugte, daß man es irgendwann einmal doch ausprobieren müsse.

Der Allererfahrenste und Älteste von uns war der Sitzenbleiber Wanja Gorjaschko, Sohn des Wurstfabrikanten auf dem Kalten Berg. Die mit schweren Kaltblütern bespannten, holzverschlagenen Lieferwagen mit der Aufschrift »Gorjaschko-Wurst« waren damals noch auf allen Straßen zu sehen. Wanja war reicher als wir alle, er hatte immer Geld, nicht etwa Fünf- oder Zehnkopekenstücke wie die meisten von uns, sondern Rubel-, sogar Dreirubelscheine. Wie er erzählte, half er seinem Vater im Geschäft, kaufte auf dem Dorf Fleisch ein, lieferte die fertige Ware in die Läden, wobei für ihn auch »Fettaugen« abfielen. Manchmal war er ungewöhnlich großzügig, lud alle zu Wodka ein und spendierte teure Papirossy; einmal führte er Sorja und mich in eine richtige Spelunke – die Kellerkneipe »Tamaras Schloß« – und machte uns mit echten Huren bekannt. Für gewöhnlich aber war er von schmierigem Geiz und mahnte gnadenlos jeden Schuldner, dem er auch nur einen Fünfer geliehen hatte. Er spielte Karten und konnte sich wegen einer Kopeke prügeln, die der Verlierer zu wenig bezahlt hatte; beim Verlassen eines Lokals trank er die Neige aus allen Flaschen, aß die letzten Erbsen vom Teller und steckte ein vergessenes Stück Brot in die Tasche – »was bezahlt ist, kommt mit!«

Den schönen Künsten, der Wissenschaft und der Politik gegenüber war er von souverän-verächtlicher Gleichgültigkeit: »Ist doch alles Quatsch. Frackfalten!« Er träumte davon, nach Odessa, nach Amerika oder sonst wohin ins Ausland zu gehen. »Nur schade, daß ich keine Sprachen kann. Dieses *Wasistdas* geht mir einfach nicht ein. Dort, im Ausland nämlich, werden die Kaufleute nicht gepiesackt, wie hier, da schimpft man nicht auf sie. Mit deiner Weltrevolution kannst du mich am Arsch lecken. Auch so 'ne Frackfalte. Ich möchte leben, wie ich will. Ich will was zuwege bringen. Nein, nicht unbedingt Wurst. Mein Vater macht welche. Aber ich will was anderes lernen – um Geld zu haben, soviel ich will und brauche, und gute Weiber ... Wozu denn Huren – das ist nur, um sich manchmal zu amüsieren. Wichtig ist eine gute Frau: schön, gesund und fleißig. Ich will Haus und Garten, Obstbäume, na, und Kinder auch. Später kann man sich nebenbei 'ne andere Frau halten, noch hübscher und natürlich jünger. Die, versteht sich, nur zum Vergnügen. Eure Pflichten möchte ich nicht einmal geschenkt, all diese Volkskommissare, Räte, Exekutivkomitees... Das ist was für Leute, die gerne quatschen, zum Faltenbügeln... Und du laß mich in Ruhe von wegen ›Spießer‹ und ›Spekulant‹, mir hier ›Gesinnungen‹ vorhalten: ›Ein Pionier muß immer Vorbild sein.‹ Spinnst ja. Wenn du willst, hauen wir uns, und ich geb' dir ein paar in die Rippen, dann weißt du, was ein Spießer ist... Na ja, ist schon gut, aber warum fängst du auch mit so was an, kann man denn nicht mal einen Witz machen? Geh doch und kühl dir den Kopf an der kalten Wand, wenn du so hitzig bist... Hier, steck dir eine von ›Unserer Marke‹ an, aus Rostow, erste Qualität. Zier dich nicht wie 'ne Jungfrau! Ham uns gestritten und wieder vertragen... Shorka, komm her, wir gehn zusammen zu Sorja, ich hab' bißchen Moos dabei, genehmigen wir uns ein Bier und ein paar ›Schufte‹.« (So nannten wir die Hundertgrammwodkafläschchen.)

Shorka L. war hübsch, nachdenklich und unbezähmbar wild bei allem – bei Schlägereien, im Sport, im Kartenspiel.

Boris S., der Längste in unserer Klasse, mit einer dunklen Baßstimme, galt als Sportprofi, denn er war Mitglied der »Gesellschaft der Rettungsschwimmer«, tat an der Bootsstation Dienst und nahm an Ruderregatten teil. Im Dezember 1927 reiste er nach Kanada zu einer Tante, um »Flieger zu lernen«. Wir feierten seinen Abschied drei Tage hintereinander, es war das erste lange Trinkgelage in meinem Leben. Sogar der erfahrene Iwan gab zu: »Wir sind ganz schön versackt.«

Sorja ging 1929 als Freiwilliger zur Kriegsmarine, kam 1934 nach Charkow zurück, beendete das Elektrotechnische Institut, und arbeitete dann als Ingenieur in der Nähe von Moskau. Ich feierte mit ihm am 23. Juni 1941 seine Abreise zur Front –

er war der erste von uns, der seinen Gestellungsbefehl erhielt. Er kam zur Marineinfanterie, wurde verwundet, diente dann in Sewastopol; 1945 heiratete er. 1947 wurde er aus der Partei ausgeschlossen und demobilisiert, weil er »repressierte Angehörige unterschlagen« hatte: die Eltern seiner Frau waren 1937 verhaftet worden. In Nowosibirsk fand er als Ingenieur Arbeit in einem Kraftwerk.
1967 hielt ich im Theater von Nowosibirsk einen Vortrag über Brecht. Sorja war unter den Zuhörern und kritisierte mich hinterher unzufrieden.
»Warum gibst du keine genaue Bestimmung der Klassen- und Parteiposition Brechts? Es ist immerhin unverständlich, warum er nicht der KP beigetreten ist. Und ganz allgemein verhältst du dich deutlich versöhnlerisch gegenüber Formalismus und Dekadenz. Ich bin auch gegen den Persönlichkeitskult, aber das geht zu weit.«
Danja fiel an der Front.
Boris kam 1934 aus Kanada zurück. Er hatte es dort nur zum Chauffeur gebracht. In Charkow, später in Moskau, absolvierte er das Institut für Automobil- und Straßenbau. Von der Front zurückgekehrt, arbeitete er als Ingenieur und begann, Erzählungen und Erinnerungen an Kanada zu schreiben. Alles, was er veröffentlichte, widersprach in Inhalt und Ton dem, was er seinen Freunden erzählte: »In Kanada lebt ein Arbeitsloser besser als bei uns mancher Ingenieur.«
Von seinen Abenteuern im Ausland begann er sogleich nach seiner Rückkehr zu erzählen. Doch weder damals noch später habe ich auch nur eine seiner Geschichten bis zu Ende gehört. Weder langte die Geduld noch die Zeit:
»Weißt du, das Interessanteste war meine Zeit als Taxi-Chauffeur in Montreal in der Nachtschicht. Da ist soviel passiert, Stoff für ein Dutzend Romane. Als mich damals mein Onkel aus dem Haus jagte ...«, er schweifte ab zur Biographie des Onkels, der Tante, ihrer Kinder, fügte eine genaue Charakterisierung aller hinzu ... »Nein, warte mal, weißt du, das muß ich noch kurz erklären ...«, und auf neue Seitenthemen ge-

ratend, erzählte er von den schwierigen Beziehungen zu seinen Verwandten in Kanada. Mit Schimpfen oder Lachen versuchte ich, ihn zu seinem Hauptthema zurückzubringen.

»Ja, also, da kam ich nach Montreal. Weißt du, das ist eine sehr bedeutende Stadt...«, und er begann, die Stadt zu beschreiben, von Ereignissen, Moden und Behörden zu erzählen, die Vorzüge der Irinnen und Schwedinnen oder die Besonderheiten des kanadischen Whiskys zu schildern. Wenn er schließlich wieder bei den Taxis der Nachtschicht angelangt war, saß er gleich wieder mit durchdrehenden Rädern fest und erinnerte sich an Vor- und Spitznamen, Aussehen und Charakterzüge der einzelnen Chauffeure, erläuterte lang und breit die Unterschiede der einzelnen Wagentypen. Schon in Charkow erzählte er von dem katholischen Bischof, den er in ein Bordell fuhr, aber noch zehn Jahre später in Moskau war er nicht bis zu den wichtigsten Ereignissen vorangekommen, sondern immer wieder in Nebenhandlungen und Einzelschilderungen abgeschweift.

Als ich 1947 für zwei Monate aus dem Gefängnis freikam, versuchte Boris mehrfach zu erzählen, wie es ihm an der Front ergangen und wie er der Partei beigetreten war. Aber auch bei dieser Geschichte kam er über den Anfang nicht hinaus.

Als er hörte, daß ich wieder verhaftet worden war, ging er zu meiner Mutter, drückte ihr sein Mitgefühl aus, und fragte dann unvermittelt, was ich bei der Verhaftung angehabt hätte.

»Hören Sie, Sofja Borissowna, die Sache ist so: Ljowa hat prima Breecheshosen, blau, aus Köper, und jetzt kann er sie überhaupt nicht mehr brauchen. Geben Sie sie mir, ich bin grade von der Front gekommen, sehen Sie selbst – ganz abgerissen. Einfach eine Schande mit welchen Lumpen man mich demobilisiert hat.«

Er versuchte zu erzählen, wer ihm wie bei der Entlassung aus der Armee geschadet hätte, aber meine Mutter brauste auf:

»Bist wohl verrückt geworden! Er kommt doch bald frei! Dann wird er die Breeches selber tragen. Alle Freunde glauben, daß er unschuldig ist, und du kommst her, willst seine Sachen

haben. Komm mir nicht mehr über meine Schwelle!«
»Warum werden Sie denn ärgerlich? Ich glaube natürlich auch, daß er unschuldig ist. Aber wissen Sie, bevor man das beweist... Glauben Sie denn, daß nur lauter Schuldige sitzen? Er hat es ja selbst erzählt... Und für die Breeches werde ich Ihnen bezahlen, wenn Sie es nicht so wollen. Einen guten Preis, mehr als im Kommissionsgeschäft.«
Mutter erzählte mir bei einem Besuch im Gefängnis sehr malerisch von diesem Duett.
»Da habe ich ihm einfach die Tür gezeigt: ›Raus!‹ Ich bin fest überzeugt, daß er ein Provokateur ist.«
Wanja Gorjaschko traf ich im Sommer 1934 auf der Straße. Er trug schwarzverschmiertes, nach Petroleum und Maschinenöl stinkendes Zeug. Die schwarze Mütze mit dem Schirm nach hinten war bis auf die Augenbrauen heruntergezogen. Mager geworden, fahl, verbrannt. Aber wie hätte ich ihn nicht an seiner Nase erkennen sollen: von oben flach und schmal, unten unerwartet zu einem Knopf gerundet, und an seiner vorstehenden Unterlippe? Wenn er nachdachte, stülpte er sie fast bis zu den Nasenlöchern vor.
»Ach, Tag, Tag auch. Schrei bloß nicht so laut ›Iwan, Iwan!‹ – ich heiße nicht mehr Iwan, sondern Wassilij. Und auch der Familienname ist anders. Wieso? Hab' ein neues Leben angefangen, schon vor fünf Jahren. Als Arbeiter, Proletarier. Habe schwer geschuftet. Wo? Überall und nirgends, in Odessa, in Rußland, im Kaukasus. War überall, hab' gearbeitet. Vater lebt längst nicht mehr hier. Wo, wo? Vielleicht auf der Krim, vielleicht in Narym, ich weiß es nicht. Habe alle Beziehungen zu ihm abgebrochen, weißt du. Er war so ein Bürgerlicher... Weißt ja selbst was für einer. Den Namen habe ich ohne Trick gewechselt, ganz legal. Wie? Na, hab' geheiratet, ihren Namen angenommen und mich mit Vornamen Wassilij genannt. Welcher Familienname? Tut nichts zur Sache. Ich lade dich auch nicht zu mir ein. Bin hier nur vorübergehend, auf der Durchreise. Wollte hören, wie es Mutter geht, ob sie noch lebt; und was mit den Schwestern ist. Geht ihnen irgendwie. Und ich

arbeite vorläufig als Motorschlosser. Und du, hörst du, wirst nicht über mich herumreden ... Ich weiß schon, weiß schon. Wir waren Kumpel, und der eine ist was geworden, der andere nicht. Du bist ja ziemlich geistig. Schon in der Partei? Na und der Komsomol – ist doch ein und dasselbe ... Und wirst du auch nicht über mich herumreden? Schon gut, schon gut ... Wie hast du mich eigentlich erkannt? Das ist schlecht: das heißt, daß mich auch andere erkennen können. Diese Woche habe ich Shorka auf der Petinka getroffen. Er ging an mir vorbei, so nahe, wie wir jetzt zusammenstehen. Aber erkannt hat der mich nicht. Vielleicht hat er es auch nur nicht zeigen wollen ... Wen von uns damals siehst du noch? Ja, wir sind alle auseinandergegangen. Also, du wirst schweigen? Gut, schon gut, sei nicht böse. Leb' gesund und huste nicht ...«

Er schaute sich beim Sprechen ständig um – gespannt – gehetzt –, auch noch mehrmals beim Weggehen. Es war traurig und widerlich. Natürlich war er ein »Klassenfremder«. Aber ich wußte sicher: Wanja kann kein Feind sein, kein Schädling. Und darüber hinaus war er Arbeiter geworden, das heißt, er wird umerzogen. Ich sah ihn nie wieder und hörte auch nichts mehr von ihm.

Shorka wurde Ingenieur. Er war Meister in einem Kraftwerk, arbeitete dort auch während der Besetzung Charkows unter den Deutschen. Daher hatte er später ernsthafte Schwierigkeiten. Sorja traf ihn erst Anfang der 60er Jahre wieder.

»Shorka ist Spießbürger geworden. Interessiert sich für nichts. Hat Angst vor allem. Glaubt an nichts und niemandem. Hat sich ins Familienleben verkrochen wie in eine Nußschale. Ein Spießer, weiter nichts.«

In Gesellschaftskunde unterrichtete uns Wladimir Solomonowitsch G. Er hielt auf allen Festversammlungen Reden, sprach auf Sitzungen des Ältestenrates und bei Pioniertreffen.

Während des Unterrichts ging er entweder in der Klasse hin und her oder stand auf einem Fleck, umklammerte seine Stuhllehne, ließ den Stuhl hin und her schaukeln, rüttelte ihn in besonders pathetischen Augenblicken oder stampfte gar mit ihm auf:

»Tödlich ermattet. Ohne Schuhe. Abgerrrissen. Hungrrige Rrotarrmisten. Nur mit Gewehrren bewaffnet. Viele hatten nicht mehrrr Munition als einen Ladestreifen voll, verstehen Sie?, nurr fünf, sechs Patrronen. Als Hauptwaffe das Bajonett. Aber sie stürrmten die unzugängliche Festung Perrrekop, die Türrrkenmauer, die nach dem letzten Stand der Technik befestigt war. Die Weißen hatten schwere Artillerie, Feuerwerfer, Handgrrranaten, ausgesuchte Offizierrrsabteilungen. Hatten sogar besondere Kommandos: ›Meine Herren, Stillgestanden! Meine Herren, richt Euch!‹ Die ganze Ausrüstung und Uniform aus dem Ausland, aus England, Frankreich, Amerika. Konserven, Schokolade, Champagner in Strömen. Und dazu die volle Gewißheit: ›Wir schlagen die rotbäuchigen Barfüßer mit den bloßen Mützen tot!‹ ... Und plötzlich, vor dem dritten Jahrestag der Oktoberrevolution: Sturrm! Auf dem einen Flügel die lettischen Schützen, ohne Furrrcht und Zagen. Alle hochgewachsen. Drräuendes Schweigen. Auf dem anderen Flügel die Kursabsolventen des Kreml in ihren neuen Recken-Helmen. Später nannte man sie ›Budjonnowka‹. Mit der Internationale auf den Lippen. Für den Flankenangriff die Division von Genosse Frunse. Bis zur Brust im eiskalten Wasser. Fast ohne Arrrtillerrie. Nur ein paar Dreizöller-Geschütze, und für jedes kaum ein halbes Dutzend Granaten. Aber die Hauptsache war: Überraschen! Furrchtlos! Unaufhaltsam! Alles auf dem Weg niederrmachen! Und da: Durrrchbrruch! Und wir rufen: ›Her mit der Krim! Schmeißt Wrangel ins Meer!‹«

Er sprach begeistert, hitzig; und lehnte dabei den für einen 25-Jährigen ziemlich schütteren, sorgfältig frisierten Kopf zurück. Groß, die faltige Stirn voller Schweißtröpfchen, die breite Kartoffelnase gerötet. In solchen Augenblicken kam uns seine wollene Hemdbluse mit dem Rote-Hilfe-Abzeichen wie eine Kommissaruniform vor. Wenn er seinen Mund mit den dicken Lippen und großen Zähnen aufriß, geriet er nach und nach ins Brüllen. Immer lauter und gedehnter grollte sein rollendes R.

»Jahrhunderte vergehen, ganze Zeitalter. Und noch unsere Urenkel werden davon erzählen. Mit Stolz und Neid werden sie Lieder singen von dem großen Sieg bei Perekop.«

Bei uns hieß er »Wolodjka der Schreihals«. Und bei unseren Späßen betrachteten wir ihn als unanzweifelbare Autorität. Schließlich hatte er selbst am Bürgerkrieg teilgenommen, war als Sechzehnjähriger zur Roten Armee gegangen, war verwundet worden.

Sein Unterricht war chaotisch. Ständig schweifte er ab, sprang von einem Thema zum anderen. Bei der Behandlung der Leibeigenschaft fing er an zu erzählen, wie er in irgendeinem Dorf einen 80jährigen Mann getroffen hatte, der noch Leibeigener bei »eben jenen« Fürsten Wolkonskij gewesen war. Oder er griff in schrillem Ton ein neues Buch an, dessen Autor irgend etwas nicht richtig gewürdigt oder überbewertet hatte.

Von den Dekabristen sprach er voll Verachtung:

»Adlige Liberalisten. Haben sich eine ganz gewöhnliche Palast-Revolte ausgedacht, so wie ihre Väter und Großväter, die den Herzog Biron und Peter III. stürzten und Elisabeth und Katharina zur Herrschaft brachten, die Paul erdrosselten und Alexander einsetzten ...[68] Natürlich hat das historisch gesehen alles seinen Sinn als Anstöße. Aber nicht mehr als der Mord an Grischka Rasputin. Da haben sich auch adlige Verschwörer bemüht.«

Über Stolypin[69] sprach er mit abgrundtiefem, persönlichem Haß. Er schäumte:

»Ein widerlicher Henker... ein blutdürstiger Zwerg... ein grausamer Rohling mit weltmännischen Manieren ...«

Ebenso leidenschaftlich, von der eigenen Rhetorik übermannt, sprach er auf Versammlungen, bei denen er dazu aufrief, Ordnung und Disziplin in der Schule und in der Pionierabteilung zu festigen.

»Schließlich habt ihr ›Krieg und Frieden‹ schon durchgenommen, wißt, wie jung damals die Offiziere waren. Manche befehligten schon mit 16 Jahren einen Zug, vielleicht sogar eine Kompanie. Noch dazu bei den schwierigsten Feldzügen. Und dabei gab es damals noch keine Eisenbahnen. Genosse Jakir[70] hat mit siebzehn Jahren ein Regiment befehligt. Siebzehn! Nur ein, zwei Jahre älter. Und mit 20 war er Armeeführer.«

Seine Lieblingshelden waren Jakir, Schtschors[71], Kotowskij. Auf sie kam die Rede bei den verschiedensten Anlässen, bei der Behandlung der Französischen Revolution, der napoleonischen Kriege, aber auch, wenn er die Rüpel der 6. Klasse drankriegte, die Fensterscheiben eingeschlagen hatten, als sie sich mit auslaufsicheren Tintenfässern bewarfen.

Ebenso feurig, doch im Ton wissenschaftlicher Erläuterung, erklärte er uns den Begriff »Führer«, der für ihn sehr umfassend war, nicht nur in historischer, sondern auch in psychologischer Sicht.

»Pestel war ein Führer. Er hat sich natürlich auch geirrt, hatte seine Vorurteile als Aristokrat und Offizier. Aber er war ein Führer. Trubezkoj, Wolkonskij, Rylejew dagegen waren alles andere als Führer. Sie waren Schwätzer, Träumer ... Herzen war ein Führer. Tschernyschewskij auch. Und der Pariser Kommune fehlte es eben an Führern. Delescluze, Vaillant waren echte, ehrliche Revolutionäre, aber keine Führer. Blanqui war einer, saß aber zu der Zeit im Gefängnis. Die Versailler weigerten sich, ihn auszutauschen. Der Schuft Thiers war schlau: ›Ihnen Blanqui zu geben, ist mehr als zwei Divisionen!‹ Dombrowski war ein Führer, wurde aber unterbewertet ... Nein, Plechanow war nur ein Theoretiker, ein Buchgelehrter am Schreibtisch. Ein hochgebildeter Marxist, der großartig schrieb, aber kein Führer. Bakunin dagegen und Sheljabow waren echte Führer. Netschajew auch. Sie machten zwar theoretische Fehler, verstanden den Marxismus nicht und die Rolle des Proletariats. Aber ihrem Charakter nach waren sie hervorragende Führer. In der Leitung unserer Partei darf es nur Führer geben. Die Genossen Bucharin, Kalinin, Rykow, Stalin, Petrowskij, Skrypnik, Kossior, Tschubarj – sie alle sind echte Führer.«

Einmal blieb er nach dem Unterricht und einer Pionierversammlung zurück und unterhielt sich mit uns. Die Rede kam auf den früheren Vorsitzenden des Ältestenrats der Schule, der in der Berufsschule schon Leiter des Schülerrats war.
»Ja, dieser Julij Swerbilow wird ein Führer werden, daran zweifle ich nicht. Willensstark, konzentriert, kann sich Autorität verschaffen, versteht zu leiten. Ein echter Führercharakter. Aber du, Sorja, mußt noch an dir arbeiten. Du hast nicht genug Selbstdisziplin und Zielstrebigkeit ...«
Er bemerkte meinen offenbar sehr interessierten Blick:
»Aus dir dagegen wird nie ein Führer. Du bist nicht aus diesem Teig gemacht. Bist natürlich gebildet und belesen: Köpfchen hättest du sozusagen. Aber zerstreut bist du und zerfleddert. Ohne jede Härte. Kannst nicht die Hauptsache von den Nebensächlichkeiten unterscheiden. Fühlst nicht, wo die wirkliche Autorität ist. Du kannst natürlich deine Mängel nach und nach erkennen und wirst dann mit der Zeit zu einem guten Spezialisten, vielleicht sogar zu einem Gelehrten. Wenn nicht, dann wirst du, wie man früher sagte, ein ›ewiger Student‹ oder ein überflüssiger Mensch, so wie Petschorin oder Rudin.«
Mich kränkte das sehr, und ich versuchte mich damit zu trösten, er habe etwas gegen mich, weil wir politisch nicht übereinstimmten. Nach einer seiner flammenden, stürmischen Reden über die Helden des Bürgerkrieges hatte ich ihm mit unschuldigem Gesicht irgendeine Frage über Trotzkij gestellt, den er niemals erwähnte. Es war damals Winter 1926/27, Trotzkij war noch nicht aus der Partei ausgeschlossen worden, seine Bücher waren noch in den Bibliotheken und mancherorts im Verkauf zu haben, zumeist allerdings bei Antiquaren. Wladimir Solomonowitsch antwortete ohne seine gewohnte Begeisterung und unterdrückte seine Gereiztheit.
»Natürlich war Genosse Trotzkij damals Volkskommissar für Kriegs- und Marineangelegenheiten ... Ein guter Organisator ... Auch ein Führer, kann man sagen ... Hat die militärischen Spezialisten nicht schlecht geleitet. Den Erfolg mehrerer Operationen gesichert. Bewies sogar persönliche Tapferkeit.

Aber wir haben nicht das Recht, seine Vergangenheit als Menschewik und seine sonstigen Fehler zu vergessen. Außerdem haben einige seiner Anhänger – ich hoffe, daß unter euch keine sind – seine Rolle stark übertrieben. Sie haben zu seinen Gunsten die Leistungen so hervorragender Führer und Helden wie Genosse Frunse, Budjonnyj, Woroschilow, Schtschors, Jakir, Dubowoj verkleinert ...«
Er fuhr fort, mit Namen um sich zu werfen, und erzählte dann, wobei er sich an einem Stuhl festhielt, wie die Rote Kavallerie in breiter Front über das Eis des kaum erst zugefrorenen Don geprescht sei und angegriffen habe.
Er gab mir gute Zensuren. Damals war das »Zahlensystem« noch nicht wieder eingeführt worden, er schrieb also »ausgezeichnet« oder »sehr gut«, sagte aber jedesmal:
»Du kennst natürlich das Material. Und kapierst rasch... Aber du hast eine ungewöhnliche Leichtfertigkeit im Denken ... Woher sind diese Worte? Rrichtig! Ich will natürlich nicht sagen, daß du Chlestakow[72] ähnlich seist. Aber diese gedankliche Leichtfertigkeit ist vorhanden. Es fehlt die bolschewistische Festigkeit, Klarheit, Genauigkeit ... Alles an dir ist ›einerseits‹ und ›andererseits‹ ... So haben die Menschewiki geurteilt, auch die konstitutionellen Demokraten. Ja, ja, genau so ist es, unterbrich mich nicht. Ich mache dir keine Vorwürfe, behaupte nicht, daß du zu denen gehörst. Ich habe dir eben ›Ausgezeichnet‹ gegeben. Aber ich will, daß du deine Fehler mit ihren Wurzeln und Tendenzen begreifst und erkennst, welche Folgen sie haben können. Ich will, daß du deine Schwächen einsiehst, damit du sie beseitigst und korrigierst.«
Ich war auf meinen Entlarver böse und empfand schadenfrohes Vergnügen, wenn Shorka ihn nachäffte und mit dem Stuhl aufstampfend, zurückgeworfenen Kopfes pathetisch brüllte: »Gennnossen Führrer, vorrwärts Marrrsch auf Perrekop, wir erroberrn Parris!«
Aber insgeheim fühlte ich, daß er in mancher Hinsicht recht hatte: Ich war wirklich leichtsinnig und unbeständig, konnte mich nicht konzentrieren, war nicht zielstrebig. So verliebte

ich mich einmal in meine Banknachbarin Schura. Sie war kurzsichtig und still, und ich verfaßte sogar Gedichte auf die »gold'nen Zöpfe, gold'nen Netze«. Aber, höflich von ihr abgewiesen, begann ich, hinter der Gruppenleiterin Tanja herzulaufen, und als der Genießer Danja sie mir ohne Anstrengung ausspannte, schaltete ich um auf Rita aus der Parallelklasse – eine nicht hübsche, dafür aber auch nicht eben strenge kleine Dicke.

Ebensowenig dauerhaft waren meine geistigen Interessen. Einmal nahm ich mir Bücher über die Welt- und Parteigeschichte vor – Wladimir Solomonowitsch lobte mich, als er auf meiner Bank einen dicken Band über die internationale Arbeiterbewegung, die »Geschichte der Russischen Kommunistischen Partei« und noch irgendwelche Broschüren liegen sah –, dann wieder brach ich diese nützliche, langweilige Lektüre plötzlich ab und warf mich auf Conan Doyle oder Awertschenko: Seine Erzählung »Podchodzew und noch zwei« kannten Sorja und ich fast auswendig, und wir nannten uns gegenseitig lange mit den Namen ihrer Helden.

Der Abgang von der Schule stand bevor. Und ich wußte noch nicht, was ich danach tun sollte, obwohl ich schon volle fünfzehn Jahre alt war. Wenn ich die Oberlippe vorstülpte, sah ich schon schwarzen Flaum, und auf dem Kinn sprießte es spürbar. (Eine verärgerte Lehrerin hatte mich abgekanzelt: »Du könntest dich längst rasieren und benimmst dich wie ein Bählamm...«) Doch ich konnte mich noch immer nicht entschließen, was ich nach der Schule anfangen wollte. Auf die elektrotechnische Berufsschule oder auf die Arbeiterfakultät, um anschließend Geschichte oder Volkswirtschaft zu studieren – schließlich mußte ein echter Marxist sich in der Ökonomie auskennen... Oder sollte ich in die Fabrik gehen, Proletarier werden?

Meine Unentschlossenheit betraf jedoch nur die nächste Zukunft, die Pläne für ein, zwei Jahre. Wenn ich darüber nachdachte, was ich in zehn Jahren sein würde, hatte ich keinerlei Zweifel: auf jeden Fall ein Führer. Ein Politiker oder Militär.

Daran konnte Wladimir Solomonowitsch mit seinen verletzenden Worten nichts ändern. Er verstand mich eben nicht und erkannte meine geheimen Gaben nicht.
Ich empfand mich selbst als nüchtern denkend und bescheiden – »ein Bolschewik hat sich durch Bescheidenheit auszuzeichnen« –, ich hatte nicht vor, wie der naive Sorja, Ansprüche auf den Posten Kalinins zu erheben. Und ich sah auch ein, daß es bei uns in der Partei und im Komsomol viele hervorragende Persönlichkeiten wie Julij Swerbilow gab, die mit mehr Berechtigung als ich Vorsitzende von Schüler- oder Ältestenräten, von Sowjets und Exekutivkomitees, Volkskommissare, Erste Sekretäre und Kommandeure werden könnten. Und außerdem war es bei uns das Dringendste, die Arbeiter und Bauern zu fördern.
In all jenen Ländern aber, in denen Revolution und Bürgerkrieg noch bevorstanden, gab es nicht genug echter Bolschewiki, dort, in ständiger Gefahr, im Untergrund oder auf den Barrikaden, im Kampf konnte man unabhängig von der sozialen Herkunft einer der Führer des Proletariats werden. So wie es früher in Rußland Adlige oder Söhne und Töchter von Kapitalisten und Kaufleuten gewesen waren.
Ich war gegenüber meinen Kameraden und allen anderen Führer-Kandidaten meiner Umgebung unzweifelhaft im Vorteil: Ich sprach gut Deutsch, einigermaßen Esperanto, ein bißchen Polnisch, ein bißchen Französisch, und ich lernte schon Englisch. Also würde ich später bestimmt Berufsrevolutionär irgendwo im Westen werden und mit meiner sorgfältig erarbeiteten Kenntnis der russischen Revolution, des Bürgerkriegs, des sowjetischen Aufbaus schließlich und endlich zu einem Führer heranwachsen.
Am besten konnte ich Deutsch, die deutsche KP war die zahlenmäßig stärkste in Europa. Dort wird es auch ohne mich genug Führer geben. Aber die Engländer waren zurückgeblieben, und noch mehr die kolonialen Länder. Also büffelte ich Englisch und übte sorgfältig die Aussprache: *»tis a final conflict, let each stand on his place. The International Soviet unite*

the human race«. Ich schrieb Gedichte, in denen ich für alle Fälle meinen Heldentod in künftigen Revolutionskämpfen besang:

> In den Tropen steht das Erschießungs-Peloton
> vor mir: staubig-verschwitzte Kadetten,
> und vergeblich sendet die Sonne eine Million
> Strahlen, um mich für die Welt zu retten.

In meinen allerkühnsten Träumen sah ich mich wie früher als Volkskommissar für Heer und Marine der Englischen Sowjetrepublik, kam den deutschen Genossen zu Hilfe, kämpfte auch in den Dschungeln und Savannen Afrikas ... Die Schauplätze meiner Kriegshandlungen wechselten dem jeweiligen Buch oder der jeweiligen Zeitungslektüre entsprechend. Einige schwere, aber siegreiche Feldzüge waren zu führen: in China, Indien und Kanada, wo ich Borja S. in hohe Ämter der Militärverwaltung berief ... Aber von dort war es nur ein Katzensprung in die USA, hier schuf ich mit Erfolg eine Rote Cowboy-Reiterei und rekrutierte aus Arbeiterjungen wie Jimmy Higgins – dem Helden aus dem gleichnamigen Roman von Upton Sinclair – rote Garderegimenter, die nach Jack London und John Reed benannt waren.

Solche Gedanken konnte man nicht für sich behalten. Manchmal vertraute ich mich Shorka und Sorja an, und der Spaßvogel Shorka verlangte, daß ich meine weitgreifenden militärisch-politischen Projekte auch mit Einzelheiten aus dem täglichen Leben ausfüllte.

»Und was für eine Frau wirst du haben? Na, bestimmt nicht nur eine. Schließlich haben sie da großartige Puffs. Schaffst dir kleine Negerinnen an. Die sind bestimmt ganz toll. Oder vielleicht sind Prinzessinnen noch besser?«

Am meisten kränkte mich bei diesen lästerlichen, zynischen Witzen der teuflische Scharfsinn Shorkas; denn vor dem Einschlafen oder auf dem Heimweg vor mich hin träumend, füllten sich unvermeidlich die großartigen Panoramen von Schlachten,

Siegesparaden und festlichen Ehrungen mit Bildern aus, in denen Schönheiten aller Rassen und Klassen den Führer und Sieger mit ihren Zärtlichkeiten umschmeichelten.
Sorja nahm manchmal an diesen Aufschneidereien teil, aber meistens fing er Streitgespräche an, die nur halbernst gemeint waren.
»Du vergißt doch hoffentlich nicht, wem du gehorchen mußt? England, Deutschland, Afrika – bitteschön, aber das Zentrum der Weltrevolution ist, war und wird in Moskau sein. Und wenn ich, als Vorsitzender des Allunions-Zentral-Exekutivkomitees, dir befehle: ›Los, Schluß jetzt mit dem Herumzigeunern in Afrika, mit allen Abteilungen hierher! Wir brauchen Bessarabien zurück!‹...«
»Was bist du doch für ein Esel: Bessarabien wird uns doch schon längst wieder gehören, wenn England sowjetisch wird. Und wenn nicht, dann wird der Kiewer Wehrkreis ganz allein mit Rumänien in einer Woche fertig: ›Vorwärts marsch auf Kischinjow!‹, und eins, zwei sind wir fertig.«
»Na, wenn nicht Bessarabien, dann eben Bulgarien oder beispielsweise Persien – das liegt da bei Baku –, ein sehr wichtiges Gebiet. Ich will nur, daß du begreifst, wem du gehorchen mußt. Das Zentral-Exekutivkomitee der UdSSR – das ist die Hauptmacht im Weltmaßstab. Und wenn ich dir etwas befehle, dann hast du zu antworten: ›Zu Befehl, Genosse Allunions-Ältester‹, und mußt es prompt ausführen.«
Shorka mischte sich versöhnend ein:
»Halb so schlimm – schick ihm vor allem eine kleine Negerin, mit dicken Lippen und viertelzentnerschweren Titten. Oder ein andermal eine rothaarige kleine Engländerin, so eine, weißt du, wie eine Vollblutstute, bei der man alle Adern sieht... Dann vergißt er seine Befehle ganz von selber.«

Immerhin, auch die allergrandiosesten militärisch-politischen Träume konnten mein Interesse an der Literatur und besonders an Gedichten nicht auslöschen.
Lange Zeit blieb Jessenin mein Idol. Wie unzählige meiner Zeit-

und Altersgenossen schrieb ich süßlich-traurige Verse, in denen ich ihn Serjosha nannte, in allen möglichen und unmöglichen Zusammenhängen »Roggen«- oder »Flachs-Locken« und »Verse im blauen Glockenton« erwähnte. Und natürlich warf ich ihm vor, daß er schwach geworden sei, sich in private Leidenschaften geflüchtet, den Kampf aufgegeben habe.
Dann verdrängte Majakowskij alle anderen.
Er kam nach Charkow, und wir – auf der Galerie des Operntheaters oder auf dem Balkon des »Geschäftsclubs« – hörten das mächtige Brodeln seiner Stimme, sahen, wie er sicher und sachlich über die Bühne schritt, begeisterten uns an seinen etwas derben, aber treffenden Antworten auf schriftliche Fragen und an seinen wie Degenstiche blitzschnellen Erwiderungen auf Hörerzurufe.
Aber wir verehrten ihn nicht blind. Manchmal ärgerten wir uns sogar über ihn.
Sein »Brief an Gorkij« brachte mich auf: Fordert er etwa Gorkij zum Sterben auf? »Das Herz den Zeiten zum Zerreißen geben« – das ist grausam.
Im Herbst 1929 kam Majakowskij zum letzten Mal nach Charkow; der Abend stand unter dem Motto »Links von LEF«.[73] Nach seinen einleitenden Worten rief ich von der Galerie:
»Wohin sind Sie von LEF aus gegangen?«
»Wohin? Na – hierher zu Ihnen nach Charkow, auf diese Bühne!«
Und wieder, toll vor der eigenen Kühnheit, fragte ich mit mir selbst fremder, vorwurfsvoller Stimme:
»Nicht etwa zur ›Komsomolskaja Prawda‹?«
Er sah müde und gereizt aus.
»Wieso paßt Ihnen die ›Komsomolskaja Prawda‹ nicht? Gerade Ihnen, einem offenbar noch ziemlich jungen Mann? Aber mir ist eine Tageszeitung mit Millionen Lesern weitaus interessanter als eine monatlich erscheinende Zeitschrift mit einigen tausend Beziehern. Können Sie das verstehen?«
Einige Leute klatschten. Ich – auch. Er hatte mich überzeugt.

Mein literarischer Geschmack, meine Begeisterungen und Leidenschaften entwickelten sich in den ersten Charkower Jahren unter den verschiedensten, manchmal einander entgegengesetzten Einflüssen. In der Schule und noch lange danach übte Nikolaj Michajlowitsch Bashenow den größten Einfluß aus; er unterrichtete russische Literatur und leitete die Arbeitsgemeinschaft für Theater und Literatur »Das Wort«. Zusammen mit seinem Gehilfen, Witja Dowbischtschenko (der später Regisseur wurde), inszenierte er auch Poeme: »Leutnant Schmidt« von Pasternak, »Stepan Rasin« von B. Kamenskij, »Das Lied von Opanas« von Bagritzkij, »Schön und gut« von Majakowskij, »Pugatschow« von Jessenin, »Brot« von Swetlow... Nikolaj Michajlowitsch verlangte von uns, soviel wie möglich auswendig zu lernen – Puschkin, Lermontow, Nekrassow. Anders als meine ersten Literaturlehrer Lidija Lasarewna und Wladimir Aleksandrowitsch, war er kein begeisterter Prediger, sondern ein sanft-nachdrücklicher Aufklärer. Er hatte einen rotblonden Bart, dichtes langes Haar wie ein Priester oder jemand auf einer sehr alten Fotografie. Untersetzt und kurzsichtig, wirkte er auf uns wie der typische Vertreter der russischen Intelligenzija des 19. Jahrhunderts. Seine Aussprache, korrekt großrussisch, klang ungewohnt und sogar ein wenig theatralisch im Vergleich zu unserer Kiew-Charkower Umgangssprache.

Nicht ein einziges Mal hörte ich Nikolaj Michajlowitsch brüllen, schimpfen oder auch nur die Stimme erheben. Ich kann mich auch nicht an irgendwelche Standpauken oder Moralpredigten erinnern. Aber viele Gedichte Puschkins, Pasternaks, Assejews, Bagritzkijs klingen noch heute, ein halbes Jahrhundert danach, mit seiner Stimme in mir. Er las sehr schlicht und unaffektiert, ohne irgend etwas hervorzuheben oder durch Betonung zu unterstreichen. Aber jedes Wort war klar verständlich, es lebte durch sich selbst und in lebendiger, unzerreißbarer Verbindung mit den anderen Worten. Er hielt nur manchmal an und sah uns an:

»Das ist schön, nicht wahr?«

Dann wiederholte er den Vers oder einige Verse, ebenso einfach und klar, nur vielleicht ein wenig langsamer, als ob er hineinhorche.
Bei den Proben der Arbeitsgemeinschaft war Witja Dowbischtschenko laut und nervös, ärgerte sich, entzückte, neckte uns, korrigierte und spielte oder sprach vor.
Nikolaj Michajlowitsch unterbrach nur selten und ruhig einen ungeschickten Vorleser.
»Halt mal! Meinst du nicht, man sollte das besser etwa so vortragen? Ja, ja, so ist es besser. Versuch es ruhig noch einmal. Glaubt ihr auch, daß es so besser ist? Denn hier ist es wichtig, das Gefühl stiller Trauer auszudrücken. Versuch es noch einmal von vorn ...«

An den Toren der Literatur

Wollen wir nicht aufhören,
meine ärmliche Muse,
nichtsnutzige Verse zu dichten?
Taras Schewtschenko

Unsere Gedichte sind oft nur mehr oder weniger mühsam gereimte Artikel oder Feuilletons, oder aber Aufzählungen unbestimmter Gefühle, die noch nicht Gedanken geworden sind.
Bertolt Brecht

Winter 1927/1928. Der Schriftstellerklub, das sogenannte Blakitnyj-Haus[74], lag am Anfang der kurzen Kaplunowska-Straße. Dort konnte man lebendige Schriftsteller sehen, deren Namen auf Buchumschlägen prangten und in Zeitungen und Zeitschriften glänzten. Ostap Wischnja, der Humorist und Satiriker, »Auflagenkönig des Ukrainischen«, wie ihn seine Neider nannten, aß hier zu Abend. Im Billardzimmer ging der Dichter Wladimir Sosjura mit der Queue in der Hand auf und ab, zielte überaus sorgfältig und wurde wütend wie ein Kind, wenn er nicht traf.
Oben im großen Saal fanden die Sitzungen der Proletarischen Schriftsteller statt. Den Vorsitz führten meistens der Dramaturg Mikitenko oder der Kritiker Korjak. In den kleineren Räumen trafen sich die anderen literarischen Vereinigungen: »Die Jugend«, »Der Pflug«, »Neue Generation«, »Avantgarde«. Zu den Proletarischen gingen wir gar nicht erst hin. Sie sahen alle Neulinge mit Mißtrauen an. Es konnte einem passieren, daß jemand streng sagte: »Wir haben heute eine geschlossene Sitzung. Nichtmitglieder werden gebeten, den Saal zu verlassen.«
Die von der »Neuen Generation« trafen sich meistens in ihrer Redaktion und duldeten ebenfalls keine ungebetenen Gäste. Dafür öffnete die »Avantgarde« – die ukrainische wie die russische Sektion – ihre Türen weit für alle.

In der ukrainischen Sektion gaben Michail Semenko und Walerian Polischtschuk den Ton an. Semenko hatte eine wilde Tolle, war untersetzt, wirkte auf den ersten Blick gutmütig. Mit todernstem Gesicht riß er Witze, verblüffte mit frechen Paradoxien und unvorstellbar verdrehten Gedichten. In seinem Sammelband »Kobsar« (Der Liedersänger)[75] – schon der Titel war eine Provokation – hatte er ein Gedicht aus den durcheinandergeschüttelten Silben seines Namens und Vornamens gebaut.

Literarische Gegner rieben ihm manchmal seine frühen Gedichte unter die Nase, als er, von Sewerjanin[76] beeinflußt, verkündet hatte: »Ich bin voll mutiger Ekstase, und hab' vor Gott und Tod nicht Angst«, und zu Dutzenden »sinnlos schwüle Erotopoeme« verfaßte.

Semenko fochten all die Anspielungen nicht an, er war darüber erhaben und vertrat in seinen neuen Gedichten (»Der Bumerang«) nachdrücklich die »neue Ästhetik des revolutionären Dynamismus«, irgendein futuristisches Westlertum:

Genosse, merk es dir,
darfst nicht den Sinn verfehlen:
Europa kaufen wir
wie Pfaffen – Seelen!

Polischtschuk war äußerlich völlig anders: ein elegischer Beau mit Künstlermähne und selber sein bester Zuhörer. Auch er war »extrem links« in seinen Reden; in Artikeln und Broschüren forderte er neue »revolutionär industrielle« Formen der Dichtung, predigte leidenschaftlich den freien Vers. »Im Aufbau des freien Verses hat die Ukraine Rußland weit überflügelt. Die grundlegenden Kräfte der russischen Dichtung stützten sich auf genaue oder nur wenig erschütterte Versfüße (Majakowskij, Kljujew, Besymenskij), weil das Land in Industrie und täglichem Leben noch unterentwickelt ist.«

Seine häufig offen erotischen Gedichte interessierten uns weit mehr als seine »Theorien«.

Einige Aktivisten der »Neuen Generation« traten ebenfalls als Verkünder eines bedingungslosen »Westlertums«, in einigen Fällen sogar eines »nationslosen Kosmopolitismus« auf. Geo Schkurupij warf Majakowskij vor, er tauche »die Feder in das Tintenfaß nationaler Fetzen«. Und über sich schrieb er: »Wenn man mich fragt, welcher Nation ich angehöre, so sage ich: Ich spucke auf alle Nationen!«
In der »Futur-Epopöe« von Metschislaw Gasko spielte die Handlung auf einer »nationslosen« Erde, wie es im Esperanto heißt, »drei Jahrtausende, nachdem das halblegendäre Einzelgehöft verschwunden war, das man Ukraine nannte«.
Zur gleichen Zeit trauerte aber die Heldin in Schkurupijs Roman, den die Kritiker aller Richtungen streng verurteilt hatten: »Die Ukraine ist die unglücklichste aller Kolonien; jene Barbaren, die sie selbst einst das Alphabet gelehrt hat, haben sie erobert.«
Wir hörten die Dispute und Polemiken, lasen die Diskussionsbeiträge, in denen es vor ironischen Anführungszeichen, Frage- und Ausrufungszeichen, entlarvenden Klammern, Kursiv von mir! nur so wimmelte, angereichert mit dräuenden ideologischen Verunglimpfungen ...
Wir hörten, lasen und kamen uns verloren vor. Unlängst erst war Mikola Chwyljowyj von den Tribünen herab und in den Zeitungen wegen »bürgerlichen Nationalismus« verurteilt worden. Andere proletarische Kritiker beschimpften ihn als Faschisten. Ich dagegen liebte seine poetische Prosa über die Revolution und den Bürgerkrieg, besonders die Erzählung »Der gestiefelte Kater«. Er schrieb über Rotarmisten und aufständische Bauern in echter Verbundenheit, kraftvoll und zart ... Zwar erschien auch mir sein polemischer Appell »so bald und so weit wie möglich weg von der russischen Literatur« als unvernünftige Verirrung. Aber so etwas ergab sich schließlich in der Hitze des Streits mit den Großmacht-Vertretern. Warum sollte man ihn gleich als Todfeind beschimpfen und alle zum Kampf mit dem »kleinbürgerlichen antisowjetischen Chwyljowismus« aufrufen? Es vergingen keine zwei, drei Jahre,

da entlarvte derselbe Chwyljowyj die »Neue Generation«, beschuldigte ihre Autoren des »Chwyljowismus«, des »Mazeppatums« und des »reinen Nihilismus, der sich in Nationalismus verwandelt«.

All diese Diskussionen waren natürlich interessant. Aber sie riefen auch Gereiztheit und Zorn hervor: Heute scheint es, daß einer Recht hat, morgen ist sein Gegner im Recht, und der Unterlegene bereut, bekennt seine Fehler ...

Ich war verbittert und oft verzweifelt über mein eigenes Unvermögen, meine Unfähigkeit, mich in diesen Streitigkeiten zurechtzufinden, zu verstehen oder wenigstens zu spüren, wo Wahrheit, wo Unwahrheit ist.

Dafür aber beschäftigte uns ehemalige Schüler alle die Dichterin der »Avantgarde«, Raisa Malenkaja. Schmächtig, dick mit Rouge bemalt, las sie ihre Gedichte, in denen sie erzählte, wie sie sich das erste Mal hingab:

Du batest so, ich sollt' die deine werden,
und so geschah es. Groß ist das Gesetz des Lebens.
Im Gras vergaßen wir das Heine-Bändchen.
Der Wind spielt jetzt mit seinen Seiten ...

In einer anderen Strophe wurden gar die »roten Flecken in den Bändern des Morgenrocks« erwähnt. Wir stritten uns, ob es sich um ungewöhnliche dichterische Freiheit handle oder um einen Ersatz für den ländlichen Brauch, das blutige Laken der Jungvermählten ans Hoftor zu hängen.

In der russischen Sektion waren die Anführer Israil Metter, Koretzkij und Sanowitsch. Gewöhnlich hatte Metter den Vorsitz, manchmal las er seine Erzählungen. In einer kamen mehrere Standard-Figuren der damaligen sowjetischen Belletristik vor; der Autor hatte sie in die Vorratskammer verbannt, rief sie je nach Bedarf heraus, aber sie beschwerten sich und meuterten.

Wenn Majakowskij nach Charkow kam, wohnte er bei den Eltern von Jurij Koretzkij, dessen Gedichte er lobte.

Sehr gefiel mir die Ballade vom listigen persischen Fischer, den die tückische Frage des Schahs nicht schreckte, welchen Geschlechts der von ihm gefangene seltsame Fisch denn sei:

Her-ma-phro-di-tisch
ist der oder die Fisch ...

Jurij mit seinem breiten Gesicht, seinen breiten Schultern, deklamierte laut und skandierend. Tosik Sanowitsch, ein stiller, nachdenklicher Intelligenzler, galt als der radikalste von allen Neuerern:

Zerfledderte Winde krächzten über der Ukraine,
langhingezogen von der Winterkälte,
dem steifgefrorenen Charkow
seine Hingabe an den Osten weisend.

Seine Liebesgedichte kamen uns verständlicher vor:

... Und Lippen. Und du. Und Wohnung Nummer eins.
Und das Läuten, das einzig ist und ewig ...

Auf den Versammlungen der »Avantgarde« konnte jeder nach vorheriger Verabredung seine Gedichte oder eine Erzählung vorlesen, und jeder Anwesende konnte das Gehörte kritisieren. Ich traute mich nicht. Wenn man noch keine sechzehn Jahre alt ist und noch kein einziges Mal seinen Namen gedruckt gesehen hat, dann hält man den 18- bis 19jährigen Verfasser eines in einer Zeitschrift oder einer Zeitung veröffentlichten Beitrags für einen erfahrenen Schriftsteller.
Der Anziehendste von den Jungen, aber schon Bekannten war Sascha Marjamow. Hochgewachsen, hellblond, breitschultrig, wie ich mir Jack London und seine Helden vorstellte. Und er war tatsächlich mit ihm verwandt. Mit siebzehn Jahren »ging« er mit einem Schiff von Odessa nach Wladiwostok, danach gab er ein Buch mit Reiseeindrücken heraus: »Wege unter der

Sonne« (1927). Ein Schriftsteller und Seemann. Was konnte schöner und beneidenswerter sein als ein solches Los? Aber er machte sich nicht wichtig, blies sich nicht auf vor uns, den Schülern von gestern. Wenn wir über Bücher und Gedichte diskutierten, wurde klar, daß er viel wußte, viel gelesen hatte. Aber selbst die ungebildetsten Gesprächspartner ließ er geduldig ausreden; er widersprach hitzig, wurde aber nicht wütend, fluchte nicht, zeigte keine Verachtung[77].

In dem großen Durchgangszimmer, das als Leseraum diente, gab es in der Mitte einen Tisch mit Zeitungen und Zeitschriften, an den Wänden standen Sofas und Sessel. Hier saßen oder lehnten Leute, die auf den Beginn einer Versammlung warteten, nach Diskussionen ausruhten oder mit Freunden ein Treffen verabredet hatten ...

Die »erwachsenen« Schriftsteller bemerkten uns nicht. Und wir waren nicht unverfroren genug, uns aufzudrängen. Um so bereitwilliger und vertrauensvoller machten wir Bekanntschaft mit denen, die ein Gespräch mit uns begannen.

Ein kleiner Mann in grauem Uniformrock, Breecheshosen und geschnürten Jagdstiefeln fragte, wobei er uns eindringlich ansah:

»Si–ie, Genossen, sind von welcher Abteilung? Ich meine, von welchem Wappen? Sie verstehen mich nicht? Also noch nicht getauft. Hier gehören nämlich alle zu irgendeiner Abteilung. Es gibt Proletarier, außerdem die Landleute und Pflüger, dann die neuen Dekadenten oder die Strikulisten-Avantgardisten ... Und ich – ich bin ein einsamer Ritter von der Feder.«

Er sprach und verbreitete dabei einen seltsamen Geruch – ein Gemisch von Pfeifenrauch, Blumenparfüm und süßlichem Äther.

»Haben Sie die Aufzeichnungen des Adjutanten Maj-Majewskij[78] gelesen? Das bin nämlich ich. Natürlich unter Pseudonym erschienen. In der Literatur dagegen bekannt als Argen. E–ebenfalls Pseudonym. Als Jungfrau hieß ich Arkadij Genkin. Habe die Ehre!«

Er schlug die Hacken zusammen, schwankte leicht und drückte

jedem von uns die Hand.
Argen schrieb Feuilletons für das »Abend-Radio« und den »Paprika«, ferner Couplets, Scherzlieder und Sketches für »gesprochene Zeitungen«, außerdem Humoresken für verschiedene Behördenzeitschriften. Überall bat er um Vorschuß, den er sofort vertrank.
»Ich bin es einfach gewohnt. Ich trinke alles, außer Wasser und Petroleum.« Vom großen Durst gequält. »... Ein Freund von Mars, Bacchus und Venus wie Puschkin ... Mars ist jedoch jetzt in Pension. Die Kriegsdrommeten haben ausgeblasen. Und mit der Venus muß man ziemlich vorsichtig sein. Da gibt es teure Liebchen, so teuer, daß kein Vorschuß für sie reicht. Zum Trinken und Schnupfen bleibt da nichts übrig. Und die billigeren sind ziemlich gefährlich. ›In meinen lyrischen Gedichten besing' ich venerische Leidgeschichten.‹ Und dann diese Ausgaben. Die Ärzte und Venerologen ziehen einem das Fell ab wie die Abdecker, einen ganzen Dreier für die Konsultation. Und für die komplette Behandlung heißt es einen Zehner geben. Ich gab ihm das Geld und verfluchte ihn. Nein, meine Herren und Genossen, da ist Bacchus billiger und gesünder. Wer trinkt, der ist gesund. Rußlands Vergnügen heißt Trinken. Und das der Ukraine genauso.«
Argen freundete sich zielstrebig mit jedem an, der ihm zuzuhören bereit war, und noch eifriger mit jenen, die mit ihm tranken und ihm eine Prise Maraphet (Kokain) spendieren konnten.
Er wohnte in der Nähe des alten Markts in einem halbleeren Zimmer einer großen Gemeinschaftswohnung, die mit Gerümpel vollgestopft war. Die verantwortliche Mieterin, ein dickes, zänkisches Weib, nannte er ins Gesicht »ma charmante Madame«, und hinter ihrem Rücken »meine Puffmutter«. Sie war Verkäuferin in einem Laden und gab ihm zu essen, wenn er völlig abgebrannt war. Einmal kam sie in die Redaktion des »Abend-Radio« und heulte laut:
»Oj, ihr Leute, kommt schnell! Arkaschenka hat sich aufgehängt! Das Zimmer ist zu, aber ich hab's durchs Schlüssel-

loch gesehen: Er hängt in der Ecke.«
Die Tür wurde ohne Mühe eingeschlagen. In der Ecke stand Argen auf seiner Pritsche mit gesenktem Kopf und weit herausgestreckter Zunge. An den Uniformrock hatte er ein Blatt Papier mit einer Aufschrift in Rotstift befestigt: »Ein Opfer der neuen Vorschuß-Regelung«.
Als die Menge hereinkam, zusammengetrommelt von der heulenden Madame, richtete er sich auf und sagte:
»Genauso werde ich mich aufhängen – das schwöre und gelobe ich, wenn ich nicht heute wenigstens drei Tscherwonzen Vorschuß bekomme!«
Er spielte Roulette im Kasino – es gab mehrere im Charkow der NEP-Zeit –, außerdem *Chemin de fer* und *Siebzehn und vier* mit jedem, der Lust dazu hatte. Die Kartenspieler trafen sich gewöhnlich in Privatwohnungen, deren Inhaber ein Prozent von der Bank erhielten. Meine Freunde nahmen mich ein paarmal mit in die Bude von Hinkfuß in der Artjomow-Straße. Der Hausherr war ein einbeiniger (daher der Spitzname) junger Kerl, Sohn eines Hausmeisters. In einem Raum im Souterrain, wo bei trübem Wetter auch tagsüber eine schmutzige Lampe brannte, stand ein großer alter Tisch, ein nie frisch bezogenes Bett, auf dem der Hausherr saß, ferner eine Menge Stühle, Hocker und Bänke. Hinkfuß leitete das Spiel mit unerschütterlicher, unguter Ruhe. Wenn irgendeiner der Teilnehmer schummelte – was selten vorkam – oder seine Spielschulden nicht bezahlen konnte – was öfter der Fall war –, schlug Hinkfuß wortlos mit seiner Krücke zu. Er schlug präzis und schmerzhaft, aber immer so, daß kein Blut zu sehen war, keine Folgen zurückblieben. Seine Mutter, eine knochige, schweigsame Alte, brachte den Gästen Bier und Zigaretten, wobei sie an jeder Dienstleistung ein, zwei Kopeken verdiente.
Argen spielte leidenschaftlich, machte jedoch, ob er nun verlor oder gewann, Witze. Beim Mischen und Geben redete er schnell vor sich hin:
»Ein Spiel ist wie ein Krieg, und die Karten sind Papier. Jeder

spielt um sein Glück und sein Geld. Einen Rubel gesetzt – zwei gewonnen, zwei gesetzt – im Arsch zerronnen. Ruhe da, alter Kiebitz! Soldaten spielen nicht.«

Auf uns wirkte das sehr scharfsinnig wie alle seine Redensarten und Witze. Meistens diente ihm ein Mitarbeiter des »Abend-Radios« als Zielscheibe, ebenfalls ein ständiger Gast im Blakitnij-Haus. Ein gewichtiger, altmodischer Geck, mit »tschechowschem« Pincenez und Henri-IV.-Bärtchen. Er trug eine bunte Fliege, einen Cut – aus der Brusttasche schaute ein buntes Tüchlein hervor – und Samtgamaschen mit Knöpfen über seinen Lackstiefeletten. Er war von Herzen dumm, selbstzufrieden, ungebildet und lächelte stolz, wenn Argen ihn »König der Reportage« titulierte. Einmal teilten Argens Saufkumpane dem »König« unter dem Siegel der Verschwiegenheit mit, daß am Kalten Berg der Meridian geplatzt sei und die Reporter der »Nachrichten« schon zur Stelle seien. Für seinen letzten Rubel nahm er sich eine Droschke, raste zum Kalten Berg und kutschierte dort lange in der Gegend herum, empört darüber, wie schlecht informiert doch die Polizisten seien. Argen ließ ihn später immer wieder von diesen Erlebnissen berichten und kommentierte mit unerschütterlichem Ernst, der Meridian sei wahrscheinlich an einer anderen Stelle geplatzt, aber die Polizei verheimliche es, während man in Amerika aus einer solchen Sensation gewiß die größte Story machen würde.

Ein großer Unbekannter von 25 bis 30 Jahren, mit rundem Gesicht, dunklem Schnurrbärtchen und zweigeteiltem Tatarenbart stellte zornige Betrachtungen an über den Bürokratismus, den Amtsschimmel und die Vetternwirtschaft in den Redaktionen und Verlagen. Das Gespräch kam ebenfalls im Lesezimmer auf. Ein Freund des Redners, sehr betrunken und voller Locken, bot uns teure Papirossy an und betonte:

»Jungs, vor euch steht ein großer Mann!«

»Kolja, red' keinen Unsinn, du hast zuviel getrunken!«

»Mischa, das stimmt, das gebe ich ja zu. Du hast m–mich ja ge–gew–warnt, nicht W–wodka ins B–bier zu gießen. Du b–bist mein Freund! Ein g–großartiger und g–großherziger Freund. Aber ich habe n–nicht draufg–gehört, und j–jetzt habe ich einen Sch–schwips. Aber b–betrunken bin ich nicht, nur fröhlich. Ein b–bißchen angeschickert. Jungs, das ist Michail Tugan Baranowskij, der internationale Revolutionär und Held des Untergrunds. Das verheimlicht er, ist konspe–konspirativ. Doch ich bin voller Schnaps und Bier und habe klaren Geist in mir... Guter Vers, was? Das nennt man einen Dichter. Er ist immer Dichter. Er – das heißt ich. Und bin ich blau wie nie, treulich lieb ich sie ... Sie – das heißt dich, Mischa. Hört Jungs, Michail ist in drei, nein sogar in vier Ländern zum Tode verurteilt worden. Mischa – wo wollen sie dich aufhängen? In der Tschechoslowakei, in Rumänien und in diesem, wie heißt es doch, in Jugoslawien... Und dabei hat er... Na, sei nicht so bescheiden, gib's zu. Es sind doch unsere Jungs, Komsomolzen. Ich seh's an ihren Augen.«

»Schon gut, schon gut, Kolja, du redest zuviel. Los, gehn wir, hier ist nicht der richtige Ort. Los, Genossen, helfen wir Nikolaj, er ist müde, hier ist so verbrauchte Luft... Los, gehn wir an der frischen Luft spazieren.«

Verschwörerisch zwinkerte er uns zu, und wir, geehrt durch soviel Vertrauen, nahmen Kolja unter den Arm und zerrten ihn vorsichtig hinaus.

Auf der Straße erklärte er sich bald einverstanden, mit einer Droschke heimzufahren.

»Wanjko! Wieviel zur Jekaterinoslaw-Straße? Halber Rubel? Das ist Raub! Mischenka, ich bin blank... Ein Groschen und ein Fünfer, das ist alles... Wanjko, fährst du für fünfzehn? Willst nicht? Geizhals! Bürokrat! Typisch NEP! Michel, leih mir zwanzig Kopeken und keine einzige mehr...«

Tugan Baranowskij reichte ihm lässig einen Rubel.

»Mach keine Scherereien, Kolja, fahr nach Hause, schlaf dich aus. Komm morgen, dein Gedicht vorlesen.«

»Ich komme, ich komme, Mischenjka. Du bist großmütig wie immer. Komm, laß dich küssen. Jungs, denkt an den heutigen Tag. Diesen bemerkenswerten Tag in eurem jungen Leben. Habt einen großen russischen Schriftsteller und einen internationalen Revolutionär kennengelernt. Er ist ein neuer Gorkij, ein neuer Kuprin, ein neuer Pantelejmon Romanow[79] ...«

Mit vereinten Kräften setzten wir ihn in die Droschke. Der Kutscher half beim Anblick des Rubelscheins diensteifrig mit und nickte allen freundschaftlich zu:

»Sie können beruhigt sein. Ich bring' ihn heim wie mein eigenes Söhnchen.«

Sorja, Shorka und ich begleiteten Tugan Baranowskij nach Hause.

Wir gingen langsam die abendlichen Straßen entlang.

»Los, machen wir einen Spaziergang. Den Kopf auslüften. Meine Frau mag nicht, wenn ich angesäuselt bin.«

Er fing an zu erzählen. Wir hörten zu, wagten nicht, ihn zu unterbrechen, stöhnten nur dann und wann auf, sahen einander triumphierend an und knufften uns begeistert.

Er war der Sohn ebenjenes Tugan Baranowskij, des legalen Marxisten, der mit Lenin diskutiert hatte und in Paris, wo er als Botschafter des Hetman weilte, gestorben war. Der Sohn wurde Sozialrevolutionär-Maximalist:

»Von Jugend an, schon als Bengel von sechzehn, siebzehn Jahren. Von der Sowjetmacht hatte ich keinerlei Vorstellung, oder vielmehr die allerverdrehteste. Aber die weißen Schufte, die haßte ich. Die Sozialrevolutionäre begeisterten mich. Direkte Aktionen, Revolver, Dynamit. Der erste Auftrag: den Kornett Jablotschkin hinrichten. Diese Bestie hatte bei Denikin in der Spionageabwehr gewütet und in der Emigration eine eigene Geheimpolizei aufgebaut, die alle, die nach Rußland zurückkehren wollten, erpreßte oder ermordete. Ich und noch zwei Genossen sollten ihn liquidieren. Unser Hauptquartier war in Rumänien, Jablotschkin saß mit seiner Clique in Bulgarien, im Hafen von Varna. Wir reisten zu dritt – ein Mädchen dabei – mit falschen Papieren dorthin. Das Mädchen brachte es fertig, ihm eines Abends in einem

Restaurant den Kopf zu verdrehen. Sie setzten sich dann in ein Taxi, der Chauffeur war einer von uns. Fuhren an den vereinbarten Ort – hübsch still, außerhalb der Stadt. Dort wartete ich. Zwei Brownings, direkt draufgehalten. Die Leiche ließen wir im Auto. Machten einen Zettel dran: ›Hingerichtet auf Beschluß der Kampforganisation der Partei der Sozial-Revolutionäre‹. Die nächste Operation: General Pokrowskij. Der war auch von unserer Organisation verurteilt worden, für bestialische Verbrechen während des Bürgerkrieges und wegen dunkler Sachen in der Emigration. Wir hatten ihn aufgespürt, als er mit zwei Adjutanten über die bulgarische Grenze nach Jugoslawien ging. Wir waren auch zu dritt. Es war in den Bergen, nachts, im Winter. Ein Feuergefecht...«

Einer der Genossen von Tugan Baranowskij wurde getötet, er selbst bekam eine Kugel in die Schulter. Pokrowskij und der eine Adjutant waren erledigt, der andere verwundet.

Für diese »Aktionen« wurde Tugan in Abwesenheit in Bulgarien und Jugoslawien zum Tode verurteilt.

»Da kam uns die Polizei hinterher. Sie hatten den toten Genossen gefunden und identifiziert. Und in Rumänien hatte so ein Rotzlümmel Angst bekommen und uns verraten. Den haben wir natürlich liquidiert, aber mit Verspätung – er hatte schon viele verraten. Dort auch in Abwesenheit Todesurteil. Aber das mit der Tschechoslowakei hat Kolja im Suff durcheinandergebracht. Dort bin ich bloß auf Anordnung der Regierung ausgewiesen worden. Hauptsächlich weil ich in Prag auf dem Kongreß der linken SR gegen die rechten, gegen Tschernow, aufgetreten war. Wir Jungen hatten begonnen, uns zu entwickeln, lasen sowjetische Zeitungen, nahmen Verbindung mit den tschechischen und polnischen Kommunisten auf. Ich hatte den Auftrag, bei dem Kongreß die neue Linie zu erklären. Es gab einen Skandal, Schlägereien, die Polizei mischte sich ein. Und dann sofort Anträge aus Rumänien, Bulgarien, Jugoslawien auf Auslieferung! Na, die Tschechen sind liberal, jemanden zur Hinrichtung ausliefern ist unter ihrer Würde.

Sie wiesen mich nach Polen aus, dort hatten wir kommunistische Freunde. Na, ich komme in Lwow in die Wohnung, und dort liegen sie ausgerechnet auf der Lauer. Ich rauf auf den Boden und dann weg über die Dächer und Hinterhöfe, hab' mich nach Deutschland durchgeschlagen, drei Monate im Gefängnis gesessen. Dann ab nach Frankreich. In Paris hatte ich Verwandte. Ich kriegte einen Flüchtlingspaß, den sogenannten Nansen-Paß, heiratete eine Französin, wenn ihr mich besucht, lernt ihr sie kennen. Sie ist Kommunistin. Ich bin in Frankreich auch Mitglied der KP geworden, hab' aber illegal gearbeitet, Ausländer dürfen sich dort nicht politisch betätigen. Aber schließlich haben sie mich doch erwischt. Und ausgewiesen. Da fuhr ich wieder nach Hause. Vor kurzem habe ich ein Buch geschrieben – ›Im Schatten des Eiffelturms‹, Erzählungen aus dem Leben, nur über das, was ich selbst erlebt habe.«

Manchmal unterbrach er sich:

»Was quatsche ich denn da? Fange auch schon an zu übertreiben. Hab' mit Kolja zu zweit eine Flasche ›Weißköpfchen‹ leergemacht, dann noch Champagner. Und anschließend Kaffee mit Likör. Ich werde alt. Früher konnte ich trinken, soviel ich wollte, und nichts war zu merken ...«

Wir kamen an ein kleines, einzeln stehendes Haus in einer ruhigen Seitenstraße.

»Na, da wären wir an meiner Hütte. Vielen Dank, Genossen. Heute könnt ihr nicht mit hineinkommen, es ist schon spät, und meine Frau ist nicht vorbereitet. Aber für morgen lade ich euch ein, so gegen sieben Uhr. Kommt, dann können wir uns ernsthaft unterhalten. Ich habe da so einen kleinen Plan, der wird euch sehr interessieren.«

Am nächsten Abend putzte ich meine Schuhe und zog nach einigem Schwanken ein weißes Oberhemd von meinem Vater mit gestärktem Kragen an – Gott sei Dank war Vater, wie meistens, auf Reisen – und band mir eine Fliege um. Shorka kam ebenfalls mit Schlips, in offenem Hemd, und einem prächtigen, eindeutig nicht ihm gehörenden Ledergürtel. Sorja

hatte sich mit einer sauberen, frisch gebügelten Wollbluse und Hosen mit Bügelfalten begnügt. Aber die Schuhe hatte auch er geputzt.
Tugan empfing uns in einer dunkelroten Hausjacke mit Husarenverschnürung und Hausschuhen aus Goldbrokat mit hochgebogenen Spitzen. Er führte uns in ein halbdunkles Zimmer Es brannten nur eine Tischlampe und irgendwo noch Wandleuchter mit Schirm. Die Einrichtung bestand aus Bücherschränken, einem mächtigen Schreibtisch samt Sessel, einem niedrigen runden Tisch vor dem Diwan und einem Lederpuff. An den Wänden hingen große, schlecht erkennbare Bilder in schweren Rahmen, Gravüren, Fotografien.
»Meine Frau ist Französin, in Algier aufgewachsen. Und mir bringt sie auch diese orientalischen Bräuche bei. Probiert jetzt mal einen echten türkischen Kaffee.«
Sie kam herein. Lang, schmal, elastisch. Ein scharfgeschnittenes, blasses Gesicht, eingerahmt von dunklen Haaren, die die Ohren verdeckten. Ein grünes Kleid, glänzend, knisternd, fließend. Helle, glänzende Strümpfe. Dabei dünne Beine, fast ohne Waden. Aber selbst dieses nach unseren Begriffen erhebliche Manko nahm ihr nichts von ihrem Zauber.
Sie sagte irgend etwas zur Begrüßung. Für mich selbst unerwartet, machte ich einen Kratzfuß, wie ich es als kleiner Junge gelernt hatte,
»Bon soir, Madame.«
Sie kicherte.
»Bon soir, camarade-towachitsch!« Sie konnte das russische »R« nicht aussprechen.
Sorja sagte demonstrativ in tiefstem Baß:
»Guten Tag, Genossin!«
Shorka fiel fast hin, als er von dem niedrigen Puff aufstand:
»Guten Abend.«
Sie lächelte allen zu:
»Bon soir, bon soir!«
Wir tranken sehr süßen, sehr aromatischen Kaffee aus kleinen Schälchen, anschließend Wasser aus einer hohen verzier-

ten Kanne. Später gab es dickflüssigen grünen Likör aus hauchdünnen Gläsern. Zu essen dagegen gab es reinweg nichts: ein kleines Körbchen gesalzner Zwiebäcke und ein Körbchen Gebäck.

Dafür war das Gespräch aufregend. Tugan sagte ohne Umschweife, daß er eine neue literarische Vereinigung gründen wolle, hauptsächlich aus Jüngeren. Junge Dichter lasse man nicht in Presse und Literatur, aber auch sie müßten zu Wort kommen.

Seine Frau nahm an der Unterhaltung nicht teil. Sie goß uns Kaffee, Wasser und Likör ein. Ich sagte korrekt »*Merci*«. Sie kicherte: »Bittäh«. Shorka wurde so mutig, daß er mit einem scheuen Lächeln deutlich »*Merci*, Towarischtsch« sagte. Sie lachte lange über diesen bemerkenswerten Scherz und wiederholte: »Mechssi, Towachisch«, und »Bittäh, Kamachad«.

Über Tugans Worten vergaß ich seine exotische Freundin fast. Er begann uns auszufragen. Ich berichtete, daß ich Gedichte schriebe, meist auf russisch, versuchsweise aber auch auf ukrainisch, während Sorja zum Kritiker berufen sei, aber auch Prosa könne. Shorka sagte, er schriebe Prosa und Gedichte. Das war für uns unerwartet, denn von ihm war bisher lediglich eine Strophe nach einem Schlager bekannt. Das Lied gefiel uns, aber einige Kritikaster behaupteten, sie hätten es schon früher gehört, in anderen Städten, wohin Shorkas literarischer Einfluß noch nicht gedrungen sein konnte.

Tugan, der durch sein Glas ins Licht sah, sprach langsam, vertraulich. Vor allem sei freundschaftliche Gemeinschaft nötig, einer für alle, alle für einen, er wolle mit Kolja Schustow noch ein paar vernünftige Jungs ansehen, und dann würden wir zusammenkommen und uns organisieren. Er werde die Leitung des Blakitnij-Hauses dazu bringen, uns ein Zimmer und einen Tag in der Woche für regelmäßige Versammlungen zu geben. Es gebe bereits »Verbindungen« in den Redaktionen.

»Wir werden auftreten und kriegen im ›Charkower Proletarier‹ einmal im Monat eine Seite, vielleicht auch zweimal. Nach einem Jahr läßt sich an einen gemeinsamen Sammelband denken, sogar an eine Zeitschrift. Als Name der Organisation schlagen Kolja und ich vor ›Verband der Jungen‹ oder ›Verband der Jugend‹, das klingt auch ukrainisch gut.« Damals spürte ich eindringlich: Das ist er, der Führer, in dessen Gefolgschaft man in die Literatur, in den Untergrund, auf die Barrikaden gehen kann ...

Tugan lud uns nicht mehr zu sich ein. Wir trafen uns im Blakitnij-Haus. Stets begleitete ihn Kolja Schustow, der entweder fröhlich-gesprächig »angeschickert« oder aber verkatert war. Sie machten uns mit noch einigen jungen Leuten bekannt, Berufsschülern, Arbeitslosen, jungen Arbeitern. Sie stellten sich vor: »Dichter«, »Prosaiker«, »Kritiker«. Tugan sagte bei jedem Treffen, beim nächsten Mal solle unsere »Gründungsversammlung« stattfinden. Es müßten aber mindestens 20 zusammenkommen. Einmal sagte er nachlässig, so ganz nebenbei: »Die ›Neue Generation‹ hat endlich meine Verse gedruckt, ihr könnt sie in Heft zwei ansehen.«
Ich wünschte mir sehr, daß mir die Verse gefielen. Sie waren als »Leiter« gedruckt, genau wie bei Majakowskij.

... Ich kenne
        unvergeßliche
                Bilder:
Panzer
        muß man
                schmieden.
Ich will
        mit Nitroglyzerin
Meine
        Worte
                laden.
Im wild verwegenen Reitersturm
        sehe ich
der Säbel
                roten Nebel.

Das Lachen der Pferde Budjonnyjs,
der Tschekisten
roten Revolver.
Es ruft uns nach
New York,
Wien,
Paris,
Stambul,
Köln
das allen Linken
vertraute Wort
der schlitzäugige Lenin …

Schustow sagte, so was habe die Ukraine noch nie gehört. »Majakowskij wird vor Neid erblassen. Tytschina sich verstecken.« Mir war es peinlich, aber ich konnte mich für das Gedicht nicht begeistern. Und wieso war Lenin Mongole? Wie kam er auf so eine Idee?

Ich las das Buch »Im Schatten des Eiffelturms«. Gar zu gern hätte ich die Erzählungen interessant gefunden, aber sie waren fade. In ihnen agierten die mutigsten Kommunisten und Untergrundkämpfer, die geschickt Katz und Maus spielten mit Polizei und Spitzeln. Aber alle drückten sich mit den gleichen Zeitungsphrasen aus.

Bald danach hörte ich verächtliche Bemerkungen über meinen Führer: »Ein Schmierer. Er quatscht. Ein Scharlatan. Er und sein Adjutant Schustow sind schamlose Schwindler.« Ich versuchte zu widersprechen.

»Und wenn er auch kein Künstler, kein Meister des Wortes ist, schließlich hat er am revolutionären Untergrundkampf teilgenommen, in dem Buch stehen die Fakten …«

»Schreiben kann man viel. Im Untertitel heißt es ›Erzählungen‹, und das heißt, man kann sich ausdenken, was man will.«

Ein letztes Argument blieb übrig: Tugan war unlängst aus dem Ausland zurückgekehrt und hatte sofort ein ganzes Haus bekommen. Ein Haus für sich hatten nicht einmal alle leitenden Funktionäre, nur die obersten: Petrowskij, Skrypnik, Kossior[80] ...

Die Kritiker zuckten mit den Schultern.

»Na und? Vielleicht hat er ja irgendwelche Verdienste. Aber warum macht er sich in der Literatur breit? Budjonnyj war ein viel größerer Held, über ihn werden sogar Lieder gesungen. Aber der drängt sich nicht danach, Schriftsteller zu werden.«

Tugan sagte über Kolja Schustow:

»Er trinkt, der Taugenichts, aber er ist höllisch begabt. Er ist wie Jessenin: ein Dichter vom Scheitel bis zur Zehe. Mit Seele und Körper. Und er trinkt auch wie Jessenin. Die literarischen Großschnauzen lassen ihn nicht ran. Der Verband der Jungen muß ihn unterstützen; einer für alle, alle für einen.«

Kolja selbst erzählte vertraulich, er schreibe ein Poem. Es heiße »Das Weltall« und werde alles übertreffen, was es in der Dichtung Rußlands und der ganzen Welt gebe. Er wolle in Versen die Geschichte der Welt »vom aller-allerersten Anfang an« bis zu unseren Tagen darstellen. Die Geschichte der ganzen Natur und aller Völker. Er habe schon Hunderte, nein, Tausende von Zeilen geschrieben. Aber es sei schwer. Die schöpferischen Qualen – das sei das eine, und andererseits müsse er die ganze Zeit Material sammeln und nachschlagen – Enzyklopädien und die verschiedensten wissenschaftlichen Bücher. »Das ist nicht so wie die Gedichte in der ›Avantgarde‹, wie der Fischer den Schah anführte, oder wie der Dichter die Dichterin entjungferte.«

Wir baten ihn, uns etwas vorzulesen. Er lehnte ab. Aber einmal am Büfett würdigte er uns seines Vertrauens.

So fängt es an:

Da war die Erde und Wasserhaufen,
und Haufen von Bergen und Schollen,
eine Menge verschiedener Arten
von Tieren, Vögeln und Fischen ...

In diesem Stil ging es noch einige Strophen weiter. Mit Mühe rang ich mir einige lobende Worte ab.
Tugan versammelte uns noch immer nicht. Ständig war er in Eile und gab auf direkte Fragen unverständliche Antworten: »Noch ist es nicht soweit. Die Gestirne schweigen einstweilen. Eile mit Weile.« Und er sagte, wir müßten in die Versammlung der »Avantgarde« gehen, um »diese Bande von Gecken und kleinbürgerlichen Intelligenzlern von innen heraus zu sprengen«.
Dabei bezog er sich auf die Erfahrung der deutschen und französischen Kommunisten, die innerhalb der »gelben« Gewerkschaften arbeiteten.
Aber wir zweifelten immer öfter an seiner Rechtschaffenheit und Weisheit. Sorja kam nicht mehr, behauptete, er sei in der elektrotechnischen Berufsschule zu sehr beschäftigt. Shorka sagte geradeheraus:
»Mir paßt irgendwas an diesem Herrn Tugan nicht. Paßt mir einfach nicht. Wieso eigentlich will der die ›Avantgarde‹ sprengen? Und wie denn? Er kann einfach nicht so gut schreiben wie sie. Bis zu ihnen hätte er noch sieben Meilen zu schwimmen. Du hast immer gejubelt: ›Ein Held!‹, aber vielleicht ist das genauso ein Heldentum wie das von seinem Kolja, der wie Jessenin sein soll?«
Auch mir wurde es unangenehm, Tugans Bemerkungen anzuhören. Über welchen Schriftsteller auch gesprochen wurde – stets äußerte er mit verächtlich herabgezogenen Mundwinkeln irgend etwas wie: »Graphomane, Kleinbürger, PetljuraMann. Verkauft den eigenen Vater für eine Kopeke. Kommt sich wie Tolstoj vor, und die Frau zu Hause muß ihm die Rechtschreibfehler verbessern.«
Dafür lobte er uns unbekannte Genies über den grünen Klee – seine Moskauer Freunde, oder von ihm in der Nähe entdeckte, aber noch in Unbekanntheit verborgene neue Bloks und Jessenins.

...Eine Versammlung der »Avantgarde«. Tugan und Kolja

saßen auf einem an die Wand gerückten Tisch. Kolja war betrunken, kommentierte die Gedichtlesungen und die Reden der Kritiker mit groben Repliken oder fragte hartnäckig: »Und w-was will der Autor damit sagen? Ist das etwa ein Bild, oder wie ... eine Metapher?«
Metter, der den Vorsitz innehatte, rief ihn zur Ordnung. Tugan hielt seinen Freund zurück, der fühlte sich mutig. Irgend jemand bemerkte: »Sie sprengen gerade von innen.«
Metter, die Diskussion über eben gelesene Gedichte abschließend, sagte gelassen, die »Avantgarde« fürchte keine Gegner und schon gar nicht Hochstapler wie Tugan Baranowskij.
Der wurde bleich, sprang vom Tisch und warf sich stumm auf Metter. Andere hielten ihn fest. Jurij Koretzkij trug ihn fast bis zur Tür, während er nur hilflos mit den Armen wedelte. Seine Augen verengten sich zu Schlitzen. Auch Kolja wurde hinausgedrängt.
Niemand folgte ihnen, obwohl er an diesem Abend mehrere künftige Mitglieder des ›Verbands der Jungen‹ mitgebracht hatte.
Nach der Versammlung fragte ich Metter:
»Warum haben Sie ihn ›Hochstapler‹ genannt? Welche Gründe haben Sie dafür?«
»Das ist doch meilenweit sichtbar. Lesen Sie, was er schreibt, hören Sie, was er erzählt.«
Nach diesem Abend traf ich Tugan Baranowskij nicht mehr in Charkow. Die einen sagten, er sei als Spion verhaftet worden. Andere verbreiteten Kolja Schustows Behauptung, Tugan sei nach Moskau gerufen und wieder ins Ausland geschickt worden.
Elf Jahre später, 1939, rief er mich plötzlich an einer Autobushaltestelle an und redete drauflos, als hätten wir uns erst vor einer Woche getrennt. Er erzählte, er habe wieder in fremden Ländern zu tun gehabt. Als er hörte, ich sei inzwischen Aspirant an der Universität, verheiratet und Vater einer Tochter – das zweite Kind unterwegs – schlug er eifrig vor:
»Das heißt also, du brauchst Geld. Das können wir besorgen,

ich arbeite auf der Landwirtschafts-Ausstellung. Leite die ganze Ausgestaltung: all die Plakate, Anschläge, Parolen, Transparente, Fotomontagen usw. Ohne meine Genehmigung wird auf dem ganzen Gelände kein Kiosk aufgestellt, kein einziger Zettel ausgehängt. Schreib dir meine Telefonnummer auf. Das ist die im Dienst, die ist von zu Hause. Auf der Arbeit triffst du mich meist schon früh an, gleich morgens. Du wirst Untertexte verfassen für Plakate und Tabellen, für die Porträts bekannter Kolchosbauern, für Reklamen und so fort. Ich zahle pro Wort, verstanden? Und für Gereimtes fünf- bis siebenmal soviel. Zum Beispiel ›Frisch auf zum Melken, laßt die Hände nicht welken‹ – für die paar Worte kannst du glatt 20 Rubel kriegen. Ich garantiere dir ohne Mühe 2000 monatlich. Dann hast du was, um den Kinderchen Milch zu kaufen.«

Er wollte sichtlich noch weiter mit mir reden, aber ich hatte es eilig, zu meiner Vorlesung zu kommen. Angerufen habe ich ihn nicht.

Weitere sieben Jahre vergingen. In der Butyrka, Zelle Nummer 106, war Zellenältester Buda-Shemtschushnikow, der Urenkel des berühmten Schriftstellers und »Koautors« von Kosma Prutkow[81]. Ehemaliger Fähnrich, hatte er unter Denikin und Wrangel gekämpft und war dann emigriert. 1946 war er in West-Berlin verhaftet worden. Er erzählte, sein Untersuchungsrichter sei ein Major der Smersch[82] gewesen: Tugan Baranowskij.

»Eine raffinierte Bestie, das kann ich Ihnen sagen! Nein, keine Folterungen, kein Dritter Grad! Sehr korrekt. Richtig wohlerzogen. Trotzdem – eine raffinierte Bestie. War selbst Emigrant. Kennt alle unsere Fälle und Sächelchen ganz genau. Hat mir alle möglichen Vorteile und Privilegien versprochen, wenn ich mit ihm offen und ehrlich wäre. Und, das kann ich Ihnen sagen: Er hat seine Versprechungen sogar in gewissem Maße auch gehalten. So bin ich hierher zum Mütterchen Moskau gekommen, und nicht vor das strenge Militärtribunal. Mein Fall wurde der OSO[83] übergeben. Das hatte mir Major Tugan

Baranowskij auch versprochen. Und hier habe ich schon Hoffnung – meine Fähigkeiten werden mir helfen.«
(Buda behauptete, er kenne ein Verfahren, beliebige organische Körper einwandfrei zu mumifizieren – Pflanzen, Tiere, Fische. Er war Mitinhaber einer Berliner Firma, die für Schulen und wissenschaftliche Museen Paraffin-Präparate herstellte. Das Verfahren war einfach und billig.)
»Hier bei Ihnen wurde die Leiche Lenins mumifiziert. Das war sehr teuer, und erfordert ständig weitere Ausgaben, strenge Temperaturkontrolle. Und dann natürlich die Erneuerungen. Aber unsere Methode garantiert absolute Dauerhaftigkeit auf Hunderte von Jahren, ohne Veränderungen, bei gewöhnlicher Zimmertemperatur. Gefährlich ist nur Hitze und Feuer. Dagegen sind Kälte und Frost von jeder Stärke eher nützlich. Schließlich sterben auch noch andere große Leute. Und für mich ist es nur schmeichelhaft, statt Tigerbabys, Affen oder Vögel die Leiche eines großen Menschen zu bearbeiten.«
Meine Begeisterung für Tugan Baranowskij in jenem Winter war kurzlebig gewesen. Aber die Bekanntschaft hinterließ doch eine Spur, wahrscheinlich nicht nur in meinem Leben.
Der rasch entschwundene Führer hatte den Traum von einer eigenen literarischen Jugendorganisation geweckt. Als wir endgültig von Tugan enttäuscht waren, versammelten sich bei mir zu Hause die Gründer einer neuen Literaturvereinigung: Walentin Bytschko, Iwan Nechoda, Iwan Kaljannik. Der dritte Iwan war Iwan Schutow (er wurde unter dem Pseudonym Michajlo Ushwij Schriftsteller) und Todik Robsman. Er stellte sich vor: »Theodor Robsman. Dichter. Genial!« Ein Druck seiner festen breiten Hand, geübt in zahllosen Schlägereien, war so stark, daß neue Bekannte es vorzogen, keine Zweifel zu äußern. Todik wurde als einziger in dieser Gesellschaft von den literarischen Masern geheilt. Aber zunächst war er fast der Aktivste von uns. Er war befreundet mit Koljka, dem »Amerikaner«, dem Anführer einer großen Bande, zu der nicht nur gewöhnliche Gelegenheitsgauner gehörten, sondern echte

berufsmäßige Taschen- und Schirmdiebe, Einbrecher usw. Der Widerschein des heroischen Mythos um Koljka und die eigenen Fäuste stärkten Todiks Ruf beträchtlich. Außerdem fanden wir seine Verse durchaus annehmbar, nicht schlechter als gedruckte Gedichte.

Er war so unerschütterlich von seiner Genialität überzeugt, daß auch die bösartigste Kritik seiner Genossen ihn nicht wütend machte. Und als wir ihn zu überzeugen versuchten, daß er bei dem Wort »Instrument« die Betonung falsch gesetzt hätte, erwiderte er gleichmütig-stur:

»Nichts da. Erstens sagt schließlich das Volk auch ›Instrúment‹, nur die Intelligenzler betonen auf der letzten Silbe. Und ich bin ein Volksdichter und scheiße auf alle ›Ments‹*, außerdem heißt es sogar bei Puschkin ›Músik‹; darf ich etwa nicht, was er darf?«

In der Leitung des Blakitnyj-Hauses erfuhren wir, nur beim Volksbildungskommissariat registrierte Organisationen könnten einen Raum und Versammlungszeiten erhalten.

Die erste Versammlung hielten wir in der Wohnung eines der »Gründer« ab. Ein Sekretariat wurde gewählt – Bytschko, Nechoda und ich. Ich wurde zum »Generalsekretär« ernannt und bekam den Auftrag, zum Volksbildungskommissariat zu gehen.

In ein Mathematikheft – weil mit den Kästchen leichter Übersicht zu behalten war – schrieb ich die Namen aller Anwesenden und der weiteren möglichen Mitglieder der Jugend-Literaturorganisation »Jung-Ring«. In den einzelnen Spalten trug ich ein: Familien- und Vornamen, Geburtsjahr (bei mir schrieb ich 1910 statt der Wahrheit entsprechend 1912), die ›künstlerische Berufung‹, dann ›schreibt in folgenden Sprachen‹ und ›wo bereits gedruckt‹.

Damals waren erst von Walentin Bytschko und Iwan Nechoda ein paar Gedichte in einer ukrainischen Pionierzeitung gedruckt worden. Bei allen anderen schrieb ich: Häufig in Wandzeitungen publiziert.

* Rotwelschausdruck für Polizisten

Zum Volksbildungskommissariat ging ich so früh wie möglich am Morgen, direkt ins Büro von Volkskommissar Mikola Skrypnik.
In dem kleinen Vorzimmer saßen schon mehrere Leute. Später kamen immer mehr Besucher. Schließlich waren es etwa 20, die letzten standen auf dem Korridor.
Die Sekretärin fragte jeden: »In welcher Angelegenheit?« Einige wurden von ihr in verschiedene andere Abteilungen verwiesen, wobei sie resolut sagte, der Volkskommissar beschäftige sich mit der Frage nicht. Ich trug ihr meine Bitte vor, zeigte ihr das Protokoll der ersten Versammlung, säuberlich auf die Seiten eines Buchhaltungs-Journals geschrieben, und das Heft mit der Namensliste.
Sie sah kaum darauf.
»Warten Sie. In der Reihenfolge, wie Sie gekommen sind. Mikola Olesowitsch kommt gegen zehn.«
Genau um zehn Uhr hörte ich ein vielstimmiges:
»Guten Tag, Mikola Olesowitsch ... Tag ... Guten Morgen ...« Skrypnik, in einer Pelzjacke, ging eilig in sein Büro; einige Minuten später kam er wieder heraus, setzte sich an einen kleinen Tisch am Fenster und sah uns alle an: mir schien es, als sei er verdrossen, daß so viele gekommen waren!
»Na, los. Wer ist hier der erste?«
Er war den Bildern, die man damals in vielen Aushangkästen, Schulen und Klubs sehen konnte, überhaupt nicht ähnlich, war kleiner, älter, hagerer. Müde Augen, ein graues »Kremlbärtchen«. Er sprach leise. Manchmal ungeduldig, aber immer sachlich.
»Bitte konkret. So, so, ich verstehe schon ... Und was wünschen Sie? ... Ihre Forderung? Gut. Soll angeordnet werden ... Was wollen Sie denn nun? Bitte ganz kurz: Worüber beschweren Sie sich?«
Er verabschiedete sich mit einem Kopfnicken. Bei wortreichem Dank winkte er ab. Allzu beredte Bittsteller unterbrach er, verwies auf die Wartenden.
»Genosse, fassen Sie sich kurz. Es warten noch andere.«

Mein Urgroßvater Jakow
Bogdanow (1822–1924)
mit seiner Frau (Aufn. 1909).

Meine Lehrerin Lidija Lasarewna mit ihren Schülern. Neben ihr stehend ich in Kosakenpelzmütze, vor mir sitzend mein Bruder Alexander (Sanja) (Aufn. 1923).

Meine Mutter mit
Sanja (geb. 1915)
und mir.

Sommerferien in Sobolewka (1923). Vorne von links nach rechts: Serjosha, Kasik, ich, »Fräulein« Ada Nikolajewna, Sanja, mein Vater und ein Kollege. Hinten von links nach rechts: Sbyschek, meine Mutter, Pan Waschko.

Klassenbild 1927.
Vorderste Reihe, 2. von rechts: Danja, der große Schürzenjäger. Zweite Reihe, 1. von links: Schura, auf die ich Gedichte machte. 2. von links: Sorja, der »unabhängig« von Marx den Mehrwert entdeckt hatte. Letzter in der Reihe: Wolodjka, der »Gesellschaftskundelehrer« und »Bürgerkriegsheld«. Dritte Reihe, 1. von links: ich, 6. von links: Boris, der nach Kanada fuhr und wieder zurückkam, 7. von links: Iwan, der »Kapitalistensohn«. Vierte Reihe, 4. von links: Tanja, meine Jung-Pionier-Führerin.

Nadja und ich 1932 (beide 20jährig).

Im Charkower Lokomotivenwerk »Komintern« 1930. Iwan Schutow und ich (stehend) im Rundfunkstudio des Werks.

Urlaub in Jalta 1932.
Nadja und ich mit zwei Freunden aus dem Betrieb und dem deutschen Genossen Alfred (links von mir mit Schillerkragen).

Als ›Chefredakteur‹ der Abteilungszeitung (Flugblattzeitung) der Panzerbauabteilung des Charkower Lokomotivenwerks »Komintern« 1932.

Arbeiterkorrespondenten des Charkower Lokomotivenwerks. Links außen Nikolaj Melnikow.

Lokomotive »Rot-Front«. Sie wurde zu Ehren des verbotenen deutschen Rotfrontkämpfer-Bundes als Überplanproduktion gebaut. Ich sitze auf dem Lokomotivführerplatz.

№ 5 „Будівник ХПЗ"

З рештованнь котло-зварочного

5\9 ЦЕХА—СЬОГОДНІ ЗДАТИ ПІД МОНТАЖ ТРИМАТИ Й НАБУВАТИ ШТУРМОВИЙ ТЕМП

Плотники Утьонкова, Каменяри Кучера, Савонова—передовики, зразок для всіх

ПЕРЕМОГА ЗОБОВ'ЯЗУЄ!

Вчора комсомольські бригади каменярів Кучера і Савонова, по бойовому перевиконали свої завдання.

Кучер на 18%—(завд. 2695—поклав 3179).

Савонов на 16%.

Вітаємо ударників. Але цього все ж таки ще недостатньо.

Ти зобов'язався тов. Кучер на зборах робкорів домогтись 1000 цегли на камінара.

Сьогодні твоє завдання—4690.

У тебе в бригаді 11 юнаків ударників.

Вчорашня перемога і твої обіцянки зобов'язують Беремо на увагу трудноще в підноскою і рештовку поклади сьогодні 10000

Савонов, не відставай! Поклади сьогодні 5000 (замість 3015 за завданням).

Штурмуйте товариші!

Штурмуйте за більшовицькі норми.

Гусаков, Олейнік, Надієнко.

Утьонковці ведуть перед

Вчорашнє денне завдання бригада плотників Утьонкова виконала на 115%, саме 41 кв. м. замість 35,6 кв. м. за завданням.

Цього домоглися ударною працею, правильним розташуванням сил.

Ми певні, що й сьогоднішнє завдання—97,5 кв. м. вони також за честю перевиконають.

Рябин.

Блудовці мусять відтягнутись

Свій травневий плян вони виконали тільки на 85,3%.

Правда за 1 червня дали зрушення денний плян 1208 шт. виконали 119%, проте цього замало.

Бригада Блудова, повинна наздигнати своїх передових товаришив Кучеровців і Савоновців.

Сегодні завдання 2010.

Виправдаючись ділом Блудовці повинні перевищити цю норму.

Ми закликаємо їх вкладайте 3000 Тільки так, Ви змиете з себе ганебну пляму прориву.

Робкори.

Найбільша й найвідсталіша бригада у Єфремова

В нього 20 чоловік—плотників вдвічі більшь ніж в Утьонкова, а завдання вчора було вдвічі менше, та й його не виконав—замість 26 кв. м. зробив 22.

Хто цьому винний?

Вимагаємо в тебе відповіді Єфремов напиши або прийди, або падавони до нас і відповідай: чому ти відстаєш?

А перед тим виконай і перевиконай, своє сьогоднішнє завдання—35 кв. метрів.

„Удар"

Від редакції

Матеріяли не вміщені сьогодні-саме в питанні госпрозрахунку та партперевиборів буде вміщено завтра.

Герої бетоно-темпів, перекрили сами себе

Сьогодні вночи штурмовики котло-зварочного перекрили власний світовий рекорд

1-го червня дали 1317 на зміну

Сьогодня вночи (з 2-го на 3-е)

за 4 г. 40 хв. дали 790 замісів тоб-то 1353 на зміну

Такої цифри не знає жадна бетономішалка світу

СЛАВА ГЕРОЯМ БІЛЬШОВИЦЬКІХ РЕКОРДІ

Слава прорабу-ентузіясту—безсонному прорабу бетоно-темпів **УМАНСЬКОМУ** організатору більшовицьких рекордів бетонувуння

Слава командирам будівельних штурмів: невтомному прорабові Н. З. т. АШКАЛУНЕНКО.

Прорабові будколонії т. ЛАПІДУСУ.

Бойовому голові цехкому т. ГУСЬКОВУ.

СЛАВА МОТОРИСТАМ ШТУРМОВИКАМ

САЗАНКОВУ, БЕГАЛЬСЬКОМУ, СЕНДЕЦЬКОМУ і ТИШКОВУ

Слава технікам — ГОРБАТЕНКО, ГОРЕЛІКУ, НЕДІКУ, ГАПОНЕНКО.

Вони гідні звання героїв-ентузіястів.

Вони гідні славної подяки.

Eine Seite der Abteilungszeitung, deren Redakteur ich war (1932).

Mein Bruder Alexander
(Sanja) (Aufn. 1935).

Ich glaubte mich im Besitz
der absoluten Wahrheit
(Aufn. 1935).

Sanja. (Aufn. 1940). Er fiel
1941 vor Kiew als Artillerie-
Sergeant.

Im Leninzelt. Die Kompanie-Wandzeitung wird redigiert. Ich als einziger in Uniform, da ich beim Wachdienst war.

Der »Extra-Zug« der schnellsten Marschierer des Bataillons (mit mir ×) am Tag des Geschwindmarsch-Wettkampfes der Division.

Die Reihe kam an mich. Die Sekretärin nickte, und ich setzte mich auf einen Stuhl ganz in seiner Nähe, fast Knie an Knie. Er schrieb noch etwas auf einen Stoß Papiere, die der letzte Besucher hinterlassen hatte, sah mich abwartend an. Ich bemühte mich, unsere Pläne knapp darzulegen.
»Aber wozu ist noch eine Organisation nötig? Warum gehen Sie nicht zur ›Jugend‹?«
Wir hatten diese Frage vorausgesehen.
»Die ›Jugend‹ ist ein republikanischer Verband, sie haben in der ganzen Ukraine Abteilungen, und sie nehmen nur Leute, die schon verschiedentlich publiziert haben. Sie sind alle über zwanzig und haben schon Publikationserfahrung. Solche wie wir Anfänger müssen Monate, wenn nicht Jahre warten, bis man uns anhört und kritisiert. Nur wenige können so lange warten.«
»So, so. Aus den Pionieren herausgewachsen, aber für den Komsomol noch zu jung.«
»Für den Komsomol wohl nicht, aber für die ›Jugend‹ – ja.«
Er schaute mich an. Nahm das Heft, blätterte darin.
»›Jung-Ring‹ nennt ihr euch? Gut. Und in welcher Sprache schreibt ihr – ukrainisch? Oder russisch?«
»Ungefähr halbe-halbe.«
Ich log, aber so entschieden, und ich sprach auch so frei ukrainisch, daß es durchaus glaubhaft klang.
Er schrieb schnell mit Rotstift auf den Heftumschlag: »Ins Blakitnyj-Hs. Die Jungs unterstützen«, reichte mir das Heft, nickte kaum auf mein »Vielen Dank, Mikola Olesowitsch«, und wandte sich dem Nächsten zu ...
Im Korridor erklärte ein erfahrener Bittsteller:
»Er ist ein schlauer Bauer: unsereinen, die Einfachen, empfängt er im Vorzimmer, damit es schneller geht: eins, zwei und fertig. Siehst selbst: andere warten. Und wenn ihm einer lästig wird, steht er auf und geht in sein Büro, läßt die anderen den rausschmeißen. Dann kommt er wieder. Aber für leitende Genossen hat er andere Empfangsstunden. Dann schon bitte ins Büro. ... Sogar Tee bringt man denen.«

Skrypniks Segen war für uns sehr wichtig. Nicht nur, weil das Blakitnyj-Haus dem Volksbildungskommissariat unterstand und Skrypnik uns dort »Lebensraum« verschaffen konnte. Wir wußten, daß er ein alter Bolschewik war, Mitglied des Komintern-Präsidiums, ein gelehrter Marxist und sehr an Literatur interessiert.

Im Februar 1928 hielt er eine große Rede auf der Versammlung der Charkower Schriftsteller. Sein Text wurde in der Broschüre »Unsere literarische Wirklichkeit« veröffentlicht:
»... Ein Großteil unserer Schriftsteller wird sowjetisch getauft, sie erklären, daß sie auf der sowjetischen Plattform stehen, Proletarier sein wollen ... Aber wo ist das Lackmuspapier, um festzustellen, wer wer ist? ... Sie sind meistenteils weder nach künstlerischen noch nach literarischen Kriterien organisiert, sondern nach halb-politischen Perspektiven, auf die sich künstlerisch geradezu entgegengesetzte Richtungen einigen ... Das Zentralkomitee der KPdSU (B) hat die Notwendigkeit des freien Kampfes, des freien Wettbewerbs anerkannt ... Wir können niemandem ein Diplom über Proletariertum ausstellen ... Unsere ukrainische Literatur ist noch nicht über die primitive, halb-provinzielle Phase hinausgelangt. Alle Katzen sind grau: Alle Schriftsteller sind Ukrainer, alle sind Repräsentanten der proletarischen Literatur ...
... Ich bin kein Anhänger der linken Kunstfront, aber ich halte die ›Neue Generation‹ für wichtiger als viele andere Gruppen, eben weil sie von literarisch-künstlerischen Maßstäben ausgeht ... Hier sprechen viele, sehr viele der ›Neuen Generation‹ und der ›Avantgarde‹ das Lebensrecht ab, behaupten, derartige Strömungen gebe es gar nicht. Aber, verehrte Genossen, mit dem ganzen ukrainischen Volk war es nicht anders: auch ihm wurde das Lebensrecht verweigert!
Ich bin auch kein Anhänger des Konstruktivismus und Dynamismus, dieser künstlerischen Richtungen, auf deren Prämissen die ›Avantgarde‹ fußt ... Aber ich meine, daß in der Weite des sowjetischen Landes, unter unserer proletarischen Sonne sich

ein Platz findet, an dem auch diese Gruppe sich künstlerisch entfalten und allein durch ihre Existenz andere Gruppen zur Selbstverwirklichung anregen kann ... Die WAPP* birgt unter einer Dachorganisation mindestens drei einander entgegengesetzte literarisch-künstlerische Strömungen. Meiner Meinung nach ist das Selbstmißachtung, Mißachtung der eigenen künstlerisch-ästhetischen Ansichten ...«

In dieser Rede drohte Skrypnik den ideologischen Gegnern – Chwyljowyj, Malanjuk – und hielt sich auch in der Wortwahl nicht zurück: Er sagte, sie seien ins Lager des »militanten ukrainischen Faschismus« übergelaufen. Hinweise auf künstlerische Werte ihrer Werke wies er zurück: »Purischkewitsch[84] hat auch manchmal Verse geschrieben. Aber wir erschießen die Purischkewitschs und befassen uns nicht mit künstlerischen Bewertungen.« Gleich nach diesen unheilverkündenden Worten rief er dazu auf, scharf gegen die literarische pseudokommunistische Prahlerei vorzugehen ...« Diese heimliche Krankheit, von der wir gewöhnlich nur im Flüsterton sprechen ... Man muß darüber nachdenken, wie man sie dingfest macht, und wie man den Vertretern des Proletkult-Wesens ein feuriges Mal auf die Stirn brennt. Das ist eine schwere Aufgabe, manchmal sogar ebenso unausführbar wie die, einen großrussischen Chauvinisten festzunageln ...«

Fünf Jahre später, als mehrere Millionen ukrainischer Bauern verhungert waren, hat Skrypnik sich erschossen. Auch Chwyljowyj schoß sich damals eine Kugel durch den Kopf. Wahrscheinlich war ihnen das Bewußtsein unerträglich, verantwortlich zu sein für das, was in der Ukraine vorging, Teil jener Kräfte zu sein, die immer neue tödliche Gefahren heraufbeschworen. Nach ihrem Selbstmord wurden sie als »bürgerliche Nationalisten« und »Volksfeinde« verdammt.

1928 jedoch konnten beide – begabte, integre, in politischen

* Allunionsvereinigung proletarischer Schriftsteller

und literarischen Diskussionen erprobte Männer – weder voraussehen noch ahnen, wohin sie selber gingen, wohin ihre Genossen, Freunde und Gegner sie führten ... Mir und nicht nur mir erschienen Äußerungen, wie Purischkewitschs müßten erschossen werden, als vollkommen natürliche Wendungen.

Wir verehrten Skrypnik. Dennoch erschienen uns seine Forderungen, Schriftsteller hätten sich »nach Maßgabe ihrer künstlerisch-ästhetischen Programme zu gruppieren«, als Zugeständnisse an den »Formalismus«. Für uns war die Hauptsache die ideologische Übereinstimmung; und innerhalb ihrer Grenzen Toleranz gegenüber allem formalen ästhetischen Suchen. Genau so ein Verband sollte »Jung-Ring« werden.

Wir trafen uns einmal in der Woche abends im großen Lesezimmer des Blakitnyj-Hauses. Lyriker rezitierten, Prosaiker lasen Ausschnitte aus ihren Arbeiten.

Empfindliche »zartbesaitete« Autoren schimpften sich gelegentlich mit den Kritikern herum. Auf den Versammlungen hatte gewöhnlich ich den Vorsitz. Das Gezänk während der Versammlung konnte meistens irgendwie beigelegt werden. Doch ging die Diskussion in einigen Fällen auf der Straße wieder los und endete in einer Schlägerei.

Die Reihe kam an mich, und ich las mein langes Poem »NEP« vor. Es war ein endloser Wurm gereimter Betrachtungen über große und kleine Ereignisse in der Welt, in unserem Land, in Charkow ...

1927 hatten viele geglaubt, der zehnte Jahrestag der Oktoberrevolution müsse zum Auftakt neuer revolutionärer Veränderungen werden. Wir hielten einen neuen Krieg und damit »das letzte Gefecht« für unausweichlich, das dem ganzen Menschengeschlecht das Glück bringen werde. Auch in den Zeitungsmeldungen hörten wir häufig Alarmsignale.

Nach dem Umsturz Tschiang Kai-scheks in Schanghai wurden auch in Kanton die Kommunisten ermordet und der Arbeiteraufstand niedergeschlagen. In England überfiel die Polizei die sowjetische Handelsmission, fand irgendeinen »Brief von

Sinowjew«, den Chamberlain zum Anlaß nahm, die diplomatischen Beziehungen zur UdSSR abzubrechen und unsere Regierung zu beschuldigen, die Weltrevolution zu schüren.
In Warschau wurde unser diplomatischer Vertreter Wojkow ermordet.
... Durch die Straßen von Charkow zogen lautstarke Protestdemonstrationen zum polnischen Konsulat. Das zweistöckige Haus, zurückgesetzt in einer kurzen Sackgasse gelegen, die auf den Zaun des Technologischen Instituts stieß, war von Polizei abgesperrt, Demonstranten wurden nicht in die Nähe gelassen. Sorja und ich kamen von hinten über einen Zaun und konnten jeder einen Stein werfen, trafen aber nicht. Junge Milizionäre mit eiförmigen Helmen, wie sie auch die englischen Bobbies tragen – diese neue Uniform war im Sommer 1927 eingeführt worden – ergriffen uns. Ich wies meinen einzigen Ausweis vor: das kleine grüne Mitgliedsbuch der Esperantisten. Ein Milizionär sah ehrerbietig auf die ausländischen Buchstaben, während ich hitzig stotterte, daß die ganze Welt protestieren müsse – die Pilzudskis hätten den Mördern Beihilfe geleistet, man sollte es ihnen gehörig zeigen, daß auch wir protestieren.
»Klar, schon gut, Schluß! Nur – protestieren ist Sache der Regierung. Und Fensterscheiben einschmeißen – das ist Rowdytum, nicht Protest. Los, haut ab. So was ist verboten.«
Boris, Sorja und ich sammelten auf den Straßen Geld für die Flugzeugstaffel »Unsere Antwort an Chamberlain«. Wir bekamen mit Siegellack verschlossene Sammelbüchsen, Schachteln mit Messingabzeichen – ein kleines Flugzeug mit einer Faust statt des Propellers – und Schärpen mit Parolen, die wir schräg über die Brust trugen. Jedem, der auch nur eine Kopeke in die Büchse warf, steckten wir ein Abzeichen an.
All diese Ausrüstung erhielten wir durch Boris' Beziehungen im paramilitärischen Stadtkomitee der Organisation OSOVIACHIM, dazu eine Bescheinigung mit dem Stempel: Mit Spendensammlung beauftragt. Das berechtigte uns, die Straßenbahnen und Autobusse unentgeltlich zu benutzen. Man sagte uns: »Wer mehr als 25 Rubel zusammenbekommt, erhält

eine Prämie und darf im Flugzeug fliegen. Eine halbe Stunde über der Stadt.«
Wir strengten uns an.
»Bürger, Bürgerin, spenden Sie für die Flugzeugstaffel ›Antwort an Chamberlain‹! Geizen Sie nicht mit dem Arbeiterpfennig für die Verteidigung des Sowjetlandes! Mit unseren Prolegroschen haun wir den Lords in die Goschen! Spenden Sie für die Rote Luftfahrt!«
Kühn sprangen wir auf die fahrenden Straßenbahnen auf und wieder ab. Selbst die strengsten Milizionäre taten, als hätten sie nichts gesehen.
Wie verachtete ich Leute, die sich von der Sammelbüchse stumm abwandten oder sagten »Hab' schon gegeben ... Hab' nichts bei mir ... Schon gut, später ... Was für Lords? Du sammelst bestimmt für dich, willst dir Süßigkeiten oder Zigaretten kaufen ... Nicht genug, daß sie Steuern nehmen, jetzt soll man auch noch auf der Straße spenden ... Woher soll man wissen, daß du mit den Blechdingern da handeln darfst? Los, zeig' deine Legitimation! ... Da wird sich Chamberlain gerade erschrecken, vor unseren Kopeken! ... Habt ihr Lümmel sonst nichts zu tun, als wie Bettler die Leute zu belästigen? Haut ab, haut ab! ... Gott wird euch geben ...«
Wie ein Bruder, ein Freund, wie ein Sohn liebte ich all jene, die stehenblieben, uns scherzend oder ernsthaft antworteten, Geld gaben und sich das Abzeichen ansteckten. Ein grauhaariger Mann in Uniformbluse mit einer Aktentasche fragte: »Hast du schon viel zusammen, Los, schüttle mal!« Er horchte auf das vollwichtige Klingeln, lächelte befriedigt und steckte in den Schlitz der Büchse einen Rubelschein, stopfte mit einem Bleistift nach. »Gib mir noch 'n paar Abzeichen für meine Jungs!« Und ich zweifelte nicht, daß er ein alter Bolschewik war.

Wir wußten genau: Die Rote Armee muß verstärkt werden, wir brauchen eine starke Rüstungsindustrie. Und wie zum Trotz stören die Oppositionellen, fangen Diskussionen an, desorientieren die Kräfte. Im Herbst 1927 fand der XV. Kongreß der KPdSU (B) statt. Trotzkij, Preobrashenskij, Smilga, Rakowski wurden aus der Partei ausgeschlossen. Sinowjew und Kamenew gaben ihre Fehler zu. In den Zeitungen stand, die Trotzkisten hätten eine parteifeindliche Untergrundbewegung organisiert. Trotzkij wurde nach Kasachstan verbannt.

Trotzdem: es waren doch gerade die Oppositionellen, die vor Tschiang Kai-schek warnten, zum Kampf für die Weltrevolution gegen die Imperialisten, gegen die NEP-Leute und die Kulaken aufriefen.

Ursache all unserer Nöte und Übelstände schien mir die NEP zu sein.

NEP bedeutete private Kaufhäuser und Läden, die erheblich mehr anzubieten hatten und schmucker aussahen als die tristen Zentralen Arbeiter-Genossenschaftsläden; bedeutete stutzerhaft gekleidete Männer und elegante Frauen in Restaurants, in denen abends Tanzkapellen spielten, Kasinos, in denen sich die Roulettes drehten und die Croupiers »Les jeux sont faits!« riefen; bedeutete schicke Mädchen in kurzen Kleidern, die langsam über die abendlichen Straßen promenierten, alleingehende Männer ansprachen oder in Droschken saßen und gellend lachten.

NEP – das waren die Märkte, die überquollen von schmutzigen bunten Menschenmengen, das waren die mit gutgefütterten Pferden bespannten Kulakenwagen, kreischende Marktweiber, einschmeichelnde Zwischenhändler, völlig zerlumpte, dreckschwarze Besprisorniki.

Die Witzblätter und die »gesprochenen Zeitungen« machten sich über die NEP-Leute lustig. Majakowskij aber scherzte nicht mit seinem Appell: »Dreht den Kanarienvögeln schleunigst die Hälse um, sonst besiegen die Kanarienvögel den Kommunismus!«

Wegen der NEP zerstritten sich die Parteiführer untereinander. Und die NEP war es gewesen, die Jessenin, Andrej Sobolj[85] und der Freund meines Vaters, Semjon Chalabarda, in den Selbstmord getrieben hatte. Ein Bauernsohn, reckenhaft und schön,

im Bürgerkrieg Kommandeur eines Regiments, später Direktor eines Trusts, hatte Chalabarda sich in eine hübsche eitle Nichtstuerin verliebt, ihretwegen staatliche Gelder veruntreut und sich vergiftet.
Assejew schrieb:

Wie soll ich dein Dichter sein,
Volk des Kommunismus,
Wenn die Zeit nicht rot leuchtet
sondern matt, als sei sie gelb angestrichen?

Ihn entsetzte die »Kneipe neben dem Volkskommissariat für Inneres«. Wladimir Sosjura rezitierte in freundlich-traurigem Singsang:

Ich weiß nicht, wer wen quält.
Den Revolver möcht' ich wieder nehmen,
In alle fetten Fratzen ballern,
auf jeden piekfeinen Hut, auf jeden Luxus-Paletot.

Nachdem ich meine gereimten Verdammungen der arglistigen und verderblichen Kräfte der NEP vorgelesen hatte, lobte einer meiner Freunde: »Das sind klare Bilder ... starke Verse ... aufrichtiger Ausdruck der Einstellung zu den sozialen Geschwüren ...«
Die Kritiker dagegen waren viel beredter. Sie beschuldigten mich des Pessimismus und defaitistischer Gefühlsduseleien, sagten, ich hätte Jessenin und Sosjura nachgeahmt. Und außerdem überschätzte ich die Gefahren der NEP und unterschätzte die gesunden Kräfte unserer Gesellschaft. Mein Poem sei ideologisch falsch. Sie forderten, ich solle das »überdenken«, »einsehen« und »mich ändern«. Ich versuchte zu widersprechen. Denn die Schlußzeilen klangen doch ziemlich munter:

Und wenn auch in Charkow an
bleichen Regierungspalästen vorbei

die Traber rasen und die Huren kreischen –
noch gibt es Männer in Lederjacken,
die selbstlos schuften Tag und Nacht.

Insgeheim aber war ich sehr zufrieden. Alles lief ab wie bei erwachsenen Literaten: Man hatte mich der Ideen wegen »demontiert«[86], aber die Form als geglückt anerkannt. Irgend jemand hatte sogar von Talent gesprochen.

Eine Woche lang besprach ich mich täglich mit den Freunden: sollte ich Selbstkritik üben oder standhalten? Ich schwankte, zweifelte, fühlte mich aber auch stolz, denn es waren ja ernste »ideologische schöpferische« Schwankungen und Zweifel. Wie bei einem richtigen Dichter.

Schließlich gab ich zu, Fehler begangen zu haben. In männlich beherrschter Trauer bekannte ich, daß ich nachgedacht hätte und jetzt verstünde, in welchem Maße ich das eine überschätzt und das andere unterschätzt hätte. Ich versprach, »noch tiefer nachzudenken« und schleunigst »umzurüsten«.

Unser Verein »Jung-Ring« bestand nicht lange. Der bei uns als Kritiker geführte Roman Katzman[87] veröffentlichte in der Zeitung »Abend-Radio« ein Feuilleton, in dem er bösartig, aber wahrheitsgemäß unsere Versammlungen beschrieb. Namentlich nannte er jedoch nur Todik Robsman, dessen Namen er umdrehte, so daß »Namsbor« daraus wurde. Er nannte ihn »Freund der Strolche, der sich selbst als genialer Poet bezeichnet«. Vieldeutig erwähnte er auch die ungesunden, kränklichen Verse gewisser Jünglinge, die durch die NEP den Kopf verloren hätten. Ich wurde in die Leitung des Blakitnyj-Hauses gerufen. Man legte mir nahe, einen genauen Rechenschaftsbericht über die künstlerische Arbeit unserer Organisation vorzubereiten, ferner mit den Kameraden die »Pressesignale« zu erörtern und eine gründlich fundierte Antwort zu geben.

Bei der nächsten Versammlung führten wir eine »Säuberung« durch, und warfen als einen der ersten den Verräter Katzman hinaus, weil er, der sich bei uns nicht ein einziges Mal zu Wort gemeldet hatte, uns in der Presse verleumdet hatte. Todik versprach, er würde ihm auch noch die »Zähne putzen«. Der vorsichtige Entlarver Katzman aber vermied es, mit uns zusammenzutreffen.

Eine Antwort zu schreiben gelang nicht. Widerlegungen in der Sache waren schwer. Der Sommer begann, die Zeit der Ferien und der Examensvorbereitungen. Der »Jung-Ring« zerfiel, und man vergaß uns einfach.

Im Herbst entstand die neue literarische Gruppe »Der Aufbruch«. Seine Wortführer waren Iwan Kaljannik[88] und Sergej Bosenko (1911–1973). Sergej war sehr schön, sah aus wie ein Beau auf einer bunten Postkarte im »russischen Stil«: hellblonder, lockiger Schopf, große, blaue Augen. Es hieß, er sehe Jessenin ähnlich, nur sei er größer und auch breiter in den Schultern. Selbst fügte Sergej hinzu: »Ich bin auch klassen- und ideenmäßig gesünder.« Im Unterschied zu uns anderen war er ein echter Proletarier, Sohn und Enkel von Arbeitern. Er hatte die Fabrik-Berufsschule besucht und war eine Zeitlang Schmiedeknecht gewesen. Aber in seinen Gedichten und in seinem Gehabe ahmte er Jessenin nach; manchmal spazierte er in blauer Russenbluse umher, gegürtet von einer Kordel mit Troddeln dran. Seine Gedichte las er in dem angestrengten Sprechgesang, der damals »jesseninhaft« genannt wurde.

Er gefiel vielen Mädchen, allen Freunden und sich selbst. Unerschütterlich war er von seiner dichterischen Berufung überzeugt. Er schätzte aber auch die Begabung seiner Freunde hoch ein und begeisterte sich nicht nur für die Verse der drei Iwans, sondern auch für meine. Doch schon die vorsichtigste kritische Anmerkung ihm gegenüber wegen eines ungeschickten Reims oder einer zu weit hergeholten Metapher riefen bei ihm Trauer und unverhüllten jungenhaften Zorn hervor, manchmal auch zänkische Wut. Ein junger Kritiker der »Avantgarde« monierte einmal folgende Zeilen:

> Erregt wogt die Linde in der Winternacht
> wie deine entblößte Brust.

Die Linde habe im Winter kein Laub, sie sei ein schwarzes, staksiges Geflecht von Ästen und Zweigen. In dem Gedicht werde aber nicht von einem Skelett oder einer toten Frau gesprochen. Wieso vergliche er die bloße Brust einer lebenden Geliebten mit einem schwarzen, kalten Gerippe?
Sergej sprang auf und lief dunkelrot an: »Das ist eine Gemeinheit, du Lump!« Wir konnten ihn kaum festhalten, er war der stärkste von uns. »Was heißt hier, ›unterdrück die Kritik nicht!‹? Was ist der denn für ein Kritiker? Versteht nicht die Bohne! Weder von Frauen noch von Gedichten, aber quatscht drauflos! Eine stinkende Wanze ist der! So was muß man zerquetschen!«
(Später im Krieg war er Frontberichterstatter, nahm an der Landung auf der Krim teil, übernahm anstelle des gefallenen Kommandeurs den Befehl und hielt mit einer Handvoll Soldaten einen Küstenabschnitt gegen die pausenlosen Angriffe der Deutschen. Er erhielt dafür den Stern des »Helden der Sowjetunion«. Die letzten zwanzig Jahre seines Lebens arbeitete er an der »Prawda«. Wir trafen uns manchmal im Theater oder im Haus des Schriftstellerverbands, und jedesmal deklamierte er lächelnd und augenzwinkernd meine alten Verse. Im Herbst 1968 war er in Prag, schrieb verlogene, amtlich-pathetische Berichte. Danach haben wir uns nicht mehr getroffen. Als ich von seinem Tod erfuhr, überfiel mich Wehmut. Ich dachte an sein Lächeln; alt geworden und resigniert, lächelte er noch genauso wie als Junge – scheu und breit, alle Zähne blinkten.
Iwan Kaljannik, der Begabteste und vielleicht auch der Klügste von uns, spielte gern den Tölpel vom Lande. Anfänglich schrieb er auch in Jessenin-Manier, später dichtete er auf ukrainisch. Er arbeitete in einer Stahlgießerei. Auf einer riesigen Platte markierte er noch heiße Abgüsse für die erste Rohbearbeitung. Seine Arbeit lieferte ihm den Stoff zu seinen Gedichten.
Von Anfang an spielten zwei unzertrennliche Freunde eine Sonderrolle bei uns: Andrej Beletzkij und Roman Samarin. Beletzkij lebt heute als bedeutender klassischer Philologe in Kiew. Samarin kam nach dem Kriege an die Moskauer Uni-

versität und wurde bald Dekan der Philologischen Fakultät, später stellvertretender Direktor des Instituts für Weltliteratur. Nach meiner Rehabilitierung 1956 hatte ich das Recht auf eine Anstellung an der Moskauer Universität. Dekan Samarin empfing mich höflich-kühl: »Jaja, natürlich sind wir verpflichtet, Ihnen Arbeit zu geben. Nur zur Zeit sind alle Planstellen besetzt. Hier, sehen Sie, die Liste unserer Dozenten. Schlagen Sie selbst vor, wen wir hinauswerfen sollen, um Ihnen die Stelle zu geben. Das wollen Sie nicht? Gut, ich verspreche Ihnen die erste frei werdende Stelle.« Danach sind wir uns kaum noch begegnet. Andrej Beletzkij, der Sohn des berühmten Philologen und späteren Akademie-Mitglieds Alexander Iwanowitsch Beletzkij, war schweigsam, lächelte scheu mit einem Mundwinkel, las und sprach Französisch, Deutsch, Englisch, Italienisch, konnte Altgriechisch und Lateinisch, lernte Sanskrit. In seinen Versen verwendete er ungebräuchliche, papierene Fremdworte, antike und mittelalterliche Begriffe. Er übertrug die Internationale ins Lateinische. Wir bewunderten ihn. Nur Sergej Borsenko sagte abschätzig:
»Wer braucht so was schon? Ist doch 'ne tote Sprache. Wer soll das denn singen, auf welchem Friedhof?«
Wir anderen nahmen Andrejs Gedichte ehrerbietig auf; vieles in ihnen war uns unverständlich und fremd. Die Gebildeteren unter den Kritikern spürten den Einfluß der französischen »Parnaß«-Lyriker, aber auch den von Andrej Belyj und Chlebnikow. Ich hörte ihnen neiderfüllt zu, suchte danach manchmal die erwähnten Bücher, bemühte mich vergeblich, Vergleiche zu ziehen. Ich wünschte mir sehnlichst, eine eigene Meinung zu finden. Aber die edlen Anläufe zum literarischen Selbstunterricht erlahmten rasch und, mich selbst verachtend, verschob ich ihn auf »später«.
Bei der nächsten Diskussion schwieg ich entweder mit gelehrter Kennermiene, oder ich tönte in vielen, leeren Worten:
»Mir scheint, es handelt sich hier nicht um Nachahmung, sondern um Verwandtschaft der Traditionen. Schließlich sind auch die Symbolisten (Akmeisten, Imaginisten, Suprematisten,

je nachdem, wen der Vorredner erwähnt hatte) nicht auf leerem Feld gewachsen. Ich glaube, ich weiß, warum der Genosse in diesen Versen den Nachhall des frühen Tytschina (Blok, Majakowskij, Pasternak, des späten Jessenin u. a.) zu hören meint, aber mir scheint, daß es dennoch im wesentlichen Gedichte einer anderen Ordnung sind. Anders nicht nur im Inhalt, sondern auch im Ton, in der Konstruktion ...«

Einmal sagte Andrej, er werde neue Gedichte vorlesen und holte aus der Aktentasche mehrere säuberlich geschriebene Blätter: »Perseus und Andromeda«.

Und er begann leise, näselnd, aber verständlich zu skandieren. Danach kritisierten wir:

»Ein Schulgedichtchen hoch gelehrt, sogar stark. Aber ein derart klarer Einfluß der Futuristen! Genau wie ›Eine Ohrfeige dem öffentlichen Geschmack‹ oder das ›Richtergärtchen‹. Und die allzu aufdringlichen Alliterationen – das ist doch der reine Chlebnikow! Heute sind das veraltete Tricks ...«

»Hier wurde von Chlebnikow geredet, damit bin ich nicht einverstanden: Ich meine, es ist eher eine Nachahmung des frühen Majakowskij. Erinnert euch ›Das durchglühte Stadtviertel‹ ... ›Die rotblonde Perücke‹ ... ›Der nicht durchgekaute Schrei‹ ...«

»Meiner Meinung nach überschätzen die Genossen das Poem. Das sind doch hilflose kleine Verschen: ›Kaum den eigenen Leichnam über die Erde schleppend‹ – das ist doch kompletter Unsinn! Das ist keinerlei futuristischer Einfluß, sondern allervulgärster Jesseninismus nur mit klassischen Vornamen. Perseus, da sieht man es ja, und Andromache ... Schon gut, also Andromeda – was ist da für ein Unterschied? Und das alles stammt woher? Jessenins ›Schwarzer Mann, schwarzer, schwarzer, schwarzer ... Schwarzes Buch‹ usw., usw.«

Ich wollte für Andrej eintreten. Die Verse gefielen mir im großen und ganzen. Die Vergleiche mit Chlebnikow schienen mir überzeugend. Doch mich ärgerten die boshaften Urteile: »Krankhaft ... fremdartig ... Schreibtisch-Reimerei ... billiger Modernismus ... Sewerjanin nachgemacht ...« Aber nur

zu verteidigen wäre Heuchelei gewesen. Das Gedicht war weit von unserem Leben entfernt und stilistisch antiquiert.
Ehe ich mich entschloß, erklärte Sergej, der den Vorsitz hatte: »Genosse Beletzkij bittet ums Wort.«
»Die Mehrheit der kritischen Auslassungen« sagte Beletzkij, »beziehen sich sozusagen auf Ähnlichkeiten, beziehen sich auf Futurismus, Imaginismus... Es wurde Belyj genannt, Chlebnikow, Majakowskij, Jessenin und sogar, wie mir scheint, Sewerjanin. Das ist ziemlich interessant. Einige Urteile sind sozusagen zweifellos originell. Aber ich muß um Entschuldigung bitten, muß mich schuldig bekennen. Es ist nämlich so, daß ich mir sozusagen eine gewisse Mystifikation erlaubt habe. Ich wollte sozusagen experimentell den Grad der Objektivität und Kompetenz unserer Kritik prüfen. Ich habe Ausschnitte aus einem Gedicht vorgelesen, die ein anderer Autor verfaßt hat, der jedoch, leider, sozusagen sehr weit entfernt von Futuristen und Symbolisten und Sewerjanin ist...«
Er zog aus der Aktentasche ein großes, offenbar vor der Revolution erschienenes rotes Buch mit Goldprägung hervor:
»Hier: Gawriil Romanowitsch Dershawin[89]. Geschrieben im Jahre 1807...«
Alle lachten, besonders laut diejenigen, die – wie ich – sich an der Diskussion nicht beteiligt hatten. Es wurden aber auch ärgerliche Stimmen laut.
»Das ist Hohn! Flegelei! Intelligenzlerischer Hochmut! Er hat sich über den Büchern Schwielen angesessen und macht sich über alle lustig, die nicht diese Bildung haben.«
Sergej klopfte mit dem Bleistift auf den Tisch, dann mit der Faust.
»Genug jetzt! Ruhe! Schluß! Mit dieser Frage schließen wir die Diskussion. Jetzt zu einem anderen Punkt. Über das Benehmen des Genossen Beletzkij sprechen wir ein andermal gesondert.«

Roman Samarin wirkte irgendwie feucht und gedunsen, hatte ein Gesicht wie ein Pfannkuchen und trug eine Brille. Er war der Sohn eines Literaturprofessors, war nicht so gebildet wie

Andrej, aber umgänglicher. Er sprach unter Flüstern und Kichern, gesucht, sogar schwülstig, benutzte aber auch gerne einfache, bäuerliche Wörter. Schon in der Schule – Andrej und er waren in derselben wie ich – unterschieden sich beide äußerlich von uns allen. Sie trugen Baskenmützen, kurze Hosen und lange Strümpfe, gingen mit Spazierstöcken und siezten Gleichaltrige und sogar Jüngere.
Roman schrieb ebenfalls Gedichte. In ihnen bewegten sich energisch überzeugt Worte, die mir zwar bekannt, aber ungewohnt waren – gelehrt, angelesen, ausländisch. Doch bei ihm klangen sie natürlich, selbstverständlich. Daher wirkten seine Gedichte reif.
Seine Lieblingsdichter waren Heredia und Gumiljow. Von den Zeitgenossen lobte er Anna Achmatowa, Wjatscheslaw Iwanow, Chodassewitsch, Tichonow[90], Bagritzkij ...
Als wir näher miteinander bekannt wurden, las er mir »vertraulich« seine Ballade »Das nächtliche Gespräch« vor.
... Nach Hause kommend, sieht er in der Diele am Kleiderhaken eine alte Offiziersmütze und einen Regenumhang. Im Halbdunkel des Zimmers begegnet ihm ein »bleicher, hagerer Mann« – Gumiljow. Der sagt dem Autor, daß Rußland schwere Prüfungen bevorstehen: »Überall werden Kanonen transportiert, zu Lande und zu Wasser« ... Aber er verspricht, daß zum Schluß der russische Staat triumphieren werde.
Roman schrieb Balladen über Bertran de Born, über Ritter, Minnesänger und Kreuzfahrer. Er teilte mir ein Familiengeheimnis mit: Seine Mutter, die freundliche Julija Iwanowna mit dem runden Gesicht stamme in direkter Linie von Gottfried von Bouillon ab.
Einmal schrieb Roman ein Gedicht, das von mir handelte:

> Mein dunkler Freund mit seinem schwarzen Stöckchen
> erzählte mir von nicht sehr strengen Mädchen ...

Anlaß für diese Zeilen war meine Bekanntschaft mit einer richtigen Prostituierten. Es war tatsächlich nichts weiter als eine Bekanntschaft, wir lasen Jessenins Gedichte und führten endlose Gespräche über den Sinn des Lebens. Den Spazierstock aber hatte ich mir nach dem Beispiel Romans und Andrejs angeschafft. Meine Versuche, ihnen auch an Gelehrsamkeit gleichzukommen, scheiterten allerdings. Es gelang mir nur selten, jene Bücher ausfindig zu machen, von denen sie wie von alten Bekannten sprachen.

Roman las im »Aufbruch« sein großes Poem »Jemeljan Pugatschow« vor. Es gefiel vielen. Iwan Kaljannik und ich lobten es. Aber Sergej Borsenko blieb in seinem Klassenhaß ungerührt. Und als ich begeistert sagte: »Hör doch nur, wie toll das klingt – ›mit dem verzierten Zügel den trotzigen Hengst gezähmt‹...«, schnaubte er verächtlich:

»Das ist Spielerei, Klimperkram. Paradeverse. Pugatschow war ein Volksführer. Ein Held. Ein Revolutionär. Und hier ist er irgend so ein Operettentenor: ›Jemeljan, mit der lockigen Tolle.‹ Vergleich das einmal mit Jessenin. Bei dem ist natürlich ideologisch nicht alles so, wie sich's gehört. Aber die Gestalt von Pugatschow ist gewaltig, hat Schwung.«

Andrej und Roman am nächsten stand Lidija Nekrassowa. Schlank, rosig, wohlerzogen. Sie schrieb Sonette, die ihr glichen – melodisch, wehmütig, sehr gut gebaut. Ich verliebte mich stürmisch in sie – auf mindestens zwei Monate. Und teilte dies selbstverständlich in Gedichten mit. Sie nahm sie wohlgeneigt, aber mit nachsichtig abweisendem Lächeln entgegen.

»Ich danke Ihnen, Ljowuschka, das ist sehr freundlich.« Lidija lebte nach dem Krieg in Moskau und ist dort 1977 gestorben. Sie war Afrikanistin und Übersetzerin geworden und beschäftigte sich hauptsächlich mit Dichtern aus Angola und Mozambique. Andrej, Roman und Lidija wurden 1929 aus dem »Aufbruch« ausgeschlossen. Unserer Satzung gemäß hatte jedes Mitglied des Büros der Reihe nach für zwei Wochen die Funktion des unbeschränkten Diktators auszuüben. Sergej benutzte seine Diktatur, um die drei als »antisowjetische Elemente« auszuschließen. Aus Protest dagegen verließ ich die Versammlung.

Dafür erteilte Sergej mir einen strengen Verweis wegen »Versöhnlertum« und »verrottetem Liberalismus«.
Am 18. November 1928 wurde ich »erstmals gedruckt».
Die Literaturseite der Tageszeitung »Der Charkower Proletarier« betreute der gutmütige, schwindsüchtige Romanowskij, der den bösen Spötter spielte. Er veröffentlichte Gedichte von Iwan, Sergej, Lidija und mir »Zum Tode Roald Amundsens«. In einer Zeitung, die Tausende von Menschen lesen, bekannte und völlig unbekannte, gibt es eine kleine – riesige! – Spalte: Meine Verse. Mein Name. Es war eine große Freude. Schon lange hatte ich davon geträumt, lange darauf gewartet, gehofft, wurde enttäuscht, verzweifelte, wartete weiter.
Aber so groß, wie ich erwartet hatte, war die Freude nicht. Gedruckt kamen mir die Verse wesentlich schlechter, blasser, ungeschickter vor... Immerhin schien es eine Zeitlang, als öffne sich die verheißungsvolle Tür, öffne sich einen winzigen Spalt.
Amundsen liebte ich schon von klein auf. Im Sommer 1928 hatte der italienische General Nobile mit einem Luftschiff den Nordpol überflogen. Den Plan hatte Amundsen ausgearbeitet und durchzuführen versucht. Nobile war eine Zeitlang sein Partner gewesen, hatte sich dann mit ihm zerstritten und war ohne ihn geflogen. Das Luftschiff verunglückte.
Unsere Eisbrecher »Krasin« und »Sedow« und mit ihnen die Polarflieger Babuschkin und Tschuchnowskij kamen zu Hilfe. Amundsen, kaum daß er von dem Unglück erfahren hatte, vergaß Alter, Krankheit und Beleidigungen, flog unverzüglich mit einem kleinen Wasserflugzeug los, wollte sie retten. Und kam um.
Davon handelt das Gedicht. Es geriet mir hochtrabend und sentimental. Aber es gibt da die Zeile: Ein Mensch rettet einen Menschen.
Im Jahr 1972, als ich die Unterlagen zusammensuchte, die ich einreichen mußte, um die Schriftsteller-Rente zu bekommen, fand ich diese allererste Veröffentlichung. Es war peinlich, sie zu lesen, und lächerlich. Diese Zeile jedoch ließ mich nach-

denken. Viel hatte sich seither verändert – Anschauungen, Überzeugungen, Ideale. Aber: ein Mensch rettet einen Menschen.
In diesen fünf Wörtern kann man die Anordnung, die Zeit, die grammatischen Fälle verändern:

Er rettete. Er wird retten. Rette!
Ein Mensch rettet einen Menschen.

Durch alle Zeiten. Trotz aller Wandlungen, aller Veränderungen, allem Verrat. Das hatte ich lange Zeit vergessen, so wie ich mein Gedicht auf Amundsen, meine Kindheitsträume vergessen hatte. Jetzt will ich das bis zu meinem letzten Atemzug nicht mehr vergessen.

Scheidewege und Sackgassen

Man muß sich ständig bemühen, die Wahrheit, selbst die traurigste, zu suchen, und man muß sie zeigen und von ihr lernen. Sonst wird man eines Tages eine bittere Wahrheit erleben, die nicht mehr belehrt, sondern straft, weil man sie nicht beachtet hatte.
Archimandrit Filaret[91]

Unsere Pflicht ist es, zu erzählen, was mit uns geschehen ist. Uns gelingt es nicht, zu erklären, warum es so kam und nicht anders, aber das soll uns nicht abschrecken von der Arbeit, die zumindest künftige Erklärungen vorbereiten soll.
Christa Wolf: »Kindheitsmuster«

Die Nachricht von Trotzkijs Ausweisung im Februar 1929 erschütterte mich. Mochte er sich auch geirrt haben, innerparteiliche Zerwürfnisse, erbitterten Streit angezettelt haben, er war doch im Oktober 1917 Lenins wichtigster Helfer gewesen, und er hatte die Rote Armee aufgebaut. Ihn nun wie einen Weißgardisten ins Ausland zu jagen – das war schlimm. Flugblätter und Broschüren, unterzeichnet mit »Bolschewiki-Leninisten«, legten dar, daß gerade Trotzkij, Pjatakow, Smilga und Preobrashenskij[92] die Partei zum richtigen Kurs aufgerufen hatten, Stalin, Bucharin und Rykow aber zu nachsichtig gegenüber Kulaken, NEP-Leuten und Bürokraten seien. Von Bucharin war mir bekannt, daß er der sympatischste und umgänglichste von allen Partei-Führern war. Vor allem aber ein Theoretiker, ein guter Denker. Sein Buch »Der historische Materialismus« hatte ich wieder und wieder gelesen, in ihm sah ich das Muster marxistischer Weisheit. Zeitweise stand Bucharin weiter links als Trotzkij. Aber offenbar hatte auch ihn die NEP verdorben. Er begann, die Bauern dazu aufzurufen, sie sollten sich bereichern, er glaubte, die Kulaken könnten »hinüberwachsen in den Sozialismus«. Was China betraf, so hatte er sich geirrt und Tschiang Kai-scheks Verrat nicht vorausgesehen. Aus den Flugblättern der Opposition erfuhr ich nun, daß Bucharin, Rykow und Tomskij sich mit Stalin zerstritten hatten, daß sie sogar mit der Opposition Frieden machen wollten. Bucharin kam zu Kamenew, um alles zu vereinbaren. Vielleicht würde wieder eine Diskussion wie im Jahre 1927 beginnen, aber breiter, ehrlicher. Und dann wird sich zeigen, wer recht hat.

Wie stellte ich mir eigentlich damals die Zukunft vor? Durch Majakowskij, der mit leichter Hand Gedichte schrieb über Begegnungen mit Puschkin, Lermontow und Lenin waren erdachte Gespräche mit großen Toten Mode geworden. Swetlow unterhielt sich mit Heine, und Roman Samarin mit Gumiljow. Diese poetisch-spiritistischen Séancen regten mich dazu an, über eine Begegnung mit dem Gracchen Babeuf zu schreiben. Er sprach sich lebhaft für die Tätigkeit der leninistischen Opposition aus, warnte vor einem Thermidor, verglich Trotzkij mit Robespierre, Stalin dagegen mit Danton, und sagte den Sieg der revolutionären Kräfte voraus.

In den Tagen meiner größten Nähe zur Opposition sah ich in Stalin lediglich eine neue Variante Dantons – das heißt einen ehrlichen aber »irrenden« Revolutionär. Ich hielt ihn für einen »echten Bolschewiken«. Doch dann überzeugten mich die Flugblätter der Opposition, das »Testament Lenins«, das aus irgendeinen Grund bisher vor der Partei verborgen gehalten worden war, die Mitschrift der Unterredung Bucharins mit Kamenew, die Broschüren der »Plattform der Vereinigten Opposition« und schließlich mein Vetter Mark und seine Freunde, daß Stalin ein beschränkter, machthungriger Bürokrat sei, der sich als Lenins besten Schüler betrachte, obwohl er in der Theorie schwächer war als andere Partei-Führer. Er war ein erfahrener und gewissenloser Apparatschik, der erst zusammen mit Sinowjew und Kamenew listig und demagogisch Trotzkij abgehalftert hatte, dann gemeinsam mit Bucharin und Rykow Sinowjew und die Leningrader überlistete, und nun Bucharin und Rykow wegjagen wollte, um alleiniger Diktator zu werden. Trotz alldem dachte ich, er könnte sich noch bessern, wenn man ihn nur von seinem hohen Posten entfernte und ihm eine untergeordnete Arbeit anwiese.

Im Gegensatz zu Mark, der die »Leningrader Opposition« als konsequente Leninisten gelten ließ, zogen mich die heroischen Mythen von Trotzkij und seinen Gefolgsleuten an: Iwan Smirnow, das »Gewissen der Partei«, Christo Rakowski[93], der internationale Revolutionär, Grigorij Pjatakow, Smilga und andere Kommandeure und Kommissare des Bürgerkriegs. Fast noch stärker als die theoretischen Betrachtungen und der neuerworbene Glaube an das Programm der Opposition reizte mich jedoch die Versuchung des *Untergrundes*, der revolutionären Konspiration. Genau genommen war es derselbe Impuls, der wenige Jahre vorher bei den Jungen Pionieren unsere leidenschaftlichen Kriegsspiele oder das Kosaken- und Räuberspiel inspiriert hatte.

Mark und einige seiner Freunde aus dem »Stadtzentrum« wurden Anfang März verhaftet. Ich verteilte weiterhin Flugblätter, ging zu »Treffs«. Am 29. März 1929 holten sie mich. Wie vorgeschrieben – mitten in der Nacht. Mutter weinte, Vater war blaß und aufgeregt. Sanja riß verschlafen die Augen auf und begriff nichts. Während der Hausdurchsuchung setzte ich mich einfach auf meine Aktentasche, in der zwischen Büchern und Heften einige Flugblätter lagen. Die Aktentasche wurde nicht bemerkt. Sie beschlagnahmten bei mir alte Ausgaben der Bücher von Trotzkij, Pjatakow und Preobrashenskij, Stalins »Fragen des Leninismus« in der Ausgabe von 1924, in der es hieß, der Aufbau des Sozialismus in einem Lande sei eine antimarxistische Utopie, und meine Tagebücher und Notizhefte. Zwei Burschen in langen Uniform-Mänteln und Budjonnyj-Mützen – ein Kommandeur und ein Rotarmist mit Gewehr – führten mich ab. Wir gingen zu Fuß einige Blocks weit durch die noch nachtdunkle Tschernyschewskij-Straße. Ich schleppte ein unförmiges Bündel mit – Mutter hatte mich gezwungen,

Decke, Kissen und eine Unmenge Verpflegung mitzunehmen – und erklärte meinen Begleitern, daß Stalin die Partei betrüge, die Kulaken und NEP-Leute reich würden und der bürokratische Staat die Arbeiterklasse ausbeute.

Der Dienstälteste entgegnete mir:

»Im Staat muß Ordnung herrschen ... Und was sagt die ganze Partei? ... Disziplin ist Disziplin ...«

Im GPU-Gebäude an der Ecke Tschernyschewskij-Sownarkom-Straße wurde ich oberflächlich durchsucht. Ein in meiner Tasche übriggebliebenes Flugblatt konnte ich zu einer Rolle drehen und in das Futter hinterm Hosenstall schieben.

Die Zelle war hellerleuchtet. Vier doppelstöckige Pritschen. Als ich hereingeführt wurde, fragte ich im Ton des erfahrenen Aktivisten: »Gibt es hier Bolschewiki-Leninisten?« Irgend jemand antwortete von oben:

»Ich bin Dezist[94] vom ›Hammer und Sichel‹-Werk. Die übrigen gehören mehr zu deiner Sorte, aber sie schlafen schon. Heute ist Großaktion. Hörst du? Die ganze Zeit werden welche gebracht.«

Nach einer Stunde wurden wir alle – ungefähr zwanzig Mann – im »Schwarzen Raben« ins DOPR Nr. 1[95] auf den Kalten Berg gebracht. Es wurde schon hell. Im Wagen war es kalt und düster. Die Fahrt über das holprige Kopfsteinpflaster rüttelte und schüttelte uns. Rings um mich Gespräche im Flüsterton, manche trafen sich hier wieder, man zählte gemeinsame Bekannte auf: wer, wann verhaftet, wer »bereut hat« – das heißt, eine Erklärung unterschrieben hatte, die das Programm der Opposition verurteilte. Ich fragte nach Mark. Einer hatte von ihm gehört: »Das ist der aus dem Stadtzentrum, ein Theoretiker.« Zwei junge Leute sangen auf eine populäre Melodie einen Spottvers, in dem es hieß, Stalin, grob und illoyal, halte Lenins Testament in seiner Hosentasche versteckt.

Drei von uns kamen in dieselbe Zelle – Mischa K. von der Arbeiterfakultät, Borja Sh., Mitglied des »Aufbruch«, und ich. Verhört wurde ich nur zweimal. Ich stritt mich mit einem gelangweilten, fast kahlköpfigen Untersuchungsrichter über die permanente Revolution, zog stolz das versteckte Flugblatt heraus – »So machen wir das!«, und weigerte mich, meine Freunde zu nennen. Der Untersuchungsrichter drohte mir ziemlich lässig und sah mich verächtlich an:

»Was verstehen Sie schon? Haben sich in Flugblättern und Büchelchen irgend etwas angelesen, während wir für die Sowjetmacht unser Blut vergossen. Spielen vor lauter Wohlleben verrückt, ziehen eine kleinbürgerliche Puddingbewegung auf. Ihr Trotzkij ist überhaupt kein Leninist, war es nie. Hat sich als Napoleon aufspielen wollen. Und jetzt tritt er in der bürgerlichen Presse auf. Wieso kommen Sie mir immer mit Ihrem ›Stalin, Stalin ... Lenins Testament‹? Die gesamte Partei hat Trotzkij verurteilt und Stalin ihr Vertrauen ausgesprochen. Und Sie stolpern uns in den Weg. Schon gut, gehen Sie, denken Sie nach. Wenn Sie unterschreiben, daß Sie sich von der Opposition lossagen, daß Sie Trotzkijs Auftreten im Ausland verurteilen, lassen wir Sie sofort frei.«

»Nichts werde ich unterschreiben.«

»Dann schicken wir Sie in die Verbannung, auf mindestens fünf Jahre. Und wenn Sie auch noch frech werden und randalieren, kommen Sie in den Politisolator.«

»Und das nennen Sie überzeugen, für die Generallinie der Partei kämpfen? Drohungen, Unterdrückung ... Glauben Sie wirklich, daß eine Absage unter Druck echt ist?«

»Wenn sie nicht echt ist, gibt's neue Verhaftung.«

Das Protokoll wurde nach meinem säuberlich abgeschriebenen Tagebuch aufgesetzt. Ich hatte es »konspirativ« geführt, keinen richtigen Namen hineingeschrieben und manche Freunde mit mehreren Buchstaben zur besseren Tarnung bezeichnet: dann und dann hat X gesagt ... dann und dann hat Y einen herzlichen Gruß übermittelt.

Das Gefängnis war ein vierstöckiges Ziegelgebäude. Drinnen, die Wände entlang schmale eiserne Galerien, hinter denen die Zellen lagen; in den Ecken Plattformen, auf denen die Aufseher standen. Steile eiserne Treppen von Stockwerk zu Stockwerk. Zwischen den Stockwerken Netze aus Maschendraht. Ein Glasdach wie in den großen Kaufhäusern. In den viereckigen Zellen waren die Wände unten grün, oben weiß gestrichen, drei Pritschen in jeder Zelle.

Hoch oben ein Fenster, aber ohne Blende. Gegenüber, jenseits der Mauer, war der Flügel mit den Berufsverbrechern sichtbar, von dort ertönten den ganzen Tag Lieder, manchmal sogar nachts. Von Zeit zu Zeit zerschlugen die Kriminellen auch die Fensterscheiben. Die Aufseher beschwerten sich – jeden Tag mußte irgendwo neu verglast werden. Wir benutzten die Kübel nicht und verlangten, zur Toilette geführt zu werden. Das Essen war nicht schmackhaft, aber sättigend. Zum Mittag gab es immer Fleisch: Borschtsch und Nudeln oder Grütze mit einer Frikadelle. Einen Tag nach meiner Einlieferung erhielt ich ein Paket, außerdem kam jeden Morgen der fahrbare »Kiosk«, man konnte Wurst, Franzosenbrötchen, Süßigkeiten und Zigaretten kaufen. Mehr als drei oder fünf Rubel durfte man nicht bei sich haben, damals war das viel Geld. Jeden Tag kam der Bibliothekar: »Wollen Sie Bücher tauschen?« Er verkaufte auch Zeitungen und Zeitschriften.

Der Hofgang dauerte etwa zwanzig Minuten. Mit den Zellennachbarn unterhielten wir uns durch Klopfsprache. Von Zeit zu Zeit brüllte ein Aufseher: »Wer klopft da? Will wohl in den Karzer?«

Am dritten Tag begann im Gefängnis eine »Obstruktion«, eine »Meuterei«: Von oben wurde gerufen: »Genossen, verlangt den Staatsanwalt, fordert offene Zellen, fordert die Wahl von Traktältesten!« Und augenblicklich begannen die Häftlinge in allen Zellen mit Bechern und Hockern gegen die Türen zu trommeln. Rufe wurden laut: »Wolodja ... Sjoma ... Maja ... Anja ... Wo sitzt du? ... Wer ist noch bei dir? ... Wo ist Andrej?« Dann wieder Gebrüll: »Bullen! Faschisten! Wir verlangen den Staatsanwalt! Wir fordern Ältestenwahl! Schließt die Zellen auf!«

Eine sonore Stimme unterbrach den allgemeinen Lärm: »Hier spricht der Diensthabende – Genossen!« (Genau das sagte er:

Genossen.) »Beruhigt euch! Spätestens heute abend kommt der Staatsanwalt!« Und wieder von oben die befehlende Stimme: »Genossen! Wir stellen eine Frist bis sechs Uhr abends. Um sechs fängt die Obstruktion wieder an. Uhrenvergleich!«
(Ein paar Jahre später war es Häftlingen verboten, ihre Uhren zu behalten.)
Pünktlich um sechs Uhr begann der Lärm erneut und noch viel stärker. Aber bald wurde er von gequälten Schreien unterbrochen, nicht aus den Zellen, sondern von den Galerien: »Genossen – sie bringen mich weg! ... Wagt nicht zu schlagen! ... Hände weg! ... Stalinsche Bullen! Faschisten!« Auch wir schrien.
Das Schloß knackte. Hinein stürzten nicht Aufseher, sondern Soldaten in blauen Budjonnyj-Mützen und grünen Uniformblusen. Mich packten sie an beiden Armen: »Marsch in den Karzer!« – und schleppten mich sofort aus der Zelle.
Auf den Galerien liefen im Gänsemarsch junge Männer in Budjonnyj-Mützen. Die Zellentüren dröhnten. Von oben, von unten, von allen Seiten Rufe: »Wir verlangen den Staatsanwalt! ... Macht die Zellen auf! ... Es lebe Genosse Trotzkij, der Führer der Weltrevolution! ... Schande über die Stalinschen Bullen!«
Man stieß mich die steile, eiserne Treppe hinab. Soldaten, die auf den Stufen standen, warfen mich einander zu, wie es Ladearbeiter mit Säcken tun. Nicht bösartig und nicht hastig, nur grausam-gleichgültig.
Der Karzer war im Keller. Ein enger Verschlag, düster, kalt. Ein kleines Fenster direkt unter der Decke. Statt einer Pritsche ein niedriges Gestell aus Blechplatten, dessen Füße in den Asphaltboden eingelassen waren. Darauf zu liegen, tat weh und war kalt, ich rauchte die ganze Nacht. Als meine Zigaretten zu Ende waren, las ich vom Boden feuchte Stummel auf. Vor mir mußte irgendein ganz Nervöser hier gewesen sein, der seine Zigaretten nicht aufgeraucht hatte. Am Morgen weigerte ich mich, meine Brotration in Empfang zu nehmen – erklärte den Hungerstreik. Das Verlangen nach Nahrung war quälend,

trotz des Gestanks aus dem Kübel und des widerlichen Geschmacks der Zigarettenstummel. Nach einem Tag wurde ich wieder in die Zelle zurückgebracht.
Insgesamt verbrachte ich zehn Tage im Gefängnis. Genau an meinem siebzehnten Geburtstag kam ich frei, nachdem ich die Verpflichtung unterschrieben hatte, Charkow nicht zu verlassen.*

Im Herbst und Winter 1929/30 arbeitete ich auf der Eisenbahnstation Osnowa bei Charkow als Leiter und Lehrer der Abendschule für Halbanalphabeten, an der die Eisenbahndepot-Arbeiter und die Frauen aus der Kantine teilnahmen. Mein jüngster Schüler war ungefähr zehn Jahre älter als ich.
Unterricht fand nur an vier Tagen in der Woche statt. Ich hatte viel Freizeit, und fuhr daher fort, zu dichten, Meldungen, Artikel und Liedertexte für das örtliche Blatt und die Zeitungen in der Stadt zu schreiben. Ich schrieb russisch und ukrainisch; lobte die besten Schüler meiner Schule, entlarvte Säufer, Arbeitsscheue, Bürokraten ...
Als ich nicht mehr daran glaubte, daß aus mir ein Dichter werden würde, wollte ich wenigstens Journalist werden, Schreiber »auf jedem Gebiet«. Das würde bei der künftigen revolutionären Tätigkeit nützlich sein. Und ich wünschte mir außerdem sehr, gedruckt zu werden.
Die magnetische Kraft der gedruckten Zeile, der magische »Gutenberg-Effekt« entsteht offenbar aus der archaischen Sehnsucht nach Unsterblichkeit. Aus dem Bedürfnis, die eigene *Spur* auf Erden zu hinterlassen, werden Grabmäler errichtet, werden Namen, wenigstens Anfangsbuchstaben auf Schulbänken, an Ausflugsorten, auf steilen Felsen und Gefängniswänden verewigt ...
Von Osnowa fuhren Agitationsbrigaden des Komsomol in die Patenschaftsdörfer. Ich war noch nicht im Komsomol, zählte

* Die Ereignisse der nächsten Monate sind nachzulesen in meinem Buch »Aufbewahren für alle Zeit«, Hamburg 1976, S. 197–204.

aber zu den »gewerkschaftlichen Aktivisten und Spezialisten für die Liquidierung des Analphabetismus«, und wurde daher mehrmals von einer Brigade mitgenommen.
Es war die Zeit der Kollektivierung der Landwirtschaft. Die »erste bolschewistische Aussaat« wurde vorbereitet. Wir zugereisten Agitatoren brachten Zeitungen und Broschüren in die Bauernhäuser; lasen Analphabeten daraus vor und erzählten von der internationalen Lage, von dem unermeßlichen Wohlstand, den das neue Kolchosleben verheiße.
Im Februar und März kam es in einigen Dörfern zu Unruhen und »Meutereien«.
Berittene Miliz und Truppeneinheiten des NKWD trafen ein. In den Dörfern, in die ich kam, ging es ohne Schüsse, ohne Blutvergießen ab. Aber ein Zug nach dem andern mit enteigneten Kulaken und jenen, die sich der Kollektivierung widersetzt hatten, fuhr nach Norden, nach Sibirien.
Lange Züge mit heizbaren Güterwagen. In den Türrahmen standen Rotarmisten mit Gewehren. Hinter ihnen im Halbdunkel drängten sich kaum erkennbare Menschen. Kinderweinen übertönte das Dröhnen der Räder.
Im Dorf Ochotschaja wurde der neugegründete Kolchos von dem 25jährigen »einäugigen Kommissar« Tscherednitschenko geleitet. Anstelle des rechten Auges hatte er eine wulstige, dunkelrote Narbe, die sich von der Stirn zur Wange hinzog.
»Das hat mir ein Ulan von den Polen verpaßt. Ich war Nummer eins am MG. Bei Warschau haben sie uns auf einem Waldweg erwischt, kamen plötzlich aus zwei Schneisen heraus, ›Vivat!‹, und hackten auch schon drauflos wie auf Weißkohl. Mein Kutscher verlor den Kopf, die Pferde zogen an, und der Wagen kippte seitlich in einen Graben. Das Maxim-MG stand steif nach oben, man hätte Engel damit schießen können. Wir packten unsere Karabiner und Revolver ... Und da erwischt mich einer so, daß er mir fast den Schädel halbiert. Ich weiß nicht mehr, wie er ausgesehen hat, der Pan Ulan. Aufgewacht bin ich erst zwei Wochen später im Lazarett, niemand hatte gedacht, daß ich durchkomme. Die Ärzte und

Schwestern haben gesagt: ›Na, mein Lieber, da haben wir ein Wunder vollbracht!‹ Und so bin ich sozusagen eine Wunder-Ikone.«

Er hatte früher in der Fabrik »Hammer und Sichel« als Brigadier der Modell-Schlosserei gearbeitet, wurde stets ins Parteikomitee und in die Komiteeleitung gewählt, war Mitglied des Partei-Stadtkomitees. Aber die Fabrik verließ er nicht: Er war stolz auf seinen Ruf als bester Meister:

»Mit meinem einen Arbeiterauge sehe ich besser als irgendein vieräugiger Ingenieur!«

Als er ins Parteikomitee gerufen wurde und erfuhr, er solle aufs Land gehen, wehrte sich Tscherednitschenko anfangs:

»Ich mag die Bauern nicht, diese Buchweizenstreuer. Ich hab' kein Vertrauen zu ihnen. Da denkt ja jeder nur an sich, an sein Häuschen weitab von allen anderen und an sein eigenes Geld und Gut. Ich verstehe von ihrer Mistwirtschaft überhaupt nichts, bin von Großvater und Urgroßvater her Proletarier. Kann auch ihre Sprache nicht richtig, obwohl ich einen ukrainischen Namen auf -enko habe.«

Ihm wurde erklärt, derartige Redensarten röchen nach Abweichung zum Trotzkismus, er dürfe sich nicht dem großen Vertrauen der Partei widersetzen. Es sei auch nicht einfach eine Ehrung. Als früherer Roter Reiter müsse er begreifen, daß das ein Kampfauftrag sei. Die Front sei jetzt auf dem Dorf, die Lage ungefähr so wie im Bürgerkrieg. Der Klassenfeind erhöbe sein Haupt und zeige seine Zähne.

Er wurde in das russische Dorf Ochotschaja gesandt, wo Nachfahren der araktschejewschen Militäransiedler lebten. Vom ersten Tag an war Tscherednitschenko unumschränkter Diktator, eine Woche darauf hatte er die Kollektivierung komplett durchgeführt:

»Bei mir ist Entschlossenheit die Hauptsache. Und der Überraschungseffekt. Damit keiner erst Krach machen kann. Marsch in den Kolchos ohne Wenn und Aber. Die Pferde und Kühe haben wir in vier Höfen untergebracht. Drei von früheren Kulaken, einer vom Sowchos. ›Sow-‹, das heißt sowjetisch.

Also, hilf auch auf sowjetisch mit. Pflüge, Sämaschinen, alles übrige – auch auf einen Haufen. Den Schmied habe ich zum Hauptmechaniker gemacht. Der Junge gehört zu uns, war bei den Partisanen. Brigadiere und Vorarbeiter – alle aus früheren Rotarmisten ausgesucht: die können Disziplin begreifen. Habe befohlen, streng auf die Pferdeburschen und die Frauen, die die Kühe versorgen, aufzupassen. Damit die dort ordentlich füttern und melken, und damit das Vieh auch in die Schwemme getrieben und geputzt wird. Alles wie es sich gehört. Ohne Verspätung, ohne Schwindel! Niemand darf an die Kühe und Pferde heran, die ihm früher selber gehört haben. Man muß den Kollektiven Bewußtsein anerziehen. Wenn alles Gemeinschaftseigentum ist, muß man sich den Privatbesitz abgewöhnen. Wir haben bloß noch nicht genug Platz, um die Schweine, Schafe, Gänse und Hühner gemeinsam zu halten. Das Kleinvieh ist noch wie früher bei uns einzeln. Aber dafür haben wir eine Buchhaltung aufgezogen – alles bis zum letzten Küken eingetragen. In anderen Dörfern haben sie mit dem Abschlachten angefangen. Wollen das Vieh lieber umbringen, damit der Kolchos es nicht kriegt. Feinde sind das, Knechtsseelen!«
Die Kirche in Ochotschaja diente für die Bewohner mehrerer Dörfer. Der Priester, ein junger Propst, fuhr oft im Landkreis herum, besuchte kranke Gemeindemitglieder und andere Amtsbrüder. Tscherednitschenko sprach zornig, aber mit Hochachtung von ihm:
»Ein pfiffiger Pope, ach, und wie pfiffig! Sehr klug sogar, kann man sagen. Ein richtiger Politiker, der Hundesohn. Hält eine Linie ein, daß man an ihn nicht heran kann. Predigt sogar für die Kolchose. Beweist, daß sie sozusagen dem Gebot des Evangeliums entsprechen. Damit es weder Reiche noch Arme geben soll und damit alle zusammen wie Brüder und Schwestern undsoweiter. Aber heimlich agitiert er, der Hund – in der Predigt, in Gesprächen und durch seine Kader. Er hat seine alten Weiber in militärischer Ordnung – da kann unsere Agitprop nur neidisch werden. Und seine Agitation ist ganz raffiniert: In die Kolchose sollten alle gehen, die ein bißchen

reicher sind, sonst würden sie nach Sibirien geschickt. Aber die Dorfarmen, die Landarbeiter, brauchten nicht hin – sie würde die Regierung nicht anfassen. Sie seien so was wie sowjetische Adlige. Das ist vielleicht ein Lump! Was der sich da ausgedacht hat!«

... Eines Abends ging Tscherednitschenko mit einigen Aktivisten zu dem Priester. Sie drängten ins Haus, ohne sich die Schuhe abzustreifen und die Mützen abzunehmen, polterten direkt ins Eßzimmer. Der Hausherr trat ihnen ruhig, sogar freundlich entgegen.

»Treten Sie ein, meine unerwarteten, aber hochgeehrten Gäste. Setzen Sie sich bitte. Verschmähen Sie nicht ein Gläschen Tee mit Konfitüre.«

»Wir sind nicht hergekommen, um mit dir Tee zu süffeln.«

Tscherednitschenko klappte einen Zipfel seines Uniformmantels hoch, zog aus seiner Reithose eine Pistole und warf sie von der einen Hand zur anderen. »Weiß du, was das ist?«

Die Pfarrersfrau, die wie angewurzelt beim Samowar stand, stöhnte leise. Der Priester blieb ungerührt.

»In Waffen kenne ich mich nicht aus. Aber es ist scheinbar ein Browning.«

»Richtig geraten. Sieben Schuß drin. Und alle sieben kriegst du in deinen Wanst, wenn du nicht morgen noch vor Tag aus dem Dorf verschwindest. Ich hab' nur ein Auge, aber ich sehe weit. Also, verschwinde, daß es im ganzen Kreis nicht mehr nach dir stinkt!«

»Warum? Wieso denn? Ihre Drohungen sind gesetzwidrig. Die Kirche ist vom Staat getrennt, aber die sowjetischen Gesetze beschützen die Rechte ...«

»Ach, halt die Schnauze, du Vieh. Ich ficke deiner Gottesmutter und allerreinsten Jungfrau und allen Erzengeln, Engeln, Aposteln und den vierzig Märtyrern in die blutigen Äugelchen! Siehst du das Schießeisen? Genau das ist Gesetz und Recht. Sowohl Justiz als auch Polizei. Ich knall' dich ab wie einen tollen Hund, soll man mich nachher ruhig verurteilen. Nach dem Gesetz.«

»Ich werde mich beschweren. Das ist Gewaltandrohung.«
»Hau doch ab und beschwer dich! Los, schwirr ab nach Charkow, noch besser, gleich nach Moskau ins Zentral-Exekutivkomitee. Sollen dich Petrowskij und Kalinin nach dem Gesetz bedauern – ich nicht! Morgen, noch vor Tag, bringen dich sechs Berittene zur Station. Spann deinen Schlitten an, lad deinen Kram auf, alles, was du willst. Unsere Jungs helfen bei der Gepäckaufgabe. Und alles übrige – Schnaps, Vieh und Haus kommt zum Kolchos. Du hast ja selbst erklärt, daß es so nach dem Evangelium sein soll: verteil deine Habe, ›selig sind, die da Hunger und Durst haben‹ ...«
»Selig sind, die um ihres Glaubens willen vertrieben werden ...«
»Hör auf zu quatschen. Willst vielleicht auch noch uns agitieren? Ich habe Eure Pfaffenweisheit schon als kleiner Junge gehaßt. In der Berufsschule hat der Priester schlimmer als alle Stadtpolizisten geprügelt. ›Liebet Eure Feinde, meine Kindlein!‹ Und hat uns beim Direktor und den Gendarmen angezeigt. Uns Jungen haben sie durchgeprügelt wie nasse Lumpen, und die Väter aus der Fabrik rausgeworfen ...«
»Das heißt, er war ein schlechter Hirt und ein schlechter Mensch.«
»Nicht schlechter als du, du Quatschkopf mit Bart. Schluß jetzt mit der Unterhaltung. Der Befehl ist klar: morgen noch vor Tag ... Ich sage es nicht zweimal.«
»Ich muß der Gewalt gehorchen. Aber ich werde mich unverzüglich beschweren.«
Dies sagte er, während die Männer schon hinaustrampelten. Sie lachten laut, stampften fest auf und schlugen die Tür mit Wucht zu.
Am Morgen fuhr der Priester ab. Fast bis zum Bahnhof geleiteten ihn weinende Frauen.

Nach Stalins Artikel »Schwindligwerden vor Erfolgen« begann man in den Nachbardörfern, die in Gemeineigentum übernommenen Kühe den Eigentümern zurückzugeben. Mancherorts

traten ganze Familien wieder aus dem Kolchos aus – Moskau hatte es erlaubt! – und forderten ihre Pferde, ihre Pflüge, Eggen und das Saatgetreide zurück.
Tscherednitschenko erlaubte, die Kühe denen wiederzugeben, die es »sehr wollten«, und »noch kein richtiges Bewußtsein« besäßen. Aber nicht einmal den Gedanken an einen Austritt aus dem Kolchos ließ er zu.
»Übereilung? Übertreibung? Übergriffe? Na, vielleicht kam so was mal vor. Dort, in Moskau, kann man das besser beurteilen. Sollen wir deswegen jetzt etwa auch das Erledigte rückgängig machen, vielleicht die Kulaken-Fettwänste wieder zurücktransportieren?«
In Ochotschaja begann nun auch eine »Meuterei«. Eine Schar von Frauen belagerte die Pferdeställe und Scheunen des Kolchos.
Der Vorsitzende des Dorfsowjets, der Sekretär der Parteizelle, die Kolchos-Brigadiere und Aktivisten verbarrikadierten sich in der Schule, wurden aber nicht angerührt. Ihre Frauen und Mütter konnten ihnen ungehindert zu essen bringen. Tscherednitschenko und zwei Bevollmächtigte des Kreis-Exekutivkomitees spannten einen leichten Wagen des Kolchos an und verließen das Dorf. Im zähen, mit tauendem Schnee vermischten Schlamm kamen sie schlecht voran. Ein paar Jungen liefen mit Knüppeln hinter ihnen her. Tscherednitschenko schoß in die Luft. Die Jungen blieben stehen. Einer rief:
»Los, hau ab, einäugiger Teufel! Und komm nie wieder! Bandit, gottverdammter!«
In der Kreisverwaltung herrschte Panik. Eine Kavallerieeinheit des NKWD mit auf Pferdewagen montierten MGs traf ein. Aus Ochotschaja rief der Bevollmächtigte der GPU an.
»Ich spreche aus dem Dorfsowjet. Könnt ihr hören, was das für ein Krach ist? Sie suchen Listen. Haben alle Schränke zerschlagen. Und auf der Straße haben sie ein Feuer gemacht, verbrennen alle Papiere, die sie gefunden haben. Nein, mich rührt niemand an. Ich bin in Uniform und habe meine Mauser um. Sie sagen, sie seien nicht gegen die Sowjetmacht, nur gegen

die schlechten Kommissare und Übertreiber. Ist Tscherednitschenko dort? Auf den haben sie eine Mordswut. Er sollte besser nicht herkommen. Die ganze Kolchos-Leitung sitzt in der Schule. Nein, niemandem ist etwas passiert. Ich übernachte auch dort. Aber ich gehe immer allein heraus. Die Dörfler achten mich. Jetzt haben sie einen Dorfältesten gewählt, einen alten Dorfarmen. Haben sogar eine alte Amtskette mit Adler gefunden. Die Krone haben sie allerdings mit Siegellack zugekleistert...«

Drei Tage darauf traf in Ochotschaja eine halbe Hundertschaft berittener Miliz mit einem Maschinengewehr-Wagen ein. Der neugewählte Dorfälteste, der Lagerverwalter und noch einige Männer wurden verhaftet und fortgebracht.

Alle Kolchosbauern wurden auf dem Platz vor der Kirche zusammengerufen, um einen neuen Kolchosvorsitzenden zu wählen. Von Tscherednitschenko wurde nicht einmal mehr gesprochen. Das Kreiskomitee entsandte ihn in ein anderes Dorf. Der neue Vorsitzende, ein Aktivist aus dem Dorf und früherer Rotarmist, sagte:

»Also, Bürger und Genossen, sagen wir es so – die Meuterei ist zu Ende! Unsere Nachbarn in Ternowaja haben gebrüllt: ›Wir ergeben uns nicht! Wir werden auch ohne die Sowjets auskommen!‹ Haben sogar die Genossen aus der Stadt verprügelt. Manche mit Grund, andere ohne jeden Grund. Und jetzt werden bei ihnen soundsoviel Bauern nach Sibirien gejagt. Aber wir, Bürger und Genossen, müssen verstehen. Die Sowjetmacht ist schließlich für die Bauern. Natürlich, es hat Fehler gegeben, ein richtiges Kopfverdrehen und ganz allgemein Übertreibungen und Übergriffe. Aber die Kolchose sind jetzt ein für allemal eingeführt. Da gibt es kein Zurück. Und das heißt, daß wir es jetzt so machen müssen, wie es bei uns in Ochotschaja schon seit Urzeiten hieß: ›Wenn saufen, dann saufen, wenn prügeln, dann prügeln, und wenn arbeiten, dann arbeiten‹. Und jetzt heißt es – arbeiten!«

Von Tscherednitschenko hörte ich nichts mehr. Wenn er auch das Jahr 1933 überlebt haben sollte, dann gewiß kaum das Jahr 1937.

Die Charkower Redaktion der »Komsomolskaja Prawda« trug mir, dem »Jungkorrespondenten«, auf, zum fünfjährigen Bestehen der Zeitung Glückwünsche heranzuholen.
Ich bekam eine für zwanzig Tage gültige Bescheinigung auf einem Dienstbogen der Redaktion. Mit diesem einzigen Dokument ging ich in das Bezirkskomitee und auch zum Zentralkomitee. Damals konnte man selbst die höchsten Parteidienststellen ohne Passierschein betreten.
Sekretär des Stadtkomitees und des Gebietskomitees war Pawel Petrowitsch Postyschew.
Im Wartezimmer drängten sich viele Besucher. Aber man brauchte nicht lange zu warten. Jeweils mehrere Besucher wurden zu Postyschew eingelassen. Ich kam zusammen mit zwei Vertretern irgendeiner Fabrik hinein, die dicke Ordner bei sich hatten. Postyschew saß an einem gewöhnlichen Büroschreibtisch. Hager, mit breiten Kieferknochen. Graue Haare in Bürstenschnitt über einer blassen Stirn. Lebhafte graue Augen. Ein gesticktes Ukrainerhemd.
»Woher seid ihr, Genossen? So, so ... Na, dann sprich du. Dein Fall ist offenbar kürzer. Ein Jubiläum, sagst du. Schon fünf Jahre! Wie die Zeit vergeht! Zu wann soll die Grußbotschaft fertig sein? Bis morgen kannst du's aushalten? Na, gut. Komm morgen früh.«
Am nächsten Morgen gab mir Postyschews Sekretär, ein junger Mann in Uniformbluse, einen großen, unverschlossenen Briefumschlag.
»Hier, nimm und lies. Pawel Petrowitsch hat angeordnet, daß du gleich hier sagen sollst, welche Verbesserungen oder Zusätze nötig sind. Ich schreib sie dazu und gebe es zum Abschreiben. Er ist heute schon früh in die Fabriken gefahren, kommt aber bald zurück und unterschreibt dann.«
Ich las den kurzen Text durch, der alle vorgeschriebenen Lobesworte und Wünsche enthielt, war vollständig zufrieden und begann nicht erst, mir irgendwelche Verbesserungen auszudenken.
Auf der Treppe begegnete mir Postyschew, der gerade hinauf-

kam und sich dabei mit zwei Begleitern unterhielt. Er bemerkte mich. »Na, durchgelesen? Irgend was verbessert? Nein? Das heißt, alles gut? Hast vielleicht Angst vor Verschleppung? Brauchst du nicht! Wir machen alles, was nötig ist, rasch und verschleppen nichts. Du meinst also, es ist gut so? Auch was Ausmaß und Maßstab betrifft? Na, dann ist ja alles in Ordnung. Grüß mir den Komsomol.«

Vorzimmer von Stanislaw Kossior, dem Ersten Sekretär des ZK der Ukraine. Der Diensthabende im Vorzimmer gefiel mir nicht. Ein Geck mit kurzem Jackett, Schlips und spitzen, blankgeputzten Halbschuhen. Ganz offensichtlich ein »entarteter Apparatschik«.
Er sagte trocken:
»Genosse Kossior ist beschäftigt. Lassen Sie einen schriftlichen Antrag hier, und kommen Sie am Abend wieder. Sie können auch anrufen.«
Ich setzte mich an den Tisch und schrieb einen umfangreichen Antrag. Der Diensthabende ging mehrere Male hinaus und kam durch eine Seitentür wieder herein. Als ich meinen Antrag fertig hatte, war er wieder mal draußen. Also ging ich ihm nach und stand plötzlich in Kossiors Zimmer. Dort fand eine Sitzung statt. Hinter einem imposanten Schreibtisch glänzte der runde Kahlkopf des Ersten Sekretärs, an dem großen, mit grünem Filz bezogenen Konferenztisch und auf einem Sofa an der Wand saßen etwa zwanzig Männer.
Skrypniks Bärtchen erkannte ich sofort, und neben ihm auch den dichten Lockenkopf und das Pincenez des neuen Volkskommissars für Volksbildung Satonskij. Auch andere Leute erkannte ich, die häufig auf Bildern in der Zeitung zu sehen waren. Kossior bemerkte mich und fragte ärgerlich:
»Was wollen Sie, wie kommen Sie hierher, Genosse?«
»Ich komme von der ›Komsomolskaja Prawda‹ ...«
»Was fällt Ihnen ein, sehen Sie denn nicht, daß wir hier Sitzung des Politbüros haben? Verlassen Sie sofort das Zimmer. Genosse Kilerog, haben Sie ein Wartezimmer oder einen Durch-

gangshof?« Der Diensthabende errötete, zischte mich giftig an und schalt dann draußen: »Schämen Sie sich nicht? Ich habe Ihnen doch gesagt, daß Sie den Antrag hierlassen sollen. Wie kommen Sie dazu, in eine Sitzung des Politbüros einzudringen?! Keinerlei Disziplin!«
»Ich wußte doch nicht ... Ich habe Ihnen den Antrag bringen wollen.«
Liebend gern hätte ich ihm gesagt, was ich von miesen Bürokraten hielt, von verkommenen Apparatschiks. Es war kaum ein Jahr her, daß ich mich zur »linken Opposition« bekannt hatte. Aber die Hauptaufgabe war es, eine Grußbotschaft zu bekommen. Und ich rechtfertigte mich nicht nur höflich, sondern spielte auch noch den verwirrten, erschreckt-naiven Jungkorrespondenten.
Er nahm meinen Antrag und fuhr fort, mir mürrisch Vorwürfe zu machen:
»Verstehen Sie denn nicht, daß hier keine Parteizelle und keine Pionierabteilung ist? Hier ist das Zentralkomitee! Das Politbüro! Der Stab der Partei! Daran muß man doch denken! Schon gut, gehen Sie: Sie bekommen Ihre Grußbotschaft. Ich habe erst den Mitgliedern des Politbüros darüber Bericht zu erstatten ... Rufen Sie morgen an ... Es eilt, es eilt? Wenn es so eilig ist, hätten Sie früher kommen müssen. Gut, ich werde sehen, die Sache heute noch zu klären ... Das muß schließlich ein Parteidokument sein, nicht irgendein Schmierzettel, eins, zwei und fertig. Wenn Sie warten wollen, setzen Sie sich dort ins Treppenhaus. Hier geht es nicht. Sie haben mich auch so schon in Verlegenheit gebracht ...«
Meiner Meinung nach verdiente er nur Verachtung. Seine unfreundliche Höflichkeit – er redete mich wie einen Parteilosen mit »Sie« an – war widerlich. Ich meinerseits antwortete darauf natürlich auch per »Sie« und glaubte an keine einzige Versprechung: Ist einer Bürokrat, dann schiebt er auch die Dinge auf die lange Bank. Ich erklärte, ich wolle draußen auf genaue Antwort warten, und ging hinunter in die große Halle, wo Sofas, Sessel und einige Tischchen standen. Ich setzte mich

gemütlich hin, zog aus der Aktentasche, die ich des solideren Aussehens halber bei mir hatte, ein Buch und begann zu lesen. Kurz darauf bemerkte ich ein junges Mädchen mit einer weißen Schürze, das auf einem Tablett eine Batterie Teegläser, einen Stapel belegter Brote und Gebäck trug. Sie ging in Kossiors Vorzimmer. Als sie nach geraumer Zeit zurückkam, fragte ich sie, ob sie noch einmal wiederkomme.
»Die wollen doch die ganze Zeit was zu trinken. Die haben eine Sitzung. Reden und reden, dabei wird die Kehle trocken. Na, und Appetit macht das auch. In 15 bis 20 Minuten bringe ich wieder was.«
Sie erklärte sich einverstanden, Satonskij einen Zettel zu übergeben. Auf einem Blatt mit dem Briefkopf der »Komsomolskaja Prawda« schrieb ich einen pathetischen Appell an den teuren Wladimir Iwanowitsch, sich zum Jubiläum der Zeitung zu äußern, die in nicht geringem Maße bei der Volksaufklärung mitwirke.
Es stellte sich heraus, daß das Mädchen mit der Schürze Klawa hieß und ebenso alt war wie ich, daß sie manchmal die »Komsomolskaja Prawda« las, daß sie Kantineningenieur werden wollte und bei ihrer Mutter wohnte ... Der Vater war tot, Brüder und Schwestern hatte sie nicht, sie ging gern ins Kino und mochte Sahneröllchen, tanzte aber nicht gern ...
Sie stellte mir ein Glas Tee mit Zitrone hin, gab mir ein Wurstbrot und ein Sahneröllchen.
»Brauchst nichts zu zahlen. Hier essen alle kostenlos. Nur nach Hause darf man nichts mitnehmen. Aber hier kannst du essen, soviel du willst. Ich bring' noch was.«
Ein paar Minuten später kam Satonskij heraus, füllig, zerstreut:
»Was für eine ›Komsomolka‹ hat mir da geschrieben? Ach, das bist du! Warst du das, der eben in die Versammlung reinplatzte? Sind vielleicht frech geworden, die Komsomolzen ...! Und was willst du haben? Einen Gruß zum Jubiläum? Gut, wart noch eine halbe Stunde ... Na, vielleicht dauert es ein bißchen länger. Drinnen werden gerade meine Fragen behan-

delt. Danach schreibe ich es auf.«
Meine Wohltäterin brachte mir noch mehr Tee und Wurstbrote. Es stellte sich heraus, daß wir in einer Reihe lebenswichtiger Probleme völlig einer Meinung waren: Ins Kino lohne es sich nur bei guten Filmen zu gehen, ausländische Filme seien meistens Blödsinn, manche seien aber auch ganz lustig, und bei uns gebe es erst wenige gute Filme, aber ein so großartiger wie der »Schneider aus Torshok« sei Dutzende von Max Linders wert. Wir fanden, daß Volks- und Revolutionslieder besser als Romanzen seien und daß Tanzen leere Zeitvergeudung sei. Sie gestand, daß sie Filmschauspielerin werden wollte, aber die Lehrerin in der Schule habe erklärt, daß man dazu sehr viel Talent besitzen müsse, und für Mädchen überhaupt sei das gefährlich. Alle machten sich an die Schauspielerinnen heran, besonders die Vorgesetzten. Außerdem sei es gesundheitsschädlich, ständig geschminkt und gepudert zu gehen und für die Augen irgendwelche Tropfen zu nehmen, um größere Pupillen zu bekommen.
Satonskij brachte mir zwei Bogen aus einem Notizblock mit der Kopfzeile »Der Volkskommissar für Volksbildung«, dicht mit Bleistift vollgeschrieben. Es war ein freundschaftlicher Gruß an die Kampfzeitung des Komsomol, der Wunsch, noch aktiver, noch interessanter, noch lebendiger zu schreiben, zu kämpfen, aufzuklären, zu mobilisieren usw. usw.
Er stand vor mir, während ich las.
»Na, wie ist es? Gut? Was soll das denn: ›Dankeschön, dankeschön‹ – ich lese die ›Komsomolka‹ doch. Eine gute Zeitung. Und so habe ich es geschrieben ... Na, laß es dir gutgehen.«
Der aufgeputzte Apparatschik kam vorbei.
»Ach, Sie sitzen immer noch da? Ist es Ihnen gar so eilig?«
Aber dann kam er noch einmal direkt zu mir.
»Sie bekommen eine Grußbotschaft vom ganzen Politbüro. Morgen früh lasse ich sie auf der Maschine abschreiben und lege sie zur Unterschrift vor. Kommen Sie gegen elf wieder.«
Von meiner Begegnung mit Postyschew und davon, wie angenehm sich die Atmosphäre in seinem Vorzimmer vom »Luxus-

bürokratismus« im Büro des Zentralkomitees unterschied, habe ich später oft meinen Freunden und Bekannten erzählt.

Im Sommer 1930 wurde ich Redakteur der Radiozeitung der Charkower Lokomotivenfabrik »Komintern«. Dort gab es seit kurzem einen Sender. Dessen Leiter und zugleich Ingenieur, Techniker und Meister war Sergej Iwanowitsch, ein schon älterer Rundfunkamateur. Im Selbstunterricht hatte er Radiotechnik studiert und mit Hilfe von zwei Lehrlingen, ebensolchen Enthusiasten wie er, in einem kleinen Anbau am Haus des Betriebsgewerkschaftskomitees einen Sender gebaut. In allen Werkhallen waren Lautsprecher angebracht, in der Kantine, auf dem Hof und in einigen Häusern der Werksiedlung.

Sergej Iwanowitsch lebte im Sender. Nach Hause ging er manchmal zum Mittagessen oder um sich auszuschlafen.

»Meine Alte ist deswegen nicht böse, ist es schon so gewohnt. Sie weiß ja, daß ich mich nicht mit Mädchen rumtreibe. Hier, im Sender, ist ständig ein fachmännisches Auge notwendig. Ist ja sonst kinderleicht, was zu stehlen oder kaputtzumachen. Radio ist was Empfindliches, außerdem ist es technisch und politisch wichtig. Kluge Frauen sind auf Technik nicht eifersüchtig. Und mit einer dummen würde ich gar nicht erst leben wollen.«

Als Nachrichtenstudio diente eine dunkle Kammer, die dicht mit Sackleinen und Tuchbahnen zugehängt war. Zu Anfang verlas ich einfach Meldungen aus der Tageszeitung »Der Charkower Lokomotivenbauer«. Bald aber suchte ich mir eigene Arbeiterkorrespondenten zusammen, ging durch die Werkhallen, erfuhr, wer die besten Arbeiter waren, wer oft zu spät kam, wer viel Ausschuß herstellte, und wie die Tages- und Wochenpläne erfüllt wurden.

Meine Lehrmeister und Helfer waren alte Freunde vom »Aufbruch« – Iwan Kaljannik und Iwan Schutow, festangestellte Mitarbeiter der Werkszeitung. Sie waren es auch, die mich vom Eisenbahndepot ins Lokomotivenwerk ›rübergelockt‹ hatten.

Sergej Iwanowitsch war »seiner« Zeitung sehr gewogen. Sie bestätigte klar die Nützlichkeit und Wichtigkeit seiner geliebten Radiotechnik. Außerdem halfen wir alle mit, in der Direktion und beim Komiteechef Geld für neue Einzelteile, neue Geräte und Fachliteratur für ihn zu schnorren. Früher hatte er dafür einen nicht geringen Anteil seines Lohnes geopfert. Nebenbei – auch später hat er damit nicht geknausert.

»Meine Alte ist deswegen nicht böse. Ich sage ja – eine kluge Frau. Sie begreift, das ist besser, als Geld für Schnaps vergeuden. Ist also für die Gesundheit nützlicher.«

In den ersten Tagen legte ich in der Komitee-Leitung brav alles vor, was ich senden wollte. Ich betrat das enge Büro der Kulturabteilung, das belagert wurde von den Kulturfunktionären der einzelnen Werksabteilungen, von Vertretern der Patenschafts-Schulen, der Pionierabteilungen, von »Roten Ecken« und Büchereien, von Gästen aus vorgesetzten Gewerkschaftsdienststellen, von Enthusiasten der Klubs und Theater, von Organisationen aller möglichen »Kulturkampagnen«, oder einfach von Bittstellern, die überall in die Komiteeleitung eindrangen, um sich über irgendwen oder was zu beschweren oder Hilfe zu suchen gegen einen Meister, einen Buchhalter oder den Leiter des Wohnheims.

Bemüht, alle zu überschreien, drängte ich mich an den Tisch des Kulturleiters.

»Genossen, laßt mich durch, es ist dringend! In einer halben Stunde geht die Radiozeitung in den Äther. Radio steht außerhalb jeder Reihenfolge. Genossen, habt bitte Bewußtsein.«

Der Leiter des Kultursektors, geplagt, zerstreut, blätterte in dem Ordner herum, den ich ihm hingelegt hatte. Sergej Iwanowitsch hatte mir beigebracht, jede einzelne Meldung auf ein gesondertes Blatt zu schreiben, damit es bei der Sendung keine Verwechslungen gab. Und der Ordner der bevorstehenden Sendung war dick. Der Kulturleiter fragte anfangs, gab »Anleitungen«:

»Es genügt nicht, daß du über die Montage schreibst ... Du mußt mehr Namen von den besten Stoßarbeitern nennen!«

Aber nach ungefähr zwei Wochen sagte er:
»Schluß mit dem Hinundherrennen und Abstimmen. Du bist kein kleiner Junge mehr: Hast ja schon 'nen Bart. Hast du dich eingearbeitet? Schaffst du es? Gut, dann übernimm auch die Verantwortung, wie es sich für einen verantwortlichen Redakteur gehört. Und mit dem Bericht komm einmal in der Woche oder Dekade her.«
Und so wurde die Radiozeitung ohne vorherige Prüfung und Zensur gesendet.
Unser »Radio-Lokomotivenbauer« wurde im Parteikomitee gelobt; mehrfach wurde er auch der Werkszeitung, die der Schriftsteller Iwan Kulik redigierte, als Beispiel hingestellt. Kulik war vom Stadtkomitee der Partei eingesetzt worden, entweder nach einer Rüge wegen ideologischer Verfehlungen oder weil er einen Roman aus der Arbeitswelt schreiben wollte. Er korrigierte die Artikel und Berichte der Arbeiterkorrespondenten sorgfältig und bemühte sich um Stil und Sprache. Meiner Ansicht nach tat er dies zu literarisch, mit poetisch-romantischen Wendungen. Auf solche schlichten, unter Zeitdruck stehenden Zeitungsneulinge wie mich, die sich der »Kampfaufgabe« des Heute, des Jetzt, ja, der Minute verschworen hatten, wirkte er wie aus der Gelehrtenstube geholt, weit von den Massen, vom Werk entfernt.
Als man ihm im Parteikomitee vorwarf, die Radiozeitung sei erfolgreicher als die gedruckte, erwiderte er ruhig, das müsse auch so sein. Über Radio werde dreimal am Tag gesendet, die Zeitung dagegen erscheine nur dreimal in der Woche. Kulik protegierte mich unbeirrt, gab mir bereitwillig Ratschläge; ihm gefiel es, daß ich mich ernstlich um Stilistik und Phonetik des Ukrainischen in den Sendungen bemühte.
Redaktionssekretär Julij Mitus half auch, gab mir sogar Überschüsse seines »Portefeuilles« ab, vergaß aber nicht, mich dabei streng zu belehren:
»Du, mein lieber Radiosender, fängst offenbar an zu denken, daß deine Zeitung die Hauptzeitung im Werk sei. Vergiß bitte nicht: Das Radio muß eine Hilfskraft für die Parteipresse sein.

Sonst kommt es womöglich zu einem unnötigen Parallelismus, oder sogar zu schädlicher Partisanenarbeit ...«
Mitus, der früher bei den lettischen Schützen gekämpft und nach dem Krieg lange an Armeezeitungen gearbeitet hatte, trug noch seine alte Uniformbluse und Soldatenstiefel, hatte auch die militärischen Sitten beibehalten: pünktlich, pedantisch, ordentlich – »Vor allem Disziplin«, sagte er oft, »die ist überall nötig!« Er war eifersüchtig auf die Ehre seiner »Einheit« bedacht, versuchte aber niemals, sich aufzuspielen, zur Schau Befehle zu erteilen, schrie niemals, wirkte nie müde oder nervös. Aber er befehligte die Zeitung regelrecht, war immer zur Stelle. Kulik ging häufig seinen eigenen literarischen Angelegenheiten nach, während Mitus jede Nummer mettierte, den Entwurf zusammenstellte und in die Druckerei in der Stadt brachte. Er war ein guter Metteur. Er war es, der seine Zeitung durch die Druckmaschine »schubste«, wobei er die Rivalen aus anderen Fabriken wegdrängte. Häufig brachte er auch die ganze Auflage selbst ins Werk und sorgte dafür, daß die Zeitungen nicht in der Postverteilungsstelle liegenblieben.
Von seinem persönlichen Leben, von seiner Familie wußten wir nichts. Er kam als erster von allen in die Redaktion; wenn wir dort übernachteten, weckte er uns im Morgengrauen. Nach zwei, drei Tagen ohne Schlaf, wie es manchmal bei großen »Sturm«-Doppelschichten vorkam, wirkte er, im Gegensatz zu anderen, ordentlich, war frisch rasiert, kein Stäubchen auf den Stiefeln, kein Fältchen in der Bluse. Nur die Augen hinter den dünnen, hellblonden Wimpern waren geschwollen und gerötet.
Anders als Kulik, war er auf die Erfolge der Radiozeitung eifersüchtig. Er verhielt sich mir gegenüber immer korrekt, wollte mich aber seiner Hauptredaktion unterstellen.
»Wie hat Wladimir Iljitsch gesagt? – Auch die Zeitung muß Organisator der Kollektive sein. Wir sind ein Werk, eine Parteiorganisation, eine Gewerkschafts-, eine Komsomolorganisation ... Brauchen wir also zwei Zeitungen, zwei kollektive Organisatoren? Ganz und gar nicht. Du bist begabt für Mas-

senarbeit, organisierst deine Arbeiterkorrespondenten gut. Das heißt also, du müßtest in unserer Redaktion arbeiten. Und nicht isoliert. In den bürgerlichen Staaten, wo es verschiedene Parteien gibt – da gibt es auch verschiedene Zeitungen. Aber du bist schließlich nicht von einer anderen Partei.«
Selbst in meinen geheimsten Gedanken identifizierte ich mich damals mit jener Partei, der ich formell noch gar nicht angehörte. Und ich war bereit, mich selbst der strengsten Disziplin zu unterwerfen, der schärfsten Zensur. Obwohl ich ohne dies wahrscheinlich viel besser und mit mehr Nutzen für eben diese Partei gearbeitet hätte. Die blinde Bereitschaft zur Selbstverleugnung, zum unbedingten Gehorsam, die Absage an alle Versuchungen der Freiheit führten mich später zu quälenden Zusammenstößen mit meinem Gewissen, zu schweren Kämpfen mit mir selbst.

Die Unterwerfung unter die allesumfassende Parteiherrschaft kastrierte nicht nur die Gedanken und Seelen der treuergebenen Parteimitglieder, sondern führte schließlich und endlich auch zum Verschwinden der Partei selbst. Die Reste ihrer lebendigen Kräfte wurden schon 1937 bis 1939 vernichtet. Die Grundlagen ihrer Ideologie zerbrachen im Verlauf der folgenden Jahre. Als in den Kriegsjahren meine Freunde, Genossen und ich in die Partei eintraten, war das für uns vor allem eine emotionale, patriotische Anwandlung. Und am wenigsten eine *Partei* – oder eine ideologische Wahl. Fast niemand dachte an das Programm, an Ideale, an die Prinzipien des Marxismus. Es erschütterte und erbitterte uns nicht, daß anstelle der »Internationale« eine neue Staatshymne erklang – die talentlose Nachahmung von Kirchenchorälen. Die Devise »Proletarier aller Länder, vereinigt euch!« wurde ersetzt durch die Verfluchung »Tod den deutschen Okkupanten!«. Die Komintern, die Kommunistische Jugend-Internationale und die Internationale Rote Hilfe wurden ebenso leicht und einfach auseinandergejagt wie vorher der Verband der ehemaligen politischen Häftlinge, der Esperantisten-Bund, die Republik der Wolgadeutschen ...

Die Kluft zwischen Bezeichnungen und Wirklichkeit, zwischen Worten und Taten wurde immer breiter und tiefer.
Die heutige KPdSU ist im Gegensatz zur RSDRP (b) und zur RKP (b) keine Partei mehr und nicht einmal im üblichen Sinne des Wortes eine ideologische Organisation, sondern eine mächtige Verwaltungseinrichtung, sozusagen eine kirchenmäßige, Propaganda- und Polizeieinrichtung. Sie umfaßt immer größere Massen, wird immer ungefüger, manchmal fast amorph, bleibt jedoch hinreichend zentralisiert und mobil. Durch sie sind die wichtigsten Kräfte tätig, die das ganze Land lenken. Aber in ihr sind fast gar nicht mehr jene naiven, revolutionären Träume zu finden, jene selbstlosen, aufrichtigen, echten – oft mörderischen und nicht selten selbstmörderischen – Emotionen, die unsere Jugend begeisterten und erschütterten.

Mitus überzeugte mich, daß die Radiozeitung mit der Hauptredaktion verschmolzen werden müsse. Das war auch deswegen notwendig, weil ich noch nicht einmal Kandidat des Komsomol war und daher nicht verantwortlicher Redakteur bleiben durfte.
Ich gab meinen Aufnahmeantrag beim Komsomol ab. Aber dessen Werkkomitee stellte fest, es sei kaum ein Jahr her, daß ich »grobe politische Fehler« begangen, sogar an »trotzkistischer Untergrundarbeit« teilgenommen hätte. Das Komitee beschloß, mich an die Werkbank zu schicken, ich müsse erstmal »im Arbeitskessel gekocht werden«, in den Komsomol sollte ich dann über die Abteilungszelle eintreten. Ich wurde der Reparaturabteilung zugeteilt, hatte erst als Schlosser, dann als Dreher zu arbeiten. Wenn ich Frühschicht hatte, arbeitete ich abends für die Zeitung, war ich in der zweiten Schicht, übernachtete ich in der Redaktion und befaßte mich bis zum Schichtbeginn mit den Zeitungsangelegenheiten.
Ich hatte die Abteilung für Massenarbeit zu leiten, mußte Arbeiterkorrespondenten werben, den Redakteuren der Wandzeitungen in den einzelnen Werksabteilungen helfen, »Späh- und Stoßtrupps« der Arbeiterkorrespondenten zur

Überprüfung von »Engpässen«, d. h. von Stellen, wo der Plan nicht erfüllt wurde, organisieren.
Unser Werk stellte nicht nur Lokomotiven her, sondern auch schwere Raupenschlepper vom Typ »Kommunard«, außerdem Dieselmotoren und schnelle Panzer. Ein Teil der Traktoren wurde als Zugmaschinen für die Artillerie an die Armee geliefert und ein Teil der Dieselmotoren an die Marine für U-Boote. All dies galt als geheim: Einige Details durften nicht einmal in Wandzeitungen mit ihren richtigen Namen genannt werden, sondern erhielten Nummern.
Wir glaubten, daß unser Panzer BT der beste auf der Welt sei. Und wir waren glücklich, als wir erfuhren, daß bei der Parade in Moskau die Führer auf ihrer Tribüne auf dem Lenin-Mausoleum die ersten drei unserer Kampfwagen freudig begrüßt hätten und daß die ausländischen Militär-Attachés erschrocken gewesen seien. Der »Kommunard« war selbstverständlich der beste von allen Traktoren auf unserem Planeten. Stapelweise zog er zum Export bestimmtes Holz durch die Taiga hoch im Norden und auch die schwersten Kanonen. Und unser Diesel, den wir in einer deutschen Lizenz herstellten, war unübertrefflich.
Anfang 1930 hatte unser Lokomotivenwerk 8000 Arbeiter, und vier Jahre später schon 30000. Die Mehrzahl von ihnen kam vom Lande. Viele von ihnen lebten weiterhin in den Dörfern in der Nähe und kamen mit der Eisenbahn zur Arbeit. Wir nannten sie »Zügler«.

Unser bester Arbeiterkorrespondent war ein Schlosser von der Lokomotiv-Montage, Ilja Frid. Mit seinen 35 Jahren kam er uns Neunzehnjährigen betagt vor. Er sprach leise, oft scherzhaft, ironisch, aber gutmütig. Er benahm sich schlicht, kehrte nicht die Autorität heraus, obwohl er schon als Gymnasiast im Jahre 1918 in die Partei eingetreten war – im Untergrund in Poltawa, während der deutschen Besetzung. Er war Rotarmist und Politarbeiter gewesen, dann in den zwanziger Jahren Vorsitzender des Werkkomitees einer Tabakfabrik in Odessa.

1928 war er aus der Partei ausgeschlossen worden, weil er im Jahr davor für die Oppositionsplattform gestimmt hatte. Die Resolution der Parteiversammlung der Fabrik hatte er sich aufgehoben. In ihr wurden seine Verdienste an der Front und in der Fabrik aufgezählt, und zum Schluß hieß es, Genosse Frid sei ein »ehrlicher, prinzipientreuer Kommunist, ein verständnisvoller Genosse, der sich durch Ehrlichkeit und Wahrheitsliebe auszeichnet«, aber »die Versammlung hält es für nötig, ihn aus den Reihen der ukrainischen Kommunistischen Partei auszuschließen, da er sich geweigert hat, früher begangene, schwere politische Fehler zuzugeben. Zwar hat er keine oppositionelle Tätigkeit ausgeübt, sondern die Beschlüsse des XV. Parteitags ausgeführt, doch da er es ablehnte, den antiparteilichen und antisowjetischen Charakter der Opposition richtig einzuschätzen, gehört er nicht in die Reihen der Partei.«
Frid verließ Odessa und ging als Arbeiter nach Sibirien. Wieder und wieder schrieb er ans ZK mit der Bitte um Wiederaufnahme in die Partei, denn er anerkenne bedingungslos alle Beschlüsse aller Parteitage und ZK-Plenen und verurteile alle Arten von Oppositionellen. Doch jedesmal teilte ihm die Parteiorganisation, die vom ZK beauftragt wurde, seinen Fall zu überprüfen, mit, er habe noch nicht wirklich »abgerüstet«, sei noch nicht restlos aufrichtig.
Frid hielt es für politisch taktlos, an die wahre Bedeutung Trotzkijs in der Revolution und im Bürgerkrieg zu erinnern oder daran, daß Lenin einst Bucharin »Liebling der Partei« genannt hatte. Das solle man mit Schweigen übergehen. Aber zu behaupten, sie seien von Anfang an stets Lenins Feinde gewesen und hätten der Oktoberrevolution nur geschadet, sei einfach gelogen, heiße, die Geschichte entstellen.
Wegen dieser trotzigen Wahrhaftigkeit wurde Frid nicht wieder in die Partei aufgenommen.
Seine Frau hatte sich nach seinem Parteiausschluß von ihm scheiden lassen und den Kindern verboten, ihm zu schreiben. »Daran hat sie recht getan. Ich selbst habe es ihr so beigebracht. Sie war ein stilles Mädchen. Gymnasiastin, Arzttoch-

ter. Bürgerliche Intelligenz. Und ich habe sie für den Komsomol geworben. Während der deutschen Intervention machte sie Meldedienst für unser illegales Revolutionskomitee. In Odessa wurde sie dann Parteiinstrukteur für die Arbeit mit Frauen, jetzt in Poltawa leitet sie ein Ressort im Rayonparteikomitee. Sie und ich, wir haben von vornherein festgelegt, nie und niemals zu lügen, weder in privaten noch in politischen Dingen, nicht in der kleinsten Kleinigkeit. Sie hat der Partei mitgeteilt, daß sie alle Beziehungen zu mir abgebrochen hat. So mußte es auch sein. Wie sie leben, erfahre ich von meinem Bruder. Meine älteste Tochter geht schon in die dritte Klasse. Sowie ich rehabilitiert bin, will ich ihnen sofort schreiben.«

In Sibirien wurde Frid von der GPU beauftragt, die 1929 dorthin verbannten Mitglieder der Gruppe Syrzow-Lominadse zu »beobachten«. Diese Gruppe wurde von anderen Oppositionellen »Jung-Stalinisten« genannt. Frid erfüllte diesen Auftrag, aber ohne sich den Männern heuchlerisch anzubiedern, sich als Gesinnungsgenosse oder Sympathisant auszugeben. Im Gegenteil, er stritt und diskutierte mit ihnen, verteidigte die Generallinie der Partei.

»Die sind doch trotz allem immer noch Genossen. Und ein Bolschewik darf seine Genossen nicht anlügen. Natürlich habe ich ihnen nichts von meinen Kontakten zur GPU gesagt, denn der Auftrag war ja konspirativ. Aber provozieren, sich verstellen, den Dummen markieren, das kann man nur, wenn es sich um einen Feind handelt. Als mich die Deutschen und die Polizisten des Hetmans erwischt hatten, da habe ich Theater wie auf der Bühne gespielt, den vollkommenen Trottel gemacht, den unbedarften Gymnasiasten, der nur Jules Verne und Mayne Reid im Kopf hat.«

Frid machte mich mit Alexandrow, dem Leiter der Werk-GPU bekannt. Alexandrow nahm stets an den Sitzungen des Parteikomitees und an den Versammlungen der einzelnen Abteilungen teil, gelegentlich kam er auch zu uns in die Redaktion. Er trug wie die meisten verantwortlichen Funktionäre eine Soldatenbluse ohne Litzen und Rangabzeichen, obwohl alle sagten, er habe zwei Rauten –: »verdienter Tschekist«. Bei den Versammlungen saß er schweigend da und notierte sich ab und zu etwas. In der Redaktion oder bei sich im Büro, wohin er uns einzeln oder in Gruppen bestellte, fragte er sachlich oder erteilte Ratschläge, ohne Kommandoton.

»Dein Artikel ›Tölpelei oder Schädlingsarbeit?‹, Bruder, ist zu scharf. Ihr habt's noch nicht verstanden, Jungs. Es ist noch keinen Monat her, daß der neue Meister dort ist. Und ihr gleich ›ruckzuck!‹ – ›Tölpel oder Schädling‹! Man müßte ihn jetzt vielmehr ein bißchen anspornen. Das mit dem Ausschuß in der Gießerei dagegen ist etwas Ernsteres. Da muß man aufpassen. Wer sind dort die Arbeiterkorrespondenten? Sind sie zuverlässig? Die Blasen im Chromnickelstahl sind nicht unbedingt zufällig. Möglich, daß dort jemand irgend etwas zaubert bei der Mischung oder an den Formen oder beim Gießen selbst. Aber nichts übereilen! Vorläufig nicht darüber reden oder schreiben. Man muß da klug und raffiniert vorgehen, um alle Einzelheiten zu erfahren. Muß mit den Leuten ganz einfach von Mensch zu Mensch sprechen. Habt ihr Verbindung zu den Ingenieuren? Schade. Wer von euren Aktivisten in der Schweißerei hat in der letzten Schicht gearbeitet? In der vergangenen Nacht ist viel Ausschuß gemacht worden. Da muß man dahinterhaken. Seht ihr, ich gebe euch Signale wie ein richtiger Arbeiterkorrespondent. Also strengt euch an und helft auch mir. Jeder Kommunist, jeder Komsomolze muß ein Tschekist sein. Gerade hier bei uns. Wir backen keine Brötchen, bauen nicht mal Sämaschinen.«

Einmal rief Alexandrow Frid und mich zu einer geheimen Unterredung. Wahlen zum Stadtsowjet standen bevor. Wir sollten auskundschaften, wo in den Werkabteilungen Wühlarbeit der ideologischen Feinde, trotzkistische Propaganda getrieben würde, aber vor allem sollten wir darüber nachdenken, wie der gefährlichste Störenfried im Werk, Fedja Terentjew, gestürzt werden könne.

Er war Brigadier bei den Schlossern in der Diesel-Montage. Fedja selbst – ein Meister höchsten Ranges – und alle aus seiner

Brigade arbeiteten einwandfrei, mit der Genauigkeit von Juwelieren. Aber er nahm in seine Brigade weder Parteimitglieder noch Komsomolzen auf.

»Bei mir im Abschnitt will ich selbst der Herr sein. Fragt nach dem Plan – ich erfülle ihn. Nicht weniger als 120 Prozent. Und Ausschuß gibt's bei mir null komma nix Prozent. Na, die von der Partei und von der kämpferischen Komsomolija lassen einen nicht arbeiten, wie man selbst will. Sollen sie dort kommandieren, wo es schief und krumm zugeht: für ideologisches Bewußtsein und sozialistischen Wettbewerb. Sollen sie Wettbewerb mit mir machen. Ich habe keine Geheimnisse. Soll kommen, wer will, und zusehen, wie wir arbeiten. Nur nicht durch Reden stören.«

In Fedjas Brigade waren altgediente Lokomotivenbauer wie auch junge Leute. Und alle hörten auf ihn. Auf Abteilungsversammlungen saßen die Terentjew-Leute alle zusammen.

Bei Abstimmungen stimmten alle mit ja, wenn Fedja sich mit dem Kamm durch die rechte Schnurrbartseite fuhr, und mit nein, wenn er die linke kämmte; nahm er den Kamm nicht zur Hand, enthielten sie sich der Stimme. Wenn er es nicht für nötig befand, zur Versammlung zu gehen, gingen seine Leute nach dem Mittagessen von der Kantine wieder an ihre Arbeitsplätze. Rauchten. Spielten Domino.

1930 und 31 kamen Petrowskij, Skrypnik, Kossior, Jakir und Ljubtschenko häufig ins Werk. Nach der Arbeit oder während der Mittagspause wurden dann Versammlungen einberufen. Manchmal fragte dann der prominente Gast: »Ist Fedja Terentjew auch da?« Und aus der Menge auf dem Fabrikhof oder von den hinteren Bänken in der Kantine tönte eine feste Stimme: »Hier, hier, Grigorij Iwanowitsch, und Fragen an dich habe ich auch ...«

Lustiger Lärm kam auf.

Fedja war eine auffallende Erscheinung. Damals war er ungefähr 40 Jahre alt, wurde an Stirn und Schläfen schon kahl, aber er hielt sich jugendlich: Ein dichter schwarzer Schnurrbart mit aufgedrehten Spitzen hob sich klar von dem blaßbräunlichen nervösen Gesicht ab. Bis 1917 war er Matrose gewesen, hatte manche Seemannsgewohnheiten beibehalten: Sommer und Winter ging er mit offener Brust. Bei Frost warf er sich über das ölverschmierte Hemd lediglich einen schwarzen, speckigen, wattierten Kittel. Und immer trug er einen schwarzen Hut – ein abgehackter Konus mit schmaler Krempe –, der war speckig bis zum Hochglanz. »Wenn es mal überhaupt nichts mehr zu fressen gibt, koche ich mir aus dem Hut Suppe – ich habe ihn seit 1910, der hat noch Fett von der alten Zeit drin!«

Fedja wurde »Allunions-Störenfried« genannt. Man erzählte sich, 1924 oder 1925 habe er als Delegierter auf dem Allunions-Rätekongreß eine solche Rede gehalten, daß die ausländischen Zeitungen sie als »elementare Arbeiteropposition« beschrieben hätten, Kalinin ihn aber einen Demagogen genannt habe.

Seither war er weder zu Allunions- noch zu All-Ukrainischen Kongressen delegiert worden, wurde aber stets in den Stadtsowjet von Charkow gewählt. Die Stimmabgabe war damals offen. Und für ihn erhoben sich viele Hände. Für ihn stimmten auch Leute, die sich mal mit ihm gestritten hatten.

»Sicher, er übertreibt manchmal, aber er sagt die Wahrheit, ohne zu schielen ... ist besser als die Leute, die hinter der vorgehaltenen Hand schweigen, nichts sagen können, sich verstellen oder versuchen, sich aus allem rauszuhalten, als ginge sie das gar nichts an ...«

Fedja kam zu den verschiedensten Versammlungen – zu offenen Parteisitzungen und zum Komsomol, zu allen Produktionsbesprechungen und zu Vorträgen über die internationale Lage. Manchmal kam er erst gegen Ende, aber unverzüglich hob er die Hand:

»Na, laßt mich mal was sagen ...«

Es kam vor, daß ein unerfahrener Vorsitzender dem nicht stattgab – »die Rednerliste ist schon geschlossen«, oder »tragen Sie sich ein, wir erteilen Ihnen das Wort nach der Reihenfolge«. Dann erhob sich sofort Unruhe: »Gib Fedja das

Wort! ... Soll er zur Tagesordnung sprechen ... Unterdrückt unseren Fedja nicht ... Das Wort für Terentjew ... Laß einen Arbeiter sprechen! ...«
Und er sprach von der Tribüne herab oder direkt von seinem Platz in der Reihe aus. Er sprach mit klarer, starker Stimme, überzeugt, ohne Stocken.
»Der Referent hat also einen Vortrag gehalten. Von den Kumpeln hab' ich gehört, daß es ein inhaltsreicher Vortrag über die internationale Lage und die Weltkrise war. Stimmt alles. Man kämpft im Kampf und für den Kampf. Die Proletarier darben. Die Kapitalisten schlemmen und schlampampen ... Erhöht die Produktionsprozente, senkt die Ausschußprozente! Wir bauen frisch und fröhlich unsere neue sozialistische Welt ... Nur, liebe Genossen, ich möchte euch noch was dazu sagen: Heute morgen stand meine Frau um vier Uhr auf, um beizeiten nach Heringen und Graupen anzustehen. Ich mußte zur Arbeit, meine Frau in die Schlange. Zum Frühstück hatte ich schieres heißes Wasser. Dazu hab' ich an einer Zwiebel genagt. Mochte kein Brot nehmen – schließlich müssen ja meine drei Jungen was zu essen kriegen. Die sind noch nicht so klassenbewußt, daß sie für den Produktionsplan und für die Weltrevolution gerne hungern ... Mittags bin ich in unsere Kantine gegangen. Ich weiß nicht, was der liebe Genosse Direktor und der liebe Genosse Sekretär des Parteikomitees heute Mittag gegessen haben – ich habe sie in unserer Kantine ziemlich lange nicht mehr gesehen. Sie haben da ja auch die Kantine für Ingenieure – Bouillon, Borschtsch, Beefsteaks und Kompott mit Zucker. Bei uns gab es einen Borschtsch, daß man nicht weiß, ob der aus dem Kessel oder aus dem Scheuereimer stammt. Danach Kascha mit einem Fett, daß ich mir besser von einer Drehbank Schmieröl mitgebracht hätte, und sogenannte Fleischbällchen – aber wer noch nicht vergessen hat, wie Fleisch schmeckt, der glaubt es nicht! In diesen Frikadellen war irgend etwas Undefinierbares von Karnickel oder Katze drin, vielleicht war's auch ein ausgekochter alter Lederriemen ... Aber von uns wird verlangt: ›Gegenplan‹, ›Übererfüllung‹, ›Senkung der Pro-

duktionskosten‹, ›erhöht die Normen‹. Wo bleibt denn da die Diktatur des Proletariats und die Verteidigung der Arbeiterklasse?«
Fedjas Reden waren von Lachen und zustimmenden Zurufen begleitet: »Gib's ihnen, Fedja! Richtig! Deck sie ein, die Chefs, Fedja, es gibt keinen Gott, und die Pfaffen hauen ab!... Der gibt's ihnen, unser Matrose!« Aber auch feindselige Repliken wurden laut: »Schwätzer, Stänkerer, Demagoge...! Was treibst du hier Provokation?«
Seine »unterminierende« Ideologie brauchte man nicht auszukundschaften. Auch Alexandrow kannte sie hinreichend. Er fragte mehr danach, wie sich die Arbeiter gegenüber Terentjew verhielten, wer mit ihm befreundet und wer mit ihm verfeindet sei. Und er freute sich sehr, als Ilja ein Verfahren ausdachte, um Fedja bei den Wahlen durchfallen zu lassen. Wir veranlaßten die erfahrensten Aktivisten unter den Arbeiterkorrespondenten, dem Werk-Wahlausschuß seine Kandidatur vorzuschlagen. Auf der Werkversammlung stimmten alle für ihn, und er wurde zum Stellvertretenden Vorsitzenden des Wahl-Komitees gewählt. Als aber die Kandidaten zum Stadtsowjet aufgestellt wurden und Fedja unter den Ersten genannt wurde, erschien in der Werkzeitung ein Feuilleton: »Ein Störenfried wählt sich selbst« sowie eine Karikatur: Der schnurrbärtige Fedja mit der großen Nase zieht sich mit einem Flaschenzug mit der Aufschrift »Wahlkommission« auf den Hochstand »Stadtsowjet«.
Zurückzutreten war für ihn schon zu spät, und auf den Wahlversammlungen erhielt er eine begründete, »gesetzliche« Abfuhr... Und so kam es, daß Fedja im Jahre 1931 zum ersten Mal seit 1920 nicht mehr Mitglied des Stadtsowjets wurde. An jenem Tag kam er finster zu uns in die Redaktion, mehr erstaunt als zornig, und sagte sogar mit einem Anflug von Achtung: »Ihr Schreiberlinge habt mich also angeschmiert! Schlau gemacht, muß man zugeben, wie ihr den Fedja aus dem Stadtsowjet gekippt habt. Nun ist also Schluß! Jetzt kann ich nämlich keinem Arbeiter mehr dazu verhelfen, aus seiner

Baracke oder seinem Keller in eine anständige Wohnung zu kommen. Jetzt kann ich keinen Kumpel mehr von den Bullen freikriegen, wenn er im Suff mal krakeelt. Kann auch selber nicht mehr kostenlos auf der Straßenbahn fahren. Ihr habt den letzten wirklichen Vertreter der Arbeiterklasse aus dem Stadtsowjet verdrängt. Jetzt sind da nur noch die Genossen Chefs und die Genossen Schweiger. Wer ist dafür? Wer ist dagegen? Stimmenthaltungen? Alle heben brav die Hand hoch. Einstimmig angenommen ...«

Im Juni 1935, kurz ehe ich Charkow verließ, traf ich Fedja auf der Straße. Ich erkannte ihn nicht gleich. Er trug ein altes, aber sauberes kurzes Jackett, war gebeugt, grau geworden, sah traurig und düster aus:
»Haben mich rausgeschubst. Ganz raus. Aus der Abteilung und aus dem Werk. Vorsichtsmaßnahme. Aus! Die beste Brigade im Werk zugemacht. Fast alle meine Leute sind auch gegangen – wollten keinen neuen Brigadier. Und jetzt sitzen sie mit dem Plan im Dreck. Die Flotte braucht Dieselmotoren. Aber die brauchen Wachsamkeit! Gegen wen die Wachsamkeit? fragt sich. Gegen die Terentjews. Meinen Bruder Grischka haben sie auch rausgeworfen. Weißt du noch – er war Meister in der Schweißerei. Und meine Schwester, die Kontrolleurin, mußte auch gehen. Jetzt sind sie sogar hinter ihrem Mann her. Er ist in der Kupferschmiede, Parteimitglied. Nur gut, daß unser Vater das nicht mehr miterlebt! War stolz, der Alte, prahlte immer; wir, die Terentjew-Dynastie, die Lokomotiven-Dynastie. Mit dem Großvater fing es an, da war es noch gar kein Werk, sondern bloß ein Werkchen, nannte sich damals Lokomotiven-Werkstatt. Und jetzt heißt es Wachsamkeit gegen uns wie gegen Spione. Ich bin zum Gebietskomitee gegangen. Dort sitzt schließlich die Macht. In der Gewerkschaft, im Sowjet sind alle eingeschüchtert, scheißen sich voll. Sagt mir doch im Gebietskomitee irgendsoein hohes Tier in Chromlederstiefeln: ›Fahr nach Sibirien zu den neuen Fabriken, zeige, beweise, rechtfertige dich ...‹ Ich frage: ›Was

soll ich zeigen? Ich bin seit meinem vierzehnten Jahr, seit 1906, Schlosser, und im Jahr fünf habe ich als Junge Barrikaden gebaut. Ich habe noch mit dem Kinder-Katapult im Klassenkampf gekämpft. Und das ganze Leben in ein und demselben Werk. Bin nur fortgegangen, als sie mich im Krieg gegen die Deutschen eingezogen haben. War Matrose in Sewastopol, und im Bürgerkrieg hab' ich natürlich mitgekämpft. In unserer Roten Garde, in der Kompanie von Saschka Gujewskij. Mich kennen viele, fragen Sie, wen Sie wollen im Werk und im Stadtbezirk. Was soll ich in Sibirien beweisen? Hör mal, was soll das bedeuten? Sollten da vielleicht wieder Schädlinge im Untergrund gewühlt haben? Dich hatte man auch rausgeschmissen, sagst du? Und jetzt bist du wieder rehabilitiert? Das heißt, man kann auch hier beweisen ...«

Fedjas rasches Sprechen, sein spöttischer Ton, sein berühmter Schnurrbart, wenn auch ergraut, das alles war unverändert. Und doch war er nicht mehr derselbe. Er ging gebeugt, schien zerstreut zu sein. Im Blick lag dunkle Hoffnungslosigkeit. Jahre danach erreichten mich in Moskau einander widersprechende Gerüchte: Fedja habe zehn Jahre bekommen mit Korrespondenzverbot; Fedja sei nach Tscheljabinsk gezogen, es gehe ihm gut dort; Fedja ist im Lager als Werkstattleiter; Fedja hat sich um den Verstand getrunken und erhängt.

Wir stürzten Fedja und wurden deswegen vom Parteikomitee des Werks gelobt. Der Sekretär erklärte, die Redaktion des »Charkower Lokomotivenbauer« habe die Arbeiterkorrespondenten gut organisiert im Kampf gegen die Reste des Trotzkismus und der »trotzkistischen Konterbande«.

Dieser Begriff wurde gebräuchlich nach dem Offenen Brief Stalins an die Redaktion der Zeitschrift »Proletarische Revolution«.

Wir begriffen damals nicht, daß eben dieser Brief das Signal für eine neue entscheidende Wendung in unserem Leben war. Wir fühlten es nicht sofort. Stalin hatte schließlich auch früher schon bei verschiedenen Anlässen scharf seine Meinung über Rechtsabweichung, Wirtschaft auf eigene Rechnung, über Einzelleitung kundgetan. 1930 lobte er Alexander Besymenskijs Stück »Der Schuß«, das die Zeitungen wegen ideologischer Fehler attackiert hatten. Dieses Stück enthielt den Appell: »Wir haben die Macht, wir haben die Macht! Für den Kampf erwartet keine Mandate, richtet den Zorn der Massen gegen die verdammten Bürokraten!«

Irgend jemand nannte das Stück sogar trotzkistisch. Aber Stalin lobte es. Frid und ich erklärten uns das so: Stalin ist auch gegen die Bürokratie. Die Demokratischen Zentralisten und die Trotzkisten haben kein Recht, ihn als Führer der Bürokraten darzustellen. Wir hielten es für bemerkenswert, daß Stalin Alexander Besymenskij namentlich gelobt hatte. Denn Besymenskij war früher ein offener Anhänger Trotzkijs gewesen, hatte ihm sein Gedicht »Komsomolija« gewidmet und seinen Sohn ihm zu Ehren Lew genannt. Mit seinem Lob bewies Stalin, wie gerecht und objektiv er war; das Geschwafel von seinem Mißtrauen, seiner Rachsucht waren nichts als Lügen und Erfindungen der Feinde

Dennoch rief Stalin im Brief von 1931 nicht zum Kampf gegen den offenen Trotzkismus auf, sondern vor allem gegen die »Konterbande«. Uns erklärte man: Jetzt wagten Trotzkisten und irgendwelche anderen Spalter nicht mehr, offen gegen die siegreiche Generallinie, offen gegen das Zentralkomitee aufzutreten. Sie gingen auf Schleichwegen vor, streuten hinterhältig Gerüchte aus, weckten im Flüsterton Zweifel. Laut dagegen bekundeten sie ihre Ergebenheit gegenüber der Partei und der Sowjetmacht, gäben sich enthusiastisch und bemühten sich gleichzeitig, die Führer zu diskreditieren, das Vertrauen zum Produktionsfinanzierungsplan und zu den Parteibeschlüssen zu erschüttern...

Wir sahen ein, daß es nötig war, noch wachsamer zu sein, und bei jedem, der solcher Bestrebungen verdächtig war, genau hinzuhören, hinzusehen und zu schnüffeln; und besonders notwendig sei es, öffentliche Auftritte, jedes gedruckte Wort

genau zu überprüfen.
So bereiteten wir uns, ohne es zu merken, ideologisch, psychologisch und moralisch auf das neue, immer strengere und schikanösere Zensur-Regime vor. Wir wurden unsere und unserer Genossen freiwillige Zensoren.
Manche gehorchten, ohne nachzudenken: »Kommt der Befehl, heißt es ›Hände an die Hosennaht‹, ›Jawohl!‹ und ausführen! Da oben die Genossen sind klüger als wir. Die denken nicht zum Spaß. Vorwärts also mit der revolutionären Wachsamkeit! Und dies elende Artikelchen (Buch, Schauspiel, Film, Gedicht) schaffen wir besser aus der Welt. Da ist so was drin, wie ein fremder Geist ..., das riecht nach Konterbande ...«
Andere versuchten an Eifer einander zu übertreffen, um sich das Wohlwollen ihrer Vorgesetzten zu sichern und ihre Karriere zu fördern.
»Wachsamkeit ist befohlen? Gut, das geht alle an. Aber man soll Kritik und Selbstkritik nicht so übertreiben, daß die Feinde das ausnutzen. Die Partei erläßt Beschlüsse über unsere Errungenschaften, über den kämpferischen Enthusiasmus. Und was ist mit dir? Nichts als Unordnung, Panik, Kleingläubigkeit! Und genau das ist Opportunismus ... Schwatz nicht von Tatsachen und Wahrheit. Das ist nicht unsere Wahrheit, wenn sie dazu dient, uns zu schwächen. Das ist bösartige Konterbande. Und da muß man außerdem prüfen, wer dir diese Wahrheit zugeflüstert hat. Na, und sogar wenn er sie laut ausposaunt hat: Das ist auch eine Art, sich zu maskieren, eine ganz raffinierte Art des Einschleichens ... Und wozu diese historischen Erinnerungen? Maifeiern, Streiks, Barrikaden? Warum haben sie sich plötzlich ausgedacht, die Aufmerksamkeit auf solche Momente zu lenken? Natürlich – die Jubiläen da, die heroische Vergangenheit, die alten Proleten – alles gut und schön ... Aber bitte nicht übertreiben. Schließlich haben in den Jahren der verdammten Vergangenheit die Sozialrevolutionäre ebenso wie die Menschewiki, die Bucharinisten und die Trotzkisten als sehr Aktive mitgespielt und im Trüben gefischt. Wieso fällt es denen plötzlich ein, an das Jahr 1905 und an die Februar-

revolution zu erinnern? Wenn nötig, finden sich an der richtigen Stelle maßgeblichere Genossen, die daran erinnern, was uns wie nötig ist ...«
Aber es gab unter uns auch wirklich überzeugte, uneigennützige Verfechter der »reinen« Ideologie. Auch sie horchten und lasen leidenschaftlich nach, ob sich nicht in den Worten dieses Schönredners oder jenes bescheiden-demütigen Autors irgendein schädlicher, verderblicher Gedanke finde, eine böse Anspielung, eine provokative Andeutung ...
So einer war Ilja Frid, und auch ich bemühte mich, so zu sein.

Ilja wollte lange keinen hauptamtlichen Posten in der Redaktion übernehmen. Man setzte ihm im Parteikomitee zu, er sträubte sich mit der Begründung, einfacher Arbeiter bleiben zu müssen, solange er nicht wieder in die Partei aufgenommen sei. Schließlich rief ihn der Sekretär des Komitees in sein Büro und erklärte ihm diesmal offiziell, »unter Protokoll«:
»Hör damit auf, lieber Genosse. Wie lange warst du in der Partei? Zehn Jahre. Von 1918 bis 1928. Bist also kein kleines Kind mehr, mußt wissen, wo man dich am besten prüfen kann. Nein, Bruder, nicht an der Werkbank, und wenn du der beste Stoßarbeiter vom ganzen Fünfjahrplan wärst. Wir alle achten die Tätigkeit eines Stoßarbeiters. Aber weswegen bist du aus der Partei ausgeschlossen worden? Nicht wegen Ausschuß bei der Produktion, nicht wegen Bummelei, sondern wegen ideologischer, politischer Fehler. Das heißt, daß du dich nur in der ideologischen politischen Arbeit rechtfertigen kannst ... Was heißt hier ›einer soll das andere nicht behindern?‹ Wir kennen deine Tätigkeit als Arbeiterkorrespondent schon. Du bist gut. Hast dich bei den Wahlen als Kämpfer ausgewiesen. Und deshalb werden wir dir einen verantwortungsvollen Abschnitt anvertrauen. Deine Anträge zur Wiederaufnahme in die Partei sind nach Moskau in die Zentralkontrollkommission abgeschickt. Wir nehmen dich vorläufig mit allgemeinen Begründungen als Kandidat auf ... Aber das Parteikomitee wird dich unter Anrechnung all dessen, was wir von dir wissen, als Ver-

stärkung – verstehst du?, als Partei-Verstärkung – in die Werkzeitung entsenden. Ziehst du das in Betracht? Das ist nicht irgendein lokales Käseblatt, sondern eine tagtägliche Kampfzeitung, ihrer politischen Bedeutung nach wichtiger als jedes Kreisblatt. Für dich ist das ein ehrenhafter Kampfauftrag der Partei und zugleich eine Prüfung ... Du hast schließlich selbst gesagt, man müsse gegenüber der Partei ehrlich sein, kein einziges Wort, kein halbes Wort darf man zusammenlügen oder verschweigen. Sag jetzt also ehrlich, als Parteimitglied, wo kannst du nützlicher sein, wo kann man dich – deine ideologische Position und deine politische Linie besser überprüfen: an der Werkbank oder bei der Zeitung?«

Die Antwort verstand sich von selbst. Ilja wurde nun Leiter der Partei- und Produktionsabteilungen der Redaktion. Er war der Älteste, der Erfahrenste und der Klügste von uns allen.

Redakteur war damals Sewa Menachin, einer der ersten ukrainischen Komsomolzen, hatte zum TschON[96] gehört, war dann Parteifunktionär, eine Zeitlang auch Mitglied des Zentralkomitees des ukrainischen Komsomol gewesen, erhielt aus irgendeinem Grund eine »Rüge« und wurde »zur Besserung« zu uns ins Werk geschickt. Er war energisch, schlau, ehrgeizig und angriffslustig.

»Mein Komsomol-Eifer ist noch nicht abgekühlt, und jetzt ist noch Partei-Erfahrung dazugekommen!«

Unter ihm verwandelte sich unser kleinformatiger Vierspalter, dreimal wöchentlich mit 1000–1200 Exemplaren, in einen täglich erscheinenden Sechsspalter. Die Auflage stieg binnen einem Jahr auf 10000. Papier besorgte Menachin über alle Planstellen hinaus, und er erreichte schließlich mit Hilfe des ZK die Einrichtung einer eigenen Druckerei im Werk. Anfangs wurden nur die Abteilungsflugblätter hergestellt und verschiedene Vordrucke und Mitteilungen, später auch die Werkzeitung.

Die Panzerproduktion galt als besonders geheim. Für die Arbeiter der Panzer-Abteilung T-2 wurde das Flugblatt »Der Stoß« herausgebracht, manchmal mehr als zehnmal am Tag.

Jede Ausgabe war für eine einzelne Werkhalle oder Produktionsstraße bestimmt (damit die beschriebenen Vorgänge nicht an anderen Stellen bekannt wurden). So genau wurde die Geheimhaltung beachtet, und unsere Meldungen blieben um nicht mehr als zwei, drei Stunden hinter den Ereignissen zurück.

Anfang 1932 wurde ich zum Redakteur des »Stoß« ernannt und zum Redakteur des dreimal wöchentlich erscheinenden »Bauarbeiter«. Das war eine Zeitung für die Arbeiter an den neuen Baustellen in unserem Werk. Fast ein Drittel der Belegschaft bestand aus Häftlingen. Sie wohnten in Baracken, durch einen Bretterzaun abgegrenzt, hinter dem Werk. Einer der Bauleiter war ein Ingenieur, der für den Mord an seiner Frau zehn Jahre bekommen hatte, ein anderer war als Trotzkist zu drei Jahren verurteilt. Unter den Arbeitern und Technikern gab es Diebe, Mörder, Defraudanten. Sie wurden von Aufsehern in schwarzen Uniformen, wie ich sie im DOPR gesehen hatte, bewacht und von Angehörigen des Selbstschutz. Der Selbstschutz bestand aus Häftlingen, meistens waren es ehemalige Rotarmisten oder Milizionäre. Die Redaktion konnte sich mit den Häftlingen unbehindert verständigen. Und wir lobten in der Flugblattzeitung die Aktivisten unter ihnen mit vollem Namen, die »durch hingebungsvolle Arbeit ihre Schuld abbezahlen«. Etwas vorsichtiger schrieben wir über die Bauarbeiter aus der »Arbeitsarmee«, von der zwei oder drei Bataillone bei uns eingesetzt waren. In den »Arbeitsbataillonen« leisteten die Söhne aller, die ihr Bürgerrecht verloren hatten, ihre Wehrpflicht ab: Söhne von Kulaken, NEP-Leuten, »Dienern religiöser Kulte«, Tolstojanern und Sektierern, die als Pazifisten keine Waffen nehmen wollten. Auch sie hatten ihre Kultur-Beauftragten, Rote Ecken, Stoßarbeiter und einige Arbeiterkorrespondenten. Aber sie galten dennoch als »klassenfremd«. Und ehe ich einen von ihnen für gute Arbeit lobte, fragte ich unbedingt bei dem für Politisches zuständigen Vertreter des Bataillonskommandeurs an.

All dies habe ich niedergeschrieben, indem ich mich durch das Gestrüpp lang vergangener und jüngerer Erinnerungen – häufig belastender, manchmal beschämender – hindurcharbeitete … Es war schwer und qualvoll, dieses Erinnerungsgestrüpp zu durchdringen, die früheren Freunde und Lehrer und mich selbst zu betrachten, wie wir damals waren. Es war schwer, Gedanken, Gefühle, Empfindungen von damals wiederherzustellen, und noch schwerer war es, dies objektiv zu tun.

Aber ich kann nicht jenen Historikern und Romanciers zustimmen, die unsere damalige Gesellschaft als jämmerlichen menschlichen Mischmasch darstellen, geistlos und gottverlassen, kann nicht all die damaligen Komsomolzen, Parteimitglieder und Akteure der Entwicklung des Landes insgesamt als feige, eigennützige Spießer, stumpfe oder fanatisierte ungebildete Dummköpfe, oder aber als zynische, gewissenlose Taugenichtse, Karrieristen, machthungrige, grausame Fanatiker, tückische, Rußland hassende Fremde und einfach »Diener des Antichrist« schildern.

Während ich heute davon erzähle, *was* ich *wie* in Erinnerung habe, bin ich überzeugt, daß eine neue historische und moralische Erfahrung nicht zurückdatiert werden darf, daß ich weder Ereignisse noch Menschen noch mein damaliges Verhältnis zu ihnen verändern darf. Nichts und niemanden will ich rechtfertigen, aber ich will auch nicht beschuldigen ohne die Möglichkeit des Widerspruchs. Ich lege nur Zeugnis ab. So unparteiisch und so wahrheitsgemäß ich kann.

Wie konnten wir an die Rechtlichkeit der damaligen Gerichtsverfahren glauben und daran, daß Schädlinge existierten?

1928 war ich in Shenja M. verliebt, ihr Vater, Bergbauingenieur, war einer der Hauptangeklagten im »Schachtyprozeß«[97]. Shenja und ihre Mutter sagten, er habe die Verbrechen, die ihm die Mitangeklagten – seine Kollegen – zuschrieben, nicht begangen. Er sei zwar gegen die Sowjetmacht, habe aber immer loyal gearbeitet. Aber er habe jene, die tatsächlich eine Verschwörung angezettelt und versucht hätten, ihn hineinzuziehen, nicht angezeigt. Nach der Verhaftung jedoch sagte er die ganze Wahrheit, und deshalb begannen die wirklichen Schädlinge dann, ihn zu verleumden. Das Urteil für Shenjas Vater – Tod durch Erschießen – wurde in zehn Jahre Lagerhaft umgewandelt. Er schrieb lange, poetische Briefe nach Hause, über Bücher und über die Natur, versicherte, er sei gesund und mit einer interessanten Arbeit in seiner Fachrichtung beschäftigt. Der älteste der Angeklagten im »Schachtyprozeß«, der Ingenieur Rabinowitsch, hatte in seinem letzten Wort erklärt: »Ich war immer ein Feind des Kommunismus, und ich werde es bleiben, auch wenn Sie mich verschonen.« Er wurde zu acht Jahren verurteilt.

Bucharin hatte in einem von den Oppositionellen (im September 1928) veröffentlichten Gespräch mit Kamenew gesagt, das Politbüro habe, nur weil er, Tomskij und Rykow insistierten, die Erschießung angeordnet, Stalin habe Erschießungen der Hauptangeklagten nicht gewollt. Diese Äußerung Bucharins faßten wir damals als Beweis auf für Stalins »versöhnlerischen« Standpunkt gegenüber den Schädlingen. Ein, zwei Jahre später diente sie als Beweis seiner Großmut. Erst viel später begann ich zu begreifen, daß Stalin mit diesem Spiel einfach allen Mitgliedern des Politbüros die blutige Verantwortung für den neuen Terror aufhalsen wollte.

Als im Frühjahr 1930 der Prozeß gegen die SWU (Verband zur Befreiung der Ukraine) stattfand, wurden Eintrittskarten in den Betrieben und Behörden an ganze Gruppen und auch an alle einzelnen ausgegeben, die sie haben wollten. Das Gericht tagte im Operntheater. (Abends wurden dort Opern und Ballette aufgeführt.) Die Karten für Komsomolzen verteilte mein Freund Kolja Melnikow, Konstrukteur und Mitglied des Komsomolkomitees, ein nachdenklicher, bedingungslos strenger Wahrheitsfanatiker.

»Wer auch nur ein einziges Mal lügt, ist für mich erledigt. Vertrauen kann man – wie Jungfräulichkeit – nur ein einziges Mal verlieren.«

Er entstammte einer Ingenieursfamilie und glaubte, die nicht-proletarische Abstammung und die nicht-proletarische Tätigkeit verpflichteten ihn dazu, besonders viel und mit äußerster Hingabe zu arbeiten und besonders aufmerksam alles zu studieren, was die »echte proletarische Ideologie« ausmacht. Er strebte nach voller, ungeteilter »Verschmelzung mit dem proletarischen Kollektiv«.

Kolja war sehr hübsch. Viele Mädchen bezeichneten ihn als den schönsten Jungen im ganzen Lokomotivenwerk. Er heiratete mit 18 Jahren, und danach erlaubte er sich nicht einmal mehr einen Scherz mit einem der Mädchen, die ihm nur so zuflogen.

»Eine Komsomol-Familie muß mustergültig sein. Die Philister erzählen über uns weiß der Teufel was für Schweinereien: ›Freie Liebe‹, ›Hundehochzeiten‹. Ein Komsomolze, der sich als Don Juan aufführt, hilft der kleinbürgerlichen antisowjetischen Agitation. Und allgemein – wer nicht anständig im Privatleben ist, wird auch im gesellschaftlichen Leben unanständig sein. Wer seine Frau belügt, belügt auch seine Genossen.«

Ein trübsinniger Asket war Kolja aber durchaus nicht, auch kein scheeläugiger Heuchler. Wenn es sich so ergab, konnte er mit Freunden wacker trinken.

»Na los, in aller Freundschaft ein paar Gläschen. Aber nicht über die Stränge schlagen, kein Saufgelage. Alles mit Maßen. Nur zum Anwärmen von Leib und Seele. Trinken als Selbstzweck ist blöd. Und Saufen bis zum totalen Stumpfsinn, bis zum Kotzen – ist das allerwiderwärtigste. Dafür sollte man aus dem Komsomol rausgeschmissen werden!«

Auf Versammlungen, bei Demonstrationen und Sonnabendeinsätzen war er der Hauptvorsänger. Er hatte einen starken, schönen Bariton und kannte viele russische und ukrainische Lieder – Volksballaden, Revolutionslieder, Scherz- und Necklieder. Schneidig tanzte er den Gopak und andere Volkstänze, ließ sich auch zu Walzer, Polka und Masurka herab; Foxtrott und Tango lehnte er verächtlich ab: »Das sind keine Tänze, das ist bürgerliche sexuelle Zersetzung. Geiles Aneinanderreiben.«

Unsere Freundschaft hatte schon, ehe ich ins Werk kam, begonnen. Wir hatten uns in einer Zufallsgesellschaft kennengelernt und waren uns sofort näher gekommen, als wir die Ähnlichkeit unserer literarischen Ansichten feststellten. Er liebte genau wie ich seit seiner Kindheit Puschkin, Nekrassow, Schewtschenko, Tolstoj, Korolenko und Gorkij, auch er las Dostojewskij und Turgenjew mit achtungsvoller Feindseligkeit. »Natürlich sind sie große Schriftsteller, Schilderer, Psychologen. Fängt man zu lesen an, kommt man nicht mehr los. Aber der eine war ein adliger Gutsherr, lebte die meiste Zeit im Ausland, und der andere ein Erzreaktionär und irgendwie krank, fallsüchtig, wühlte gern in allen möglichen Scheußlichkeiten.«

Kolja war einer der Brigadiere der »leichten Kavallerie«. So hießen die gesellschaftspolitisch freiwillig Tätigen, die bei den von der Zentralen Kontrollkommission und dem Volkskommissariat für Arbeiter- und Bauernkontrolle durchgeführten Untersuchungen mitmachten. Ich bestimmte ihn gewöhnlich zum Kommandeur der »Späh- und Stoßtrupp-Brigaden« der Arbeiterkorrespondenten, wenn in einer Werkabteilung ein Konstruktionsbüro, technische Kontrollstellen oder leitende Ingenieure überprüft werden sollten.

Zusammen mit ihm war ich zwei oder drei Mal bei den Gerichtsverhandlungen gegen den SWU. Wir saßen in einer Loge nahe der Bühne und konnten die Angeklagten gut sehen: Geschichts- und Literaturprofessoren, einen Bischof, Wirtschaftswissenschaftler, Angestellte, Studenten ... Ihre Erscheinung und ihre Manieren erregten in mir kein Mitleid und auch keinerlei Zweifel darüber, daß sie gesund und satt seien. Sie schienen auch nicht nervös oder aufgeregt zu sein, höchstens ein wenig besorgt über den Gang der Verhandlung. Sie berichteten, wie sie mit den Petljura-Leuten im Ausland Verbindungen hergestellt, wie sie antisowjetische Flugblätter und Bücher gedruckt und wie sie antisowjetische Lehrprogramme aufgestellt hätten. Sie gestanden, sie hätten die Sowjetmacht stürzen und die Ukraine aus der UdSSR lösen wollen ... Sie sprachen in der Regel ruhig und sachlich, einige etwas verwirrt, stockend,

bestanden darauf, irgendwelche eigenen Formulierungen ins Protokoll aufzunehmen und bezichtigten sich gegenseitig der Übertreibung oder Unwahrheit. Staatsanwalt Michajlik verhielt sich ihnen gegenüber höflich, aber ironisch. So fragte er den Hauptangeklagten, Professor Jefremow:
»Hier in Ihrem Tagebuch haben Sie Ihr politisches Programm sehr ausdrucksvoll formuliert: ›Wir wollen, daß alle in der Ukraine Ukrainer sind, vom Premierminister bis zum letzten Sträfling‹... Wissen Sie eigentlich, wer bei uns Premierminister ist?«
»Wlas Jakowlewitsch Tschubarj.«
»Reinblütiger Ukrainer! Und wer sind die letzten Sträflinge?« Mit zusammengekniffenen Augen sah er auf die Anklagebank. Jefremow zuckte mit den Schultern und senkte den Kopf. Im Saal kam Lachen und Beifall auf. Es lachten aber auch einige auf der Anklagebank, auch sie applaudierten dem Scharfsinn des Staatsanwalts.
Alle, über die bei diesem Prozeß das »höchste Strafmaß« (Todesstrafe) verhängt worden war, wurden zu zehn Jahren Haft begnadigt. Kolja, ich und andere junge Leute, die den Prozeßverlauf und das Urteil besprachen, waren vollkommen überzeugt von den Verbrechen dieser kläglichen Überbleibsel der Petljura-Partei, von der Gerechtigkeit und Großmut der sowjetischen Justiz.

Es vergingen fast vierzig Jahre, bis ich begriff, daß der SWU-Prozeß, den ich als gerecht und legal in Erinnerung hatte, in seiner Dramaturgie dem Schachty- und allen anderen »Schädlings«-Prozessen glich, daß es sich um eine jener juristischen Inszenierungen gehandelt hatte, durch die der Massenterror vorbereitet und dann durchgeführt wurde.
Man bereitete uns vor – juristisch, propagandistisch und psychologisch –, jegliche Nicht-Übereinstimmung mit der politischen Macht als Verbrechen zu betrachten. In privaten Tagebüchern oder im Gespräch ausgedrückte »ideologisch schädliche« Betrachtungen, religiöse Ansichten, Spekulationen über

nationale Unabhängigkeit, über die Freiheit des Wortes usw. – und natürlich jegliche Verbindungen mit im Ausland lebenden Verwandten, Freunden, Kollegen – stellten direkte Bedrohungen des Staates dar und galten als schwerwiegende Beweise für die Teilnahme an noch schrecklicheren Missetaten – Schädlingsarbeit, Spionage, Terror.

Vom Lokomotivenwerk erinnere ich mich an keinen Sabotagefall. Obwohl wir uns große Mühe gaben – sowohl offen wie heimlich – »konkrete Träger des Übels« festzustellen, wie es damals hieß: Schuldige für Betriebsstörungen, Produktionsunterbrechungen, Ausschuß usw. – kein einziges Mal entdeckten wir böswillige Saboteure.
Im Jahr 1931 erblickten wir dennoch »richtige Schädlinge«. Sie kamen aus Nikolajew – sechs verurteilte Ingenieure, Angehörige der »Prompartija« (Industriepartei)[98]. In einem der neuen Häuser der Werkssiedlung wurden an den Fenstern Gitter angeschweißt. Dort brachte man die sechs unter. Sie kamen jeden Morgen ins Werk, begleitet von großgewachsenen jungen Kerlen in blauen Budjonnyj-Mützen mit Mauser-Pistolen in hölzernen Halftern. Und von ihrer Wachmannschaft begleitet, gingen sie auch durch die Abteilungen. Doch ungefähr zwei Wochen danach berief das Werkkomitee der Partei eine außerordentliche Sitzung des Aktivs ein. Werkdirektor Wladimirow referierte. Er war Mitglied des ukrainischen Partei-Zentralkomitees, hatte vom Bürgerkrieg her den Orden der Roten Fahne. (Damals war er nahezu der einzige Ordensträger im Werk.) Von ihm hieß es: Ein harter Kerl, ein Charakter wie Eisen, sauberster Guß – eben ein Bolschewik. Er ist mit dem Volkskommissar ebenso auf du und du wie mit dem kleinsten Arbeiter. Wer auch immer zu uns ins Werk kam — Ordshonikidse[99], Kossior, Postyschew, Jakir oder Kalinin persönlich –, alle wußten, daß unser Direktor niemals zur Begrüßung ans Tor kam wie der Sekretär des Parteikomitees oder der Vorsitzende des Werkskomitees, die ehrerbietig den Regierungsautos entgegenliefen. Unser Direktor begrüßte die hohen Gäste bei sich

im Büro und sprach mit ihnen genauso wie mit Ingenieuren oder Arbeitern. Mit Ordshonikidse stritt er manchmal. Andererseits schleppte er bei nächtlichen »Sturm-Arbeitseinsätzen« zusammen mit uns Aktivisten manchmal die Kästen mit Kefir und Körbe voll Soja-Brötchen für die Enthusiasten, die ohne Ablösung zwei Schichten durcharbeiteten.
Auf jener Sitzung des Parteikomitees sagte Wladimirow:
»Ihr habt alle die Ingenieure aus Nikolajew gesehen, die mit Wachposten gingen? Also – von morgen an werden sie fest bei uns eingesetzt. Der und der wird Leiter der mechanischen Abteilung T-2, der und der wird Leitender Konstrukteur, der und der Hauptmechaniker usw. Die Wachmannschaft wird abgeschafft, die Gitter vor den Fenstern kommen weg. Die Verheirateten können ihre Frauen kommen lassen. Einstweilen sind sie Verurteilte, haben kein aktives Wahlrecht, passives sowieso nicht. Wie es mit der Gewerkschaft wird, erfahrt ihr im Stadtkomitee der Metallarbeiter. Sie werden jedenfalls hier bei uns leitende Stellungen als Ingenieure einnehmen. Die einheitliche Führung muß widerspruchslos eingehalten werden. Und zwar im gegebenen Fall mehr als sonst. Außerdem ist besondere Feinfühligkeit notwendig. Das betrifft vor allem euch, Genossen Zeitungsleute. Und alle Liebhaber von Versammlungen. Daß mir keine hinterhältigen Bemerkungen und Fragen kommen von wegen ›Tölpelei oder Schädlingsarbeit‹. Die Beobachtung der sechs übernehmen diejenigen, die dafür eigens einen Auftrag bekommen. Es besteht aller Anlaß zu glauben, daß sie ehrlich und gewissenhaft arbeiten werden. Die Sowjetmacht gibt ihnen die Möglichkeit, ihre frühere Schuld abzubüßen. Und wir erlauben niemandem, Demagogie zu treiben und diese wichtige Angelegenheit zu stören. Verstanden?«
Nach ungefähr anderthalb oder zwei Jahren wurden die Strafen aller sechs »Schädlinge« getilgt. Es gingen Gerüchte, einige von ihnen seien 1935–1936 sogar mit Orden ausgezeichnet worden. Wladimirow wurde Direktor des Traktorenwerks in Tscheljabinsk. 1937 wurde er verhaftet und verschwand.

In der Redaktion des »Stoß« waren wir erst drei, später fünf feste Mitarbeiter. Uns unterstützten mehr als ein Dutzend ständiger Arbeiterkorrespondenten. So waren wir stets genau darüber unterrichtet, was in den Werkhallen unserer Panzer-Abteilung vorging, wir wußten, wo Engpässe bestanden, wann und warum es beim Panzerbau zu Verzögerungen gekommen war, weil die Gießerei oder die Schmiede nicht rechtzeitig Einzelteile zugeliefert hatten oder weil man sich bei den Mechanikern mit Werkzeugen oder Geräten »festgefahren« hatte.

Unsere Flugblätter waren flink. Aber das war nicht Selbstzweck. Wir wollten den Arbeitern der einzelnen Hallen wirklich helfen, damit unsere Abteilung möglichst viele Panzer herstellte, bessere – stark, schnell, störungsfrei.

Tag und Nacht gingen wir durch die Werkhallen. Nicht zufrieden mit Lenins Definition: »Eine Zeitung muß ... Organisator sein«, verwandelten wir uns hie und da in regelrechte Antreiber – riefen bei den Lieferanten und Zulieferern an, telefonierten mit der Direktion, gingen selbst in die anderen Abteilungen, um nach verspäteten Einzelteilen zu fahnden. Manchmal drangen wir in die Büros der obersten Verwaltung vor – beschwerten uns, drängten, baten. Besonders wichtige und alarmierende Flugblätter schlossen wir etwa so: »Wir fordern unverzüglich Antwort, Telefon 1–72!« Das war die Nummer unserer Redaktion, in der ich einen permanenten Telefondienst eingerichtet hatte, den ich auch oft selbst versah.

Im Parteikomitee wurden wir gelobt, und jedes Lob nahm würdevoll Menachin entgegen, obwohl wir ihn in Zeiten brennender Arbeit manchmal wochenlang nicht sahen. Aber er sprach darüber so offen, daß nicht einmal ich mich ernsthaft darüber erzürnen konnte.

»Du glaubst, daß ich mich an eurem Ruhm vergreife? Auf eure Kosten politisches Kapital anhäufe? Gib's zu: stimmt's? Was heißt hier ›Ich weiß nicht, was ich sagen soll‹? – Du bist doch keine Zierpuppe mit ›Ach, ich finde keine Worte, um meine Gefühle auszudrücken ...‹ Ich seh' dir an den Augen

an, daß du so denkst. Aber jetzt hör zu, was ich dir sage: Wir alle arbeiten an einer Sache. Politisches Kapital ist bei uns ebenfalls nicht privat. Man muß verstehen, es zu erwerben und in Umlauf zu bringen. Natürlich, der »Stoß« ist vor allem dein Verdienst. Aber den Grundstein habe schließlich ich gelegt. Oder nicht? Ich war es, der euch gefunden hat und der euch jetzt auf die Partei hin ausrichtet, der schimpft, wenn es nötig ist, und der lobt, wenn es nötig ist. Und ich setze durch, daß man euch und dich schätzt. Gestern habe ich die Frage in der Direktion gestellt. Von der nächsten Woche an bekommst du per Befehl vor dem ganzen Werk die Pflichten und Rechte – beachte bitte: Rechte! – eines außerordentlichen Gehilfen des Leiters des PVB der Abteilung T-2. Verstehst du: Gehilfe des Leiters des Plan-Verteilungsbüros der Panzer-Abteilung. Das bedeutet, daß du jetzt ganz legal über den Lauf der Einzelteile bestimmen kannst, daß du von jedem Meister Rechenschaft verlangen und an den Produktionsstraßen Aufträge erteilen kannst. Das habe ich erreicht. Verstehst du? Du bist schließlich in der Redaktion der jüngste Komsomolze. Eben erst die Kandidatenzeit beendet. Das stimmt doch? Frid habe ich auch in die Redaktion hinübergezogen, und jetzt helfe ich ihm, daß er wieder in die Partei aufgenommen wird. Also nützt mein politisches Kapital vielen Genossen. Ich dagegen brauche es nicht nur heute. Ich klebe nicht an der Redaktion. Meine Bestimmung ist die Parteiarbeit. Ich mag nicht gerne schreiben und kann es auch nicht besonders. Ihr wißt ja selber, daß ich ukrainisch schriftlich überhaupt nicht beherrsche. Ich will die Zeitung Petja Grubnik übergeben. Er gehört zu uns, ist ein echter Lokomotivenbauer; ein guter Kommunist, ein guter Schreiber und eine Seele von Mensch.«
Menachin wurde bald darauf zum Stellvertretenden Sekretär des Parteikomitees gewählt. Ein Jahr später war er schon im Stadtkomitee, dann im Zentralkomitee. Petja Grubnik, einer der ersten Elektroschweißer des Werks, war einige Jahre Arbeiterkorrespondent gewesen. Er schrieb russisch und ukrainisch: Gedichte, Betrachtungen, Essays und Erzählungen –

empfindsame, »psychologisch dichte« Erzählungen aus dem Arbeiterleben. Nach einer schweren Augenkrankheit durfte er nicht mehr als Schweißer arbeiten und wurde in die Redaktion geschickt. Er leitete zugleich den Literaturzirkel, an dem auch mehrere frühere Mitglieder des »Jung-Rings« und des »Aufbruchs« teilnahmen: Iwan Kaljannik, Sergej Borsenko, Nikolaj Nagnibeda, Iwan Schutow (Uschwij). Ende 1931 traten wir alle in den WUSPP, den Allukrainischen Verband proletarischer Schriftsteller ein.

Sommer 1932: Eine halbe Stunde vor Ende der ersten Schicht wurden die Angehörigen der Abteilungs-Zellen, der Gewerkschaftskomitees und die Mitarbeiter der Redaktion dringend ins Parteikomitee gerufen. Der Sekretär sagte feierlich: »Genossen! Wir haben eine geheime Mitteilung erhalten. Die japanische Armee hat unsere Grenze im Gebiet von Chabarowsk überschritten, und im Westen gehen die Rumänen über den Dnjestr. Es hat begonnen, Genossen! Der Krieg ist offiziell noch nicht erklärt. Die Grenztruppen und Einheiten der Roten Armee weisen die Provokationen zurück. Aber der Befehl zur Mobilisierung von zehn Jahrgängen ist bereits erteilt worden. Das ist vorläufig geheim. Morgen früh müssen sich auf den Aufruf hin nicht weniger als zweitausend unserer Arbeiter und Ingenieure stellen. Wir müssen also unverzüglich die leerwerdenden Arbeitsplätze auffüllen, damit keinerlei Produktionsausfall entsteht. Jetzt muß doppelt gut gearbeitet werden, sowohl im Tempo wie in der Qualität. Unsere BT gehen möglicherweise direkt von der Montage aus an die Fronten. Versteht ihr, was das für eine Verantwortung ist? Jetzt müßt ihr alle an eure Plätze gehen. Volle Kampfbereitschaft. Und höchste Wachsamkeit. Diversion und – natürlich – Spionage sind möglich.«
Noch vor Mitternacht wurde uns erklärt, es handle sich um eine »Mobilmachungs-Übung«, die Meldung über die Japaner und Rumänen sei nur eine Probe, ein Sandkastenspiel. Dennoch glaubten viele weiterhin, daß die beruhigenden Dementis

nur zur Desinformation von Spionen dienten.
Bei Morgengrauen zog eine lange Kolonne von Arbeitern direkt vom Fabrikhof aus zum Gestellungslager am anderen Ende der Stadt. Die Mobilisierten wurden von ihren Frauen, Freundinnen, Eltern und Kollegen begleitet, die in der Nachtschicht gearbeitet hatten. In der Kolonne fuhren auch Lastwagen mit Koffern und Tornistern, fahrende Kioske verkauften Sprudel, Zigaretten, Soja-Brötchen und Süßigkeiten.
Auf einem der Lastwagen bauten wir Setzkästen und eine »amerikanische« Druckmaschine mit Fußantrieb auf und druckten improvisierte Flugblätter. Zumeist über diejenigen Mobilisierten, die an diesem Tag direkt aus der Marschkolonne heraus Anträge auf Aufnahme in die Partei stellten. Eine Sonderkommission des Parteikomitees tagte auf dem gleichen LKW wie die Druckerei.
Wir fuhren mehrere Stunden, manchmal gab es einen Aufenthalt, und auf dem großen leeren Platz vor dem Gestellungslokal teilten wir uns in einzelne Gruppen, sangen, tanzten, skandierten Parolen. Es gab auch Betrunkene, aber nur wenige. In diesem lauten, wirren Spiel von erwachsenen Leuten sah man auch ernste, traurige Gesichter, weinende Frauen. Viele glaubten, der Krieg habe jetzt doch begonnen. Unser Redakteur sagte:
»Natürlich sind das nur Manöver. Militärische und politische Manöver. Am Amur ist es aber wirklich unruhig. Sehr unruhig. Dort wird jeden Tag geschossen. Und am Dnestr und am Zbrutsch ebenfalls. Die Kapitalisten werden immer stärker von der Krise unter Druck gesetzt. Und einen Ausweg aus der Krise können sie nur in einem Krieg finden. Das ist ein Naturgesetz, Gesetz der kapitalistischen Natur.«
In jenen Stunden spürte ich fieberhaft eine alarmierende und zugleich freudige Erregung, ähnlich wie neun Jahre später am 22. Juni 1941. Endlich Krieg. Jener unausweichliche Krieg, auf den wir seit langem gewartet hatten. Er wird schrecklich sein, es wird Unglück und Not geben. Aber dafür ist alles klar: wofür man kämpft, wofür man lebt und stirbt, wer Feind, wer

Freund ist... Und dann natürlich: wir werden siegen! Die lustvolle freudige Neugier war stärker als alle Furcht.
Vier Tage später ging die Probe-Mobilmachung zu Ende. Die Einberufenen kehrten in die Werkhallen zurück. Aber der Krieg schien dennoch unausweichlich bevorzustehen. Nicht weniger nah glaubten wir die Weltrevolution. Ihren Ausbruch erwarteten wir am ehesten in Deutschland.
Bei uns im Werk arbeiteten deutsche Ingenieure und Meister. Mir, als Mitglied der Internationalen Roten Hilfe, wurde vorgeschlagen, die Kultur- und Propagandaarbeit unter den Ausländern zu übernehmen. Mein Hauptgehilfe und Freund wurde der junge Berliner Willi Husemann, ein erstklassiger Feinmechaniker, der sich selbst zum Konstrukteur weitergebildet hatte. Er war KPD-Mitglied und Sohn eines alten Kommunisten. Willi war ein erbitterter Radikaler; er haßte die bürgerlichen Spezialisten und die »Sozial-Faschisten«, stritt sich mit seinen deutschen Kollegen, entlarvte sie als Opportunisten. Alles, was ihm bei uns nicht gefiel — die Unordnung und der Schmutz in den Werkhallen, die hohen Ausschußzahlen, die schlechte Arbeit der Kantine, die ungenügende Aufmerksamkeit der Ingenieure für seine zahlreichen Verbesserungsvorschläge –, erklärte Willi einfach:
»Er ist ein Schädling! Saboteur... Hilft den Faschisten.«
Willis Vater, ebenfalls ein Wilhelm, arbeitete in Berlin als technischer Mitarbeiter der deutsch-sowjetischen Firma »Derunaphta«, 1932 kam er auf dem Weg zu einem Urlaub auf der Krim durch Charkow. Bei dieser Gelegenheit faßten wir drei den Plan, daß ich nach Berlin reisen und an der unausweichlich bevorstehenden Revolution teilnehmen sollte. Wilhelm d. Ä. wollte mein Foto auf deutsches Fotopapier kopieren und wieder herschicken, damit wir es in Willis Paß einkleben könnten. Die im Paß angegebenen besonderen Kennzeichen hätten keine Zweifel hervorgerufen. (Willi war ungefähr gleich groß wie ich, hatte ebenfalls dunkle Augen und schwarzes Haar.) Nach meiner Ankunft in Deutschland sollte ich den Paß dann wieder zurück nach Charkow an Willi schicken. Äußerstenfalls

konnte Willi eine Verlustanzeige erstatten — aber erst nachdem ich meine Ankunft mitgeteilt hatte.
Diesen großartigen Plan teilte ich natürlich dem Sekretär des Komsomol-Komitees mit. Er hörte mich an, ohne mich zu unterbrechen, sah aber ärgerlich aus.
»Da hast du dir ja was Schönes ausgedacht! Tricks wie aus einem Abenteurerfilm! Wart ein bißchen, kühl dich ab. Noch hast du dich nicht in die Weltrevolution eingeschaltet, das heißt, du unterstehst nicht dem Exekutivkomitee der Komintern, sondern vorläufig uns, dem Werkkomitee des Leninschen Komsomol. Und wir wiederum dem Stadtkomitee und dem ZK... Ist dir das klar? Ich werde also in allen Instanzen anfragen. Und du befass dich gefälligst mit deinen eigenen Aufgaben und misch dich nicht in Sachen ein, die dich nichts angehen. Eure Abteilung sitzt schon seit Monaten in ihren Löchern fest. Hau du lieber mit deinem ›Stoß‹ kräftiger zu, häng dich nicht in internationale Angelegenheiten.«
Ein paar Tage darauf kam er in unsere Redaktionsbaracke. Saß kurze Zeit herum, blätterte in den Ordnern mit Flugblättern.
»Komm, begleit mich ein bißchen. Wir haben was Ernstes zu besprechen... Also du, lieber Genosse, vergißt schleunigst deine privaten Pläne bezüglich der deutschen Revolution! Und daß niemand — verstehst du? — niemand davon erfährt! Begriffen? Die Genossen im ZK haben befohlen, dich ernsthaft ins Gebet zu nehmen wegen dieser Tricks mit dem Paß, damit du auch nicht im Traum daran zu denken wagst. Das ist kein einfacher politischer Fehler — nein nein, das ist ein ganz grober Fehler, Partisanentum, riecht nach internationaler Provokation. Stell dir doch vor: Du wirst von ihrer Polizei geschnappt. Bist natürlich ein Held, hältst alles aus, und während sie dir die Sehnen rausziehen und die Knochen zerquetschen, singst du die Internationale, auf deutsch, natürlich. Nur, dort wird noch jemand anders wissen, was du für ein Deutscher bist und woher du kommst. Das weiß der schon, ehe du überhaupt ankommst. Und dann geht's los über die ganze Welt:

Die Sowjetunion schickt Agenten mit falschen Pässen. Welcher Dummkopf glaubt dann, daß ihr bloß zu dritt — du, Willi und sein Papachen — die Sache ausgedacht und gedrechselt habt?! Du mußt schließlich begreifen, wie unsere Feinde sowas ausnützen — die bürgerliche Presse und all die faschistischen Lumpen. Das ist Nummer eins. Außerdem solltest du wissen, daß dieser euer Plan nach den sowjetischen Gesetzen ein kriminelles Delikt ist. Verstanden? Paßfälschung und Grenzverletzung. Das ist ein schweres staatspolitisches Verbrechen! Da kannst du schwören und beeiden, so viel du willst, daß du für die Weltrevolution kämpfst, der Straftatbestand ist offenkundig, und Verbrecher darf man nicht schonen. Es können ja auch andere solche krummen Touren versuchen. Irgendein Konterrevolutionär, ein Schädling, ein NEP-Mann oder Devisenschmuggler, ein Dieb oder Defraudant... Und so einer sagt dann: ›Ich will ja nicht einfach so über die Grenze, ich will nämlich für die Weltrevolution kämpfen!‹ Verstehst du, wohin das führen kann? Du bist zwar einigermaßen gebildet und als Redakteur auch ganz in Ordnung — schließlich haben wir dich als Parteikandidaten empfohlen —, aber im übrigen bist du noch ein kleiner Junge. Willst es haben wie im Kino oder in den Büchern: ›Vorwärts marsch auf Warschau! Stürmt Berlin! Hurrraa! Auf sie, Brüder!‹... Na, nun wart mal, sei nicht gleich beleidigt, ich sehe schon, daß du dich über den ›kleinen Jungen‹ ärgerst. Aber ich habe meine Erfahrung – oho! Zehn Jahre Komsomol-Arbeit. Lenin lebte noch, als ich zum ersten Mal zum Sekretär einer Zelle gewählt wurde. Und ich weiß, daß dieses Jungenhafte bei vielen lange anhält. Es gibt welche, die noch als alte Männer, noch bis zum Grab ihren Jungen-Charakter behalten. Der eine kommt vom Sport nicht los, Fußball und so. Spielt schon längst nicht mehr, geht aber hin, um zuzusehen, und wird vor Begeisterung fast verrückt. Andere geraten lebenslang immer wieder in Schlägereien. Und die dritten fangen an zu weinen, wenn sie was getrunken haben, rufen nach ihrer Mama... Wahrscheinlich stecken in jedem Menschen solche kindischen Überbleibsel. Nur, der eine erkennt sie und der andere eben nicht. Ich habe sie auch. Könnte dir alles mögliche von mir erzählen. Aber ich habe meine Jungenhaftigkeit erkannt und längst weit weg versteckt. Du willst deine Jungenhaftigkeit nicht einsehen, das beweist euer Plan. Schluß damit, vergiß ihn! Die Partei weiß, wen sie wann und wohin schicken muß. Du hast hier, im Werk, deine Kampfaufträge zu erfüllen. Vielleicht schicken wir dich auch aufs Dorf. Dort ist die Lage jetzt sehr schwierig. Aber versuch niemals, klüger zu sein als die Alten ...«

Bald nach dieser Unterredung wurde ich tatsächlich auf das Dorf geschickt.

... Zwei Monate später, als ich, zurückgekehrt, längere Zeit krank lag, nichts außer gräßlichem Reisschleim und hauchdünnen Zwiebäcken zu essen bekam und ohne Wärmflasche nicht einschlafen konnte, las ich in den Zeitungen vom Brand des Reichstagsgebäudes, von den Morden unter dem Vorwand »Auf der Flucht erschossen«, von den Folterkellern in den SA-Kasernen.

Freunde aus dem Werk, die mich besuchten, erzählten hauptsächlich vom Hunger, Hunger und wieder Hunger. Sie erzählten, daß Ilja Frid zusammen mit Dus Rabinshanowitsch und Lew Rajew — junge Arbeiterkorrespondenten und Mitarbeiter der Redaktion — aus dem Dorf zurückgekommen sei und an nichts anderes mehr dächte, von nichts anderem mehr sprach als von der Hungersnot.

Er sei wie verrückt, sammle auf Straßen und Bahnhöfen Dorfjungen auf. Solche, deren Eltern verhungert waren oder sich vor Schwäche nicht mehr um ihre Kinder kümmerten. Auch Dus und Lew habe Frid losgejagt, Dorfkinder zu suchen. Frid ernährt sie, bringt sie in Kinderheime. Gibt für sie seine ganze Ration her. Einige wohnen zwei, drei Tage bei ihm, bis er sie in einem Heim unterbringen kann. Ist selber noch magerer geworden, als er schon früher war, hat ein Gesicht wie altes Leder ...

Über die Ereignisse in Deutschland wurde weniger gesprochen.

»Dort herrschte schließlich schon lange die Krise und alles mögliche Durcheinander. Hitler ist ein Irrer, der sich die Macht ergaunert hat und durch sie umkommen wird. Jetzt können alle erkennen, was er für einer ist. Auch die, die ihm aus Dummheit früher geglaubt hatten. In den ›Iswestija‹ haben sie es ihm ordentlich gegeben: ›Narren auf dem Thron‹. Narren herrschen nicht lange.«
Aber Willi Husemann war blaß geworden. Wenn er mich besuchte, war er mal zerstreut, ein andermal wütend. Daß bei uns Hungersnot herrschte, bemerkte er gar nicht. Er wußte nicht, daß ein paar Straßen von seinem Haus entfernt unter der Eisenbahnbrücke jeden Morgen Leichen gefunden wurden. Wußte nicht, daß im Nachbarhaus der Sonderling Frid Bauernkinder, aufgedunsen vor Unterernährung, beherbergte... Willi sorgte sich um seinen Vater und seinen jüngeren Bruder Walter, der in der Redaktion der »Roten Fahne« arbeitete.
Walter Husemann ging in den Untergrund. Zusammen mit der »Roten Kapelle« wurde er 1942 verhaftet und 1943 hingerichtet. Der alte Wilhelm Husemann hielt sich lange verborgen. Bis zu meiner Übersiedlung von Charkow nach Moskau im Sommer 1935 erhielt ich von ihm noch Briefe und Streifbandsendungen: Untergrundausgaben der »Roten Fahne« auf Zigarettenpapier, die in einzelne Exemplare des »Völkischen Beobachter«, des »Angriff« oder in Zeitschriften eingelegt waren. Damals konnte man sogar noch faschistische Zeitungen einfach über die Post beziehen. Willis Mutter schrieb, der Vater lasse die Hoffnung nicht sinken und glaube an den baldigen Untergang der Nazis. Willi verließ nach einem Streit mit der Verwaltung 1934 das Lokomotivenwerk. Er heiratete eine technische Zeichnerin aus Charkow, sie bekamen einen Sohn, Willi zog mit seiner Familie nach Lugansk und arbeitete auch dort in einer Lokomotivenfabrik. Er schrieb, auch da gebe es Dummköpfe und Schädlinge, er wolle nach Tscheljabinsk, wo viele aus Charkow in dem neuen Werk für schwere Zugmaschinen arbeiteten. Das war seine letzte Nachricht. Drei Jahre später hörte ich, Willi sei verhaftet und wohl an

Deutschland ausgeliefert worden.
Stefan Hermlin veröffentlichte in seinem Buch über die »Rote Kapelle« den Abschiedsbrief Walter Husemanns an seinen Vater. In ihm heißt es: »Deine beiden Söhne sind umgekommen.«
Im Februar 1964 kam ich zum ersten Mal nach Berlin und erfuhr, daß der alte Wilhelm Husemann noch lebte. Er war lange im KZ gewesen, seine Frau war gestorben, er arbeitete als Portier im ZK-Gebäude der SED. Ich hätte ihn gerne besucht, konnte mich aber doch nicht dazu entschließen. Was wußte er von Willis Schicksal? Was hätte ich ihm erzählen können?

Die letzte Getreidebeschaffung

Das war das Jahr unzähliger Tode,
höllischer Qualen.
Das war das Jahr dreiunddreißig.
Mikola Rudenko

All das drang in mich ein,
Erst später ward's mir bewußt.
David Samojlow[100]

Der Rayon Mirgorod hatte im Dezember 1932 seinen Getreideablieferungsplan noch nicht erfüllt. Das Gebietskomitee entsandte Wanderredaktionen von der Zeitung »Sozialistisches Charkower Gebiet« und von unserer Werkszeitung, um in den rückständigen Dörfern durch gezielte Flugblattaktionen die Bevölkerung anzufeuern. Wir waren zu viert: ein Setzer und ein Drucker aus Mirgorod, mein Stellvertreter Wolodja aus Charkow und ich als »verantwortlicher Redakteur«. Unsere ganze Habe paßte mit uns zusammen auf einen großen Schlitten. Unsere Ausrüstung bestand aus ein paar Setzkästen, einer »Amerikanka«-Handdruckpresse und ein paar Sack schon in Bogen geschnittenes Papier.
Im Dorf Petriwzy wohnten wir zusammen mit dem GPU-Bevollmächtigten des Rayons in einer Kate. Er erzählte:
»Hier gibt es in allen Dörfern konterrevolutionäre Elemente. Allein in Petriwzy 18 Kerle, die aus Solowki oder Narym[101] und aus den verschiedensten Arbeitserziehungshäusern entlassen sind, dann noch welche, die erst nach der Amnestie von 1927 oder noch später zurückkamen. Im ganzen über hundert, nicht bloß irgendwelche Langfinger oder Pferdediebe – um die kümmert sich schon die Miliz. Ich rede von denen, die uns mit der Waffe bekämpft, unser Blut vergossen haben, von richtigen Konterrevolutionären. Knapp 12 Kilometer von hier liegt Popowka, regelrechtes Banditennest. 1400 Höfe, keine 500 davon im Kolchos. Das ist der niedrigste Prozentsatz im ganzen Rayon. Außerdem wissen wir, daß in ungefähr 150 Häusern Waffen versteckt sind. Nicht bloß Revolver – auch

Gewehre mit abgesägtem Lauf. Handgranaten und drei Maschinengewehre haben sie verbuddelt. Das ist zuverlässig bekannt. Überall im Rayon gibt's welche, die gesessen haben und welche, von denen man weiß, auch wenn sie nicht gesessen haben, daß sie bei Petljura und Machno, bei Marusja und beim Engel gekämpft haben ... Im Bürgerkrieg hat's hier Banden gegeben wie Flöhe auf einem Köter.«

Der Bevollmächtigte sprach leise, überzeugt und ruhig. Wir glaubten ihm aufs Wort, denn er war ein echter Prolet, »reines Bergmannsblut«, Sohn eines Hauers und hatte vor seiner Soldatenzeit selbst vor Ort gearbeitet. Als Rekrut kam er zu den NKWD-Truppen, machte dort Lehrgänge mit und wurde operativer Mitarbeiter. Er hatte ein breites sympathisches Lächeln, Zähne, weiß wie Zucker, und sah einem gerade und freundlich ins Gesicht. Er war gut gebaut, untersetzt mit breiten Schultern. Seine blonde Tolle kämmte er sorgfältig zu zwei dicken Kommas über den Schläfen – diese Frisur nannte man aus irgendeinem Grund »politisch«.

Wir drei – Wolodja, er und ich – waren auf einem mittelgroßen Hof bei einem Einzelbauern einquartiert, der sein Ablieferungssoll nicht erfüllt hatte. Der Kolchos teilte uns Verpflegung und Heizmaterial zu, wir gaben alles der Bäuerin ab, die ins Nachbarhaus zu ihrer Schwiegertochter übergesiedelt war, aber jeden Tag kam, den Ofen heizte und kochte. In den ersten Wochen bekamen wir hin und wieder Brot, sogar Fleisch, später gab es nur noch Ölkuchen – Makucha –, erfroren-süßliche oder bitter-faulige Futterkartoffeln und ganz selten Hirse, Erbsen oder Sauerkohl.

Unser Bevollmächtigter versuchte manchmal, uns zu »militärischer Ordnung« zu erziehen, verlangte, daß wir uns rasieren sollten und kein schmutziges Geschirr auf dem Tisch stehenließen:

»Abräumen, Genossen, und vor den Ofen stellen ... Was schmeißt du den Zigarettenstummel auf den Boden? Auch wenn der aus Lehm ist und nicht anbrennen kann – die Hausfrau muß hinter uns her kehren. Ihr Ablieferungssoll hat sie zwar nicht erfüllt, aber sie ist trotzdem eine werktätige Bäuerin. Und überhaupt muß man Selbstachtung haben: wir wohnen und essen hier – wozu also Schmutz machen? Sauberkeit ist das Unterpfand der Gesundheit.«

Täglich wienerte er lange an seinen Stiefeln mit Bürste und Wollappen herum, putzte anschließend mit einer anderen Bürste sorgfältig seine Budjonnyi-Mütze und den langen Armeemantel. Dabei ermahnte er uns:

»Ihr Kerls solltet wenigstens die Pelzmäntel ausschütteln – deckt euch ja schließlich damit auf dem Ofen zu. Guckt sie euch an: voll Stroh und mit Kreide beschmiert. Wer seid ihr denn? Vertreter des Proletariats von Charkow! Genossen aus der roten Hauptstadt. Und das bedeutet, daß ihr auf euch achten müßt. Nicht gleich mit Bügelfalten, nein, aber auch nicht so herumschlampen, sondern ordentlich wie in der Roten Armee: stramme Haltung, Disziplin und die Erscheinung militärisch-akkurat... Was soll das heißen, ihr seid keine Soldaten? Wir sind hier alle Rote Soldaten an der Getreidefront.«

Er ließ durchblicken, daß er mit besonderen, staatlichen Angelegenheiten betraut sei. Seine Mauserpistole im lackierten hölzernen Futteral gab er keinem von uns auch nur zum Halten, ließ uns diesen Wunschtraum meiner Jugend nicht einmal aus der Nähe ansehen.

»Geht nicht, Jungens, Finger weg. Ist kein Spielzeug, ist 'ne Kriegswaffe.«

Getreidefront. Stalin hatte gesagt: Der Kampf ums Getreide ist ein Kampf um den Sozialismus. Ich glaubte der Parole aufs Wort. Wir waren Soldaten an einer unsichtbaren Front, bekämpften die Sabotage der Kulaken, kämpften um Brot für das Land, für den Fünfjahrplan. Vor allem um Brot, aber auch um die in falschem Bewußtsein und Unwissenheit verstockten Seelen jener Bauern, die der feindlichen Agitation glaubten und die große Wahrheit des Kommunismus nicht begriffen. Wir empfanden sie nicht als Feinde und fühlten uns unter ihnen nicht als feindliche Fremdlinge. Denn in jedem

Dorf fanden wir Genossen, Gleichgesinnte.
In Petriwzy wurde Waschtschenko unser Lehrer. Er war der Vorsitzende des Dorfsowjets. Im »deutschen« Krieg hatte er sich bis zum Unteroffizier hochgedient, war zweimal mit dem St.-Georgs-Kreuz ausgezeichnet worden. Im Bürgerkrieg hatte er eine Kompanie befehligt:
»Damals war's leichter. Glaubt's oder glaubt's nicht – viel leichter war es. Alles ganz klar und deutlich. Hier: die eigenen, unsere Stellung und dort: der Feind, die Kadetten, Petljura oder Machno. Lauter Schufte also, Konter! Klar, daß man denen die Hölle heißmacht mit Gewehrfeuer und MG. Dann im Gänsemarsch Sprung auf, sie umgehen oder direkt auf sie los mit Hurra und Bajonett. Eins drüber gehauen mit dem Gewehrkolben! Wer die Hände nicht hochkriegt geht ab nach Grabhausen. Und weiter, marsch-marsch! Los, auf die Krim, los, auf Warschau! Alles klar und deutlich. Aber hier sitzt der Feind vielleicht neben dir, gibt dir die Hand, wünscht dir alles Gute. Revolver hab' ich zwar, lasse ihn aber in der Tasche. Herausgenommen wird er nur im äußersten Fall: wenn's dir direkt an den Kragen geht oder, um irgendeinen Mistkerl einzuschüchtern. Aber so was geht auch nicht oft. Dabei ist die Front ringsum, auf allen Seiten.
Ich schätze, schon allein an Weizen sind bei uns in Petriwzy ungefähr zweitausend Pud* versteckt und vergraben. Die Einzelbauern haben sich getarnt, fressen selbst nur Ölkuchen, bei manchen haben sogar die Kinder schon vom Hunger aufgetriebene Bäuche. Aber ihre Gruben machen sie nicht auf. Hoffen darauf, daß die Beschaffungskommission abzieht und wir sie in Ruhe lassen. Erst dann machen sie die Verstecke auf und fressen sich dick und fett. Andere haben Angst, daß wir ihnen alles bis zum letzten Korn wegnehmen, wenn sie einmal ihre Gruben aufmachen, und die Familie hungert, daß die Schwarte knackt ... Wie bei uns die Bauern sind? Schlau, erzschlau, aber dumm dabei. Ich kenn' sie gut, bin ja hier geboren,

* 1 Pud = 16,3 kg

zehn Kilometer weg. Hab' schon mit sechs Jahren bei den Kulaken gearbeitet. Meine Mutter war Tagelöhnerin, Witwe. Ich war ihr einziger. Konnte noch nicht zum Tisch langen und mußte schon Gänse hüten. Und später durfte ich nur ein bis zwei Tage in der Woche zur Schule. Die andern Tage, und außerdem morgens und abends, hatte ich mich ums Vieh zu kümmern, um die Kühe, Schweine und Schafe. Hab' im Garten gearbeitet und auf dem Feld, hab' gepflügt und geerntet... Und mit 14 Jahren zum ersten Mal Lohn bekommen. Zwei Rubel im Monat, später wurden's drei. Davor immer nur »Naturalien«: Essen, Kleidung und Wohnen: Sommer über in der Tenne und im Winter in einem Kämmerchen, wo man mit einer Seite an den Ofen stößt und mit der anderen an den Stall. Anzuziehen gab es, was der Bauer an Zerrissenem abgelegt hatte... Mutter ist als Tagelöhnerin gestorben, noch vor dem deutschen Krieg. Hatte sich erkältet, im Frühjahr, als der Schnee taute. Hatte nur ein Paar Schuhe für die Kirche und für die Feiertage; sonst ging sie winters in Bastschuhen mit Fußlappen, im Sommer barfuß – durch die Stoppeln, im Wald, durch die Dornen... Mutter sagte immer, sie hätte Füße, fast so hart wie Hufe. Aber im Frühling werden die Bastschuhe im Schneematsch naß, und Mutter hat sich da erkältet, kriegte Schüttelfrost. War wie betrunken oder wie einer, der Typhus hat. Redete wirr, fing an zu singen. Starb dann in der kalten Kammer auf Stroh. Der Bauer ließ den Feldscher nicht kommen, gab kein Pferd her, um ihn zu holen... »Macht nichts, das geht vorbei. Sie ist kräftiger als wir alle. Außerdem brauche ich die Pferde jetzt zum Mist fahren. Ein Frühling ist das – aller Schnee in einer Woche weggetaut. Die Erde ist schon weich.‹ Mist hat er aufs Feld gefahren, und Mutter starb unterdessen. Ich ging zu ihm und bat um zwei Rubel für den Popen und das Begräbnis. Nicht als Geschenk – nein, von unserem Verdienten. Der Kerl zahlte den Tagelöhnern grundsätzlich nur im Herbst, wenn die ganze Ernte drinnen war. Ich wurde wegen Mutter so wütend, daß ich mit der Axt auf den Geizkragen losging... Hätten mich die anderen nicht zurück-

gerissen, wäre er tot gewesen. Mitleid mit dem Hund hätte ich keins gehabt, nach Sibirien wäre ich ohne Jammern dafür gegangen. Er fluchte – gab mir das Geld und jagte mich weg. ›Scher dich zum Teufel, aber weit genug weg vom Dorf! Sonst sage ich dem Schulzen und der Polizei, daß du ein Räuber und Mörder bist ...‹ Damals bin ich quer durch die ganze Ukraine gewandert, durchs Poltawasche und Sumy und durchs Donez-Becken. Hab' bei Bauern und auf Herrschaftsgütern gearbeitet, war in der Stadt und auf dem Land, bis sie mich zu den Soldaten holten ... Und so kommt's, daß ich Kulaken von Kind auf hasse, mehr als alle Herren Gutsbesitzer, Junker und Offiziere. Das sind wenigstens geradeheraus klare Feinde. Die erkennt man schon auf sieben Meilen, weiß, woran man ist. Ich sag' euch eins: bei denen gibt's sogar gute Menschen, ich habe selbst welche gekannt – gelehrt und würdig, die sich um das Volk sorgten. Das wißt ihr ja selbst. Von wem stammte Lenin ab? Und es gab ja noch mehr von der Art. Aber die da, aus dem Dreck ins Schloß heraufgekommen, selbst noch den Ochsen die Schwänze gedreht und im Mist groß geworden! Die haben weder Wissenschaft noch Würde, die sind nur habgierig und gerissen. Den Tagelöhnern und den Armen gegenüber ohne Schonung, schlimmer als jeder Herr. Den eigenen Verwandten würden sie für einen Groschen den Hals umdrehen, jede Kruste Brot für einen Hungrigen tut ihnen leid. Wenn du krepierst – die geben dir keinen Tropfen Wasser, denn vom Toten gibt's keine Zinsen.«
Er sprach, ohne die Stimme zu heben. In den tiefliegenden, kleinen, ein wenig schrägstehenden Augen war kein Funke zu erkennen. Die große Zigarette, ein aus einer Viertelseite der Rayonzeitung gedrehter »Ziegenfuß«, rauchte gleichmäßig. Nur die breiten Hände ballten sich zu Fäusten und wurden an den Knöcheln weiß.
Ebenso leise, gleichmäßig und klar sprach er auf Versammlungen, die jeden Abend in den verschiedenen Teilen des Dorfes für jeweils 50 bis 100 Höfe stattfanden. Man traf sich dabei im Haus eines Bauern, der sein Getreide-Ablieferungssoll nicht

erfüllt hatte. Die Dorfsowjet-Diensthabenden trieben alle hin, die den Ablieferungsplan nicht erfüllt hatten, und achteten darauf, daß niemand ohne besondere Erlaubnis die Versammlung verließ.

Gewöhnlich hielt Waschtschenko die Eröffnungsrede. Er berichtete, wieviel Getreide schon vom Dorf abgeliefert worden sei und wieviel noch fehlte. Er zählte die bösartigen Nichtablieferer auf und gab ausführlich bekannt, wo und bei wem verstecktes Getreide gefunden worden sei:

»Hat gedacht, er wär der Klügste. Hat's auf einem Feld weit draußen vergraben, aber die Mäuse hat er nicht hinters Licht geführt – die haben die Grube gefunden. Und nach den Mäusen kam der Fuchs. Den Kerlen, die aufs Jagen versessen sind, ist aufgefallen, daß der Fuchs nur immer an einer Stelle, auf einem einzigen Feld nach Mäusen jagt – und so fand man das Versteck. Und was war drin? Hälfte Korn, Hälfte Mäusedreck. Den Bauern hat natürlich das NKWD abgeholt, der fährt jetzt dahin, wo's im Winter keine Sonne gibt. Und seine Familie sitzt nun ohne Brot. Er ist also nicht nur ein Feind unserer Sowjetmacht, sondern auch der schlimmste Feind seiner eigenen Kinder.«

Danach sprachen die Gäste: die Männer von der Beschaffungskommission, Wolodja und ich, dann örtliche Aktivisten, Komsomolzen, Kolchosbrigadiere.

Alle Redner saßen am Tisch im Ikonenwinkel. Von der weißen Wand hoben sich dunkle Rahmen mit verschieden großen Fotografien ab. Soldaten der Zaren-Armee mit verwegen geknifften Mützen. Mädchen mit Kränzen voller Bänder. Rotarmisten in Budjonnyj-Mützen. Vor den Fotoapparaten erstarrte Männer in Schirmmützen oder Lammfellmützen, in gestickten Hemden oder städtischen Jacketts. Auch bunte, aus alten Zeitschriften ausgeschnittene Bilder oder Postkarten mit bärtigen Saporoger Kosaken, die Gopak tanzten, schmückten die Wand.

Auf Bänken, am Boden bis dicht an den Ofen gedrängt saßen mürrische, bärtige Alte in Felljacken oder Arbeitskitteln und junge Kerle, schläfrig-gleichgültig oder verächtlich mürrisch. In Gruppen drängten sich die Frauen und Mädchen, die dunklen Tücher erfinderisch wie Blätterschichten eines Kohlkopfs um sich gelegt oder lose wie Zeltbahnen über die hellen Kopftücher gebreitet, manche hatten halblange Tuchmäntel an, deren Kragen und Vorderteil mit hellen Lammfellstreifen besetzt waren.

Der graublaue Machorka-Dunst ballte sich zu dichten Wolken, die die selbstgezogenen Kerzen und – in anderen Höfen – die Kienspäne kaum durchdringen konnten. Petroleumlampen waren selten. Dörfer, die den Getreideablieferungsplan nicht erfüllt hatten, standen auf einer »schwarzen Liste« und unterlagen dem »Warenboykott«. Die Läden waren geschlossen. Es gab weder Petroleum noch Nägel, noch sonst etwas.

Jedesmal wenn ich sprach, versuchte ich den Leuten zu beweisen, daß sie dem ganzen Land ebenso schadeten wie sich selbst. Ich gab mir Mühe, mich nicht zu wiederholen. Schließlich mußte ich an einem Tag oft auf mehreren Versammlungen sprechen. Ich erzählte, wie schwer das Leben der Arbeiter in den Städten und auf den Baustellen sei: Sie arbeiten in zwei und sogar in drei Schichten, ohne Ruhetag. Und ihre Frauen stehen in Schlangen an, weil die Lebensmittel nicht reichen, weil nicht genug Brot da ist. Und das alles, weil unser Land von Todfeinden eingekreist ist. Und deshalb müssen wir alle Kräfte anspannen, den Plan unbedingt erfüllen, deshalb brauchen wir Getreide.

Ich erzählte von der Weltwirtschaftskrise (wir wußten damals noch nicht, daß sie schon ihrem Ende zuging), sprach von den deutschen Faschisten, von den japanischen Invasoren in der Mandschurei, von den Tücken der polnischen Pane: Sie alle bereiteten sich darauf vor, uns zu überfallen, wollten erobern, unterdrücken, rauben.

Ich sagte nur, was ich auch selbst glaubte. Und jedesmal riß es mich hin – ich schrie und fuchtelte mit den Armen. Man hörte – so schien es mir wenigstens – aufmerksam zu. Die Frauen tuschelten nicht mehr. Niemand ging hinaus, um zu rauchen,

keiner zankte sich vor der Tür mit den Diensthabenden, die jeden festhielten, der sich verkrümeln wollte.
Selbstverständlich beschimpfte ich alle Kulaken und ihresgleichen, verfluchte sie und drohte ihnen mit der Verachtung des Volks, dem Haß und dem strafenden Schwert des Proletariats, das alle treffen werde, die böswillig oder aus Unwissenheit Getreide versteckten.
Der Bevollmächtigte besuchte die Versammlungen auch. Er saß aber nie zusammen mit uns am Tisch, suchte sich irgendwo weiter hinten einen Platz und hielt auch keine Ansprachen:
»Schön hast du wieder gesprochen. Das mit dem strafenden Schwert ist richtig. So muß man auf die Massen einwirken.«
Waschtschenko appellierte immer und immer wieder:
»Wer tritt vor und erklärt freiwillig, daß er seine Ablieferungspflicht erfüllt?«
Manchmal hob sich eine Hand. Ein jüngerer Mann stand auf oder eine beherzte Frau.
»Morgen vielleicht schaff' ich's. Die Tante hat mir so zwei Sack versprochen. Die bring' ich dann hin.«
Derartige »Bewußte« wurden überschwenglich gelobt, sie durften nach Hause, konnten sich schlafen legen. Und am nächsten Tag stand in unserer Flugblatt-Zeitung: »Ruhm dem rechtschaffenen Landmann, der den Weg der Pflichterfüllung gegenüber dem Volk beschritten hat. Folgt seinem Beispiel!«
Gewöhnlich aber begann Waschtschenko nach einigen vergeblichen Appellen, die Säumigen einen nach dem andern namentlich an den Tisch zu rufen.
Er redete zu ihnen mit gleichmäßiger, kräftiger Stimme, doch war bei seiner kargen Modulation bald Verachtung, bald Drohung heraus zu hören.
»Also, Bürger Dubyna Stepan, zum wievielten Mal halten wir hier miteinander ein Schwätzchen? Na, red' schon. Dich fragt die Sowjetmacht: wieviel Mal haben wir dich schon aufgerufen?«
»Weiß nicht. Hab's nicht gezählt.«
»So, du reißt Witze! Machst Späßchen. Aber ich rede ernst mit

dir, sehr ernst. Wir fragen dich schon das vierzehnte – nein: das fünfzehnte Mal fragen wir dich. Wann wirst du abliefern?«

»Nicht ein einziges Pfund Brot hab' ich... Auch die Kinder fressen Ölkuchen...«

»So? Du schwindelst also. Wieviel hast du gesät? Fünfeinhalb Hektar hast du gesät. Wir wissen genau – du hast zwei Hektar Weizen gesät und anderthalb Roggen. Dazu noch Erbsen und Gerste und Hafer und Sonnenblumen und Mais, alles in allem auf zwei Hektar. Wieviel hast du denn geerntet? Wieviel Garben? Mach uns nichts vor, lüg nicht: wieviel?... Weißt nicht mehr? Bist ja ein großartiger Bauer – weißt nicht mehr, wieviel du geerntet hast! Na, dann rate ich mal für dich, helfe dir nach. Auf deine Felder hat dieselbe Sonne geschienen wie auf die der anderen. Und der Regen, der bei denen fiel, hat dich auch nicht ausgelassen, oder? Das heißt, du hast vierundzwanzig Doppelzentner geerntet. Na, meinetwegen zweiundzwanzig. Und noch fünfzehn Doppelzentner Roggen – gut, sagen wir dreizehn. Und wieviel hast du abgeliefert? Zusammen mit Mais und Gerste nur acht Doppelzentner! Mit Ach und Krach vierzig Prozent vom Plan – und der ist hart. Wir kennen dich, Bürger Dubyna Stepan, wir wissen, wer du bist. Die Sowjetmacht weiß alles, kennt jeden. Ich bin schließlich nicht von weiß Gott wie weit hierher gekommen, nicht aus Charkow oder Moskau – kann mich noch gut erinnern, wie du geheiratet hast. Das war damals in dem Jahr, als der Blitz das Heu vom Gut verbrannte. Du hattest nicht einmal neue Stiefel für die Hochzeit, mußtest sie beim älteren Bruder, bei Taras, borgen. Wir wissen, du gehörst zu den armen Bauern. Hast aber deine Klasse vergessen. Ich werd's dir vor allen Leuten vorrechnen, wieviel du mit der Familie brauchst: Nehmen wir ein Pud pro Kopf im Monat. Rechnen wir alle zusammen, die Großen und die Kleinen, auch noch die Enkel, die an der Brust saugen, dann seid ihr neun Seelen. Rechnen wir euch fürstliche Rationen – macht neun Pud im Monat. Im Winter eßt ihr kaum sechs davon auf, habt ja noch Gerste und Mais. Wo also ist das übrige? Weißt du nicht? Wenn du es nicht versteckt hast, dann hast du's verkauft. Das heißt, du hast das Gesetz übertreten. Ablieferungsnorm nicht erfüllt, aber verkauft. Das heißt, du treibst Schwarzhandel. Machst unseren ganzen Plan zunichte und handelst heimlich mit Getreide. Weißt du, was darauf steht?«

»Schlagt mir den Kopf ab! ... Ich habe nicht ein Pfund! Kein einziges Körnchen.«

Diese Worte waren bei den abendlichen Versammlungen am häufigsten zu hören: »Schlagt mir den Kopf ab!« Man rief sie finster oder in hellem Zorn, unter Tränen, schluchzend, manche wie schon verurteilt, andere müde, abgestumpft, gleichgültig.

»Schlagt mir den Kopf ab – ich habe nichts im Haus – kein einziges Pfund.«

Die Frauen antworteten redseliger, weinten, schrien, zeterten.

»Ich will meine eigenen Kinder nicht mehr wiedersehen! Mir sollen die Augen rausfallen! ... Ich will hier nicht gesund weggehen, wenn's nicht wahr ist! ... Ich will gelähmt sein, Hände und Füße sollen mir verdorren! Bis zum Tode will ich nichts Gutes mehr sehen! Ich lüge nicht und habe nie jemanden angelogen, solange ich lebe! Vielleicht können eures Vaters Kinder lügen ... Ich schwöre, worauf ihr wollt: wahrhaftigen Gottes – ich habe kein einziges Korn, kein Krümelchen! Schlagt mir den Kopf ab – gleich hier auf der Schwelle!«

Waschtschenko hieb die Faust schwer auf den Tisch; sprach jedoch leise und gleichmäßig.

»Das langt! Setz dich hin und bleib hocken, bis du's dir überlegt hast! Bis du versprichst, was nötig ist. Sitz und verlang nicht, nach Hause zu gehen: wir lassen dich nicht.«

So ging es Nacht für Nacht. Manche Versammlungen zogen sich ununterbrochen zwei, drei Tage hin. Die Aktivisten am Tisch wechselten sich ab, wie Wolodja und ich; manche schliefen zeitweise an Ort und Stelle, gegen die Wand gelehnt, trotz der stickigen Hitze. Es schliefen auch viele der in der Kate versammelten Bauern.

Waschtschenko war unermüdlich. Immer und immer wieder

attackierte er jeden einzelnen Nichtablieferer. Ihn unterstützten andere am Tisch, aus dem Schlaf auffahrend oder bemüht, nicht einzuschlafen. Immer wieder dieselben Fragen, manchmal leiser, manchmal mit Geschrei, immer wieder dieselben Appelle, dieselben Drohungen. Auch ich selbst machte mich mehrmals an so ein trübseliges schläfriges Bäuerchen, das von all dem anstrengenden Lärm, der Stickluft und Schlaflosigkeit ganz abgestumpft war:

»Versteht ihr denn wirklich nicht? Denkt doch dran – die Arbeiter sind eure Brüder, eure Söhne. Sie warten auf Brot, sie bitten um Brot, um zu leben, um zu arbeiten. Denkt doch daran.«

Ich versuchte, eine Frau, die ihre von Tränen und Schweiß feuchten Wangen mit dem Zipfel ihres Fransentuchs abwischte, zu überreden:

»Sie sind doch selbst Mutter und lieben Ihre Kinder. Stellen Sie sich doch einmal vor, wie jetzt die Mütter in den Städten weinen; sie wissen nicht, womit sie ihre Kleinen füttern sollen. Haben Sie Mitleid mit ihnen, haben Sie auch mit Ihren eigenen Kindern Mitleid. Denn das Getreide, das Sie verstecken, haben Sie Ihren Kindern weggenommen. Und wenn man Sie bestraft: was dann? Ihre Kinder bleiben ohne Mutter unversorgt zurück.«

Mindestens jeden zweiten Tag brachten wir eine Nummer unserer Flugblatt-Zeitung heraus. Veröffentlichten neue Getreideablieferungszahlen, Vorwürfe an die im »Bewußtsein Zurückgebliebenen«, Flüche gegen entlarvte Saboteure.

Die rückständigen Einzelbauern wurden auf verschiedene Art bedrängt. In ihren Häusern fanden die nächtlichen Versammlungen statt, bei ihnen wurden Bevollmächtigte, Aufkäufer, Revisoren einquartiert. Die Kolchosbauern hatten den Ablieferungsplan schon lange erfüllt und übererfüllt, sie waren daher von Einquartierungen und anderen Verpflichtungen befreit. Die Einzelbauern aber wurden täglich gezwungen, ihre mageren Pferde anzuspannen, um Brennholz für den Dorfsowjet oder die Schule zu fahren, um Abkommandierte in Nachbarkolchosen oder nach Mirgorod zu bringen, oder um stundenlang beim Dorfsowjet »Dienst zu tun«, weil ja vielleicht ein »Transport« notwendig wurde. All diese Maßnahmen galten jedoch der Warnung und Drohung. Die Widerborstigsten durfte der Dorfsowjet-Vorsitzende »ins Kalte« sperren. So wurde ein Raum mit vergitterten Fenstern im Haus des Dorfsowjets genannt. Die Tür war von außen nur mit einem großen Knüppel angedrückt. Über das »Kalte« herrschte der Milizionär Bullen-Wassil, der einzige Polizist für das Dorf und die nahe gelegenen Vorwerke. Er war ein ehemaliger Hauptfeldwebel, ein breitschultriger, rotgesichtiger Trunkenbold und Schürzenjäger. Der Arrestraum wurde abwechselnd von den Diensthabenden des Dorfsowjets bewacht. Zu ihren Obliegenheiten gehörte außerdem, Botengänge für den Vorsitzenden zu erledigen, die »amtliche« Post auszutragen, zu den Versammlungen »einzuladen« und während der Abwesenheit der Ratsmitglieder »auf das Telefon aufzupassen«. Sie mußten die Arrestanten zur Latrine führen und ihnen Verpflegung und Kleidung übergeben. Der Sowjet hatte keine Mittel, sie zu ernähren, die Angehörigen mußten sie versorgen. Alleinstehenden und aufgegriffenen Landstreichern blieb nichts anderes übrig, als bei ihren Mitgefangenen zu betteln. Männer und Frauen waren gemeinsam untergebracht; alle lagen durcheinander auf Stroh. Der Raum war wirklich eiskalt, denn der einzige Ofen des Hauses schaffte es kaum, die auf dem Korridor frierenden Diensthabenden ein bißchen anzuwärmen.

»Vom Dorfsowjet Festgehaltene« durften nicht länger als eine Woche im »Kalten« bleiben. Manchmal wurden es aber auch zehn Tage. Danach mußten sie entweder freigelassen oder zum Rayon überstellt werden. Der Bullen-Wassil, der drohend mit dem Revolver herumfuchtelte, und zwei mit Knüppeln bewaffnete Diensthabende trieben die durchgefrorenen, schmutzstarrenden Leute in ihren zerrissenen Pelzen oder sackleinenen Fetzen nach draußen. Vor der Tür wartete der Schlitten, und als Kutscher waren manchmal Verwandte herkommandiert,

ebensolche Nichtablieferer. Wassil gab mit schallender Stimme seine Befehle.
»Hinsetzen, verlauste Brigade! Enger zusammen! Dann wird's euch wärmer, und eure Läuse haben es weiter bis zu uns!«
An solchen Tagen ging Waschtschenko ins »Kalte« und sprach mit den Zurückgebliebenen.
»Los, ihr da – haut ab nach Hause. Und daß ihr mir abliefert! Ein andermal wird's schlimmer. Hier ist es kalt, aber man ist im eigenen Dorf. Seid ihr erst im Rayon, dann geht's ab nach Norden, Eisbären hüten. Da wird's noch kälter.«
Als äußerste Maßnahme gegen böswillige Nichtablieferer war den dörflichen Machthabern die »bedingungslose Requirierung« gestattet:
Eine Brigade von mehreren jungen Kolchosbauern und Angehörigen des Dorfsowjets, fast immer unter Leitung von Waschtschenko, durchsuchte Haus, Scheune und Hof und beschlagnahmte alle der Ablieferung unterliegenden Körnerfrüchte, führte Kuh, Pferd und Schweine fort, nahm auch das Viehfutter mit.
Manchmal ließen sie aus Mitleid Kartoffeln, Erbsen und Mais da, damit die Familie zu essen hatte. Strengere Brigaden nahmen alles fort, hinterließen den Hof wie gefegt. In besonders schweren Fällen wurden auch »alle Wertsachen und überschüssige Kleidung« beschlagnahmt: Ikonen mit silbernen Beschlägen, Samoware, kleine Bildteppiche, selbst metallenes Geschirr – es konnte ja aus Silber sein! – außerdem in Verstecken aufgefundenes Geld. Eine besondere Anweisung schrieb vor, daß Gold, Silber und ausländisches Geld zu beschlagnahmen seien. Hie und da wurden tatsächlich versteckte Goldmünzen aus der Zarenzeit gefunden – Fünf- und Zehnrubelstücke. Meist aber erwiesen sich die Schätze als Papier: alte großformatige Noten mit den Bildern Peters des Großen oder Katharina II., oder die unscheinbaren der Kerenskij-Regierung, auch Notgeld aus der Bürgerkriegszeit, von Petljura und Denikin, manchmal waren es auch sogenannte »Limonen« – Millionen-, oder »Limonarden«, Milliarden-Noten aus der

sowjetischen Frühzeit. Silberrubel fanden sich, 50-Kopeken-Stücke, auch kupferne Fünfer. Man erklärte uns: »Das Metallgeld von ›vor den Kolchosen‹ ist mehr wert.«
Wolodja und ich waren mehrmals bei solchen Raubüberfällen dabei, nahmen sogar daran teil: Wir hatten an Ort und Stelle eine Liste des Beschlagnahmten aufzustellen.
»Sollen doch die Genossen Chefs aus Charkow ruhig überprüfen, ob hier alles ordentlich zugeht. Deine Hirse werden wir Pfund für Pfund nachwiegen – für uns nehmen wir kein Körnchen.«
Ich hörte, wie die Frauen verzweifelt schrien und sich an die Säcke klammerten:
»Ach, das ist das letzte! Für die Kinder zum Brei! Um Gottes willen – die Kinder werden verhungern!«
Und laut heulend warfen sie sich auf ihre Truhen:
»Oj, nein, nicht, das ist meine Mitgift, Erinnerung an die selige Mutter! Laßt mir das, liebe Leute, das ist mein Heiratsgut, noch nie angezogene Sachen!«
Ich hörte, wie die Kinder schrien, sich dabei verschluckten, kreischten. Ich sah die Blicke der Männer: eingeschüchterte flehende, haßerfüllte, stumpf ergebene, verzweifelte oder in halbirrer böser Wut blitzende.
»Nehmt doch, nehmt alles! Da – im Ofen steht noch ein Topf Borschtsch. Ist bloß kein Fleisch dran. Aber sonst alles: rote Rüben, Kartoffeln, Weißkohl. Und tüchtig gesalzen! Nehmt, Genossen Bürger! Wartet ab, ich zieh' mir die Stiefel aus... Sind zwar geflickt und löchrig, aber vielleicht kann sie das Proletariat noch brauchen, die geliebte Sowjetmacht...«
Es war quälend und bedrückend, all dies zu sehen und zu hören, und noch bedrückender war es, selbst dabei mitzumachen. Nein, falsch: Untätig zuzusehen, wäre noch schwerer gewesen als mitzumachen, zu versuchen, andere zu überzeugen, ihnen zu erklären und dabei sich selbst zu überreden. Denn ich wagte nicht, schwach zu werden und Mitleid zu empfinden. Wir vollbrachten doch eine historisch notwendige Tat. Wir erfüllten eine revolutionäre Pflicht. Wir versorgten das soziali-

stische Vaterland mit Brot. Wir erfüllten den Fünfjahrplan. Man mußte nur dafür sorgen, daß keine »überflüssigen« Grausamkeiten vorkamen, daß kein allzu schneidiger Bursche mit den Fäusten auf eine Frau losging, die sich mit ausgebreiteten Armen über ihre Truhe warf und rief: »Ich gebe nichts her!« Und daß die beschlagnahmten Güter genau registriert wurden, in zwei Exemplaren. Schließlich hieß die Bedingung: Wenn du ablieferst, geben wir alles sonst noch Weggenommene zurück. Meine Zweifel, mein nagendes Gewissen, Mitleid und Scham wurden von rationalistischem Fanatismus unterdrückt. Dieser Fanatismus hatte nicht nur geistige Quellen: Bücher und Zeitungen. – Vielmehr hatten mich Menschen überzeugt, Menschen, die für mich unsere Wahrheit und Gerechtigkeit darstellten und verkörperten, die durch ihr ganzes Leben bestätigten, daß man die Zähne zusammenbeißen und alles ausführen muß, was Partei und Sowjetmacht befehlen.

Solche Lehrer des praktischen Bolschewismus hatte ich schon im Werk getroffen. Nun gehörte auch Waschtschenko zu ihnen, und, überzeugender als alle, Bubyr, der Vorsitzende des Dorfsowjets von Popowka.

Auch Bubyr war ein früh verwaister Landarbeitersohn, hatte ebenfalls von Kindesbeinen an bei Großbauern gearbeitet. Mit 16 Jahren ging er zum TSCHON, wurde schwer verwundet. Er gehörte zu den ersten Komsomolzen im Gebiet Poltawa und arbeitete später als Sekretär in Dorf-Parteizellen. Kurz vor Beginn der Kollektivierung wurde er zum Vorsitzenden des Dorfsowjets von Popowka gewählt.

Er war groß und sehr mager, mit Augen von eigenartig leuchtendem Blau. Seine Nase war groß und spitz, die eingefallenen Wangen überzog manchmal fiebrige Röte, sein Mund war blaß und schmal: ein Ikonengesicht. Sein alter dunkelbrauner Pelz hing an ihm wie ein Kosakenumhang, selbst bei stärkstem Frost trug er ihn offen. Eine graue Lammfellmütze, lässig nach hinten geschoben, gab seine hohe, bleiche Stirn frei.

»Mich wärmt die Schwindsucht besser als jeder Pelz.«

Er warf den Mantel ab und stand in einer verwaschenen Soldatenbluse da, in abgewetzten Reithosen mit Litzen. Die Stiefel erschienen unnatürlich groß, die Beine waren dürr wie Stöcke. Von den Mädchen hatte er den Spitznamen »Kranich« bekommen. Er hatte kein eigenes Haus und wohnte abwechselnd bei den Mitgliedern des Dorfsowjets.

»Heiraten geht nicht, hab kein Recht dazu. Wegen der Arbeit und wegen der Schwindsucht. Die Arbeit bringt's mit sich, daß mich vielleicht morgen, vielleicht erst im nächsten Monat eine Kulakenkugel erwischt. Schaffe ich mir einen eigenen Hausstand an, setzt man mir hundertmal den roten Hahn aufs Dach. Wie komme ich dazu, ein Mädchen zu so einem verdammten Leben zu verführen? Damit sie Tag und Nacht sich ängstigt und schließlich als armselige Witwe zurückbleibt? Und dann noch die Schwindsucht! Die erlaubt es schon gar nicht. Ich bin Bazillenträger! Kochsche Stäbchen. Ich hab' einen offenen Prozeß, Kaverne nennt man das. Ist ein Loch in der Lunge. Der Arzt hat's gesehen in seinem Görent, oder Röntgett – na jedenfalls in so einer raffinierten Maschine, mit der man durch einen Menschen absolut durchgucken kann. Hat gesagt, das Loch ist schon so groß wie eine Faust.«

Er sprach davon fast mit Stolz und bedeutend freimütiger als davon, wie in der vergangenen Woche auf ihn geschossen worden war.

Bubyr kannte einfach keine Furcht. Er verstand nicht, was Angst ist, und staunte verächtlich, wenn er sie bei anderen bemerkte:

»Bist wohl in der Hasenheide geboren? Glaubst am Ende auch an den Teufel und bibberst vor Hexen? Die Kulaken sollen Angst vor uns haben, wir nicht vor ihnen. Wir haben nichts zu fürchten. Alle Menschen sterben. Unsterblich ist noch keiner geworden. Und wer sich nicht fürchtet, stirbt leichter.«

Er sprach mit hoher, dumpfer Stimme, sah dabei seinem Gegenüber gerade, ohne Wimperzucken ins Auge.

Einige Kilometer von Popowka entfernt wohnten in einer Waldschlucht »Aussiedler« in halb in die Erde gegrabenen

Hütten. Frauen und Kinder von Kulaken. Die Männer und Väter waren nach Sibirien verschickt worden, die Familien hatte man aus den Dörfern verjagt. Es hieß, dort versteckten sie auch Angehörige, die aus der Verbannung oder aus dem Gefängnis geflohen waren. Bubyr suchte sie auf und erinnerte an den Steuertermin. Er war allein. Im Wald wurde auf ihn geschossen. Eine selbstgegossene Kugel durchschlug seinen Pelz, verwundete das Pferd. Aber er ritt weiter. In den Erdhütten fand er den, nach dem er suchte, besorgte sich Harz, verschmierte dem Pferd die Wunde. Zurück führte er es am Zügel, zwang ein paar »Kulakenwelpen« als Geiseln, ihn zu begleiten: »Ich ließ sie vor meinem Revolver hergehen. Und den ganzen Weg lang habe ich sie agitiert.«

Nach diesem Vorfall befahl der Parteisekretär, Bubyr dürfe nach Einbruch der Dunkelheit und außerhalb des Dorfes nichts allein unternehmen, zwei starke Männer aus dem Kolchos-Aktiv hätten ihn zu begleiten. Bubyr spottete:

»Parteidisziplin ist wie Frontdisziplin. Ob es Spaß macht oder nicht – Jawoll, Genosse Kommandeur!«

Sekretär der Parteizelle war ein älterer Arbeiter aus Charkow. In seinen Bewegungen war er langsam und wirkte phlegmatisch. Nur selten nahm er an großen Versammlungen teil, denn er konnte nicht ukrainisch sprechen. Ganze Tage verbrachte er im Kolchos, in der Maschinen-Traktoren-Station, in der Veterinärabteilung. Es beunruhigte ihn, daß die Pflüge, Eggen und Sämaschinen zu langsam repariert wurden. Oft stellte er sich selbst an den Schraubstock oder Amboß, schmiedete neue Pflugschare – saubere Arbeit, reine Meisterstücke. Fröhlich schlug er sich mit dem Hammer den Takt, arbeitete zügig, lebhaft, und es schien, als verjüngte er sich dabei.

Bubyr gegenüber verhielt er sich wie ein strenger, aber treusorgender Vater zu seinem ungebärdigen Sohn.

»Du bist doch ein Halbverrückter, aber kein Dorfsowjetvorsitzender. Dorfoberhaupt! Schönes »Haupt«! Spuckt Blut, muß aber Tag und Nacht wie aufgezogen rumrasen. Schläft nicht und ißt nicht. Kümmert sich um alles, den Komsomol,

die Ablieferungs-Leute, die Miliz und die Genossenschaft. Kannst ja doch nicht das ganze Getreide allein zusammenklauben. Dafür bist du aber in ein, zwei Monaten erledigt wie ein zuschanden gerittener Gaul. Schon im letzten Jahr hat ihm das Rayonkomitee einen Erholungsurlaub besorgt, hat vom Gebietskomitee den Verschickungsschein gekriegt: für drei Monate auf die Krim, ins allerbeste Tuberkulosesanatorium. Dort sind die tüchtigsten Ärzte, Medizin, alle nötigen Apparate, sogar besser als im Ausland. Aber er, dieser schwindsüchtige Idiot, fährt nicht. Muß hier die Kulaken und ihren Anhang ausrotten. Kriegt den Parteiauftrag, sich auszuheilen. Und was macht er? Schert sich den Teufel drum.«
Bubyr feixte: »Neee – da hört deine Disziplin auf, Genosse Sekretär. An der Front gib deine Befehle – aber wegjagen von der Front kannst du mich nicht. Möcht' ja selbst gern wieder auf die Krim. War schon mal da, vor vier Jahren in Liwadija, hab' im Zarenschloß gelebt. Ohne Witz, genau da, wo die Zaren früher wohnten und Sommerfrische machten. War das ein Leben! Weiß bezogene Betten, Kissen wie für die Braut, reine Laken. Ärzte und Feldschere und Krankenschwestern rennen rum, versorgen dich wie die eigene Mutter. Und das Essen! Zarenessen! Bouillon-Consommé, Hühnerchen, Eierchen. Dazu immer richtige Butter, alle möglichen Pasteten ... Und die Natur – wie im Himmel. Das Meer ist so schön, wie man es sich gar nicht ausdenken könnte: kein Ende zu sehen. Und Gärten, Blumen – richtig wie im Märchen. Und die Luft da – also der reine Honig! Wenn man zum ersten Mal tief einatmet, wird man ganz benommen wie nach einem großen Schluck Schnaps.
Auf die Krim möcht ich schon noch mal fahren. Vielleicht kann dort meine Kaverne von der Sonne und der Luft wirklich austrocknen. Aber zuerst werden wir das Getreide abliefern und den Plan erfüllen. Macht nichts, daß wir mit den Prozenten im Rückstand sind. Soll'n unsere Dörfler ruhig dickköpfig sein – wenn erst der Schnee weg ist, sind alle Verstecke zu sehen. Sie haben ja das meiste auf den Feldern vergraben, war voriges

Jahr genauso. Auf den weit abliegenden Feldern, damit die Nachbarn nicht sehen können, wo sie graben. Laß mal erst den Schnee tauen, dann finden wir alles. Und nach der neuen Aussaat lasse ich mich dann auch auf die Krim schicken.«

»Bis dahin hältst du nicht durch, gehst vorher kaputt. Hast doch schon letztes Frühjahr Blut gespuckt, wie aus 'nem Wasserhahn lief's dir aus dem Hals!«

»Na wenn schon. Geh' ich drauf, dann verscharrt mich eben. Und am Grab mußt du eine ordentliche Rede halten: Ein treuer Genosse fiel auf Kampf-Posten. Sein schönstes Denkmal sind hundert Prozent Ablieferung.«

Er lachte böse auf. Es klang mehr wie ein Husten.

Viele in Popowka fürchteten ihn. Manchen tat er leid, andere haßten ihn. Mitleid wies er ärgerlich zurück, auf den Haß war er stolz. Und gerne wiederholte er den Spruch, den sich spitzzüngige Bäuerinnen ausgedacht hatten:

Wo Bubyr rumgewühlt im Haus,
bleibt nicht mal 'n Körnchen für die Maus.

Für unsere Redaktion und die Druckerei hatte man uns in Popowka ein großes Zimmer zugewiesen. Es lag im ersten Stock des Hauses, das früher einem Kaufmann gehört hatte. Mischa der Kleine, der Drucker, ein stupsnäsiger, lustiger Schlingel und der Setzer Mischa der Große, ein langer, hagerer Denker, versorgten sich in jedem Dorf mit Freundinnen. Ständig versammelten sich junge Männer und Mädchen bei uns, es waren die Dorfkorrespondenten und Aktivisten aus dem Kolchos. Sie erzählten Neuigkeiten, sahen zu, wie wir setzten, korrigierten, die Spalten umbrachen und die fällige Nummer der Zeitung druckten. Die Gäste saßen auf unseren Pritschen, auf Bänken oder auf dem Fußboden und knackten Sonnenblumenkerne. Die Jungen rauchten scharfriechenden selbstgebauten Tabak und erzählten Geschichten – wahre und erfundene. Einer der ständigen Helden dieser Erzählungen war Bubyr.

»Die alten Frauen sagen, er hätte dem Teufel seine Seele verkauft. Schon im Bürgerkrieg wäre er von einer Bande erschossen worden. Aber da hat der Teufel gesagt: ›Wenn du weiterleben willst, mußt du mir deine Seele geben. Dafür kriegst du auf zwanzig Jahre die Kraft der Hölle.‹ Deshalb kann ihm jetzt niemand und nichts was anhaben – die Schwindsucht nicht, keine Kugel und keine Axt. Die Kulaken haben ihn vielleicht schon zwanzig Mal totgeschlagen, aber er stirbt einfach nicht...«

»Na ja, das ist so Altweibergeschwätz, religiöser Mumpitz. Aber Bubyr ist wirklich nicht wie andere, mit seinen besonderen Augen und seiner ganzen Art. Trinkt nicht, raucht nicht, hat nichts mit Mädchen oder Frauen. Und niemand weiß, was er ißt und wann er schläft.«

»Die Leute sagen, daß er nicht mal zum Lokus muß – nur Blut in ein Näpfchen spuckt.«

Die meisten Geschichten handelten davon, wie Bubyr die schlauesten Verstecke fand.

»Einmal kommt er zu Grizko Wdowitschenko, den sie Langnase nennen, und sagt: ›Mach deine Grube auf, sonst tu ich es, und dann geht's dir dreckig!‹ Der schwört: ›Schlag mich tot, ich hab' keine Grube.‹ Aber Bubyr nahm eine Eisenstange und ging auf den Hof, stocherte herum und befahl: ›Schaufelt mal das hier weg!‹ In der Ecke war ein großer Misthaufen. Langnase lachte: ›Unter dem Mist ist die Erde doch weich, weil sie nicht gefroren ist – da hätten Sie die Stange nicht gebraucht; können einfach so graben.‹ Bubyr befahl uns, die Spaten zu nehmen und zu graben. Die Erde war nicht fest, nur wie gestampft. Wir hoben eine große, mannstiefe Grube aus, fanden aber nichts. Langnase geht herum, kichert: ›Ihr da, Genossen Bürger, habt so was wie'n Brunnen gegraben. Vielleicht trefft ihr auf Wasser, wenn ihr bißchen weitergrabt! Dann braucht die Frau nicht mehr so weit nach Wasser zu gehen.‹ Wir hatten nun den festen Grund erreicht: und darauf schien Bubyr gewartet zu haben. ›Jetzt ist er hart, ja? Na, laßt mich mal runter!‹ Stieg selbst in die Grube, stocherte an den Seiten. Und fand das Versteck. Der schlaue Langnase hatte ein richtiges

Bergwerk angelegt – von dem leeren Mittelschacht aus in alle vier Richtungen Höhlen gegraben, und in jeder fünf Säcke zu fünf Pud Weizen. Zwanzig solcher Säcke – hundert Pud! Langnase wurde totenbleich. Na, haben ihn auf die Miliz gebracht: glatter Betrug, erwiesenermaßen. Jetzt wird er nach Sibirien verschickt.«

»Da war auch die Sache mit dem anderen Wdowitschenko, Semjon, dem Grauen. Der schwor, er habe schon seit Drei Könige kein Getreide mehr, die ganze Familie lebte nur von Erbsen und Ölkuchen. Sein Sohn und der Schwiegersohn sind in der Roten Armee. So zogen der Graue, seine Frau und die jüngere Tochter zu der verheirateten, der Soldatenfrau, und schlossen ihr Haus ab: ›Alle zusammen haben wir's wärmer, ein Ofen läßt sich leichter heizen.‹ Aber Bubyr kommt, befiehlt: schließ dein Haus auf. Er geht dann im Haus herum, klopft die Wände ab, auch den Ofen und sagt: ›Kalt ist es hier, wie auf freiem Feld. Warum heizt du nicht? Was windest du dich denn? Hast kein Holz? – Los, Jungs, Ofen auseinandernehmen!‹ Als ob er es quer durch gesehen hätte: im Ofen und drunter waren Säcke eingemauert – ausgesuchter Weizen, mindestens 50 Pud. Aber der Graue kam beim Rayon gut weg – die rechneten ihm an, daß Sohn und Schwiegersohn in der Roten Armee dienen und er selbst im Bürgerkrieg unter Budjonnyj gekämpft hat und schwer verwundet wurde. Außerdem hatte er zu den Dorfarmen gehört, man konnte ihn kaum zu den Mittelbauern rechnen. Er kriegte eine Geldstrafe und saß ungefähr drei Wochen im Gefängnis in Mirgorod. Als er nach Hause kam, war er voller Läuse und mager wie ein Holzspan.«

In Popowka hatte man wie auch in anderen Dörfern in diesem Winter besondere Kästen, so ähnlich wie Briefkästen, angebracht: »für Beschwerden und Eingaben«. Sie hingen in der Schule, im Dorfsowjet, an der Getreide-Erfassungsstelle, im Laden, man stellte sie auch einfach auf der Straße auf. Jeder, der von Getreideverstecken erführe, sollte das aufschreiben und den Zettel in so einen Kasten werfen. Unterschrift sei nicht nötig. Oft steckten auch Drohzettel in den Kästen gegen Bubyr und alle gerichtet, »die das Getreide wegnehmen«, man prophezeite ihnen »baldigen erbarmungslosen Tod«: »Wartet nur ab, Ihr Hunde, was passiert!«

Bubyr legte solche Zettel lachend zur Seite.

»Die schicken wir in den Rayon. Da können die mal riechen, was Klassenkampf ist!«

Jede Denunziation las er sorgfältig mehrmals durch. Es kamen nur wenige in den Wochen, die wir in Popowka arbeiteten. Zwei oder drei waren ordentlich in großen kindlichen Buchstaben auf ausgerissene Heftseiten geschrieben. Eine endete pathetisch: »Es lebe die Sowjetmacht! Ruhm den jungen Pionieren!«

Wenn er eine Denunziation durchgelesen hatte, überlegte Bubyr einen Moment und befand:

»Das da ist Quatsch. Da hat sich bloß jemand über den Nachbarn geärgert. Und das da – da war ein alter Federfuchser am Werk, sieht man an den akkuraten Buchstaben. Die hier könnte vielleicht wahr sein. Den Gockel kenne ich. Seine Schwiegertochter steht sich mit der Schwiegermutter schlecht. Wahrscheinlich hat sie das auch geschrieben oder einer ihrer Verwandten, der die Verhältnisse kennt... Aber der Brief hier – da hat einer gut getroffen. Ich dachte mir längst, daß der alte Schlaufuchs viel versteckt hat, konnte nur nicht rauskriegen, wo. Und umsonst wollte ich nicht herumsuchen, will mich nicht blamieren. Ich dachte, er hätte das Korn irgendwo im Feld. Aber was macht der gerissene Hund? – versteckt's im Stall, unter der Kuh. Da ist die Erde immer weich. Hatte keine Angst, der Schuft, daß Jauche durchsickert. Hat's wahrscheinlich fest zugedeckt. Na, das werden wir ihm aufdecken.«

Nach einer solchen konkreten Denunziation ließ Bubyr uns kommen, wir sollten an der bedingungslosen Beschlagnahme bei dem Mittelbauern Ochrim Gluschtschenko, genannt Hahn, teilnehmen. Er hatte mehr als die Hälfte seines Solls schon abgegeben. Aber sein Sohn, der in eine Kulakenfamilie eingeheiratet hatte, war zusammen mit dem Schwiegervater verschickt worden. Die junge Frau lebte mit der Tante und deren Töchtern in den Erdhütten im Wald. Der unbekannte Denunziant schrieb, der Hahn habe »Verbindungen zu denen in den Hütten«, verstecke Getreide und Besitztümer von Kulaken. Bubyr führte die Brigade selbst an. Er ging mit großen Schritten, seine Mantelschöße flatterten. Wolodja und ich hatten Mühe, ihm zu folgen.

Man gelangte vom Hof aus in das geräumige Haus. Kaum hatten wir den dämmrigen Vorraum betreten, als Bubyr zur Seite sprang.

»Halt, wer da? ... Warum versteckst du dich denn? Los, raus mit dir, du Hübsche!«

Er hielt eine junge Frau mit verrutschtem Tuch und offenem Halbpelz an beiden Armen fest. Sie sträubte sich, keuchte, die dunklen Augen blitzten in Schreck und Zorn.

»Weg da! Laß los! Ich muß austreten.«

»Wart ein bißchen. Unterhalt dich erst einmal mit uns. Seht mal – welch hoher Besuch in unserm Dorf: Das ist doch Marussja, die Schwiegertochter vom Hahn, die Kulaken-Schöne. Lange nicht mehr gesehen. Man hat ja erzählt, sie wär für immer weggezogen nach Charkow oder Moskau, wollte da auf Professor lernen ...«

Er zog Marussja in die Stube. Wir alle folgten ihm. Der Bauer, ein mittelgroßer, glatzköpfiger, graugesichtiger Alter mit dünnem Schnurrbart, stand mit seiner jüngeren, flinkäugigen Frau verstört am Tisch. Ein Mädchen von etwa 16 Jahren, die jüngere Tochter, hockte mit zwei Freundinnen auf der Ofenbank. Dorthin setzte Bubyr Marussja. Sie warf ihr dunkles wollnes Umschlagtuch zurück. Unter dem hellen Kopftuch sah man schwarze Augenbrauen. Mit ihrem brünetten Teint, den rosigen Backen und ihrem kleinen hellen Mund sah sie wirklich sehr hübsch aus. Bubyr fing in amtlichem Ton an:

»Bürger Gluschtschenko Ochrim, ich erkläre Ihnen im Namen von ...«, sprang aber plötzlich auf Marussja zu und griff ihr an die Kehle.

»Los, Mund auf, du Aas! Spuck's aus! Mach auf! Ich lass' dich's nicht runterschlucken! He, Jungs, helft mal mit – die Hündin hat irgendwas im Mund versteckt!«
Marussja wehrte sich und stöhnte. Sie wurde gepackt und zur Wand gedrängt. Bubyr drückte ihr die Kehle zu. Auf sein Kommando hin zwängte eines unserer Mädchen den Mund mit einem Löffel auf.
»Aha, da haben wir's!«
Er hielt ein Klümpchen Papier in der Hand. Marussja heulte laut. Der Alte starrte stumm vor sich hin, seine Frau jammerte: »Oj, was soll das denn? Wie schrecklich! Liebe Leute, was macht Ihr denn bloß?«
Bubyr glättete das Papier auf dem Tisch, wischte sich die Hand angeekelt am Pelz ab. Las. Lachte auf. Hielt mir den Zettel hin. »Sieh mal, was für ein Geheimdokument!«
Es war eine Bescheinigung der Poliklinik von Mirgorod, die bestätigte, daß die Bürgerin Marija Gluschtschenko im Januar 1933 wegen eines Aborts im dritten Monat dort behandelt worden war.
»Verstanden? Drei Monate! Und ihren Petrus hat man schon vor zwei Jahren zum Eisbärhüten geschickt!... So eine Kulakenhure.«
Bubyr lachte verächtlich, war aber doch ein bißchen aus dem Konzept geraten, redete halblaut mit Wolodja und mir, hielt dann Marussja die unglückselige Bescheinigung hin.
»Da hast du dein Dokument, Schönheit. Und merk dir: Vor Bubyr kann man nichts verstecken!«
»Verflucht sollst du sein, Hundesohn! Dreckstück, elendes! Verrecken sollst du wie 'ne Kröte im Sumpf. Für jede Träne von mir sollst du eine Beule in die Fresse kriegen! Dich soll die Schwindsucht genauso würgen, wie du mich! Schweinehund! Verfluchter Bandit! Die Augen sollen dir aus dem Kopf fallen! Sollst an deinem Blut ersticken!«
Marussja schimpfte und weinte, ohne sich die großen Zornestränen abzuwischen. Ein Bursche neben ihr gab ihr eins mit dem Handschuh auf den Mund:

»Halt die Fresse, Zigeunerfetzen!«
»Daß ihr alle im Unglück verkommt, ihr Verbrecher, ihr Diebe, Haderlumpen verdammte! Verrecken und verdorren sollt ihr samt und sonders. Eure Mütter sollen sich die Augen ausweinen, wenn man euch verscharrt!«
Bubyr verfinsterte sich.
»Jetzt aber Schluß, du Aas! Und zwar sofort. Sonst fesseln wir dich und stecken dich ins ›Kalte‹. Da kannst du die Wanzen und Läuse füttern. Sei so still, daß ich dich nicht mal mehr atmen höre!«
Augenblicklich verstummte sie und verhüllte ihr Gesicht mit dem Umschlagtuch. Ich merkte nicht, wie sie später hinausging.
Die Haussuchung bei Gluschtschenko dauerte mehrere Stunden. Die Anzeige hatte gestimmt. In der Tenne fanden sich unter festgepreßten Strohbündeln Fässer voll Weizen. Der ganze Dachboden war hoch aufgeschüttet mit Korn, darüber lag Häcksel und ebenfalls Stroh. Wir stellten im Schuppen eine Worfelmaschine auf und reinigten das vom Boden geholte Korn. Die einen drehten die Maschine, die anderen schleppten Säcke. Der Bauer ging bleich und stumm hin und her, von der Tenne in den Schuppen, widersetzte sich unseren Anordnungen nicht. Die Bäuerin saß mit der Tochter am Ofen, stöhnte und ächzte von Zeit zu Zeit.
Bubyr kam und ging. Schließlich sagte er:
»Gluschtschenko brauchen wir einstweilen nicht mitzunehmen. Selber ist er unschädlich, ein stiller Alter. Die Frau regiert. Sie hat dem Sohn auch die Braut verschafft, weil sie wußte, daß die viel Heiratsgut mitbringt.
Marussja war die einzige Tochter. Ihr Vater, der ›Krebs‹, hatte zwei Mühlen, eine Dampfdreschmaschine, reinrassige Bullen und Hengste, aber nur ein Kind – Marussja. War wenig fruchtbar, der Dickwanst. Manche sagen auch, der Bauer wäre nicht ihr richtiger Vater, ihre Mutter hätte sich mit einem Zigeuner vergessen. Als Mädchen hatte Marussja es ganz schön getrieben, war mit einem verheirateten Sommergast nach Poltawa

gefahren. Daher war es trotz der reichen Mitgift – zum Heiratsgut noch bares Geld, auch ein gutes Roß und eine Kuh mit Kalb – nicht leicht, einen Bräutigam für Marussja zu finden. Petro war ein stiller Junge, ganz wie sein Vater. In der Schule war ich mit ihm befreundet. Beim TSCHON haben wir auch zusammen gedient. Ich hab' ihm zugesetzt, daß er nicht zu den Kulaken gehen, die Marussja nicht heiraten sollte. Hat aber nicht auf mich, auch auf keinen anderen gehört, nur auf die Mutter. War toll verliebt. Diese Hündin ist schuld daran, daß er in die Kulaken-Liquidation geriet. Den alten Gluschtschenko werden wir nicht bestrafen. Ich habe ihm befohlen, er soll bei sich suchen, wo noch Getreide ist und gedroht, wir würden ihn sonst ins Rayon zur GPU schicken. Und das heißt Sibirien oder Eismeer. Er hat geweint und alles versprochen.«
Bubyr redete an jenem Tag mehr als sonst mit uns. Ihm war nicht wohl zumute, ebensowenig wie uns. Schließlich hatte auch ich Marussja festgehalten, als er sie würgte und das »Dokument« aus dem Mund holte. Zuerst dachte ich: eine Spionin der Banditen ... eine Geheimbotschaft ... Aber dann schämte ich mich bis zur Übelkeit. Noch heute – mehr als vierzig Jahre danach – ist die Erinnerung scheußlich.

In Popowka ging es mit der Getreideablieferung nur langsam voran. Es wurden zwar täglich ein oder zwei Fuhren voll zur Erfassungsstelle gebracht, aber der Plan war erst zu knapp sechzig Prozent erfüllt.
Unvermutet traf Terechow ein, der Sekretär des Charkower Gebietskomitees. Wolodja und ich waren gerade in einem entfernteren Dorfbezirk beschäftigt und sahen ihn daher nicht. Man erzählte uns, Bubyr habe eine allgemeine Versammlung auf dem Platz vor dem Dorfsowjet einberufen. Terechow hielt eine Rede. Die Versammlung nahm einstimmig eine Resolution an:
»Als Antwort auf den Appell des geliebten Führers Terechow ...« (Bis 1933 und 34 kam es vor, daß die Leiter der Gebiets- und Bezirksorganisationen »Führer« oder »Geliebte

Führer« tituliert wurden, später gebührte der Titel ausschließlich Stalin.)

Danach begab sich Terechow ins nächste Dorf, um dort zu übernachten. Wir erhielten Befehl, ihm am darauffolgenden Abend Meldung über das nach seinem Appell abgelieferte Getreide zu machen. Und wie zum Trotz wurde kein einziger Sack gebracht.

Noch am Vorabend hatte man mir lachend erzählt, eine junge Frau sei zur Erfassungsstelle gekommen, hätte anderthalb Kilo Weizen in einem Bündel gebracht und gesagt:

»Gestern hat auf so'm Treffen bei uns ein Genosse aus Charkow gesprochen ... So ein schwarzhaariger, wißt Ihr, in blauem Mantel, mit Schnurrbart, so ähnlich wie der Chef aus Moskau, der uns vor drei Jahren Kühe gegeben hat« – sie tat, als ob sie sich an den Namen Stalin nicht erinnern könnte, – »und der hat uns gesagt, daß die Arbeiter sehr hungern und ihre Kinder kein Brot haben. Da habe ich eben gebracht, was ich noch zusammenkratzen konnte. Den letzten Weizen. Sollen meine Kinder doch Ölkuchen essen ...«

Die Burschen, die mir das erzählten, schnaubten:

»Ein Teufelsweib – macht sich über uns und euch lustig. Bringt drei Pfund, wie für einen Bettler an der Tür. Und die Bauern dabei schweigen und freuen sich über den Hohn. Der Leiter der Erfassungsstelle hat das Bündel angenommen – schade, in die Fresse hätte er es ihr dreschen sollen – und gesagt: ›Tantchen, wenn Sie nicht soviel Zentner bringen, wie Sie müssen, werden Sie später lange weinen, und an die Pfundchen hier denken, wenn Sie mit Ihren Kindern nach Sibirien fahren.‹ Sie hat ihn angeblitzt – Augen wie Messer! Und wie unter Tränen gesagt: ›Das heißt, daß ich für mein Korn auch noch Dresche kriegen soll – ich hab's von Herzen gegeben, alles, was ich habe, und Ihr – Ihr droht mir!‹ ›Bis zu Petrowskij werde ich gehen, bis zu Kalinin persönlich! Wir sind werktätige Bauern. Wollen den Arbeitern helfen ...‹ Da könnt Ihr sehen, wie unsere Agitation wirkt!«

Die Reden des Gebietssekretärs Terechow hatten keinerlei Wirkung. Er ordnete daher an, wir sollten ein paar Tonnen

Kolchos-Korn zur Erfassungsstelle bringen, und zwar Saatgetreide. Von zwei Kolchosen ließ er einen großen Teil des für das Frühjahr bereitgestellten Saatguts abholen und verlangte, das Fehlende sollten die Kolchosbauern aus eigenen Vorräten ergänzen.

Davon erzählte uns am nächsten Tag Bubyr.

Er hatte sich in diesem einen Tag verändert wie nach einer langen Krankheit. Das Gesicht war dunkler und noch hagerer geworden, die Augen trüb und düster. Er hustete noch öfter, spie in einen schmutzigen Lappen. Seine Taschen waren voll von diesen Lappen. Er wusch sie selbst.

»Da könnt ihr sehen, was für ein Geschenk unser ›geliebter Führer‹ uns gemacht hat. Heute kamen vom Kolchos nur vier Aktivisten zu mir – drei Jungs und ein Mädchen, die tüchtigsten Komsomolzen. Und selbst die sind still wie beim Begräbnis. Und dabei hatten wir gestern und all die Tage vorher immer zwanzig – dreißig, manchmal auch vierzig Aktivisten. Wer soll sie jetzt herlocken?... Unser Sekretär ist heute wie aus dem Wasser gezogen, fuhr zu den Arbeitsbrigaden raus. Sagte, morgen müßten wir reihum durch die Häuser gehen, es allen Leuten erklären und erläutern... Was soll ich ihnen denn sagen? Viermal hintereinander haben die Kolchosniki den Plan erfüllt... Essen nun selbst schon Ölkuchen – und das ohne sich zu verstellen, ohne Hintergedanken wie die verdammten Einzelbauern, diese Eigenbrötler, die auf ihren Verstecken sitzen und die Hungrigen spielen. Die Kolchosniki hatten keine Gruben. Und wir sollen ihnen trotzdem die Haut abziehen und noch En – thu – si – as – mus verlangen. Ich kann schon gar nicht mehr schlafen. Ich gehe und denke, selbst im Liegen denke ich – was ist nur los, liebe Genossen? Wieder Fehler, Abweichungen?... Oder drehen da irgendwelche Schufte dran, Schädlinge? Wie soll ich den Leuten bloß diese Zeitung zeigen?«

Er zog eine Sonderausgabe der Rayonzeitung aus der Tasche. Balkenüberschriften, fast so fett wie auf Plakaten: »Genosse Terechow ruft zum Sieg an der Getreidefront auf!« »Unsere

Antwort auf den Appell des geliebten Führers des Charkower Landes: Ströme von Korn!«
»Druckt Ihr so was jetzt auch?... Vielleicht nennt sich das Sieg im Republik- oder Gebietsmaßstab. Aber bei uns hier, in Popowka, wer hat da gesiegt? Doch nicht wir, nicht die Kolchose, nicht die Sowjetmacht...«

Die Tage waren dunkel. Zum Frost kam auch noch Nebel und schneidend kalter Wind. Nicht umsonst heißt der Januar auf Ukrainisch Sitschenj, der »Schneidende«... Die Siegesberichte von Terechows Agitationsreise druckten wir nicht. Ich wollte und konnte nicht. Und Wolodja erlaubte ich es nicht. Wir stritten uns sogar deswegen.
Von Bubyrs Bericht und davon, daß unsere ständigen Gäste, die Kolchos-Komsomolzen plötzlich nicht mehr kamen, war Wolodja ebenso verstört wie ich. Aber er war Parteimitglied, ich nur im Komsomol. Und obwohl ich verantwortlicher Redakteur war, hielt er sich für eine Art Kommissar. Zwei Tage saß er über seinem Ordner mit Charkower und Moskauer Zeitungen, die er sorgfältig sammelte und aufbewahrte. Dann sagte er, wir ließen einen politischen Fehler zu, wenn wir Tatsachen wie die Teilnahme des Gebietskomitee-Sekretärs bei der Getreideerfassungskampagne verschwiegen.
»Denn die Getreideablieferung ist jedenfalls an einem Tag erheblich gestiegen – im Dorf und im Rayon. Das ist eine Tatsache. Und die ist politisch. Und wenn das Ortsaktiv die nicht richtig begreift, dann nur, weil es unsicher geworden ist... Natürlich wird hier ein scharfer Klassenkampf geführt, das sehen wir ja. Aber Bubyr hat dadurch und durch seine schwere Krankheit in seiner Parteilichkeit nachgelassen. Das muß man erkennen. Er verfällt in Panik. Und Panik bedeutet Opportunismus. Terechow spricht nicht aus eigener Initiative, er kommt von der Partei. Er ist der Führer der Kommunisten des Gebiets. Es kann nicht sein, daß die Partei irrt, Bubyr und wir dagegen den richtigen Standpunkt hätten.«
Wir schimpften uns an. Mein Hauptargument waren Zitate aus

Stalins Artikel vom Frühjahr 1930, in dem er »Schwindligwerden von Erfolgen« anprangerte und »Abweichungen« der örtlichen Führer entlarvte.
Das Flugblatt veröffentlichten wir nicht.
Wir beeilten uns, aus Popowka wegzukommen. Es war gut, daß man uns schon mehrfach von Charkow aus angefordert hatte. Wir waren in den Rayon Mirgorod kommandiert worden, weil das Werk auf Anweisung des Gebietskomitees der Gebietszeitung »half«. Aber gleichzeitig hatte das Werk den Auftrag erhalten, noch über einen weiteren Rayon die Obhut zu übernehmen. Erst war es nur Woltschansk, dann kam auch noch Staro-Wodolaga dazu, das den Getreideablieferungsplan nicht erfüllt und die Aussaat nur schlecht vorbereitet hatte. Im Februar begann dort schon der Hunger.
Wolodja und ich vertrugen uns bald wieder. Kurz darauf wurde Terechow seines Postens enthoben. An seiner Stelle kam Pawel Petrowitsch Postyschew aus Moskau.
In Mirgorod lasen wir den ersten der »Vertraulichen Briefe«, die Postyschew allen Partei- und Regierungsfunktionären auf dem Lande gesandt hatte. Es war eine dünne Broschüre, aber ein richtiger Brief – keine Direktive, kein Aufruf, sondern der Brief eines Genossen an seine Genossen, in dem die Rede war von Irrtümern und Rechenfehlern, der die Adressaten überzeugte und aufforderte, nachzudenken ...
Wir lasen ihn mit Begeisterung. Wolodja gab zu, daß Bubyr und ich recht gehabt hätten. Dieses Eingeständnis trübte unsere wiederhergestellten guten Beziehungen nicht. Im Gegenteil – als ich zwei Jahre danach im Februar 1935 aus dem Komsomol und aus der Universität wegen angeblicher trotzkistischer Verbindungen ausgeschlossen wurde, gehörte Wolodja zu denen, die mir tatkräftig bei meiner Rehabilitierung halfen.

Auf der Heimreise verbrachten wir einen Tag in Mirgorod und bekamen das erste Mal seit langem wieder ein richtiges Mittagessen. In der Kantine des Rayonkomitees aßen wir Kohlsuppe mit Fleisch, danach Gulasch und Brot – nicht aus Mais oder

Gerste, sondern richtiges Roggenbrot. Unsere Lebensmittelkarten hatten auf dem Dorf keinerlei Nutzen gehabt. In Mirgorod dagegen bekam jeder von uns gleich einen ganzen Laib Brot, feucht zwar, etwas angebrannt, und die Rinde hob sich ab – aber es war doch richtiges Brot! Außerdem gab man uns Speck und Konserven, Fisch in Tomatensoße, Zucker und Süßigkeiten – klebrige Karamel-Brocken. Ohne Karten kauften wir uns sechs Flaschen Bier. Mit diesen Herrlichkeiten fühlten wir uns auf der Eisenbahn trotz des großartigen Mittagessens gleich wieder sehr hungrig. Es war ein Postzug, der sehr langsam fuhr, und wir feierten die ganze Nacht.

Am Tag der Heimkehr, als ich in der Werk-Redaktion über unsere Arbeit im Kreis Mirgorod berichtete, wurde mir übel. Erbrechen, heftiger Durchfall, Fieber. Es war der erste Anfall einer schweren Darm- und Gallenblasenerkrankung, die mich seitdem nie mehr ganz losgelassen hat. Doch eben diese Krankheit verhalf mir im Herbst 1933 dazu, auf die Universität zu gelangen.

Freunde, die mich während meiner Krankheit besuchten, erzählten, die Bahnhöfe seien vollgestopft mit Bauern. Ganze Familien mit Greisen und Kindern versuchten wegzufahren, einerlei wohin, vor dem Hunger zu fliehen. Viele strichen durch die Straßen und bettelten. Jede Nacht wurden mit besonderen Autos auf den Bahnhöfen, unter Brücken, in Torwegen und Einfahrten die Leichen eingesammelt. Diese mit Leinwandplanen zugedeckten Lastwagen fuhren in den späten Nachtstunden herum, wenn niemand das Haus verließ. Andere Autos sammelten die Obdachlosen ein, die Kranken und völlig Entkräfteten wurden in Krankenhäuser eingeliefert. Alle Kliniken der Stadt, ebenso alle Leichenschauhäuser waren überfüllt. Elternlos gewordene Kinder wurden in Waisenhäuser gebracht. Erwachsene, die noch halbwegs bei Kräften waren, fuhr man einfach aus der Stadt hinaus und überließ sie sich selbst.

Mein Vater besuchte mich, nachdem er von einer Reise durch die Rayons zurückgekehrt war, wo er die Vorbereitungen zur

Zuckerrübenaussaat überprüft hatte. Gekrümmt hockte er auf dem Stuhl, hohlwangig, sichtlich gealtert. Sein Gesicht war dunkel wie nach Malaria, die Augen entzündet. Aber ausgezehrt war er nicht, in den Zuckerfabriken hatte man zwar auch nur wenig zu essen, brauchte aber nicht zu hungern.

»Ich bin ja nicht krank. Was sind das heutzutage für Krankheiten? Verstehst du das denn nicht? Die Seele ist krank. Das Hirn will einem platzen. Ich habe Dinge gesehen und erlebt, wie ich sie in meinem ganzen Leben nicht erfahren habe, mir nicht einmal vorstellen konnte. Du bist noch vor dem richtigen Hunger vom Lande zurückgekommen; dein Glück, daß du krank geworden bist.«

Mutter kam und beklagte sich, weil Vater so viel trank: »Jeden Abend kommt er mit einem zugereisten Agronom an und trinkt, bis er umfällt. Hast du gesehen, was für rote Augen er hat? Schläft nachts nicht, weint. Wahnsinn ist das. Da sterben die Menschen vor Hunger, aber sie trinken wie die Löcher.«

Als ich nach meiner Krankheit zum ersten Mal die Eltern besuchte, saß Vaters alter Freund Kondrat Petrowitsch bei ihm, ein Agronom aus einem entfernten Sowchos, Parteimitglied und Bürgerkriegsveteran. Er war ein trinkfester Kumpan, der lange Gespräche über Weltpolitik, wissenschaftliche Wunder und den Sinn des Lebens liebte. Er hatte eine bemerkenswerte trocken-witzige Erzählergabe. Mutter wirtschaftete in der Küche. Die beiden Männer hatten schon das erste Glas hinter sich gebracht, Kondrat schob mir auch ein Glas zu: »Und du, Söhnchen, hast es am Bauch gehabt? Dann mußt du einen mit Pfeffer nehmen.«

Er anerkannte nur zwei Arzneien: gegen Erkältung, Kopfschmerzen und Rheumatismus »mit Senf«, bei Bauchschmerzen »mit Pfeffer«. Es verstand sich von selbst, *was* mit Senf oder Pfeffer.

Vater war düster und setzte seine offenbar schon lange zuvor begonnene Rede fort: »Alles kommt um, verstehst du das? Es gibt auf dem Dorf kein Getreide! Nicht etwa bloß im städtischen Genossenschaftsladen fehlt das Mehl. Nein, es fehlt im

Dorf, in der Ukraine. Die Bauern sterben vor Hunger, verstehst du? Das sind keine obdachlosen Bettler, keine amerikanischen Arbeitslosen. Ukrainische Bauern sterben, weil kein Korn da ist. Hier, mein lieber Sohn hat mitgeholfen, ihnen das Getreide wegzunehmen. Die so was befohlen haben, müßten einen Kopf kürzer gemacht werden. Mit einem Lokusbesen müßte man Führer verjagen, die die Ukraine an den Bettelstab gebracht haben.«

»Mach keinen Krach, Sinowij, warum schimpfst du auf deinen Sohn? Er ist schließlich nicht Mitglied des Zentralkomitees. Los, trinken wir lieber auf die Gesundheit des Jungen. Schnaps macht das Hirn klarer. Dann kann man ausführlich im engsten Kreis diskutieren. Nein, noch ist nicht alles umgekommen. Und kommt auch nicht um, wenn Gott will. Es stimmt, daß die Bauern vor Hunger sterben. Eine schreckliche Wahrheit, verflucht soll sie sein. Bei Sumy ist mein eigener Vetter verhungert, mit Frau, Schwiegermutter und zwei kleinen Kindern. Ein Sohn ist übriggeblieben, wird siebzehn. Ist zu uns gekommen, wir haben ihn gepflegt. Er hat erzählt, daß die ganze Familie innerhalb einer Woche gestorben ist, auch der Vater. Trinken wir zu ihrem Gedenken. Daß ihnen die Erde leicht werde... Ja, es stimmt, in der Ukraine hat es so was noch nie gegeben. In Rußland kamen Hungerkatastrophen vor, vor 40 Jahren und dann im Jahr 20, an der Wolga. Aber wir in der Ukraine hatten immer Korn. Schütt das Kind nicht mit dem Bade aus, Sinowij! Du und ich, wir sind Agronomen, wir müssen gemächlich denken.. Wie das Korn wächst, wie die Sonne geht. Sollen doch die Ingenieure, die Chauffeure oder Maschinisten schnell denken. Sie arbeiten auch an schnellen Maschinen. Aber wir arbeiten mit der Erde, mit der Natur. Wir haben ein anderes Tempo. Bei uns heiraten nur die Katzen schnell, und dann werden die Jungen blind geboren.

Und du, Söhnchen, bist du auch so ein Ingenieur-Chauffeur? Schade, daß du kein Agronom bist. Aber du hast dich doch mit der Zeitung nicht fürs ganze Leben verheiratet? Willst Philosophie studieren? Gut so. Wir hatten da einen, den

Grizko Skoworoda, einen wandernden Philosophen. Heller Kopf und eine große Seele. Schade, jetzt gerät er über all dem Hegel-Schmegel in Vergessenheit. Nein, ich bin nicht gegen das Lernen, sollen sie ruhig alles lernen. Man muß es nur machen, wie unser Väterchen Taras Schewtschenko gelehrt hat: ›Fremde Lehren sollt ihr achten, doch die eigenen nicht verachten.‹ Und wir verachten das Eigene. Mehr noch, wir drücken unsere eigenen Leute, daß die Knochen krachen. Im Bürgerkrieg, zugegeben, da haben wir die Dörfer leer gemacht. Zugegeben, das haben alle getan. Die Deutschen fingen damit an, dann kamen die Blau-Gelben, dann wir Roten, dann die Weißen, die Grünen und die polnischen Pane. Alle wollten Korn. Haben die Bauern geschüttelt wie die Birnen vom Baum.«

»Nur, daß ihr Roten die schlimmsten wart. Weißt du nicht mehr, wie sie in den Dörfern sangen: ›Als noch Zar und Zarin lebten, gab es Brot und Speck zuhauf; als die Kommunisten kamen, hörte es mit allem auf.‹ Damals nahmen die verdammten Beschaffungstrupps Getreide und Vieh weg. Und jetzt ist es noch schlimmer.«

Du übertreibst, Sinowij, wahrhaftig du übertreibst im Zorn. Nach dem Bürgerkrieg, als die NEP eingeführt wurde, hat sich das Dorf herausgemacht, und wie! Wie junges Korn nach dem Regen. Erst sah es aus, als wäre alles hin, aber dann kam die Sonne, und es entwickelte sich, glänzte wie Gold. Weißt du noch, wie wir beide uns damals in Wolhynien und Podolien mit den Zuckerrüben plagten? Wie die Dörfer groß und reich wurden? Was haben wir damals zusammen getrunken! Eimerweise! Und Borschtsch dazu gegessen ... Ja, was jetzt auf dem Dorf passiert, ist nicht leicht zu verstehen. Ich stamme ja doch selber vom Lande, bin als erster von unserer Familie weggegangen und hab', als ich aus der Roten Armee zurückkam, studiert. Von Agronomie verstehe ich sozusagen was. Aber das mit dem Klassenkampf kann man nicht immer leicht begreifen. Früher bemühten wir uns, den Bauern Kultur zu bringen. Weißt du noch? Es waren sogar Helden der Roten Armee dabei, solche, die Perekop stürmten und bis Warschau kamen.

Und kaum waren sie wieder auf dem Dorf, da schlugen sie Wurzeln wie die Eichen, wurden reich. Und andere, die sich um ihr Land nicht kümmerten – na, diese ewigen Jammerlappen, die von jeder Arbeit krank werden – bei denen trug nicht mal die Schwarzerde Frucht, bloß Unkraut wuchs da, und keine Kuh gab Milch. Und die schrien am lautesten, daß sie der Klassenfeind ausbeute, sich an ihrem Schweiß und Blut mäste. Ja, vom Klassenkampf wird bei uns viel geschrieben, viel, aber nicht die ganze Wahrheit, und nicht immer genau.«

»Das meiste ist Lüge. Nenn die Dinge nur beim Namen – alles Lüge. Von all diesen Zeitungen und Broschüren wird einem übel. Früher haben die Trotzkisten geschrien: ›Drückt auf die Kulaken, zieht die Schrauben an!‹ Und wie haben wir uns gefreut, als man sie vertrieb. Alle freuten sich, daß der Mittelbauer zur ›zentralen Figur‹ wurde, daß man sich dem Dorf zuwandte. Und was kam dann? Bucharin und Rykow, verständige, intelligente, kluge Männer wurden wie Rotzbengels weggejagt. Und dann ging's los. Verstehst wenigstens du das, du Redakteur und Philosoph? Drei Jahre räubert ihr schon schlimmer als Machno-Leute, ärger als alle tschekistischen Beschaffungstrupps. Kulaken liquidiert! Das waren doch genau die fähigen Landwirte, die kultivierten Bauern, mit denen das Dorf steht oder fällt. Und jetzt hießen sie Kulaken, wurden ›als Klasse liquidiert‹. Das ist euer wissenschaftlicher Sozialismus! Mit einem einzigen Erlaß – eine ganze Klasse ausrotten. Ruck, zuck, ab nach Narym. Und du, Kondrat, verdreh nicht die Tatsachen, treib keine Demagogie. Du bist hier nicht auf der Parteiversammlung. Was verstehst du denn nicht so ganz, wo doch alles klar ist? Sie haben nach 70 Jahren die Leibeigenschaft wieder eingeführt! Und das, nachdem die Menschen schon 70 Jahre für sich selbst gewirtschaftet hatten, auf ihrem eigenen Land. Kannst ihnen Tag für Tag Reden halten, alle Wände mit Plakaten vollkleistern, und doch werden sie im Kolchos nie so arbeiten wie auf dem eigenen Grund und Boden. Haben kein Interesse, verstehst du? Und wie willst du sie dazu bringen? Mit dem Revolver vielleicht? Oder mit Parolen:

›Vorwärts, der Kapitalismus stirbt ab! Die Revolution marschiert! Rührt die Arme, spannt alle Kräfte an! Das Weltproletariat wird es euch danken!‹ Und was glaubt ihr Materialisten wohl, wie viele Menschen für das Dankeschön von morgen sich heute abschinden werden? Die Kolchose, die kann man leichter ausrauben. Alles Getreide haben sie weggenommen. Und die Bauern sterben. Was ist daran nicht zu verstehen?«

»Wirst wieder hitzköpfig, Sinowij. In den Tatsachen richtig, aber deine Schlüsse sind voreilig. Leibeigenschaft, Gutswirtschaft, Raub ...! Man muß schließlich die Generallinie von den Übertreibungen unterscheiden. Du bist wie ein besoffener Feuerwehrmann, der den Alarm hört, mit dem Spritzenwagen losrast, bloß nicht dahin, wo es brennt!«

»Bist selbst betrunken, Kondrat. Überall brennt es. Alle Dörfer brennen. Nur, es gibt keine Spritzen, weder bei uns noch bei den Führern mit ihren Erlässen und Parolen. Für sie ist das alles ein Experiment. Begreifst du das nicht? Wie die Wissenschaftler ihre Versuche mit Fröschen oder Hunden machen, experimentieren die da mit Menschen, mit einem ganzen Volk. Und solche grünschnäbligen Philosophen wie mein Sohn freuen sich noch darüber. Opfern ihre Gesundheit und schonen auch die der anderen nicht. Meiner ist dabei wenigstens noch auf dem Dorf groß geworden, weiß, daß Kartoffeln nicht am Baum wachsen. Er sollte eigentlich den Bauern achten, sollte wissen, was Bauernschweiß und Bauernverstand wert ist. Jawohl: Verstand, nicht Büchergelehrsamkeit oder Besserwisserei aus der Zeitung, sondern richtiger gesunder Bauernverstand. Aber er hat ein Dutzend Bücher gelesen, hundert Zeitungen, und schon glaubt er, er könnte den eigenen Vater, einen Agronom, und alle Bauern belehren, die von Vater und Großvater her das Land bearbeiten. Er bringt ihnen bei, wie man die Landwirtschaft anpacken soll. Daß ich nicht lache! Dabei sind seine sauberen Freunde sicher noch ärger als er. Neue Herrensöhnchen mit Komsomolausweisen. Jawohl, Herrensöhnchen! Wenn auch nicht aus dem Kadettenkorps und nicht aus adligen Kinderstuben. Dafür aber um so frecher. Städtische Jüngelchen kommandieren auf dem Dorf herum. Bitte schön, keine Jüngelchen, sondern alte Arbeiter, Genossen. Aber immerhin Städter. Vielleicht sind sie in ihrem Fach die besten Meister oder Professoren. Können Lokomotiven bauen, Reden halten, mit dem Maschinengewehr schießen. Aber sie haben keine Ahnung, wie man pflügen und eggen, säen, jäten und mähen muß, bilden sich ein, sie könnten das alles aus Broschüren lernen. Nein, Bruder, das kann man eben nicht. Was dein Vater und dein Großvater genau wußten und schon als Kinder gefühlt haben, was wir beide unser ganzes Leben lang zu begreifen suchen, das findest du in keiner Broschüre. Wie die Erde atmet und lebt, wie die ersten Triebe im Frühjahr sprießen. Was es heißt, beim ersten Sonnenstrahl aufs Feld hinauszufahren oder in der Sommerhitze auf Regen zu warten oder den Geruch des ersten Korns in der Dreschmaschine einzuatmen.

Diese neuen Herren und Herrensöhnchen fühlen und verstehen nichts davon, aber sie kommandieren herum und befehlen so forsch, wie es kein Gutsbesitzer und kein Verwalter je gewagt hätte. Und das haben sie nun angerichtet, diese städtischen Halbgelehrten mit ihren großartigen Mandaten, alle diese Rayonkomitees, MTS, Kommissare und Unterkommissare. Wie die Heuschrecken und schlimmer noch! Die Heuschrecke frißt sich wenigstens bloß voll und fliegt weiter oder verdorrt...«

»Bist wieder voreilig, Sinowij, und wieder vom Thema abgekommen. Hast die Hauptsache übersprungen. Es sind nicht nur die Genossen aus der Stadt, auch nicht die zentralen Behörden schuld. Natürlich hat es Fehler und Übertreibungen gegeben. Aber wer hat sie berichtigt? Die Partei! Und im Jahr 1930 gab's Scherben umsonst! Und wer brachte damals die richtige Linie? Wieder die Partei. Stalin schrieb vom ›Schwindligwerden von Erfolgen‹.«

»Na wenn schon, hat er ihn eben geschrieben! Aber vorher – was hatte er da befohlen? ›Vollständige Kollektivierung auf der Grundlage der Liquidation‹. Oder andersrum: ›Liquidation auf der Grundlage der Kollektivierung‹. Alles ein und

derselbe Scheißdreck! Die da oben haben Mist gebaut, und die Kleinen müssen es ausbaden. Begreifst du das denn wirklich nicht?«
»Da kann ich nicht zustimmen, ganz und gar nicht. Wir alle haben Mist gebaut. Sieh mal, ich bin Agronom und Mitglied des Rayonkomitees. Hab' mich angestrengt. Hab' Berichte geschrieben, getrommelt und trompetet. Alle haben wir in den Kolchos gejagt, wollten noch die Ferkel vergesellschaften. Und wurden vom ZK korrigiert, weil wir übertrieben hatten. Im vergangenen Jahr war die Sache ganz ähnlich. Denk doch nach, und du da hör zu, Söhnchen: ob man das vielleicht nicht vergleichen kann. Im Jahr 28, als die Dörfer reich und stark wurden und als man die Trotzkisten jagte, sagten die Schlauen unter den Bauern: ›Wir haben gesiegt! Jetzt werden wir die Ersten im Staat!‹ Und weil die Preise fest waren, verkauften sie dem Staat so wenig wie möglich. Hielten das Getreide bis zum Frühjahr zurück, damit es auf dem Markt teurer würde. Und als dann die Steuern dagegen erlassen wurden, haben sie das Korn versteckt und das Vieh geschlachtet: ›Es gehört uns, wir können damit machen, was wir wollen. Ihr in der Stadt könnt mit euren Plänen Daumen lutschen.‹ Und von daher kam dann die Kollektivierung und die Liquidation. Nur, daß wir wie die Kosaken drauflosgegangen sind. Säbel raus und Attacke! Na ja, dabei ist Geschirr kaputtgegangen; hat reichlich Scherben gegeben. Wir mußten an manchen Stellen zurückstecken. In den nächsten zwei Jahren haben sich die Kolchose ziemlich gut entwickelt, aber doch noch nicht so zügig gearbeitet. Waren an ihr Wirtschaften gewöhnt, die Bauern. Darin hat Sinowij recht. An die Kolchose muß man sich erst gewöhnen, das braucht Zeit. Die Einzelbauern, die werden uns sowieso nie vertrauen. Na, und dann wandten wir eine neue Taktik an, im Frühjahr kam der Befehl über die Getreideablieferung. Der Plan wurde gesenkt. Wer ihn erfüllt, kann frei verkaufen. Und was passierte? Manche Bauern dachten: Es kommt wieder die Neue Ökonomische Politik, und horteten ihr Getreide. Andere trauten uns überhaupt nicht, säten nur

für sich selbst. Dabei braucht man das Getreide, um die Städte und die Armee zu ernähren. Und um es zu exportieren. Umsonst bekommt man keine ausländischen Maschinen. Deshalb hat man aus den Kolchosen herausgequetscht, was nur ging, und was eben nicht ging. Den Einzelbauern hat man längst nicht alles versteckte Getreide weggeholt. Das Korn verfault unten in der Erde, aber die Leute auf der Erde kriegen vor Hunger aufgetriebene Bäuche und sterben. So ist das alles gekommen, und schlimm ist es gekommen. Aber wer wird es korrigieren? Wieder die Partei. Pawel Petrowitsch Postyschew hat die richtige Linie eingeschlagen. Aber wir alle sind auch klüger geworden. Dieser Hunger ist allen eine Lehre, eine harte Lehre.«

»Nur, daß die Toten nicht wieder aus den Gräbern aufstehen können. Die Bauern, die schon gestorben sind und die noch heute und morgen sterben. Du hast sie doch selbst gesehen, die Krepierlinge die kaum noch atmen. Sie rettet kein Wundertäter und kein Postyschew mehr. Und wir trinken hier ihnen zum ewigen Gedenken und freuen uns, daß wir was dazugelernt haben. Daß wir auf ihren Gebeinen neue Lektionen lernen werden.«

»Laß das doch, Sinowij, laß das! Mach dir das Herz nicht schwer, bitte! – laß das. Ich habe ehrlich gesagt: Ich verstehe es nicht! ... Was soll ich denn jetzt tun – mich aufhängen oder ersäufen?«

Er riß die Uniformbluse über der Brust auf. Über die scharfen geröteten Wangen liefen Tränen, der Kopf sank auf den Tisch, graumeliert, voll dichter Locken. Sank immer tiefer.

Mutter fing zu weinen an.

»Mein Gott, mein Gott, was müßt ihr immer streiten! Das Unglück ist schon so groß genug. Und was reibst du dich immer an Kondrat Petrowitsch? Er hat seine Verwandten verloren. Und du kommst mit Vorwürfen und Politik. Hast du denn gar keine Seele? Auf der Stelle entschuldigst du dich! Und hört auf zu trinken. Nimm wenigstens Rücksicht auf unseren Sohn. Ljowotschka war so krank, kann noch jetzt kaum gehen, und du gießt ihm Wodka ein. Kondrat Petrowitsch, Lieber, möge dies Ihr letzter Kummer gewesen sein. Sie sollen ja für Ihre Familie und Ihre Kinder leben, damit es ihnen gut geht. Wir wollen nur das Beste hoffen. Es muß doch einmal irgendwann wieder besser werden?«

Vater umarmte Kondrat, ich auch, und wir schworen einander Freundschaft und Brüderschaft.

Schon seit dem zweiten Gläschen Pfefferschnaps hatte ich im ganzen Körper eine unsichere, heiße Leichtigkeit gespürt. Der Puls klopfte in der Kopfhaut, als ob darunter Selterwasser sprudelte. Ich aß Butter gleich mit dem Löffel – »zur Schmierung«. Trotzdem war mir schwindlig, von Mutters dickem Borschtsch ebenso wie vom Schnaps. Dem Streit konnte ich wohl folgen, verstand alles, wollte aber selber nichts sagen. Ich merkte, daß ich angetrunken war, und wer weiß was hätte sagen können.

Kondrat Petrowitsch war für mich ein Held. Mit dem Vater dagegen stritt ich mich häufig. Ich hielt ihn für einen gewissenhaften Fachmann, aber für beschränkt, spießig, belastet von alten, »sozialrevolutionären« Vorurteilen. Wie die meisten seiner Freunde, ebenfalls Agronomen, hatte er früher mit den Sozialrevolutionären oder den ukrainischen »Kampfbündlern« sympathisiert. Und immer wieder setzte er mir zu mit seinen »objektivistischen« Erinnerungen und Erwägungen. So erzählte er beispielsweise von dem zaristischen Landwirtschaftsminister Alexander Wassiljewitsch Kriwoschein. Der sei ein konservativer nationalistischer, zarentreuer Adeliger gewesen, habe aber gerecht, menschenfreundlich und sachverständig sein Ministerium geleitet. Stets habe er sich für die Bauern eingesetzt, ihnen viel mehr Verständnis entgegengebracht und praktische Hilfe erwiesen als all die demagogischen Faselhänse, die sich Arbeiter- und Bauernvertreter nennen. Als die Hungersnot begann, als ich während der Krankheit alles Gesehene und Gehörte wieder und wieder überdachte, an schweren Albträumen litt, als ich immer neue, schreckliche Berichte über die Hungersnot hörte – begann ich allmählich eine ge-

wisse bittere Wahrheit in Vaters Worten zwar nicht zu erkennen, wohl aber dumpf zu fühlen. Früher hatten sie mich nur gereizt. Kondrat Petrowitsch wiederholte stets das, was auch ich immer sagte. Vater wiederholte ebenfalls, was ich schon viele Male gehört hatte. Jetzt aber klang alles anders. Es stimmte, wenn Kondrat sagte, daß man sich damit nur die Seele aufwühlte, mit dem Gefühl von Schuld und Schwäche.
Als ihr Streit plötzlich in trunkene Tränen überging, wurde mir leichter zumute. Ich umarmte sie beide und sagte Kondrat Petrowitsch, daß ich ihn seit meiner Kindheit verehrte und liebte. Wir tranken den Rest der Flasche aus. Mutter hörte zu weinen auf und brachte Tee. Zu dritt sangen wir ukrainische Lieder. Nach meiner Genesung wurde ich wieder in unsere Patendörfer abkommandiert, doch immer nur für ein paar Tage, höchstens für eine Woche.

Es war ein säuerlich-grauer, nebliger Morgen. Der Schnee war noch nicht getaut. Auf den dunklen Strohdächern lagen noch weiße Flecken und Streifen. An den Straßenrändern, an den Flechtzäunen und vor den Häusern lag grau gewordener Schneematsch mit bläulichen Flecken wie Pockennarben. In der Straßenmitte war er schon mit braungelbem Lehm vermischt, der abwechselnd taute und wieder fror. Rad- und Schlittenkufenspuren waren schwarz, obwohl nur wenige Wagen durch die Dörfer fuhren.
Zwei Schlitten schleppen sich die Straße entlang, von mageren, klapprigen Gäulen gezogen. Drei Männer gehen langsam nebenher. Über die Pelzmützen haben sie sich Fetzen von grobem Stoff oder von Frauenumschlagtüchern wie Baschlyks gewickelt. Die schmutzig-bräunlichen Kaftane halten Gürtel aus gedrehten Lappen eng zusammen. Die Männer, die Beine dick mit Säcken umwickelt, gehen langsam Schritt vor Schritt. In dem einen Schlitten liegen zwei längliche Bastsäcke, mit Bastmatten und Sackleinen zugedeckt. Der andere ist leer. An den Häusern, deren Fenster eingeschlagen oder mit Brettern zugenagelt sind, gehen sie vorbei. Bei manchen Häusern sind

zwar die Fenster heil, aber die Türen stehen offen und hängen lose in den Angeln. Hier wohnt niemand mehr.
Die Schlitten halten vor einem Haus mit rauchendem Schornstein. Der älteste der Männer klopft ans Fenster:
»Bei euch einer?«
»Gott sei Dank, nein!«
Dieselbe Frage nebenan. Dieselbe Antwort. Auch beim dritten. Sie kommen zu einer windschiefen Kate mit abbröckelndem Verputz und kaltem Schornstein.
»Gestern hat sie noch gelebt ...«
»Hat sie, aber heute heizt sie nicht mehr, sieht man doch.«
Der Jüngste der drei – auch er wirkt greisenhaft – geht hinein. Die Pferde ziehen zum Flechtzaun hin, beißen auf den Gerten herum. Der junge Mann kommt zurück.
»Atmet noch. Liegt auf dem Ofen. Hab' ihr Wasser gegeben.«
Es geht an zwei weiteren Häuern vorbei. Das eine ist groß mit sauberen geweißten Wänden. Selbst das Stroh auf dem Dach ist noch nicht dunkel. Anscheinend im letzten Jahr erst repariert.
»Habt ihr wen?«
Hinter dem Fenster eine schwache, tränenlose weibliche Stimme:
»Ja, der Vater ist in der Nacht gestorben.«
»Muß rausgebracht werden ...«
»Ich kann nicht, bin zu schwach und allein mit den Kindern.«
Die Männer sehen sich an, dann gehen alle drei hinein, kommen mit dem abgemagerten, in Laken gehüllten Köper wieder heraus. Die Frau steht auf der Schwelle. Das Umschlagtuch hängt lose, der Blick ist erloschen. Sie lehnt sich an den Türrahmen, bekreuzigt sich.
Die Leiche wird in den zweiten Schlitten gelegt, zugedeckt. Wieder ein länglicher Bastsack.
Hinter dem Dorf ist der Friedhof. Beim Zaun am Waldrand ist eine lange Grube ausgehoben, halb mit Erde und Schnee zugeschüttet – ein Massengrab. Ohne Kreuz.
Im Dorfsowjet dreht der Vorsitzende in städtischem Paletot,

ein alte Rotarmistenmütze auf dem Kopf, die Kurbel des Telefonapparates. Am Tisch sitzen ein paar Aktivisten und Gäste von auswärts, Abgesandte, der Patenbetriebe aus der Stadt. Sie rauchen. Schweigen.

»Hallo, hallo! Bürgerin, geben Sie das Rayon-Exekutivkomitee! Ich kurbele doch schon eine Stunde lang! Man könnte einen Dynamo anschließen. Hallo! Rayonexekutivkomitee! Hier der Bericht: Aus der Ernährungsbeihilfe wurden heute an die Kolchosbauern ... ausgegeben, und an die Einzelbauern ... Wir haben Mehl und Hirse verteilt. Brot ist nicht da. Nach Formular D haben wir eine Kürzung. Heute wurden fünf weggebracht. Zwei sind da noch, die vielleicht bis morgen machen ... Was heißt hier ›viel‹? Letzte Woche waren es bis zu zehn täglich! Der Feldscher war da, hat dem Aktiv Instruktionen gegeben, wie man die Krepierlinge päppeln soll ... Tierarzt brauchen wir auch einen. Sozusagen alle Pferde sind krank. Die reinsten Blumensträuße unterm Schwanz, die Bremsen-Maden kriechen raus. Bin heute mit dem Kolchosvorsitzenden und den stabileren von den Pferdeknechten den Gäulen mit bloßen Händen in den Arsch gefahren, wir haben ihnen die Bremsen rausgeholt ... Die Reparatur hat begonnen. Die Paten haben gut mitgeholfen. Und noch was, zum xten Male: Das Saatgut langt nicht. Ist zum Teil abgeliefert worden, zum Teil aufgegessen. Müßt uns noch Weizen und Roggen herschaffen. Die genaue Bedarfsmeldung liegt bei euch.«

Dann spricht der Vorsitzende mit den Paten-Arbeitern aus der Stadt, schon nicht mehr so düster.

»In einer Woche gibt's Saatgut, hat man versprochen.«

Er läßt sich eine Zigarette geben. Nach all den selbstgedrehten Machorka schmeckt sie widerlich süßlich. Aber aus Höflichkeit schmatzt er sogar und lobt die Marke.

»Unser Dorf hat Pech gehabt! Das kann man wohl sagen; wirklich Pech. Die Gegend ist gut, die Leute brauchbar. Mehr als 90 Prozent im Kolchos. Haben letztes Jahr gut gearbeitet. Die Ernte war auch gut. 15 Doppelzentner Weizen vom Hektar. Den Plan haben wir erfüllt und übererfüllt. Aber im

Kreismaßstab war es nicht genug; wir bekamen zusätzliche Ablieferungsnormen, erst einen »Gegenplan«, dann noch einen. Für die geleisteten Arbeitstage konnten wir fast gar kein Korn ausgeben. Man schämt sich, es zu sagen – ein halbes Kilo war festgesetzt, und nicht einmal das konnten wir geben. Abweichungen überall. Jetzt sieht das jeder kleine Junge, was für Abweichungen! Aber noch vor einem Monat hieß es: Getreide her, oder gib dein Parteibuch zurück! Die einen starben, andere machten sich fort. Wir hatten einfach kein Glück hier... Ich weiß nicht, wieviel Tote insgesamt. Vielleicht wissen's die beim Rayon. Wir können nicht ausrechnen, wer alles hier starb oder wegfuhr oder unterwegs umgefallen ist? Grob gerechnet steht jedes dritte Haus leer. In unseren Patenschaftsdörfern war das Frühjahr überaus schwierig. Viele Häuser standen leer, die Fenster vernagelt. In den Kolchosmagazinen wurden ein, zwei Mal wöchentlich Hilfsrationen ausgegeben: Beutel mit Mehl, Erbsen, Graupen, Konserven, manchmal auch Brot.

In den Schlangen standen oder saßen Frauen, eingehüllt in Umschlagtücher über dem Halbpelz oder der Plüschjacke. Sie froren, auch wenn die Sonne schien. Die Gesichter gedunsen, düster, die Augen wie blind. Männer standen nur wenige in den Schlangen. Mager, gebeugt, wirkten sie noch ausgehungerter im Vergleich zu den aufgedunsenen, dick vermummten Frauen.

Erschreckend war die Stille in den Schlangen. Die Frauen, ob alt oder jung, sprachen kaum, und nur mit matten Stimmen. Selbst die vorlautesten unter ihnen schimpften nur leise und irgendwie gleichgültig.

Der Vorsitzende des Dorfsowjets, sehr hager und blaßgelb wie eine lebende Mumie, bemühte sich, munter zu erscheinen, und erzählte:

»Heute haben wir schon wieder eine Verbesserung. Weder gestern noch heute hatten wir irgendwelche Sterblichkeit. In der ganzen Woche haben wir nur vier begraben, und zwei davon wegen Krankheiten. Hatten sich erkältet, waren überhaupt schon alt. Aber am Hunger sind nur noch ganz wenige gestorben. Man kann sogar sagen, daß es bei manchen mehr von ihrer Unaufgeklärtheit kommt – kaum kriegten sie Unterstützung, kaum war das erste Grün auf dem Acker, da begannen sie wie wild zu fressen. Dabei waren sie noch ganz schwach, da muß man langsam und vorsichtig essen. Waren welche dabei, erwachsene Männer, aber schlimmer als kleine Kinder: Sowie sie Borschtsch oder Kascha sehen, ganz gleich, ob eine Schüssel oder einen Eimer voll – sie fressen's auf, geben nicht eher Ruhe, bis alles leer ist. Und dann geht's in den Därmen los wie wild. Wie bei den Pferden, wenn sie sich mit Klee überfressen oder zu viel kaltes Wasser saufen, dann liegen sie auf dem Rücken und strecken alle viere von sich ... Manchmal kriegte so einer Brot für die ganze Familie – anderthalb oder zwei Laiber – und bis er damit zu Hause war, hat er alles verdrückt. Die hungrigen Kinder weinen, aber er greift sich an den Bauch und brüllt vor Schmerzen, kann bald gar nicht mehr atmen. Und stirbt dann, nicht vor Hunger, sondern aus Dummheit. Aber das sind meistens Männer. Die Weiber – die sind sozusagen klüger, wenigstens was das Essen betrifft. Oder halten mehr aus. Und, natürlich, sorgen sie sich mehr um ihre Kinder. Weiber sterben nicht so ...«

So nicht, aber dennoch starben sie auch. Noch im Mai, als mit dem Rübenverziehen und dem Jäten der Gemüsefelder begonnen wurde. Reine Frauenarbeit.

... Ein heißer Mittag. Die Jäterinnen gehen die Furchen zwischen den Reihen des hellgrünen jungen Krauts entlang. Sie gehen schwer, bücken sich langsam. Richten sich noch langsamer wieder auf. Einige von ihnen kriechen nur noch auf allen vieren. Toddunkle Bündel zwischen jungem Grün.

Eine bleibt hocken, legt sich zurück. Nach einer Stunde ungefähr bemerkt sie jemand.

»Ach Gott, Tante Odarka ist tot! Und ich dachte, sie ruht sich nur aus!«

... Die Leiche tragen sie mühsam auf Tüchern. Ebenso schmutziggraue, ebenso stille Frauen. Eine weint leise.

Im Frühjahr begrub man die Toten schon einzeln. Und in

Särgen. Immer weniger starben. In der zweiten Maihälfte gab es keine Beerdigungen mehr.
Ein Junitag. Auf die Sommerfeldsiedlung des Kolchos kam eine Inter-Rayon-Agit-Brigade. Junge Leute in gestickten Ukrainerhemden und hellblauen Pluderhosen, Mädchen mit Kränzen und Bändern in buntbestickten Blusen, vielfarbigen Röcken übereinander, Sonntagsstiefelchen.
Mittagspause. An Tischen aus rohen Brettern essen die Frauen aus irdenen Schüsseln dicke Grütze. Auf dem Herd unter einem Sonnendach stehen Kessel. Es duftet nach gekochter Hirse.
Den Frauen ist heiß: sie tragen weiße Tücher und helle Blusen, manche nur Leinenhemden. Dagegen heben sich dunkel ihre sonnengebräunten Gesichter und Hände ab. Man sieht niemanden mehr mit Hungerödemen. Fast alle aber sind sehr mager, sehen vertrocknet und gegerbt aus, wie alte Baumrinde. Aber sie sind nicht mehr schweigsam, nur erschöpft. Von Sonnenaufgang an haben sie Zuckerrüben verzogen, Kartoffeln gehäufelt und auf dem Kohlfeld Unkraut gezupft. Die jüngeren scherzen miteinander, sehen sich die geschmückten Gäste an.
Die gruppieren sich vor den Essenden. Der Dirigent im Jackett verkündet mit heller Tenorstimme:
»Zu Ehren der Aktivistinnen der sozialistischen Felder singt unser Chor Volkslieder:

... Seh' ich in den Himmel,
kommen mir Gedanken ...

Sie singen laut und fröhlich. Man merkt, daß sie nicht aus der Stadt kommen. Sie singen nicht »schön« und rund wie auf der Bühne und bei Konzerten, sondern langgedehnt und laut. So wird auf dem Dorf gesungen – am Feierabend, bei Hochzeiten.
Die Frauen schieben die Schüsseln fort, legen den Löffel zur Seite. Erstarren. Manche lehnt sich an ihre Nachbarin. Andere bilden Grüppchen.
Plötzlich fängt eine an zu weinen. Und noch eine. Sie weinen

still, bedecken das Gesicht mit dem Tuch.
Der Chor stutzt, der Dirigent wendet sich um, flüstert dann mit den Sängern. Ein schlankes Mädchen mit einem Kranz fängt lustig und beschwingt an:

Ach hinterm Wald, hinterm Wald,
hinterm grünen Waldesrand

und der Chor fällt eilig und eifrig ein:

pflügte eine junge Maid,
schwarzen Ochsen vorgespannt...

Die Frauen weinen. Noch eine, wieder eine. Zuerst die älteren, dann auch jüngere. Jetzt weinen sie schon laut und ungehemmt.

pflügte und pflühügte,
wurde dabei müde,
sollt' ihr ein Kosakenjunge
aufspiel'n auf der Geiheige...

Die Sänger und Sängerinnen kamen aus dem Takt. Eine nach der anderen fangen die geschmückten Choristinnen an, sich die Augen und die nassen Wangen zu wischen. Der Dirigent ist ganz verstört: »Was soll das denn, Bäuerinnen, ihr Lieben? Was ist denn? Wozu die Tränen? Wer hat euch denn gekränkt? Wir geben uns doch Mühe, wollen euch eine Freude machen...«
Mitten durch das Weinen klingen Rufe auf:
»Nicht doch, nicht wegen euch! Nicht wegen euch! Ach, ihr lieben Leute! Es ist wegen uns – wir können ja nie mehr singen... Ach, wann haben wir zuletzt gesungen! Nicht mal im Traum hören wir die Lieder da... Wir haben so lange nur Tote begraben... Wir sind doch selbst schon tot... Ach Mutter, wo bist du? Und ihr, meine Kinder, meine Täubchen? Ich hab' an euren Gräbern nicht weinen dürfen, hab' euch einem Fremden geben müssen, daß er euch begräbt...«

Die Sänger rücken zusammen. Einige der so festlich geschmückten Mädchen weinen und schluchzen laut.
Der Dirigent läuft zwischen ihnen und dem beim Herd stehenden Brigadier hin und her, dort stehen auch die Kutscher, die die Gäste hergefahren haben. Die Männer rauchen Selbstgedrehte, blicken verlegen zur Seite. Die Köchin hat sich auf die Erde gesetzt, das Tuch über den Kopf gezogen, schweigt.
Der Brigadier, ein breitschultriger, fast quadratischer, rot verbrannter Mann mit einem mehrere Tage alten rötlichen Stoppelbart, schiebt den Dirigenten verdrießlich weg.
»Beruhigen Sie sich, teurer Genosse. Lassen Sie die Weiber doch weinen. Haben genug Tränen angesammelt. Lassen Sie sie. Wenn sie sich ausgeweint haben, wird's ihnen leichter.«

Der Weg in die Hungerkatastrophe

Ich bin zu Schanden geworden und stehe schamrot da;
denn ich muß büßen die Schande meiner Jugend.
Jeremia 31,Vers 19

Den Winter der letzten Getreidebeschaffungskampagne, die Wochen des großen Hungers habe ich nie vergessen. Oft habe ich davon erzählt, aber erst Jahrzehnte später begann ich, all das niederzuschreiben.
Beim Schreiben drangen immer neue Erinnerungen auf mich ein. Plötzlich tauchten lang vergessene Gesichter auf, erklangen längst verstummte Stimmen wieder. Die Zeilen verknüpften sich zu wunderlichen Schleppnetzen, die aus den dunklen Abgründen des Gedächtnisses Fetzen untergegangenen Lebens herausholten. Abgestorbene Schmerzen und Freuden wurden lebendig und brachten völlig neue Gedanken mit sich.
Als ich das rasch Hingeschriebene durchging und es Freunden vorlas, meldeten sich Fragen in mir, uralte, scheinbar längst genau und endgültig beantwortete. Sie tauchten auf wie Minen eines vergangenen Krieges, rostig, aber immer noch gefährlich. Auch ganz neue Fragen stellten sich mir, unerwartet und lästig. Bestürzte Fragen an die Geschichte, an die Zeitgenossen, an mich selbst.
Wie konnte all dies geschehen?
Wer war Schuld an der Hungerkatastrophe, durch die Millionen Menschen umkamen?
Wie kam es, daß ich mich daran hatte beteiligen können?
In Wassilij Grossmans Roman »Alles fließt« und in Solschenizyns »Archipel Gulag« (›Bauernpest‹) sind die bewegenden, jammervollen und zornigen Zeugnisse festgehalten – als Echo jener tödlichen Ereignisse. In den Büchern von Alexander Jaschin, Wassilij Below, Sergej Salygin, Boris Moshajew und

Fjodor Abramow[102] sind Menschen und Kräfte dargestellt, die das Bauerntum ruinierten, zersetzten und ausrotteten. Im Ausland gibt es wissenschaftliche, statistische, soziologische, historische Arbeiten zu diesem Thema. Bei uns im Lande kennt man sie nicht. Das Thema selbst ist immer noch verboten. Die Hungerkatastrophe des Jahres 1933 verbirgt man noch jetzt, Jahrzehnte danach, wie ein Staatsgeheimnis.

Ich beschloß, mein Gedächtnis zu überprüfen und zu ergänzen. Im Lesesaal der Lenin-Bibliothek herrscht Krankenhausstille und die geschäftige, unablässige Bewegung wie auf Bahnhöfen und in Fabriken. Tag für Tag las ich in vergilbten, dunkel gewordenen Seiten: Resolutionen, Vorträge, Reportagen, Berichte von Dorfkorrespondenten, Reden von Parteifunktionären. Artikel einst bekannter, aber auch unbekannt gebliebener Autoren. Artikel, wie ich sie früher schrieb oder hätte schreiben können.

Das Echo jener Tage verwundet das Gedächtnis. Durch die staubigen Vorhänge veralteter Zeitungssprache hindurch werden ungesagte, nicht vollständig ausgesprochene und gänzlich unsagbare Brocken von Wahrheit sichtbar.

Damals glaubte ich unverbrüchlich an die Notwendigkeit der »sozialistischen Umwandlung des Dorfes«, auf daß unser Land dem Druck der Feinde standhalten könne; glaubte, wir würden ein in der Geschichte der Menschheit noch nicht dagewesenes gerechtes System schaffen, das allen Menschen ohne Ausnahme Frieden, Freiheit und alles Glück der Erde brächte.

Aber eben weil noch nie und nirgendwo dergleichen geschaffen worden war, weil wir in allem damit die ersten, die Vorläufer waren und uns dabei von allen Seiten Todfeinde bedrohten, waren Niederlagen und Fehler unvermeidlich, auch Abweichungen und unvorhergesehene Manöver. Die Feinde drangen heimlich in unsere Mitte ein, provozierten tückisch, setzten alles dran, uns vom Weg abzubringen. Deshalb waren strengste Disziplin und unablässige Wachsamkeit nötig. Bei jeder Angelegenheit mußte zuerst entschieden werden, was vorrangig und was weniger wichtig war, wo das »wichtigste

Kettenglied« sich befand. Und unermüdliche Arbeit war notwendig, besser: Kampf. Damals nannte man jede erdenkliche Art Arbeit Kampf. In den Betrieben kämpfte man um die Verringerung der Ausschußproduktion und gegen Bummelantentum. In der Schule richtete sich der Kampf gegen Faulheit und Zurückbleiben, gegen unentwickeltes Bewußtsein. Hausmeister kämpften um die Sauberkeit der Bürgersteige. Es kämpften Ärzte, Schriftsteller, Erdarbeiter, Buchhalter ... Mit Hingabe sangen wir den Kehrreim des Budjonnyj-Marsches, eines der populärsten Lieder jener Zeit: »Und Kampf ist unser ganzes Leben!«

Wie man aber zu kämpfen hatte, was im jeweiligen Augenblick zu tun war – das konnten allein die Partei und ihre Führer entscheiden. Der Weitsichtigste, Klügste, Willenstärkste war Stalin. (Damals wurde er noch nicht ›der Große‹ oder ›der Geniale‹ genannt). Er hatte irgendwann einmal gesagt: »Der Kampf ums Getreide ist ein Kampf um den Sozialismus.«

Wir glaubten es bedingungslos. Glaubten, daß die Beschleunigung der Kollektivierung notwendig sei, um die Eigenmächtigkeiten des Privatmarktes und die Rückständigkeit der Einzelbauernwirtschaften zu überwinden, um künftig Getreide, Milch, Fleisch usw. planmäßig zu erzeugen, um die Millionen von Bauern umzuerziehen, diese Kleineigentümer, potentiellen Burgeois und Kulaken, sie in bewußte Werktätige zu verwandeln und sie zu befreien vom »Idiotismus des dörflichen Lebens«, von Unwissenheit und Vorurteilen, um ihnen Kultur und alle Güter des Sozialismus zu bringen.

Das Jahr 1932 lebte in meiner Erinnerung im Glanz freudiger Gefühle, selbstbewußter Jugend und zahlloser Hoffnungen. Dort im Ausland wütete eine Wirtschaftskrise. In Deutschland gab es sieben Millionen Arbeitslose. In den USA waren es noch viel mehr. Im Frühjahr hatte in Deutschland die Reichspräsidentenwahl stattgefunden. Fast acht Millionen hatten für Thälmann gestimmt. Die KPD war die drittstärkste Partei im Lande. Zwar hatten auch die Nazis im Sommer einen erheblichen Stimmenzuwachs gehabt, im Herbst aber wieder Verluste. In China griff die japanische Armee an. In Spanien war nach dem Sturz der Monarchie 1931 die Republik entstanden. Tagtäglich berichteten unsere Zeitungen von Streiks in den kapitalistischen Ländern, von Hunger und Elend, davon daß Getreide verbrannt, Milch in Gräben weggeschüttet wurde, von Folter, Hinrichtungen und Morden...

Wie anders sah es dagegen bei uns aus! Die Zeitungen veröffentlichten Telegramme und Artikel über unsere neuen Fabriken, Hochöfen und Maschinen-Traktoren-Stationen, von immer neuen und noch größeren Erfolgen und Errungenschaften, von immer grandioseren Plänen. Es gab zwar auch ein paar alarmierende Meldungen. Schlafmützen in einem Trust hatten nicht auf Schädlinge geachtet. Ehrlose Wirtschaftsfachleute hatten gestohlen. Politisch rückständige Arbeiter hatten gebummelt oder Ausschuß verheimlicht, Kolchosniki hatten die Arbeit geschwänzt. Doch die schlechten Nachrichten entmutigten uns nicht. Es war schließlich rauher Werktag. Kampf. Die Arbeit im Werk klappte gut. Immer mehr Panzer wurden hergestellt. Auf der Parade zum 1. Mai fuhren schon einige Dutzende von unseren schnellen Panzern mit. Die sie begleitenden Mechaniker erzählten, Stalin und alle Regierungsmitglieder oben auf der Tribüne hätten sich gefreut, und die ausländischen Militärattachés unten beim Mausoleum seien sichtlich bestürzt gewesen. Neue Werksabteilungen nahmen den Betrieb auf: die thermische, die Motoren-, die Gehäuseabteilung. Ordshonikidse kam, besichtigte das Werk, sprach mit Ingenieuren und Arbeitern und geriet in hellen Zorn, weil der Plan trotz allem noch immer nicht erfüllt wurde. Zu mir sagte er: »Schöne Zeitungen machen, das könnt ihr, ist auch ein bißchen leichter als Panzer bauen. Aber sag mir mal, Redakteur, warum der Wochenplan wieder nicht geschafft ist? Hat's die Gießerei verschuldet oder das Gehäuse-Werk? Die Zulieferer sind schuld, was? Das sagt ihr hier alle – der Direktor, das Parteikomitee, die Abteilungschefs... Dabei sind doch die Arbeiterkorrespondenten verpflichtet, an Ort und Stelle die

Schuldigen dingfest zu machen! Wer ist hier dein bester Korrespondent? Schick ihn her, zeig ihn mir. Vielleicht hat wenigstens der keine Angst, seine Vorgesetzten zu kritisieren, wenn auch der Redakteur ein Hasenfuß ist!« Unser bester Arbeiterkorrespondent, der Motorenprüfer Maxim Prichodjko, sagte dasselbe wie wir alle, d. h., er schimpfte laut auf die Zulieferwerke, die schlechte Gehäuse herstellten, und auf die Stahlgießer mit ihrem ewigen Ausschuß.

Ordshonikidse winkte ab.

»Ihr seid hier ein und dasselbe Pack. Nirgendwo ein Schuldiger in der Nähe. Nur weit weg, ganz woanders, da gibt es sie!«

Maxim brüllte gegen das Gedröhn der Motoren mit einem Bauernspruch an:

Der Bursch und die Maid
sind schuldlos beid.
Die Katentür ist schuld allein,
die sollte nachts geschlossen sein.

In meinem Bericht über die Begegnung des Volkskommissars Ordshonikidse mit den Arbeiterkorrespondenten konnte ich Maxims Spruch leider nicht aufnehmen: Frivole Äußerungen waren einer ernsthaften Werkzeitung nicht würdig.

Im Herbst 1932 konnte ich mir einen Urlaub leisten. Seit Beginn des Fünfjahrplans hatten meine Frau und ich keinen Urlaub und nur selten einmal freie Tage gehabt. Nadja, die im Laboratorium unseres Werks arbeitete, erhielt ebenfalls Urlaub. Man schickte uns in ein Erholungsheim in Jalta. Und so kamen wir im Oktober zum ersten Mal auf die Krim. Wir freundeten uns mit dem deutschen Genossen Alfred Pawlowski an, der zur Ausheilung seiner Tuberkulose auf drei Monate aus dem Leipziger Gefängnis entlassen worden war. Er blieb aber nur sechs Wochen, denn in Deutschland standen Reichstagswahlen bevor, da wollte er nicht abseits stehen, wollte nicht länger an sich herumdoktern lassen. Er verlangte von der

Komintern und der Roten Hilfe die Genehmigung zur Heimreise. Aber die Rote Hilfe verweigerte die Erlaubnis und gab ihm kein Geld. Da entschloß er sich, auf eigene Faust zu fahren. In seinem Sanatorium und in unserem Heim ging man »mit der Mütze« rum: Über 100 Rubel ergab das. Wir richteten ihm ein Abschiedsfest in der »Poplawok« aus, einem kleinen, auf Pfählen stehenden Restaurant am Meer. Jeder bekam ein Gläschen Wodka, zwei Glas Bier, ein Halbdutzend Hammelpastetchen, die vor Fett tropften, dann noch Eis und Kaffee. Wir fühlten uns wie Verschwender, die in Luxus badeten, tranken auf Alfreds Wohl, auf den Sieg des Proletariats in Deutschland, sangen russische und deutsche Lieder und die unvermeidliche »Bandiera Rossa«. Alfred sagte, er habe schon immer große Stücke auf die russischen Genossen gehalten, an die Sowjetunion als an das Vaterland aller Proletarier der Welt gedacht. Aber früher hätte er das nur gedacht: Jetzt fühlte er es. Mit dem ganzen Herzen, mit jedem Stück seiner Lunge, die hier geheilt worden sei. Gerade deswegen müsse er nach Hause fahren. Das sei jetzt sehr wichtig. Er müsse den deutschen Arbeitern, den deutschen Wählern, alles berichten. In seiner Stadt kennten ihn die Sozialdemokraten und die Nazis sehr gut. Unter ihnen gebe es viele betrogene Arbeiterjungen. Seine Gegner schimpften ihn Träumer und Fanatiker. Aber noch nie habe ihn jemand Lügner genannt. Man glaube ihm. Er könne alles beweisen – hier sind die Fotos, die Postkarten. Und wir werden Tausende neuer Wählerstimmen bekommen, wir und mit uns auch ihr, Genossen. Die Rote Hilfe, die Krim, und du, du da, ihr alle. Liste 3 wird siegen – die KPD. Und das wird unser Sieg sein. Rot Front!

Im Winter 1932/33 war ich auf dem Lande, als ich zurückkehrte, war Hitler schon Reichskanzler. Zu Hause lag ein Brief: Alfreds Bruder schrieb, ein paar Mal habe Alfred bei Wahlversammlungen »großartig auftreten« können. Aber dann sei ihm die Polizei auf die Spur gekommen und habe ihn wieder ins Gefängnis gesteckt. In seiner Stadt hätten bei der Novemberwahl die Kommunisten 20% mehr Stimmen bekommen, als bei der Frühjahrswahl für Thälmann abgegeben worden waren. Alfred war früher unter anderem wegen Teilnahme an Straßenschlachten mit der SA verhaftet worden. Das galt nach dem 30. Januar 1933 als »Beihilfe zum Mord«. Alfred hat die Nazizeit nicht überlebt.

Ende November wurde ich zu einer Konferenz der Zeitschrift »Der Arbeiter- und Bauernkorrespondent« nach Moskau abkommandiert. Nadja nahm »Urlaub auf eigene Rechnung«. Und so kamen wir zum ersten Mal nach Moskau. Wir gingen ins Lenin-Mausoleum, in die Tretjakow-Galerie, ins Revolutionsmuseum und in Tolstojs Haus – feierlich erregt wie Pilger, die sich ihren Heiligtümern nähern.

Geld hatten wir nicht – weder für Restaurants noch für Theaterbesuche. Abends, wenn die Museen und Ausstellungen schlossen, gingen wir einfach durch die Stadt, suchten all die Straßen, Plätze, Gebäude auf, von denen wir einmal gelesen oder im Geschichtsunterricht gehört hatten. Damals standen die Mauern von Kitajgorod, der Sucharew-Turm und das Passionskloster noch. Einmal sparten wir das Abendbrot und gingen ins Kino »Udarnik«. Es war ein Fest. Ein riesiges, ganz neues Gebäude – schließlich bauen wir nicht nur Fabriken! –, ein Zuschauersaal mit zwei Galerien, eine nie geahnte Pracht. Wir sahen den Film »Der Gegenplan«, er erschien uns als ein großartiges Kunstwerk, das die Dramatik unseres Landes wahrheitsgetreu wiedergab, und Schostakowitschs Lied »Der Morgen grüßt uns mit Kühle« lernten wir sofort auswendig.

In diesen Tagen, die für uns zwanzigjährige Verliebte so herrlich waren, glaubten wir felsenfest, unsere Heimat sei das beste Land auf Erden und unser Leben groß und sinnvoll. Doch in eben diesen Tagen war neben und um uns bereits ein heftiger Kampf entbrannt. Unsere Partei und unser Staat schlugen zu gegen die Bauernschaft.

Wir merkten so gut wie nichts davon.

Wir waren zu Bekennern und Predigern der neuen Glaubenslehre erzogen worden, der einzig wahren *Religion* des wissenschaftlichen Sozialismus. Die Partei wurde zu unserer kämpfenden Kirche, die der ganzen Menschheit ewige Seligkeit brachte, ewigen Frieden und das Paradies auf Erden. Sie hatte siegreich alle anderen Kirchen, Sekten und Häresien überwunden. Die Werke von Marx, Engels, Lenin waren unsere Heilige Schrift, Stalin der unfehlbare hohe Priester.

Fabriken, Bergwerke, Lokomotiven, Drehbänke, Traktoren und Turbinen verwandelten sich in Kultgegenstände, sakramental von Segen erfüllt. (»Die Technik entscheidet alles«, hatte Stalin gesagt.) Vor ihnen verneigte man sich in Gedicht und Prosa, in Malerei, Film und Musik...

518 und 1 040! (518 neue Industrieanlagen und 1 040 neue Maschinen- und Traktorenstationen) – diese Zahlen verschwanden nicht aus den Zeitungen, winkten von Millionen von Plakaten, glänzten und blinkten an Wänden, Dächern, wurden gesungen und deklamiert. Wir kannten sie, konnten sie auswendig – unauslöschlich sind sie meinem Gedächtnis eingegraben. Sie bedeuteten uns nicht weniger als unsern Enkeln heute die Namen vielgepriesener Stars von Kino, Bühne, Fußball und Hockey. Täglich brachten die Zeitungen Meldungen über den Output von Traktoren, Autos, Dreschmaschinen. Die leidenschaftslose Größe der Statistik – Planziffern, Rechenschaftsberichte und Zahlenkolonnen – hatten für uns eine pythagoräisch-kabbalistische, zauberkräftige Macht. (Sozialismus – ist Kalkulation.)

Als das Traktorenwerk Stalingrad begann, täglich 120 Schlepper fertigzustellen, durchpulste mich heiße Freude.

Vom Kampf an der Getreidefront berichteten ebenfalls Zahlen, Tabellen, Erfolgsmeldungen.

Im Rechnungsjahr 1926/27 hatte die Ukraine 197 Millionen Pud (ca. 3 280 000 Tonnen) geliefert. 1927/28 schon 261 Millionen.

Doch das genügte bei weitem noch nicht. Die Trotzkisten und andere linke Oppositionelle forderten Steuererhöhungen und härteren Druck auf die Kulaken. Die Rechts-Opposition beharrte auf einer gezielten Politik des Warenumlaufs: Produktionssteigerung bei landwirtschaftlichen Geräten, Stoffen, Schuhen, Gebrauchsgütern als Anreiz für die Bauern, mehr Getreide zu verkaufen.

1929 wurden 300 Millionen Pud abgeliefert, 1930 schon 464 Millionen.

Diese Zahlen verkündeten den unbezweifelbaren Sieg der Kollektivierung. Das war klar und einfach. 1929 hatte es in der Ukraine noch 3 266 000 bäuerliche Privatbetriebe gegeben. Ein Ozean von Kleinbesitz! Gegen Ende 1932 waren 200 000 »Kulakenwirtschaften« »liquidiert«. Die Mehrheit der Mittel- und Kleinbauern war in 24 191 Kolchosen auf 73,2 Prozent der Saatfläche zusammengefaßt.

Dieser allgemeinverständlichen Arithmetik entsprechend war unser Dorf *sozialistisch* geworden. Den Kampf ums Getreide krönte ein überwältigender Sieg.

Und dann kam 1931 der Rückschlag: die Ukraine hatte nur 434 Millionen Pud (7 200 000 Tonnen) Getreide produziert, 30 Millionen weniger als im Jahr zuvor.

Die einen begründeten dies mit der Trockenheit, andere mit schlechter Ablieferungsorganisation, wieder andere mit Schlamperei in den Kolchosen. Fast alle aber sprachen von Schädlingsarbeit. Man suchte und fand allenthalben ränkevolle Schädlinge. Eins war klar: es mußten wirksamere Methoden zur Getreidebeschaffung angewendet werden.

Am 13. Februar 1932 wurde beim Rat für Arbeit und Verteidigung ein Getreideerfassungskomitee gebildet. Eine Woche darauf, am 21. Februar wurde der Erlaß »Über das Kontraktsystem zur Getreideerfassung der neuen Ernte« veröffentlicht. Die Aufkäufer hatten mit den Bauern Verträge zu schließen: Privatbetriebe sollten 25-30 Prozent ihres Getreides, 50 Prozent ihrer Hülsenfrüchte und 70 Prozent Sonnenblumen dem Staat liefern.

Knapp drei Monate später verkündeten die Zeitungen und Redner: »Das Getreideproblem ist gelöst!« Am 6. Mai 1932 erklärten das Zentralkomitee und der Rat der Volkskommissare – unter Hinweis auf diesen Sieg – im Erlaß »Über den

Getreideerfassungsplan und die Entwicklung des Kolchoshandels«, es sollten künftig »neue Methoden beim Getreidehandel« eingeführt werden. Alle Kolchos- und Privatbauern, die ihr Ablieferungssoll erfüllten, erhielten das Recht, vom 15. Januar an frei zu Marktpreisen zu verkaufen. Für die Ukraine war der Ablieferungsplan für 1932 auf 356 Millionen Tonnen festgesetzt, das waren 78 Millionen Tonnen weniger als im Vorjahr und 108 Millionen weniger als 1930.

Die »neuen Methoden des Getreidehandels« waren eigentlich ein Versprechen, die NEP in abgewandelter Form wiederherzustellen.

Das am 25. Juli veröffentlichte Dekret des Zentralkomitees und des Rates der Volkskommissare »Über die Verstärkung der revolutionären Gesetzlichkeit« verbot strengstens, »das Eigentum der Bauern gewaltsam zu vergesellschaftlichen ... eigenmächtig Privatbauern feste Aufgaben zu stellen ... die Kolchos-Demokratie zu verletzen (insbesondere das ›Wahlprinzip‹).« Es wurde ferner untersagt, zu »kommandieren ... zu administrieren ... und ... den Kolchoshandel zu stören«.

Doch schon am 7. August wurde das Gesetz »Über den Schutz des Eigentums der staatlichen Unternehmen, Kolchose und Genossenschaften und über die Festigung des sozialistischen Eigentums« veröffentlicht. Dieses Gesetz war von Stalin »persönlich« verfaßt. In der Präambel hieß es: »Alle, die sich an gesellschaftlichem Eigentum vergreifen, sind als Volksfeinde zu betrachten.«

In dieser Präambel tauchte zum ersten Mal offiziell der Begriff Volksfeind auf, der später in den Gerichtssälen, in den Zeitungen, den öffentlichen Reden und im Privatleben alltäglich wurde.

Am 22. August erschien die neue Anordnung des Zentralkomitees und des Rates der Volkskommissare »Über den Kampf gegen die Spekulation«. Er schrieb vor, die »Schieber und Spekulanten mit allen Mitteln auszurotten«. Diese Verfügung erging nicht an die Gerichte, sondern sie erging an »GPU, Staatsanwaltschaft und örtliche Behörden, Lagerstrafen von

5 bis 10 Jahren ohne Revisionsrecht zu verhängen«. So erhielten administrative Behörden richterliche Funktionen. Ein Bauer, der die offizielle Erlaubnis zum Kolchoshandel nicht abwartete und sein Getreide verkaufte, konnte nun als Spekulant bestraft werden. Im Zuge des »Kampfes um Brot« entstanden die Instrumente jener gerichts- und gesetzlosen Gewalt, die in den folgenden Jahren während der großen Säuberungen Millionen Menschen den Untergang brachten.

Die August-Anordnungen waren die logisch (dialektisch) konsequente Entwicklung der Beschlüsse von Mai und Juni, die den Kolchosen freien Handel und unantastbare Rechte verheißen hatten. Damals jedoch bemerkte ich diesen zynischen Widerspruch nicht.

Aus den Zeitungen und Zeitschriften jener Monate hätte man jedoch erkennen können, daß schon Anfang September unterirdisches Grollen die nahende Katastrophe deutlich ankündigte.

Im Juli hatte die Zeitschrift »Bolschewik der Ukraine« noch in munterem Dur getönt: »Der Beschluß des Rates der Volkskommissare und des Zentralkomitees über die Getreideablieferung bedeutet, daß von nun an jeder Kolchos volle Gewalt und Verfügung über den größten Teil des von ihm erzeugten Korns erhält.« In derselben Nummer wurde auch die Rede Kaganowitschs zitiert: »Wir haben gekämpft und die Revolution durchgeführt, damit Arbeiter und Bauern besser leben als früher.« Er verspottete Partei- und Staatsfunktionäre, »die sich vor den Gartenparzellen der Kolchosniki fürchten, ... die Angst haben vor ihrem eigenen Schatten«. Noch in der Augustnummer versicherte W. Satonskij, die Partei sorge für neue, baldige Blüte und Wohlstand, und er warnte die örtlichen Behörden vor Abweichungen und Übertreibungen.

Doch schon im September schrieb die Zeitschrift besorgt, die Getreideablieferungspläne seien nicht erfüllt worden. Schuld trügen gewisse »Leiter der Kolchose, Kommunisten, Leiter von Parteizellen, die sich mit dem Kulakentum und den Petljura-Leuten verbündet haben und statt Kämpfer für Brot eine

Agentur des Klassenfeindes geworden sind«.
Im September kamen Molotow und Kaganowitsch zu uns ins Werk. Auf einem nach Schluß der ersten Schicht im Freien abgehaltenen Meeting hatten sie ebenfalls über »Fehler« bei der Getreideablieferung in der Ukraine gesprochen. Damals fiel mir vor allem auf, daß der gelblich-fahle Molotow stotterte. Jedesmal, wenn er Stalins Namen aussprach, und das geschah häufig, kam es: S-s-s-ta-ta-... Der joviale Kaganowitsch spielte sichtlich die langgeübte Rolle des übermüdeten, aber dennoch »flammenden Agitators« und guten Kumpels. Was die beiden über Fehler und Mängel sagten, beunruhigte mich nicht weiter. Der Ton war nicht drohend. Außerdem nannten sie keine Namen, keine »konkreten« Schädlinge...
Anfang Oktober waren in der Ukraine erst 25,9% des Getreidesolls abgeliefert. Das wurde mit schlechter Arbeit der unteren Parteiorganisationen und Kolchos-Leitungen erklärt.
In seinem Oktoberheft entlarvte »Bolschewik der Ukraine« Kolchose, die Getreide »auf Vorschuß« und für geleistete Arbeitstage ausgäben, ehe überhaupt irgendwas an den Staat abgeliefert worden sei. Die besondere Empörung der Zeitschrift riefen Kolchose hervor, in denen »bis zu 30% der Arbeitstag-Entlohnungen führenden Funktionären und gänzlich unbeteiligten Dorfbewohnern wie Lehrern, Milizionären und Ärzten« angerechnet würden.
Am 18. November hielt Terechow, der Sekretär des Gebietskomitees Charkow, auf einer Versammlung des Parteiaktivs der Stadt ein Referat. Er sprach schon von »drohendem Rückstand in der Getreideablieferung«, und verglich: 1931 hatte das Charkower Gebiet zum 1. November den Jahresplan zu 81,9% erfüllt, zum 1. November 1932 jedoch nur zu 58,8%, obwohl der neue Plan erheblich niedriger angesetzt war.
Terechow erklärte, das bedeute ein »Geschenk für die Kulaken«. Hauptursache der Mißerfolge war seiner Ansicht nach die »nackte Idealisierung der Kolchose«. »Denn wir alle – Partei wie Regierung – haben die Kolchose überschätzt und zuversichtlich gehofft, daß sie ehrlich ihre Pflicht gegenüber

dem Staat erfüllen, Getreide liefern und danach frei verkaufen würden.« Aber die Kolchose »verplempern statt dessen die Ernte für Abschlagslohnzahlungen, Gemeinschaftsverpflegung und verschiedene Fonds«. Er forderte, »unverzüglich das unrechtmäßig an die Kolchosbauern verteilte Getreide wieder zurückzuholen« und »nachhaltigeren Druck auf die Einzelbauern auszuüben«.

Am 19. November beschlossen der Rat der Volkskommissare und das Zentralkomitee, die Einzelbauern mit einer neuen, »einmaligen« Steuer zu belegen. Außer den übrigen Abgaben sollten sie dem Staat 100–170% mehr Landwirtschaftssteuer zahlen, jedoch unter keinen Umständen weniger als 25 Rubel. Die Kulaken sollten zusätzlich 200% der von ihnen erhobenen Steuern zahlen. Die örtlichen Behörden erhielten das Recht, bei allen, die ihre Pflicht-Getreidelieferungen nicht erfüllt hatten, die Abgaben zu erhöhen und sogar zu verdoppeln.

Am 2. Dezember erlaubten der Rat der Volkskommissare und das Zentralkomitee den »freien Handel mit Getreide im Gebiet von Moskau und in der Tatarischen Autonomen Sowjetrepublik«, soweit dort der Getreideablieferungsplan erfüllt worden war.

Das war das Zuckerbrot. Aber der Peitschen waren weitaus mehr.

3. Dezember. Der Rat der Volkskommissare entschied, daß Verteilungen aus Getreidefonds als »kriminelles Delikt zu verfolgen« seien. Es wurden strenge Urteile gefordert gegen Kolchosleiter, die aus den früher vorgesehenen und genehmigten Fonds Getreide an Bauarbeiter, Milizionäre, Krankenhäuser o. ä. ausgegeben hatten.

Am 6. Dezember beschloß der Rat der Volkskommissare, alle Dörfer auf die »Schwarze Liste zu setzen, die ihr Getreideabgabesoll nicht erfüllt« hatten. In den betreffenden Dörfern mußte der »Handel unverzüglich eingestellt ... und alle vorhandenen Warenbestände aus den genossenschaftlichen und staatlichen Läden abtransportiert« werden.

Diese Verfügung der Regierung konnte man mit dem Epigraph

versehen: »Hände hoch! Korn oder Leben!«

Am 7. Dezember beschloß das Zentral-Exekutiv-Komitee der Sowjetunion, alle »Fälle von Raub an gesellschaftlichem Eigentum« der Kompetenz der dörflichen Gerichte zu entziehen. Diese behielten nur das Recht, kleine Diebstähle (bei Schadenssummen von nicht mehr als 50 Rubel) sowie Übergriffe gegen persönliches Eigentum abzuurteilen. Angesichts des Gesetzes vom 7. August mußte jeder, der sich an staatlichem oder Kolchos-Eigentum vergriff – am Brot! –, künftig als Todeskandidat betrachtet werden. Am 10. Dezember wurde der Beschluß des Politbüros des Zentralkomitees der Partei veröffentlicht, wonach eine neue Säuberung der Partei durchzuführen und gleichzeitig die Aufnahme von Mitgliedschafts-Kandidaten einzustellen sei.

Am 27. Dezember erließ das Zentral-Exekutiv-Komitee eine Paßverordnung: Stadtbewohner sollten Pässe erhalten, damit die »Bevölkerung leichter zu zählen sei«, »die Städte entlastet« und »von Kulaken- und kriminellen Elementen gereinigt werden« könnten.

Als mein Vater und auch einige ältere Männer in der Fabrik sagten, mit den Pässen werde das zaristisch-bürokratische Aufsichtssystem wiedereingeführt, stritt ich mit ihnen, empörte mich, wie sie das überhaupt miteinander vergleichen könnten! Aber selbst die heftigsten Kritiker der Paßverordnung konnten damals nicht voll erkennen, daß damit eine der verwaltungstechnischen und juristischen Grundlagen für eine neue totalitärpolizeistaatliche Rechtsform und für eine neue Leibeigenschaft geschaffen wurden.

Als »Kulaken-Elemente«, von denen die Städte gesäubert werden sollten, erwiesen sich alle Bauern, die das Dorf ohne besondere Genehmigung der örtlichen Behörden verlassen hatten. Das sowjetische Paßsystem band die Bauern wieder an die Scholle. Das hat sich genaugenommen in den folgenden 40 Jahren nicht geändert. Gleichzeitig ermöglicht das System der obligatorischen Registrierung administrative Aufsicht aller sowjetischen Staatsbürger, ermöglicht, Umzüge und Arbeitsplatzwahl zu begrenzen. Dank der Stalinschen Paßvorschriften der Jahre 1932 bis 1933 kann der »sozialistische« Staat auch Ende der 70er Jahre die Krimtataren von der Krim und die Wolgadeutschen von der Wolga fernhalten und verhindern, daß in Riga die Zahl der Letten »zu sehr« anwächst, er kann den ehemaligen politischen Gefangenen nach Verbüßung ihrer Strafe verbieten, in ihre Heimatorte zurückzukehren.

So begann der *Kampf um Brot* im Jahre 1932 zunächst als Beschwichtigung, als Rückzugsgefecht. Der Getreideablieferungsplan wurde gesenkt. Freier Handel wurde versprochen. Die Regierung verhieß den Kolchosbauern ein Leben in Wohlstand. Sie erhielten das Recht, selbst über ihr Korn zu verfügen, sobald das Ablieferungssoll erfüllt war. Zur Unterstützung all dieser Versprechen wurde die Unveränderlichkeit der Gesetze betont. Das war im Mai und Juni.

Im August jedoch ließ sich eine scharfe Wendung erkennen. Die Regierung startete einen nervösen ungeordneten, aber hitzigen Gegenangriff, wobei sie auch auf ihre eigenen, zurückweichenden Truppen losschlug und manchen zur Strecke brachte. Immer häufiger erschienen neue Gesetze, Anordnungen, Vorschriften, Rundschreiben ...

Alle Propagandamittel wurden eingesetzt. Die Rayonverwaltungen, die Partei- und Komsomolorganisationen, Gerichte, Staatsanwaltschaften, GPU und Miliz hatten auf ein Ziel hinzuarbeiten – Getreide zu beschaffen.

Unsere Wanderredaktion war eine der unzähligen eilig rekrutierten und auf gut Glück ausgerüsteten Kampftruppen, besser -trüppchen an der in Panik geratenen Getreidefront.

Schließlich ergriff der »Oberkommandierende« selbst das Wort. Auf der Plenarsitzung des Zentralkomitees im Januar 33 erwähnte Stalin in seiner Rede mit keinem einzigen Wort, daß eine Hungersnot drohte. Dafür aber sprach er sehr viel und nachdrücklich davon, daß sich der Klassenkampf verschärfe. Streng verurteilte er alle, die der konterrevolutionären Theorie

vom Erlöschen und Nachlassen des Klassenkampfes zuneigten ... »Diese Pseudoreformisten sind entartete Doppelzüngler, die aus der Partei gejagt werden müssen.«
Die Quintessenz seiner Rede war der Aufruf zur »revolutionären Wachsamkeit«. Auf derselben Plenartagung hielt er dann die Rede »Über die Arbeit auf dem Dorf«, in der er zugab, daß, obwohl 1932 eine bessere Ernte als 1931 eingebracht wurde, die »Ablieferung mit großen Schwierigkeiten verbunden« sei:
»Mit der Erklärung über den Kolchoshandel hatte sich die Lage rapid ändern müssen, denn sie legalisierte einen Marktpreis für Getreide, der erheblich über dem staatlichen liegt. Überflüssig darauf hinzuweisen, daß dieser Umstand bei den Bauern zu einer gewissen Zurückhaltung bei der Lieferung an den Staat führte.«
Stalins Grobheit hatte schon Lenin in seinem »Testament« hervorgehoben; sie trat bei allen polemischen Reden zutage. Gewöhnlich aber liebte er sanfte, euphemistische Wendungen. So nannte er die massenhaften Gewaltakte vom Jahr 1930, als während der gewaltsamen Kollektivierung zwei Millionen »Kulaken« ihrer Habe beraubt und nach Sibirien deportiert worden waren, »Schwindligwerden von Erfolgen«. Ging es um die August-Gesetze, die die Todesstrafe für Hunderttausende vorsahen, bemerkte er: »Dieses Gesetz krankt nicht an besonderer Milde.«
Als Hauptursache des Mißerfolgs in der Getreideablieferung bezeichnete er den Umstand, daß »die Dorf-Funktionäre die neue Lage auf dem Lande«, die »Zurückhaltung der Bauern« nicht vorhergesehen, sie daher nicht einkalkuliert, also »ihre Pflicht nicht erfüllt hatten, die Ablieferung mit allen Mitteln zu verstärken und voranzutreiben«. Er beendete diesen Abschnitt seiner Rede mit dem selbstkritischen Bekenntnis: »Das Zentralkomitee und der Rat der Volkskommissare haben die Leninsche Härte und Scharfsichtigkeit der Funktionäre vor Ort ein wenig überschätzt.«
Schuld waren also die »örtlichen Genossen«. Einen zweiten

Grund sah Stalin im Nicht-Erkennen der Tatsache, daß früher der Einzelbauer sich sozusagen selbst um seine Wirtschaft kümmern mußte, die Kolchosbauern aber »die Sorge um die Wirtschaft und eine vernünftige Lenkung nicht von sich, sondern von der Leitung fordern ... Die Partei kann sich nicht mehr auf einzelne Eingriffe in den Prozeß der landwirtschaftlichen Entwicklung beschränken. Sie muß nun selbst die Leitung der Kolchose in die Hand nehmen ... sie muß in alle Details des Kolchoslebens eindringen« usw. Und nur, weil sie dies bislang nicht getan hat, »regieren in den Kolchosen ehemalige weißgardistische Offiziere, ehemalige Petljura-Leute und sonstige Feinde«.

Als dritte Ursache nannte Stalin dieselbe, die schon im November Terechow angeführt hatte: man habe »die Kolchose überschätzt ... man dürfe aus ihnen keine Ikonen machen«. Obwohl die »neue, sozialistische Form der Wirtschaftsorganisation der Kolchos sei, komme es doch »nicht auf die Form, sondern auf den Inhalt« an. Die Wortverbindung »Form der Wirtschaftsorganisation« wiederholte sich auf vier Seiten 17 Mal! Stalin versicherte, daß die Kolchose »nicht nur keine Garantie gegen das Eindringen antisowjetischer Elemente seien, sondern im Anfang sogar gewisse bequeme Ausbeutungsmöglichkeiten für Konterrevolutionäre« böten. Er verglich die Kolchose mit den Räten des Jahres 1917, als sie »von Menschewiki und Sozialrevolutionären geleitet« wurden, und erinnerte an die Kronstädter Parole »Räte ohne Kommunisten«. Erst Jahrzehnte danach begriff ich, daß Stalin jene neuen Kräfte, die die Kollektivierung weckte, beziehungsweise wecken konnte, fürchtete. Die neuen Zusammenschlüsse der Bauern, anfangs zwar gewaltsam und künstlich, zeigten da und dort kräftige Selbständigkeitsregungen. Er fürchtete, daß sie von oben unregierbar würden und womöglich so etwas wie die alte Dorfgemeinde erstehen lassen könnten.

Alle oppositionellen Strömungen der zwanziger Jahre waren inzwischen unschädlich gemacht worden, ihre unbelehrbaren Anhänger befanden sich in der Verbannung oder in Politisola-

toren, wie damals die fern gelegenen Gefängnisse genannt wurden. Die Kulaken waren enteignet und deportiert worden. Eine neue Bedrohung spürte Stalin in der »Zurückhaltung« der Bauern. Sie schien ihm um so gefährlicher, als es sich hier nicht um politische und ideologische Gegner handelte, nicht um Klassenfeinde, sondern um Millionen neu organisierter Arm- und Mittelbauern. Sie wurden geführt von Männern wie Tscherednitschenko, Waschtschenko und Bubyr, von Hunderttausenden einfacher ehrlicher Kommunisten, die Stalins Worten, Parolen, Versprechungen ebenso glaubten wie dem vom ZK verkündeten Programm und die sich vorbehaltlos der Parteilinie unterwarfen. Und gerade das war gefährlich für ein Regime, das auf dem unlöslichen Widerspruch von Wort und Tat, von feierlich proklamierten abstrakten ideologischen Prinzipien und konkreter staatlicher Politik basierte.
Frühere Pläne genossenschaftlicher Wirtschaftsweise auf dem Lande und die offiziell angenommenen Kolchos-Statuten enthielten neue Möglichkeiten dörflichen Zusammenlebens, die in mancher Hinsicht mit den Traditionen der alten russischen Obschtschina und der ukrainischen Gromada[103] zusammenhängen. Diese neuen Möglichkeiten und alten Traditionen widersprachen auch den 1917 proklamierten Prinzipien der Räte nicht. Aber sie widersprachen der Natur des Stalinschen Regimes, das konsequent zur bürokratisch aufgeblähten Diktatur über Rechtlose entartete.
Der Kampf um Brot war in Wirklichkeit ein politischer Kampf, über dessen letzte Konsequenz sich die an der Basis Beteiligten kaum klar waren. Sie konnten damals nicht wissen, daß echte Selbständigkeit der Bauern in »neuen Organisationsformen« Stalin und seine Spießgesellen nicht weniger schreckte, als ein Vierteljahrhundert später seine Nachfolger vom tschechischen »Sozialismus mit menschlichem Antlitz« erschreckt wurden.
Stalin wußte und begriff nicht nur mehr als Bubyr, Waschtschenko und wir anderen alle, er faßte die Vorgänge auch vollkommen anders auf. Der Instinkt des Machtgierigen ver-

lieh seinem schwerfälligen, beschränkten, doktrinären, primitiven Denken analytische Schärfe und diktierte ihm ein Verfahren der Deutung und Umdeutung der Wirklichkeit, das die einen überzeugte, andere aber einschüchterte.
In jener Rede vom Januar 1933 wiederholte Stalin immer wieder dieselben simplen Thesen. Zum Schluß rief er fast ekstatisch bußfertig: »... Schuldig an dem allen sind Wir, die Kommunisten ... Unsere Schuld ist es, nicht durchschaut zu haben ... Wir sind schuld, weil Wir uns den Kolchosen entfremdet haben, auf unseren Lorbeeren ausruhten ... Wir sind schuld daran, daß die Kolchose als neue Organisation immer noch überschätzt werden ... Wir sind schuld, weil Wir die neue Taktik des Klassenfeindes nicht klargelegt und erläutert haben ...«
Um die Einmaligkeit seiner Person zu erhöhen, spricht ein Monarch von sich in der Wir-Form. Im Munde des Generalsekretärs diente das »Wir« als Ersatz für »Ihr«. (Es war dieselbe gewohnheitsmäßige Heuchelei wie die Anrede »Genossen«.)
Die hypnotisierend hartnäckige Wiederholung einfacher Worte und Wortgruppen war eine Besonderheit der Stalinschen Reden, ebenso wie der klare, katechismushafte Aufbau: Frage – Antwort; Ursache – Folge; Prämisse – Schlußfolgerung und Aufzählung der numerierten Thesen. In seinen Reden verrieten die Intonation, die psalmodierende Monotonie, der rhetorische Stil bei den Entlarvungen von Häretikern und Sündern den ehemaligen fleißigen Priesterseminars-Zögling. Auch den Wechsel von »Demut« und dogmatischer Inbrunst und das ständige Bemühen, »Satans Ränke« aufzuspüren (also die der Feinde, Trotzkisten, Kulaken u. a. m.), hatte er im Seminar gelernt. Seine scholastische Logik besaß aber zweifellos auch eine gewisse individuelle Eigenart. In der Regel ging er von augenfälligen axiomatischen Wahrheiten aus: Das Versprechen des Staates, den freien Getreidehandel zu gewähren, hatte gewisse Wirkungen auf die Bauern. Die Kolchosmitglieder arbeiteten natürlich weniger fleißig als die Einzel-

bauern; sie sorgten sich weniger um die kollektive Wirtschaft als jene um ihre private usw.
Indem Stalin hartnäckig eine Wahrheit oder Scheinwahrheit wiederholte, führte er Hörer und Leser zu phantastischen Trugschlüssen: In die Kolchose seien Feinde eingedrungen; die örtlichen Behörden seien nicht mehr wachsam, hätten die Übersicht verloren, seien korrupt oder aber zu direkten, bewußten Helfershelfern der Feinde geworden.
Derlei Behauptungen, mit Lenin-Zitaten und eigenen Witzchen garniert, wurden immer nachdrücklicher, wuchtiger und monotoner wiederholt, wie Beschwörungen eines Schamanen. Sie führten unmittelbar zu einer »organisierten Massenparanoia«, zu einer »epidemischen Psychose«, der Verfolger wie Verfolgte erlagen. Innerhalb von drei bis vier Jahren wurde dieser Wahn zu einem integrierenden Bestandteil unseres gesellschaftlichen Seins ebenso wie unseres täglichen Daseins.
Das Plenum des Zentralkomitees im Januar 1933 beschloß, bei den Sowchosen und Maschinen-Traktorenstationen politische Abteilungen einzurichten. Das System der zentralisierten Landwirtschaftsleitung wurde erheblich erweitert und zugleich komplizierter.
Die Aufgaben der neugegründeten Ämter wurden unzweideutig festgelegt: »Vor allem entschiedener Kampf dem Diebstahl an Kolchosgut, Bekämpfung der gegen Partei- und Regierungsmaßnahmen gerichteten Sabotage, die die Getreide- und Fleischablieferung der Kolchose behindert.«
Die Politabteilungen »sollen die konsequente, richtige und rechtzeitige Anwendung der sowjetischen Gesetze über Verwaltungs- und Strafmaßnahmen gegen Organisatoren von Diebstahl an gesellschaftlichem Eigentum und gegen Saboteure von Partei- und Regierungsmaßnahmen auf dem Gebiet der Landwirtschaft gewährleisten.«
Schon der Name »Politabteilung« erinnerte an Krieg. Im Bürgerkrieg hatte man sie bei den Divisionen und Armeen eingeführt. Aber die Funktionen der MTS-Politabteilungen waren vielfältiger: sie mußten nicht nur in den Maschinen- und Trak-

toren-Stationen politische, organisatorische und propagandistische Arbeit leisten, sondern auch die Kolchose bespitzeln, kommandieren und »aktiv teilnehmen an der Kaderauswahl für die MTS, die Kolchose und Verwaltungs- und Wirtschaftsfunktionäre«.

Die Politabteilungen wurden unmittelbar den neugegründeten Gebiets-Politverwaltungen oder der entsprechenden Verwaltung des Volkskommissariats für Landwirtschaft der jeweiligen Republik unterstellt, und diese wiederum direkt der Politverwaltung der MTS beim Volkskommissariat für Landwirtschaft der UdSSR.

So schufen neue, militarisierte Partei-Polizeiapparate, unabhängig von den örtlichen Behörden, einen neuen direkten vom Zentrum ausgehenden »Transmissionsriemen« für Verwaltungsenergie. Dadurch gerieten die Kolchos-Parteizellen ebenso wie die Kolchose selbst unter eine doppelte Befehlsgewalt. Denn die Rayonparteikomitees und die Rayonvollzugskomitees behielten ihre Machtkompetenzen bei.

Zentralisierte hierarchisch aufgebaute Staaten streben den Bau möglichst gehorsamer und effektiver Verwaltungsmechanismen an. Doch für unsere Partei- und Staatsbehörden waren bürokratisches Durcheinander und heilloser Wirrwarr stets die natürliche Existenzform. Jede beliebige Krise oder Erschütterung vermehrt den Wirrwarr und läßt seine Sterilität noch deutlicher zutage treten. Die regierenden »Oberen« drücken auf die ausführenden »Unteren«, wälzen die Verantwortung für ihre eigenen törichten Anordnungen, Irrtümer und Rechenfehler auf die Vollzugsorgane ab und machen diese zu Prügelknaben.

In der Ukraine wurden vom 1. August 1930 bis zum 1. März 1932, d. h. in 19 Monaten, 942 leitende Funktionäre der Rayon-Parteikomitees abgelöst.

Vom 1. Juni bis 1. Oktober 1932, d. h. in vier Monaten, wurden 716 leitende Parteifunktionäre abgelöst.

Vom 1. Februar bis zum 1. November 1933, d. h. in neun Mo-

naten, wurden 237 Sekretäre von Rayonparteikomitees und 249 Vorsitzende von Rayon-Exekutivkomitees abgelöst.
Zur gleichen Zeit wurden die 120 000 Mitglieder und Kandidaten der Partei einer »Säuberung« unterzogen. 27 000 wurden als »klassenfeindlich, ungefestigt und korrupt« ausgeschlossen. Dies stellte Postyschew in seiner Rede vor dem ukrainischen ZK-Plenum am 19. November 1933 fest.

Der Kampf um das Getreide, der gnadenlose Krieg der Behörden gegen die gesamte Bauernschaft wurde zu einer selbstzerstörerischen, selbstmörderischen Schlächterei. Die Parteistäbe rechneten grausam mit ihren Untergebenen ab – mit ungenügend Wachsamen, mit zu wenig Gehorsamen, mit allzu Eifrigen, und einfach mit allen unglückseligen Pechvögeln, die in der scharfen Kurve der »Generallinie« unter die Räder kamen.
Am 19. Januar 1933 war das neue Gesetz »über die Getreideablieferungen an den Staat« erlassen worden. Die Ablieferungen wurden durch eine einzige Getreidesteuer ersetzt, die nicht von der Ernte oder aufgrund von Verträgen oder festen Aufträgen zu erheben waren, sondern von der »Fläche des real bestellten Bodens«.
Am 18. Februar genehmigte der Rat der Volkskommissare der UdSSR den Getreidehandel für die Gebiete Kiew und Winniza, ferner für Zentralrußland und Georgien.
Am 25. Februar ordneten der Rat der Volkskommissare und das Zentralkomitee an, »Saatbeihilfen« an solche Kolchose und Einzelbauern, die kein eigenes Saatkorn mehr besaßen, auszugeben. Für die Ukraine waren 20 300 000 Pud vorgesehen. Das war neues Zuckerbrot, kam indes zu spät. Schon herrschte Hungersnot im Gebiet von Charkow, Dnjepropetrowsk und Odessa. Der neue taktische Rückzug an der Getreidefront ging über Tausende von frischen Gräbern hinweg.

Durch Beschluß des Zentralkomitees war der Sekretär des Gebietskomitees von Charkow, P. Terechow, abgelöst worden.

Die Partei verjagte den Funktionär, der zu weit gegangen war, den »Übertreiber«, einen von denen, die unmittelbar an der beginnenden Hungersnot schuld waren. Das überzeugte von der Richtigkeit der anderen Beschlüsse und der Bestrafung jener, die zu Schuldigen an all dem Elend erklärt wurden.
Und wir glaubten unseren Führern und unseren Zeitungen weiterhin ... »Getreide ist vorhanden, man muß nur den Widerstand der Kulaken brechen« – schrieb im Januar die Zeitschrift »Der Dorf-Agitator«. Die ukrainische Halbmonatsschrift »Der Kolchosaktivist« hetzte gegen »jämmerliche Heuler, die so weit heruntergekommen sind, daß sie zusammen mit ihren Angehörigen absichtlich verhungern, obwohl sie Korn haben – nur, um Unzufriedenheit bei anderen Kolchosbauern zu provozieren«.
Wir glaubten auch deswegen, weil die durch den chaotischen *Kampf um Brot* hervorgerufenen Mißstände sich ebenso chaotisch ausbreiteten und anwuchsen. Es gab neben hungernden Rayons auch solche, in denen sich die Menschen einigermaßen durchschlugen und wo die örtlichen Behörden sogar über Erfolge berichteten. Oft nur zehn bis zwanzig Kilometer von ausgestorbenen Dörfern entfernt gab es Ortschaften und Kolchose, in denen nur einige wenige Familien kein Getreide hatten. Dieses »strichweise« Auftreten der Katastrophe lieferte sowohl den gerissen-gewissenlosen wie den einfältig-naiven Tröstern Beweise. Wenn es auf ein und demselben Land, bei objektiv gleichen Bedingungen, so krasse Unterschiede gab, dann lag es an der Parteileitung, die entweder für Ordnung gesorgt hatte oder eben nicht.
Ich gehörte zu denen, die diesen »Beweisen« glaubten, trotz allem, was ich schon selbst gesehen, erkannt und erfahren hatte.
Postyschew war nicht nur zum Sekretär des Gebietskomitees von Charkow, sondern außerdem noch zum zweiten Sekretär des Zentralkomitees der Ukrainischen KP (b) ernannt worden. Erster Sekretär blieb Kossior. Sehr bald aber wurde Postyschew zur Hauptperson in der Ukraine. An ihn gingen die Gesuche, Beschwerden und Siegesberichte. An ihn wandte man sich um

Hilfe, über ihn wurden Lieder gesungen. Auch ich sah in Postyschew einen echten Bolschewik, glaubte, er sei es, der einen wirksamen Kampf gegen den Hunger führte, der Hilfe für die ausgemergelten, sterbenden Bauern brachte.

Dieselben Dörfer, aus denen wintersüber auf Biegen oder Brechen Getreide geholt worden war, erhielten im Frühjahr »Ernährungsbeihilfen – Mehl, Korn, Graupen und sogar Brot, um die von Hungerödemen Aufgetriebenen zu ernähren. Wir kannten damals die Worte »Dystrophie«, »Pellagra« nicht. Wir sprachen von Hunger und Hungertod. Aber auch diese Worte fand man nicht in den Zeitungen, hörte sie nicht im Radio. Sie wurden ersetzt durch »Schwierigkeiten« oder »Störungen in der Lebensmittelversorgung«. Die nackte Wahrheit auszusprechen, erlaubte sich nur Postyschew in vertraulichen Schreiben und Reden, die jedoch nur gekürzt veröffentlicht wurden.

Er sprach und schrieb so, daß »die große Wahrheit« des Sozialismus, des Fünfjahrplans, der bolschewistischen Parteilichkeit sich den vielen zuvor unterdrückten »kleinen Wahrheiten« – nur ländlichen, nur persönlichen, nur die Lebensumstände betreffenden Wahrheiten – annäherte, manchmal sogar mit ihnen übereinstimmte. Dieser neue, Postyschewsche Stil ermutigte und stärkte uns, verlieh uns neue Hoffnungen. Zwar war er der einzige, der so schrieb, aber immerhin vertrat er ja die Partei.

Postyschew besuchte oft Fabriken und Dörfer, nahm an Versammlungen, Besprechungen und Konferenzen teil. Überall benahm er sich ungekünstelt einfach; wurde weder amtlich noch familiär, kehrte nicht den Nachbarn heraus, war weder grob noch laut. Über ihn waren Geschichten wie über Harun al-Raschid im Umlauf. Beispielsweise die, daß er in Läden und Kantinen mit in der Schlange stand, in Vorzimmern zusammen mit den Bittstellern saß. Bei der Fahrt in den Rayon fielen ihm die schauderhaften Wege auf. Der Sekretär des Rayonkomitees saß bei ihm im Auto. Postyschew bat ihn auszusteigen, und irgendwas nachzusehen, sagte dann: »So, jetzt

geh mal gemütlich zu Fuß und lern, wie man sich um Straßen kümmert!« und fuhr davon.
In Charkow berief er eine Versammlung der Hausverwalter, Gärtner, Hausknechte und Verkäufer ein und sprach über Dinge, über die bisher niemand ein Wort verloren hatte: daß nämlich das tägliche Leben verbessert werden müsse. Wir waren gewohnt, Alltagsschwierigkeiten zu verachten, da allein das gesellschaftliche Sein maßgebend sei und das Bewußtsein bestimme. Er aber sagte, man müsse das Leben der Menschen verschönern, dürfe sich nicht nur um die Produktionsfinanzpläne kümmern, sondern auch um die Menschen, die diese Pläne realisierten. All dies war ungewohnt und erfreulich.
Auf Postyschews Vorschlag hin wurden in vielen Fabrikabteilungen Kaffeestuben eingerichtet. Soja-Kaffee und Soja-Gebäck mit Sacharin gesüßt konnte man ohne Lebensmittelkarten kaufen. Diese Süßigkeiten, schmucke hellgestrichene Pfeiler und weiße Tischchen vor dem Hintergrund dunkler verräucherter Fabrikhallen erschienen uns wie lebende Beispiele des Sozialismus, ebenso die neuen Selterwasser-Behälter in den Gießereien und Schmieden – gratis für die Kumpel. Alle Hausmeister wurden neu eingekleidet – himmelblauer Drillichanzug, himmelblaue Schirmmütze, weiße Schürze, weiße Fausthandschuhe. Auf der Stadtkonferenz ernannten sie Postyschew spaßhaft zum »Ehrenhauswart und Gärtner« von Charkow.
Vom Frühjahr an wurden auf jedem freien Stück Erde der Stadt Blumen und Sträucher gepflanzt. An einigen Straßen setzte man ausgewachsene Linden- und Ahorn-Bäume. All dies galt uns als Errungenschaft des sozialistischen Städtebaues. Zur selben Zeit wurden die Zäune und Einfriedungen des Parks und der Gärten entfernt, selbst an den Vorgärten der Häuser. Sie wurden durch niedrige, kaum kniehohe Beton- oder Ziegelmauern ersetzt, Postyschewsche Zäune genannt. Das Grün der Bäume und Sträucher quoll auf die Straßen …
Postyschew wurde – nicht nur für mich – zum Helden, zum Führer, zum Muster eines echten Bolschewiken.

Als ich diese Erinnerungen schrieb, wollte ich meine damaligen Eindrücke von Menschen und Ereignissen möglichst genau wiederherstellen. An Postyschew hatte ich die besten Erinnerungen. In jenen Jugendjahren, wenn schon die Bücherhelden verblassen, wenn es klar wird, daß man keinem d'Artagnan, keinem Peter dem Großen, keinem Suworow oder Sherlock Holmes wird nacheifern können, in dieser Zeit wandten sich die unstillbaren Bedürfnisse nach verkörperten Idealen und die unverbrauchten seelischen Kräfte, aus denen die Achtung vor den Autoritäten erwächst, neuen Helden zu, den Revolutionären, den *echten* Bolschewiki. Für mich waren es Dzierżyński[104], Ordshonikidse, Kirow, Blücher[105], Jakir und – Postyschew.

Als ich 1939 von seiner Verhaftung erfuhr, glaubte ich es zu Anfang nicht, und dachte dann, er sei ein Opfer von Provokationen irgendwelcher gerissener feindlicher Agenten im Volkskommissariat des Inneren geworden, die den Fanatiker Jeshow beeinflußt hätten.
Nach 1956 dachte ich, Postyschew sei umgekommen, weil er sich dem Jeshow-Terror[106] widersetzt habe. Ähnlich drückte sich auch Chruschtschow mehrfach aus. Und da erschien mir Pawel Petrowitsch Postyschew wie einer der letzten aus Lenins Garde, wie ein Held, der ganz im Widerspruch zu Stalin, Molotow, Kaganowitsch, Berija[107] und den vielen anderen prinzipienlosen, machthungrigen, eigennützigen und grausamen »Stalin-Priestern« stand. Eine solche Vorstellung schien von meinen Erinnerungen bestätigt zu werden: Ich hatte ihn gesehen, seine Reden gehört, seine offenen Briefe gelesen.
Andererseits entsann ich mich, daß Postyschew den Volkskommissar der Ukraine für Volksaufklärung, Mikola Skrypnik, wegen seines angeblichen Nationalismus »demontiert« hatte, wonach sich dieser erschoß. Ich entsann mich, welch schwerwiegende Vorwürfe er gegen Kulisch, Wischnja, Kurbas, Epik und andere verhaftete ukrainische Schriftsteller und Künstler erhoben und behauptet hatte, sie seien Verschwörer und Agenten des Faschismus.

Im Frühjahr 1933 kamen wir Delegierten des Charkower Lokomotivenwerks auf der Gebietskonferenz der Arbeiterkorrespondenten in ein Zimmer hinter der Bühne, um Postyschew unseren Entwurf einer Resolution zu seinem Vortrag zu zeigen. Er sprach freundlich und sachlich mit uns; las aufmerksam. Dann sagte er:
»Als Grundlage geht das natürlich. Aber das da muß raus – von wegen ›teurer Führer Postyschew‹. Ist eine üble Mode, jemanden zum Führer zu erheben. Der Terechow war ein Führer, und jetzt sollen es der Postyschew und Kossior und Petrowskij sein... Alle werden gepriesen und zu Führern gemacht. Das paßt nicht, Genossen. Es gibt bei uns in der Partei nur einen Führer – Genosse Stalin. Und sonst keinen. Das muß man sich fest einprägen.« Ich empfand die Belehrung als die echte Bescheidenheit des Bolschewiken.
Noch viele Jahre später, schon mit dem Ekel und der Scham gegenüber der Stalinzeit, nahm ich Postyschew davon aus. Obwohl ich wußte, daß in der Ukraine das »Jahr 1937 schon 1933 begonnen hatte« d. h. gerade unter Postyschew; obwohl mir bekannt war, daß Postyschew sowohl 1936 als auch 1937, bevor er selbst von den Stalinschen Henkern getötet wurde, in der Ukraine und in Kujbyschew (wo er Ende 1937 Sekretär des Gebietskomitees wurde) Tausende der Verfolgung preisgab. Noch wenige Tage vor seiner Verhaftung hatte er »Volksfeinde« entlarvt.
All das wußte ich inzwischen längst; trotzdem haftete mir seine Ankunft in der Ukraine 1933 als ein bemerkenswertes positives Ereignis im Gedächtnis, und seine damaligen Reden und offenen Briefe schienen mir immer noch ehrlich und klug gewesen zu sein.
Erst 40 Jahre später konnte ich wieder einen »Brief des Gebietskomitees von Charkow« vom 19. März 1933, eine Broschüre von 30 Seiten lesen. Ihr Untertitel: »Man muß Schluß machen mit der schändlichen Zurückgebliebenheit der Landwirtschaft im Gebiet von Charkow.«
In diesem Brief sind die Fragen und Schlußfolgerungen durch-

numeriert. In den früheren Artikeln und Reden Postyschews gab es diese Stalinsche Manier des Numerierens nicht.

»Die erste Frage ist die wichtigste« – die Aussaat.

Zweitens – die Anlieferung des vom Staat gestellten Saatguts.

Drittens – der Kraftstoff-Transport.

Viertens – die Traktoren-Reparatur.

Fünftens – praktische Hinweise, zur Auffüllung ungenügender Saatgutbestände. »In den Dörfern gibt es noch verstecktes Getreide ...« Wer zur Auffindung beiträgt, soll einen bestimmten Prozentsatz des entdeckten Getreides erhalten.

Sechstens – die Pferde: »Am gefährlichsten ist es, die Pferde nicht zur Aussaat vorzubereiten ...«

Achtens – die Nutzung von Brachland. »In 40 Rayons gibt es unvollständigen Unterlagen zufolge 79 624 Hektar Brachland.« (Diese riesige Fläche war offensichtlich zu einem erheblichen Teil das Land der verhungerten oder vor der Hungersnot geflüchteten Bauern.)

Und schließlich zehntens – »Eine ziemlich ernste Frage«: »In einzelnen Kolchosen gibt es einzelne Höfe, in denen noch Hunger herrscht, und ihr, liebe Genossen, jammert bloß, bettelt um Hilfe von der Gebietsverwaltung. Wir beim Gebiet haben eine kleine Reserve, um an Bedürftige während der Aussaat und beim Zuckerrübenverziehen Lebensmittel zu verteilen, d. h. im April und Mai. Die Reserve ist äußerst gering. Wir sind nicht gewillt und haben nicht das Recht, diese Reserve jetzt zu verklingeln.

Warum organisiert ihr nicht selbst gegenseitige Hilfe in den Kolchosen, warum sucht ihr nicht nach örtlichen Hilfsquellen? Ich kann auf keinen Fall dulden, daß ein ganzer Kolchos nicht mit zwei, drei Hungerfällen fertig wird ... Besorgt Geld, kauft Gemüse, eine Schlachtkuh, sammelt bei den Kolchosbauern am Ort etwas Getreide und organisiert die Hilfe. Zuallererst kümmert euch um die Brigadiere. Sind unter ihnen keine Hungernden? Helft ihnen unbedingt – sie sind unsere Führungskader. Prüft außerdem, ob unter den Hungernden auch Kolchosbauern mit einer großen Anzahl geleisteter Ar-

beitstage sind. Helft ihnen – sie sind die besten, ehrlichsten, gewissenhaftesten, sind der Grundstock des Kolchos.«
Also: »In einzelnen Kolchosen einzelne Höfe«! Und gleichzeitig bestand kein Zweifel daran, daß sowohl die Brigadiere als auch die besten Kolchosbauern hungerten. Keine Rede von den übrigen, den nichtbesten Arbeitern.
In dem Brief hieß es weiter: im Rayon Genitschesk war einem Einzelbauern, Vater zweier Rotarmisten, der den Getreideablieferungsplan zu 80% erfüllt hatte, die Kuh weggenommen und er selbst verhaftet worden, die Familie hungerte. Im selben Kreis war ein Kolchosbauer, der 940 (!) geleistete Arbeitstage vorzuweisen hatte, »durch Zwangsmaßnahmen zum Verhungern gebracht worden«, weil der Kolchos insgesamt auf der »Schwarzen Liste« stand.
»In manchen Orten werden Einzel- und Kolchosbauern verhaftet, wie es gerade paßt. Ringsum verhaftet der Feind gute, ehrliche Werktätige und stellt sie unter Strafe.«
Der Brief war eines jener Postyschewschen Schreiben, die uns durch ihre beispiellos mutige Wahrheit begeisterten. Direkt, schwarz auf weiß: »Hungersnot«, »Verhaftung ehrlicher Werktätiger«.
Stalin hatte im Januar 1933 nur von »Mängeln in der Arbeit auf dem Dorf... unter den neuen Bedingungen des sich verschärfenden Klassenkampfes« gesprochen.
Am 19. Februar 1933 erwähnte Stalin in einer langen Rede auf dem Allunions-Kongreß der Kolchos-Aktivisten zwar auch Hunger, aber den der Jahre 1918/19, »als die Arbeiter in Leningrad und in Moskau an besonders guten Tagen fünfzig Gramm Schwarzbrot erhielten, das zur Hälfte aus Ölkuchen bestand. Das dauerte nicht einen Monat oder ein halbes Jahr, sondern volle zwei Jahre. Und die Arbeiter verzagten nicht, haben es ertragen, weil sie wußten, daß bessere Zeiten kommen... Vergleicht einmal eure Schwierigkeiten und Engpässe mit den Schwierigkeiten und Engpässen, die die Arbeiter erleben mußten, und ihr werdet sehen, daß es gar nicht lohnt, ernsthaft davon zu reden.« Dieser absurde Unsinn wurde in

den folgenden Ausgaben seiner Werke nicht korrigiert, ebensowenig die Benennung Leningrads, das damals, 1918, ›Petrograd‹ hieß.

Er versicherte den Kolchosbauern und uns allen, es lohne nicht, ernsthaft vom Hunger zu sprechen. Dabei begann gerade in diesen Tagen das Massensterben. Hunderttausende von Bauern fielen im *Kampf um Brot,* vernichtet von dem erbarmungslosen Druck des Arbeiter- und Bauern-Staates, sie starben in verödeten Dörfern, an Wegrändern und auf den Straßen der Städte. Hungersnot herrschte in der Ukraine, im Kuban- und Wolgagebiet.

Aber darüber lohnte es sich nicht, »ernsthaft zu reden«. Und wir redeten nicht davon.

Nicht nur, weil schon damals Zweifel, und mehr noch Kritik an Stalins Reden gefährlich waren. Und nicht nur, weil mit der Massen-Hungersnot sich das Gefühl der völligen Hilflosigkeit, des zum Untergang-verdammt-Sein einstellte. Noch zwei, drei Jahre vorher, zu Beginn der Kollektivierung, hatten die Bauern hie und da Widerstand geleistet, hatten protestiert, sich aufgelehnt, mancherorts auch rebelliert. Im Frühjahr 1933 aber war das Dorf tödlich erstarrt. Und wir glaubten, unsere Partei und unser Staat habe an all dem keine Schuld, es läge an den unvermeidlichen »objektiven« Bedingungen, läge am blinden Widerstand politisch unaufgeklärter, nicht klassenbewußter Bauern, an feindlichen Intrigen, an der Unerfahrenheit und Schwäche der Funktionäre auf Orts- und Rayonebene.

Wir glaubten, wir mußten, wir wollten glauben, daß die schädliche Lüge des Stalinschen Trostes notwendige Taktik eines weisen Propagandisten sei. Schließlich hatte er in derselben Rede feierlich versprochen, »alle Kolchosbauern sollten reich werden«. In allen Tonarten taten es ihm unsere Führer und Lehrer mit schallenden Reden, Artikeln und pseudowissenschaftlichen Traktaten nach.

Erst recht glaubten wir unserem Pawel Petrowitsch Postyschew, der dasselbe sagte und ebenfalls davon sprach, aber mit

solch einer bestechenden Ehrlichkeit!
Wer war er wirklich? Wann tat er den Sprung aus der »Quantität in die Qualität«, aus der ständig wachsenden Quantität des »taktischen« Betrügens, der schweren Gesetzesbrüche, begonnen und zugelassen für den Triumph der Revolution, für das Wohl des sozialistischen Vaterlandes, in eine neue Qualität – in die Qualität gewohnheitsmäßiger Verlogenheit, in die des blinden, urteilslosen, vielleicht heuchlerischen Fanatismus?
Anfänglich war Postyschew wohl aufrichtig und uneigennützig bestrebt, Stalin zu unterstützen, um die Einheit der Partei zu wahren, die Gefahr eines trotzkistischen Bonapartismus abzuwehren und die geschwätzigen Intelligenzler aus der Parteiführung abzudrängen, die ehrgeizigen Amtswalter und betulichen ›Parteigreise‹. Aber wie war es später, als all dies sich auswuchs in widerspruchslose, sklavische Demut gegenüber dem neuen Autokraten, dem blutdürstigen Paranoiker?
(In seinen Reden und Artikeln der Jahre 1928 und 1929, in denen Postyschew die Oppositionellen scharf angriff, erwähnte er Stalins Namen kein einziges Mal. 1930 zitierte er ihn ein paarmal zustimmend. Von 1932 an wächst die Zahl und Intensität der jubelnden Epitheta, die schließlich im Jahre 1934 wie ein ekstatisches rituelles Gebet klingen.)
Die objektiven soziologischen wie die subjektiven psychologischen Voraussetzungen für Postyschews Schicksal sind für mich ebenso schwer erklärlich wie die Deutung der Schicksale von Kirow oder Bucharin, Ordshonikidse oder Kamenew, Smirnow oder Litwinow[108] und all jener alten Bolschewiki, von denen ich auch heute mit Überzeugung sagen kann, daß jeder von ihnen anfangs ein opferwilliger Revolutionär war, bereit, das Leben für seine Freunde hinzugeben, bereit, Marter und Tod für seine Ideale zu erleiden. Dennoch halfen alle mit – zu verschiedenen Zeiten und in verschiedener Weise –, daß die Revolution, erträumt und begonnen zur Befreiung des Volkes, zur Schaffung eines demokratischen und sozialistischen Gesellschaftssystems, zur Konterrevolution wurde, eine neue

Autokratie herbeiführte, neue Sklaverei und so unendliche Not, daß ihr Ausmaß auch heute, Jahrzehnte danach, noch nicht erforscht ist.

Ein Wissenschaftler, der lediglich die Materialien der sowjetischen offiziellen Statistik auswertete, hat festgestellt, daß 1931 bis 1934 durch Hunger und Zwangsmaßnahmen nicht weniger als sechs Millionen Menschen umgekommen sind. Allein in den Jahren 1932 bis 1934 starben zweieinhalb Millionen unterernährter Neugeborener.

Von 1932 bis 1938 ging die Einwohnerzahl der Ukraine um mehr als eine Million zurück. Laut Volkszählung von 1927 lebten in der UdSSR insgesamt 31 200 000 Ukrainer, laut Volkszählung von 1939 nur 28 100 00.[109]

Wenn alle bis heute geheimgehaltenen statistischen Unterlagen veröffentlicht werden, wird man genau erfahren, wie viele Menschen 1933 verhungert sind.

Meine Beteiligung an jener verhängnisvollen Getreideablieferungskampagne ist unentschuldbar und unverzeihlich. Von einer solchen Sünde betet man sich durch nichts frei. Nie kann man sie abbüßen. Man kann nur versuchen, ehrlich mit ihr zu leben. Für mich heißt dies: nichts zu vergessen, nichts zu verschweigen und mich zu bemühen, davon soviel Wahrheit wie möglich zu berichten, so genau wie möglich.

Die Jugend geht zu Ende

Schädliche Wahrheit, ich ziehe sie vor dem nützlichen Irrtum. Wahrheit heilet den Schmerz, den sie vielleicht uns erregt.
Johann Wolfgang Goethe

1933 wurden die philosophische Fakultät, die historische und die literarische Fakultät der Charkower Universität in ein Gebäude verlegt, das bisher GPU-NKWD beherbergt hatte. Im Keller waren noch die Gitter vor den Fenstern und Gucklöcher in den eisernen Türen. Dort unten, in den ehemaligen Zellen, richteten wir die Druckerei ein: Setzerei, Druckmaschinen, Papierlager. Die Redaktion befand sich in einem großen, gewölbten Raum, in dem auch tagsüber Licht brennen mußte. Gleich im ersten Semester wurde ich zum verantwortlichen Sekretär ernannt. Redakteur war ein Physik-Dozent, Mitglied des Universitätsparteibüros. Er hielt Vorlesungen, veröffentlichte wissenschaftliche Aufsätze und hatte erst kürzlich eine schöne Studentin geheiratet. Daher war er überwiegend mit außerredaktionellen Dingen beschäftigt. Bis über beide Ohren in seine junge Frau verliebt, konnte er seine Eifersucht nur sehr schlecht verbergen. Um so mehr Arbeit lastete auf uns. Im Lokomotivenwerk war ich an hektische Stoßarbeit, an den Einsatz aller gewöhnt – täglich brachten wir etwa ein Dutzend Flugblätter für die Panzerabteilung und für die Bauabteilung heraus. Die Arbeit an der kleinen wöchentlich erscheinenden Universitätszeitung kam mir anfangs wie ein Kinderspiel vor. Die Autoren – Studenten und Dozenten – waren natürlich gebildeter und gewandter im Ausdruck als die Leute im Werk. Ihre Artikel und Glossen mußten nur gekürzt werden. Probleme entstanden hauptsächlich durch die Rivalität der Fakultäten. Physiker und Mathematiker verachteten nach guter alter Tradition die Geisteswissenschaftler, sie waren, ebenso wie die Chemiker, Biologen und Geographen im alten Gebäude auf dem Universitätshügel untergebracht. Um dorthin zu gelangen, mußte man mit der Straßenbahn fahren. Wie empfanden sie als Bewohner eines anderen Kontinents.

Oft ging ich schon frühmorgens vor den Vorlesungen in den Redaktionskeller, auch fast in jeder Pause und immer nach den Vorlesungen. Ich las Korrektur, richtete den Umbruch ein, bereitete das Material für die nächste Nummer vor. Die kühle, feuchte Dämmerung der ehemaligen Zelle weckte in mir vage, unruhige Gedanken: Wer mochte hier gesessen haben? Vielleicht hatte man aus diesem Raum Menschen zum Erschießen abgeholt?... Ich versuchte, mir vorzustellen, was für Menschen sie gewesen waren – all diese Spione, Petljura-Männer, weißgardistische Verschwörer, faschistische Agenten... Ich weiß nicht wieso eigentlich, aber ich nahm an, daß die Parteiabweichler und die Spezialisten-Schädlinge nicht hier in den Kellern gesessen hatten, sondern »oben«, wo auch ich 1929 einquartiert gewesen war. An Folterungen und Mißhandlungen glaubte ich ganz einfach nicht. Das war schlicht unvorstellbar. Und doch hatte 1931/32 die berüchtigte »Goldkampagne« stattgefunden: Juweliere, Uhrmacher, Zahnärzte, Geistliche, NEP-Geschäftsleute und alle, die aus irgendeinem Grund als reich galten, irgendwann einmal im Ausland gewesen waren, wurden in die »ökonomische Abteilung« der GPU vorgeladen. Dort forderte man sie auf, freiwillig Gold, Valuta und sonstige Wertgegenstände abzugeben. Als Gegenleistung versprach man ihnen Gutscheine für »Torgsin«. Das waren gewöhnlichen Bürgern unzugängliche Geschäfte, die ausländische Textilien und Lebensmittel aller Art führten. Die Qualität der Produkte war unvergleichlich viel besser als die der auf Karten und Bezugsscheine erhältlichen Waren.

Wer sich weigerte oder weniger gab, als er nach Meinung der GPU-Leute besaß, wurde inhaftiert, in zum Bersten überfüllte Zellen gesperrt, in denen man nicht einmal liegen konnte. Tag und Nacht brannten grelle 500-Watt-Lampen, die Heizung wurde auch im Sommer nicht abgedreht. Als Verpflegung gab es stark gesalzene Heringe, aber kein Wasser. Jeder, der einwilligte, »verheimlichtes« Gold abzugeben, wurde sofort entlassen. Man schärfte ihm ausdrücklich ein, er dürfe in Fragebogen auf die Frage nach »Verhaftungen und Untersuchungshaft« mit »nein« antworten, denn er sei ja nicht verhaftet gewesen, sondern nur »auf administrativem Weg zeitweilig einbehalten« worden.

Unser Nachbar, ein älterer Buchhalter – vor der Revolution war er Bankangestellter gewesen –, war drei oder vier Mal »einbehalten« worden. Jedes Mal hatten ihn seine Frau und die Verwandten mit Goldmünzen freigekauft. Und jedes Mal traf er in der Zelle Bekannte, die wieder und wieder geholt worden waren, um aus ihnen »Gold herauszupumpen«. Mir tat der sanftmütige alte Mann leid, seine Erzählungen anzuzweifeln bestand kein Anlaß. Es gab damals viele Leute, deren Verwandte, Bekannte oder Nachbarn in solchen Zellen gesessen hatten und genau das gleiche erzählten: erstickende Enge, grell blendendes Licht, Hunger- und Dursttortur, zynische, erpresserische Tschekisten-Goldsucher: »Wenn Sie nicht alles abgeben, wenn Sie verheimlichen, wo sie es versteckt halten, werden Sie hier krepieren. Und dann holen wir uns Ihre Frau – pardon, Ihre Witwe, Ihre Waisen oder andere Verwandte. Wird's Ihnen dadurch leichter im Grab? Könnte ja sein, die wissen gar nicht, wo Sie Ihre Schätze versteckt haben, und man quält sie ganz nutzlos ...«

Ich hatte auch selbst gesehen, wie man auf dem Lande die Bauern, die mit ihrem Getreideablieferungssoll im Rückstand geblieben waren, »ins Kalte« gesperrt hatte.

Das alles wußte ich, fand es barbarisch und grausam, hielt es aber für unvermeidlich. Denn das Land brauchte sowohl das Gold wie das Getreide. Und nur selbstsüchtige, klassenfremde Elemente konnten so egoistisch sein, Kostbarkeiten zu verstecken. Natürlich kamen Fehler vor; es hatten auch vollkommen Unschuldige zu leiden. Das war schlecht. So etwas mußte unbedingt vermieden werden. Aber wegen einzelner Mißgriffe

kann man den Vormarsch an allen Fronten des Fünfjahrplans nicht einstellen.
Nein, ich überließ mich keinerlei Zweifeln und Schwankungen. Mit unbelastetem Gewissen redigierte ich, was mir auf den Tisch kam, schrieb auch selber Artikel, Reportagen und Meldungen über den Kampf gegen feindliche Ideologien in der Philosophie, der Politökonomie, der Geschichte; ich entlarvte den »menschewistischen Idealismus« Deborins, die »mechanistische Metaphysik« Bucharins, den »kriecherischen Empirismus« Sarobjanows, jedes »Versöhnlertum« in bezug auf die »subjektivistische« Relativitätstheorie Einsteins.
Dachte ich darüber nach, ob diese drohenden, einschüchternden »Entlarvungen« sachlich begründet waren? Selbst wenn sich mir diese Frage gelegentlich stellte, blieben diesbezügliche Überlegungen fruchtlos.

In den ersten Kriegsmonaten an der Front erkannte ich beim Lesen erbeuteter militärischer Dokumente, Zeitungen und Zeitschriften, beim Hören deutscher Rundfunkmeldungen, daß die deutschen Berichte und Meldungen oft der Wahrheit näher kamen als unsere. Die Artikel des Feindes über uns, die Aussagen der Kriegsgefangenen und Überläufer, die Berichte der Bevölkerung in den von Deutschen okkupierten Gebieten waren nicht reine Erfindung, nicht einmal übermäßig aufgebauscht.
Das erklärte ich mir so: Die Hitler-Leute benutzten gerissen die »kleine Wahrheit« der Fakten, Ereignisse und Umstände, um die ungeheuerliche Lüge des Faschismus zu propagieren, doch wir müssen, um die »welthistorische, große Wahrheit« zu verteidigen und zu stärken, in den augenblicklichen ungünstigen Umständen manches verschweigen, in manchen Fällen sogar lügen.
Im weiteren Verlauf des Krieges und später im Gefängnis urteilte ich nicht mehr so primitiv, auch nicht mehr so zynisch wie in meinem jugendlichen Radikalismus. Aber es sollte noch zwei Jahrzehnte dauern, bis ich die Begriffe Aufrichtigkeit und

Moral so zu unterscheiden begann, wie Dostojewskij sie definiert hatte. Aufrichtig ist auch der verbrecherische Fanatiker, dessen Worte und Handlungen seinen Überzeugungen entsprechen. Doch moralisch ist nur der, der seine Überzeugungen am Leben mißt, daran, wohin die von seiner Überzeugung diktierten Worte und Taten führen.

Und noch später begann ich zu begreifen, daß »die Moral eines Menschen am besten in seinem Verhältnis zum Wort erkennbar wird«. (Tolstoj)

»Der Mord des wahrhaftigen Wortes war eines der schwärzesten Verbrechen der letzten Jahrzehnte.« (Lydia Tschukowskaja)

Wenn ich aus den Tiefen des Redaktions- und Druckereikellers nach oben kam, stürzte ich mich in einen Ozean von Aktivitäten. Keine Vorlesung, kein Seminar wollte ich versäumen, ich schrieb alles möglichst wörtlich mit, las jede Pflichtlektüre, auch alles, was die Dozenten fakultativ empfahlen und suchte darüber hinaus noch Bücher, die überhaupt nicht genannt worden waren, und, versteht sich, prahlte mit einem »Gegenplan«.

Der Philosophieprofessor W. Tschemodanow (Bruder des Moskauer Sprachwissenschaftlers) führte aus, daß Thales, Demokrit und Aristoteles unmittelbare Vorläufer des marxistischen Materialismus seien, daß Spinoza Materialist und Atheist reinsten Wassers gewesen sei und daß Hegel erst groß und genial geworden sei, nachdem Marx und Engels ihn »vom Kopf auf die Füße« gestellt hätten. Auch sonst habe Hegel sich vieler Sünden schuldig gemacht, und Lenins Randglossen zu Hegels Werken: »Er lügt, das ist idealistischer Abschaum!« träfen ins Schwarze.

Der Mathematiker Worobjow erklärte uns so verständlich und interessant die Grundlagen der analytischen Geometrie, der Differential-, Integral- und Wahrscheinlichkeitsrechnung, daß wir ihm seine offenkundig »versöhnlerische« Einstellung nicht nur gegenüber den alten Idealisten Descartes, Newton und

Leibniz, sondern auch gegenüber dem »unverbesserlichen Machisten« Einstein verziehen.
Politökonomie las ein kleiner, glatzköpfiger, schwachsichtiger Professor, der leidenschaftlich ins »Kapital« verliebt war. Er sprach darüber so hingerissen und ungelenk stammelnd, wie man sonst nur über Poesie oder eine angebetete Frau spricht. Mich steckte er mit seiner Verzückung an. Bis spät in die Nacht las und exzerpierte ich, ohne müde zu werden; strengte mich aufs äußerste an, jeder Bewegung der gewaltigen Gedanken zu folgen, die sich bald uferlos, unübersehbar dehnten, bald sprunghaft vorwärts strebten oder blitzartig in eckigem Zickzack neue Richtungen einschlugen. Bald häuften sich ermüdende Einzelheiten, kompliziert verknotete Abstraktionen, bald leuchtete eine poetische Metapher auf, entstand ein plastisches Bild. Das Kapitel über die ursprüngliche Akkumulation las sich wie eine regelrechte Dichtung.
Professor für Geschichte war eine ältere, unfrohe Partei-Tante. Sie referierte weniger über Ereignisse und Fakten als über die verschiedenen verderbten Konzeptionen und Theorien. In ihren Vorlesungen über Alte Geschichte entlarvte sie zunächst allerlei »bürgerliche und sozialfaschistische« Deutungen. Sie widerlegte den schädlichen Kautsky, der das Urchristentum als Ursprung sozialistischer und kommunistischer Ideen dargestellt hatte.
In der russischen Geschichte lernten wir, die fehlerhaften Urteile Plechanows zu »demontieren«, später auch Pokrowskijs Gedankengänge, der bis vor kurzem als wichtigster marxistischer Historiker gegolten hatte. Besonders furios wurden die ukrainischen »bürgerlichen Nationalisten« Hruschewskij, Jefremow, Jaworskij verflucht.
Das historische Seminar leitete eine junge Assistentin, die wir die Rasende nannten. Mit unverfälschtem persönlichen Haß verdammte sie Mirabeau, die Girondisten, sprühte Verachtung über die Opportunisten Danton und Desmoulins, bemitleidete herablassend Robespierre und seine Anhänger, die im »Kleinbürgertum steckengeblieben« waren und berauschte sich lei-

denschaftlich an den Hébertisten, den »rasenden«, und natürlich an Baboeuf.
Literaturvorlesungen hörten wir an der Literaturfakultät. Alexander Iwanowitsch Beletzkij war der erste, der mir klarmachte, daß Goethes Faust II keine rhythmisierte und gereimte Gelehrsamkeit, sondern großartige Dichtung ist. Seine Vorlesungen lehrten mich, wieder und wieder Faust und Goethes Gedichte zu lesen und jedes Mal Neues, Ungeahntes zu entdecken.
Der Sprachwissenschaftler Bulachowskij polemisierte spöttisch und böse gegen Marr, der damals noch als Begründer und Führer der marxistischen Lingustik galt[110]. Die Erläuterungen Bulachowskijs waren verständlicher und interessanter als die langatmigen Aufsätze Marrs, von denen mir manche wie ein undurchdringlicher Dschungel vorkamen. Ich versuchte, mich Bulachowskij gegenüber kritisch mißtrauisch zu verhalten, mußte aber vor seinem Wissen, seinem Scharfsinn, der prachtvollen Genauigkeit seines Denkens kapitulieren. Zudem schien es damals, daß es in der Linguistik keine ernsthaften politischen Abweichungen geben könne.
Gerade deshalb trat ich zwei Jahre später in Moskau ins Fremdspracheninstitut ein, weil ich hoffte, durch die Kenntnis fremder Sprachen und Literaturen meinem Lande und der Weltrevolution dienen zu können ohne jene Gewissensskrupel, denen sich alle konfrontiert sahen, die mit Philosophie, Politökonomie, neuester Geschichte – besonders der heimatlichen – und Journalistik zu tun hatten.
Ein Jahr vor diesem Entschluß, den ich als tragisch-resignierten Verzicht auf den Traum meiner Jugend von revolutionärer Aktion betrachtete, studierte ich vor allem Philosophie, Geschichte und Politik, um mir die Kenntnisse zu erwerben, die ein Teilnehmer (vielleicht sogar ein führender) an den künftigen Kriegen und Revolutionen braucht.

Im Sommer 1934 wurden alle militärpflichtigen Studenten unseres Jahrgangs für drei Monate Soldaten der Roten Armee, und zwar der 80. Donbass-Division. Wir bezogen ein Zeltlager am Steilufer des Schwarzen Meeres in der Nähe von Mariupol. Mit dem gleichen Feuereifer wie vorher »Das Kapital« studierte ich Gewehr und Maschinengewehr, paukte das Reglement. Insgeheim beneidete ich die Kameraden, die schneller liefen als ich, die Handgranate weiter schleuderten, am Turngerät geschickter waren, beim Schießen besser zielten ...

Mein Abteilungsführer, Grizko Gelewerja, war ein stiller, integrer Bauernbursche von der Literaturfakultät. Täglich trainierte er in den wenigen freien Stunden mit uns Zurückgebliebenen.

Die Verpflegung war schlecht. Dreimal täglich Kascha aus alten Graupen. Zum Mittagessen ebenfalls Graupensuppe mit einem Stück hartem Pökelfleisch drin. Schlecht gebackenes, meistens hartes Schwarzbrot. Nicht einmal genug Wasser gab es. Zum Waschen liefen wir ans Meer. Den ganzen Tag über quälte uns beklemmender Durst – die Kehle war rauh wie Schmirgelpapier.

Abends waren wir müde bis zu schwerer, gußeiserner Erschöpfung. Nur mit äußerster Willenskraft konnte man sich nach dem Abendbrot noch die dreihundert Schritt bis ans Meer schleppen, um sich zu waschen. Das lauwarme Salzwasser erfrischte nicht lange. Der Rückweg ins Lager war etwas munterer, doch wir erschlafften bald wieder, und nach dem endlosen Abendappell – jede Minute dauerte mindestens eine Stunde – warfen wir uns, ohne den Zapfenstreich abzuwarten, auf die Pritschen mit den zusammengedrückten Strohsäcken und schliefen selig, tief und fest. Nicht einmal ein plötzlicher Regenguß vermochte uns zu wecken. Nur unser besorgter, unermüdlicher Abteilungsführer wachte auf, schloß den Zelteingang und sagte am Morgen grinsend: »Wenn ihr euren Abteilungsführer nicht hättet, wärt ihr wie pissende Säuglinge in nassen Betten aufgewacht.«

Mindestens einmal wöchentlich gab es Nachtalarm. In den engen Zelten mußte man sich in Windeseile anziehen, in die Stiefel steigen – die Fußlappen ordentlich zu wickeln, war eine fast unlösbare Aufgabe! Dann, ohne etwas zu vergessen – weder Gasmaske noch den gerollten Mantel, weder Feldflasche noch Patronentasche und Spaten, zur Baracke rennen, wo die Gewehre und MGs der Abteilungen standen, und unter allen Umständen die eigene Waffe erwischen. Anschließend ging es mit dem ganzen Zug, der ganzen Kompanie auf die Wiese hinter dem Zeltlager. Antreten. Dort standen die Offiziere des Regimentsstabs mit Stoppuhren und kontrollierten, in welcher Ordnung und in welcher Geschwindigkeit wir uns versammelt und aufgestellt hatten. Erst nur unsere Abteilung, später auch der ganze Zug, vervollständigte listig die Alarmbereitschaft: Wir banden abends vorm Schlafengehen unsere gesamte Ausrüstung an die gerollten Mäntel. Kaum erklang das Alarmsignal und die Rufe der Diensthabenden »Ans Gewehr!«, sprangen wir im Nu auf, rannten in die enge Baracke nach den Gewehren; nicht alle, nur die drei oder vier Gewandtesten. Jeder nahm für sich und einen Kameraden die Waffen, die anderen wickelten derweil ihre Fußlappen, dann wechselten die »Waffenträger«, damit die Gewehrholer Fußlappen und Schuhwerk in Ordnung bringen konnten ...

Nach so einem Alarm sagte der Regimentskommandeur einmal beim Zapfenstreich vor der Front:

»Heute war die 2. Kompanie des Studentenbattaillons die schnellste. 3 Minuten 27 Sekunden. Ich danke allen Rotarmisten und Kommandeuren[111] der Kompanie.«

Wir brüllten lange Hurra. Ich freute mich und fühlte, wie sich alle neben, vor und hinter mir ebenfalls freuten. Es war eine doppelte Freude – fast so etwas wie Glück –, weil wir die schnellsten gewesen waren, und weil wir zusammengehörten. Das Gefühl des »Wir« beglückte, die Verbundenheit so verschiedener und so ähnlicher einzelner junger Leute in verschwitzten Uniformen und schweren Stiefeln. Wir, die wir nach Waffenfett und billigen Zigaretten rochen, fröhlich und ausgelassen Hurra brüllten, waren bereit, sofort, in dieser Minute in jede beliebige Schlacht, in todbringenden Kampf zu ziehen. Unsere Division galt als die »schnellste« in der Roten Armee, und man trainierte uns täglich. Morgens vor dem Frühstück absolvierte das ganze Regiment einen Zwei-Kilometer-Lauf. Vom Lager bis zum Übungsplatz, wo geschossen und das »Feldstädtchen« gestürmt wurde, waren es etwa fünf Kilometer. Dorthin wurde im Schritt marschiert, aber zurück ging's im Geschwindschritt. Auf keinen Fall durfte gelaufen werden, die Vorschrift war »Drei Schritt in der Sekunde!«

Das Herz schlägt in der Kehle. Heißer Schweiß blendet, brennt in den Augen, Stiefel und Gewehr werden mit jedem Schritt schwerer. Die Hand, ans Koppel gepreßt, schläft ein. Und schon haßt man den Kompanieführer – er hat leichte Chromlederstiefel an, hat nichts zu schleppen außer seiner Kartentasche, und gnadenlos kommandiert er: Zwo-drei-vier, zwo-drei-vier ... Schritt halten!

Und dann – hat er die stummen Verwünschungen gehört? – nimmt er jemandem den Mantel ab, schimpft: »Sie können nicht mal 'nen Mantel anständig rollen, sieht aus wie 'n Pfannkuchen«, und hängt den Mantel sich selber um. Einem anderen nimmt er das Gewehr ab, wieder anderen die Gasmaske, die Schaufel, die Patronentasche – alles im Gehen, und er zählt dabei: zwo-drei-vier! marschiert vollgepackt, fröhlich, rot im Gesicht, flachshaarig, langbeinig.

Wir liebten unseren Kompanieführer sehr. Er war früher Bergmann gewesen, lief schneller als wir alle, jonglierte mit Pudgewichten, überrundete uns hundertmal im Kampfspiel, war der beste Schütze in der Division, spielte wundervoll Ziehharmonika, sang dazu mit heiserer »seelenvoller« Stimme. Er brüllte nie herum, schimpfte nie, runzelte nur die Brauen, kniff die vollen Lippen zu einem schmalen Spalt zusammen und sprach ganz langsam mit böser, eiserner Deutlichkeit. Immer wußte er, wenn einer in der Kompanie krank war, wer die Füße wundgelaufen hatte, wer seine Ration nicht essen konnte. Er sorgte dafür, daß die Kranken gepflegt, verbunden, extra ernährt wurden. Abends kam er oft ins »Leninzelt«. Das war eine Bretterbude, in der auf Tischen Zeitungen und Zeitschriften lagen. Hier konnte man Schach und Dame spielen.

Manchmal brachte er seine Ziehharmonika mit und sang mit uns. Er kannte eine Menge Volkslieder, Bergmannslieder, Scherz- und Necklieder und natürlich alle Revolutions- und Soldatenlieder.
Uns gefiel unser Divisionslied nicht, es war ein Abklatsch von Dutzenden anderer Regiments- und Divisionsmärschen. Also machten wir uns unser eigenes Lied, und der Kompanieführer war sehr stolz, als unser Kompanielied bald zum Bataillonslied erhoben wurde. Den Text hatte ich gedichtet. Die Melodie hatten er und einer von den Soldaten gefunden:

Das Volk von Mariupol wird niemals je vergessen,
wie Staub zum Himmel spritzte,
wenn schneller als die Reiterei
»Studbat« vorüberflitzte.

Und wenn es hart auf hart kommt
und wir zum Kampfe ziehn,
im gleichen, festen, schnellen Schritt
marschiern wir bis Berlin.

Der Geschwindmarsch wurde unser Albtraum und unser Stolz. Das Regiment befehligte ein ehemaliger Kavallerist, sehr dunkelhäutig, krummbeinig. Bei unserer Ankunft stellte er sich vor:
»Ich heiße Urgatauri und bin vom Kaukasus, aus einem Volk, dessen Namen ihr nicht mal kennt. Es ist ein sehr, sehr kleines Volk, nur 12 000 Seelen. Aber alle sind für die Sowjetmacht. Alle unsere Dshigiten – das bedeutet Männer, Rote Reiter – haben am Bürgerkrieg teilgenommen.«
Wenn der Regimentskommandeur die Zelte inspizierte und eine unordentliche Pritsche oder nichtausgekehrten Unrat sah, sagte er zu dem ihn begleitenden Diensthabenden mit unverändert ruhiger Stimme:
»Genosse Diensthabender, schreiben Sie: ›Notiz an den Kompanieführer. Ersuche um Mitteilung über Strafmaß für den

Rotarmisten, der eine derartige Schweinerei hinterlassen hat.‹ Haben Sie? Gut. Melden Sie dem Kompanieführer, daß er die Strafe dem Diensthabenden – das heißt Ihnen – auferlegen soll, weil Sie dem Regimentskommandeur eine derartige Schweinerei vorgeführt, sie nicht vorher beseitigt haben. Klar? Wenn das klar ist, warum wiederholen Sie den Befehl nicht? Melden Sie dem Kompanieführer außerdem, daß Sie vergessen haben, einen Befehl zu wiederholen. Aber dafür ist keine Strafe nötig, das soll nur den Kompanieführer betrüben, und Sie sollen sich schämen.«

Auch er kam manchmal ins Leninzelt und redete mit uns. Immer sprach er mit ruhiger Stimme, ohne den Schimmer eines Lächelns, er blinzelte höchstens, wenn wir lachten.

»Sie müssen besser gehen können als Pferde. Warum? Weil Pferde kein menschliches Bewußtsein haben. Das Pferd nimmt man nicht in den Komsomol, nicht in die Gewerkschaft. Das Pferd kann sehr klug sein, aber es kann kein Student werden und kann kein politisches Bewußtsein haben. Aber Sie hier sind alle Studenten. Viele von Ihnen sind in der Gewerkschaft, viele sind im Komsomol. Das heißt, Sie müssen politisch bewußt leben, müssen schneller gehen als Pferde. Immer 130 Schritt in der Minute, und wenn es darauf ankommt 170 bis 180 Schritt. Das ist heiliges Gesetz. Die Rote Armee muß die schnellste Armee der Welt werden. Unsere Division die schnellste in der Roten Armee. Unser Regiment das schnellste der Division. Das bedeutet: wenn Ihre Kompanie die schnellste des Regiments wird, dann ist sie die schnellste auf der ganzen Welt. Das wird eine große Freude sein für Ihre Väter, Ihre Mütter, Ihre Bräute ...«

Ich setzte alle meine Kräfte daran, ein guter Soldat zu sein und wünschte mir sehnlich, ein guter Kommandeur zu werden. Täglich trainierte ich auf dem kleinen Sportplatz; ich verheimlichte meine Schmerzen, erhielt am Schluß der Militärzeit das Abzeichen »Woroschilow-Schütze« und wurde zum Zugführergehilfen befördert – drei Dreiecke am Kragenspiegel.

Nach Charkow zurückgekehrt, erkrankte ich wieder schwer an Gallenblasenentzündung. Und wieder half die Krankheit meiner Weiterbildung. Während der Wochen im Bett exzerpierte ich die beiden Bände des »Kapital« und Hegels »Logik«, büffelte Mathematik und Physik, so daß ich nach meiner Genesung alle Prüfungen des zweiten Jahrgangs ablegen konnte und in den dritten sprang.

Zu Beginn des neuen Jahrgangs fand eine Parteisäuberung statt. Täglich trat im Auditorium maximum die Kommission zusammen. Jeder, der wollte, konnte an den Sitzungen teilnehmen, konnte seine Meinung darüber äußern, wem das befreiende »Säuberung passiert« zuerkannt werden sollte. Die Kommission gab schriftliche Erklärungen, manchmal auch anonyme bekannt, die öffentlich zu überprüfen, sie für notwendig hielt. Unsere Universitätszeitung stand ganz im Dienst der Säuberung. Wir druckten Berichte über ihren Fortgang, Meldungen über entlarvte ›Entartungen‹, über Betrüger, die ihre bürgerliche Abkunft oder andere frühere Sünden verheimlicht hatten, Feuilletons über hochgeachtete Kommunisten, deren Verdienste und Tugenden überprüft wurden.

Als unser Redakteur »gesäubert« wurde, stand er verwirrt, regelrecht verstört auf dem Podium. Aus dem Saal kamen Anfragen wegen ungerechter Zensuren, Wohnungsintrigen, wegen irgendeines Verwandten, der ein NEP-Mann gewesen sein sollte. Anschließend kletterte ein Mitarbeiter der städtischen Zeitung aufs Podium und ließ sich darüber aus, daß unser Redakteur »fehlerhafte Artikel« geschrieben, irgendwelche kürzlich entlarvten idealistischen Physiker und generell die bürgerlichen ausländischen Wissenschaftler gelobt habe.

Draufhin bat ich ums Wort und begann, die ideologische Reinheit unseres Redakteurs zu verteidigen. Ich wies nach, daß der Ankläger böswillig Tatsachen entstelle, indem er eine sachliche Information über ausländische wissenschaftliche Arbeiten als Lobhudelei denunziere, sein demagogisches Geschwätz zeuge von Unkenntnis usw.

Am nächsten Tag kam in unseren Redaktionskeller ein älterer, trübselig-ernster Mensch in dunkelblauem Uniformrock und Militärstiefeln – möglicherweise ein Parteifunktionär aus dem Rayon, vielleicht auch ein Professor für Parteigeschichte. Er legte ein paar Blätter auf den Tisch, die mit großen verschnörkelten Buchstaben bedeckt waren. (Ich hatte mich einige Zeit mit Graphologie beschäftigt und schloß daher aus diesen Schnörkeln auf Eitelkeit, Selbstzufriedenheit und geistige Beschränktheit des Autors.)

»Das muß als Leitartikel in die nächste Nummer«, befahl er.

»Die Leitartikel schreibt bei uns der verantwortliche Redakteur. Und die nächste Nummer ist leider auch schon in der Maschine.«

»Ihr Redakteur hat die Säuberung noch nicht passiert, obwohl er sehr wortgewandte Verteidiger fand. Die Kommission hat noch keine Resolution gefaßt. Dieses Material hier muß aber unverzüglich veröffentlicht werden. Halten Sie die Maschine an.«

Das Manuskript war mit Standardphrasen gespickt: Parteilichkeit, Wachsamkeit, segensreiche Konsequenzen der Säuberung, Aufrufe zu erhöhen, zu vertiefen, zu verstärken... Unterschrift: Bludow. Der Name sagte mir nichts.

»Ich sehe keinen Anlaß, die Maschine anzuhalten und dadurch die Ausgabe der Zeitung zu verzögern. Die Nummer enthält konkrete Materialien über die Säuberung. Aber das hier sind Phrasen.«

»Sie nehmen sich reichlich viel heraus. Das hier sind keine Phrasen, sondern Parteirichtlinien. Und Sie sind ein Frechdachs. Sie wissen nicht mal, mit wem Sie es zu tun haben, Rotzlümmel Sie!«

»Ich weiß ganz genau, mit wem ich es zu tun habe: mit einem ausgekochten Dummkopf...«

Im Dämmerlicht des Kellers war zu sehen, wie seine trüben kleinen Augen plötzlich aufblitzten – wütend und zugleich verwundert.

»Ach, was Sie nicht sagen! Das wird Ihnen noch leid tun, sehr leid wird Ihnen das tun!«

Er steckte sein Manuskript in die Tasche und zog ab.
Dieser Mensch, ich erfuhr es am nächsten Tag, war unser neuer Rektor. Den bisherigen hatte man »gesäubert«. Meine Freunde im Universitätskomsomolkomitee rieten mir dringend, diesen neuen Rektor aufzusuchen und mich zu entschuldigen. Noch besser wäre es, das schriftlich zu tun, etwa so: »Entschuldigen Sie bitte, ich wußte nicht, habe mich im Ton vergriffen, war verwirrt...« Das wollte ich nicht. Schließlich hatte ja er mit den Grobheiten angefangen. Und außerdem war es kein politischer Streit gewesen, sondern ein ganz gewöhnliches Gezänk, wie in der Straßenbahn, noch dazu ohne Zeugen.
Unser Redakteur passierte glücklich die Säuberung. Kurz darauf erstattete er dem neuen Rektor über die Universitätszeitung Bericht. Der erwähnte dem Redakteur gegenüber mit keinem Wort unseren Zusammenstoß, gab ihm denselben Artikel, und – versteht sich – der Artikel erschien in der nächsten Nummer. Damit, so nahmen wir an, war der »Zwischenfall erledigt«.
Mittlerweile war es Ende November 1934. An die kalte Dämmerung im Keller hatte ich mich gewöhnt. Er diente mir vorzüglich als Rendezvous-Treffpunkt. Manchen Mädchen wurde hier unten bänglich zu Mute:
»Oije, ist es dir hier unten nicht grauslich? Und wenn nun jemand die Tür abschließt? Ich würde vor Angst verrückt, wenn man mich hier allein ließe.«
Durch diese Ängste – wirkliche und eingebildete – kam man sich natürlich rasch näher.

Am 1. Dezember 1934 wurde in Leningrad Sergej Kirow[112] ermordet. Die Zeitungen quollen über von zornigen, entrüsteten und traurigen Worten, von Verfluchungen, Schwüren, Rachegelübden und Aufrufen zu noch größerer Wachsamkeit. Die Regierung ordnete an, Terroristen ohne Revisionsrecht unverzüglich zu erschießen.
Die Namenlisten der »zur Vergeltung« Erschossenen wurden veröffentlicht. Auf einer dieser Listen gab es drei Kruschel-

nitzkijs, sie waren Onkel und Vettern eines bekannten Charkower Schauspielers und als politische Flüchtlinge aus Polen eingewandert, ferner enthielt die Liste bekannte Namen westukrainischer Kommunisten.

Das bedeutete Terror. Etwa wieder einen Massenterror wie 1918 nach dem Mord an Uritzkij und Wolodarskij und nach dem Attentat auf Lenin?[113]

Überall in der Welt herrschte Unruhe. Hitler war schon fast zwei Jahre an der Macht, hatte sein Regime gefestigt. Die Japaner drangen immer weiter in China ein. Der Krieg näherte sich uns vom Westen und vom Osten. Und wir begannen eben erst, uns von der Hungerkatastrophe zu erholen. Gerade hatte man den Verkauf von »kommerziellem Brot« ohne Brotmarken zugelassen.

Und nun hatte sich herausgestellt, daß bei uns im eigenen Lande eine konterrevolutionäre Untergrundbewegung entstanden war. Unsere Führer sollten ermordet werden.

Also war Terror unvermeidlich.

Die Mitteilung, daß Sinowjew-Anhänger den Mord an Kirow begangen hätten, verblüffte und erschreckte mich. Aber ich glaubte es. Nicht zuletzt, weil ich mich an eins der Oppositionsflugblätter vom Februar 1929 kurz vor der Ausweisung Trotzkijs erinnerte. Es war ein quadratisches Stück Papier, auf dem in schlecht leserlicher Schrift stand: »Wenn man versucht, Genossen Trotzkij zu ermorden, wird er gerächt werden ... Wir machen alle Mitglieder des Politbüros persönlich für seine Sicherheit verantwortlich: Stalin, Woroschilow, Molotow, Kaganowitsch, Kalinin, Kirow, Kujbyschew, Rudsutak[114] ...«

Und mir fiel auch Mosja Arschawskij ein, der im März 1929 sich so vorstellte: »Ich komme aus dem Charkower Jugendzentrum der Bolschewiken-Leninisten.«

Er war ein baumlanger, dürrer, kurzgeschorener Kerl, der niemals lächelte und verächtlich auf die »pflaumenweichen Intellektuellen« herabsah, die »schwächlichen Liberalen«, »die Papierseelen«, die »Schreibtisch-Führer«. So nannte er

Sinowjew, Kamenew, Preobrashenskij, Radek und andere Führer der Opposition.
»Trotzkij ist noch der beste von ihnen. Früher hatte er einen festen Griff. Aber er ist auch ein Schwätzer. Buchstabenfresser. Theoretiker. Nimm Sapronow und Schljapnikow[115] – das sind proletarische Führer ohne Falsch. Ich selber bin Dezist, wir sind natürlich der Vereinigten Leninschen Opposition beigetreten. Aber nur wir, der echte Kern. Worauf hoffst du? Auf Flugblättchen, Broschürchen? Meinst du, damit könntet ihr die Apparatschiki überzeugen, eines besseren belehren, und die nehmen dann sofort die Beschlüsse vom 15. Parteitag zurück? Treten Stalin in den Hintern und holen Trotzkij zurück? Blödsinn!... Alle diese Papierchen, Schwätzereien – sind nur Mittel zum Zweck, um von den Liberalen irgendwelche Unterstützung zu bekommen, um in die Armee einzudringen. Entscheidung kann aber nur echter Kampf bringen: Streiks, Bewaffnung der Arbeiter. Und dann, wenn nötig, werden wir auch den Kreml stürmen. Eine Papierrevolution kann nicht gelingen.«
Ich hielt Arschawskij für einen wüsten Fanatiker, widersprach ihm, stritt mit ihm, hielt ihm die Dokumente der »Leninschen Opposition« vor, die nur innerhalb der Partei und des Komsomol arbeiten und sich an die parteilosen Arbeiter nur im Namen der Partei als dem besten Teil der Arbeiterklasse wenden wollte.
»Keinen Krümel begreifst du. Hast nur Büchermüll im Hirn.«
Von Arschawskij ging übrigens das Gerücht, er sei womöglich GPU-Provokateur: »Frisiert sich als ultralinker Kämpfer, mimt den Untergrundmann. In seinem Zimmer hat er genau der Tür gegenüber ein Trotzkij-Bild angepinnt. Und dann seine Bücher, ein ganzer Koffer voll, ist aber zu geizig, was auszuleihen. Das alles ist verdächtig.«
Arschawskijs radikale Monologe stießen mich ab. Ich glaubte zwar nicht, daß er ein Provokateur war, trotzdem gab ich sicherheitshalber in seiner Gegenwart keine Namen und Adressen meiner Freunde an. Er grinste darüber:

»Spielst den großen Konspirator, was? Nur zu, bitte sehr!«
Wenn er wirklich GPU-Agent gewesen wäre und sein zur Schau gestellter Fanatismus Provokation, dann hätte ich möglicherweise anders über die Opposition gedacht. Aber im Mai 1929 wurde er verhaftet, und zwar allein. Großaktionen wie im Februar/März gab es schon nicht mehr. Sein Koffer mit Literatur – Bücher, Broschüren und Flugblätter – wurde beschlagnahmt, und er mußte auf drei Jahre in die Verbannung.
Der neue Vertreter des »Zentrums«, Sascha Bogdanow, war ein junger Metallarbeiter, ruhig und schweigsam. Äußerlich das genaue Gegenteil von Arschawskij, sprach er doch voller Verständnis über ihn:
»Ein kluger Kerl. Echter Bolschewik. Hitzig, aber im großen ganzen auf der richtigen Linie.«
Mich veranlaßten diese Worte, rasch von der Opposition abzurücken.

Im Januar 1935 glaubte ich, wenn irgendwo drüben im Ausland faschistische Provokateure Trotzkij überfallen hätten, dann könnten seine fanatischen Anhänger hier im Lande sehr wohl aus Rache Kirow umgebracht haben.
Die Zeitungen berichteten von der Erschießung Nikolajews, des Kirow-Mörders und der »Mitglieder des Leningrader Zentrums« Katalynow und anderer. Sinowjew und Kamenew wurden verurteilt: Sie hatten ihre »moralische Verantwortung« eingestanden (damals wurde noch nicht von konkreter Mittäterschaft, nicht von konterrevolutionärer Tätigkeit gesprochen, das kam ein Jahr später). Alle ehemaligen Oppositionellen rückten von ihnen ab, verurteilten sie. Radek bewies die Unvermeidlichkeit krimineller Auswüchse jeder antiparteilichen Gruppierung. Gorkij und Alexej Tolstoj[116] schrieben voll Abscheu über sie. Tagein, tagaus forderten die Zeitungen Rache, riefen Arbeiter, Bauern und Studenten, alte Bolschewiki, Schriftsteller und Künstler zu Wachsamkeit auf.
An der Richtigkeit dieser Appelle zweifelte ich keinen Augenblick. Und wenn ich daran dachte, daß ich vor sechs Jahren

(1929) mich selber zu denen bekannt hatte, die sich vorbereiteten, die Partei zu bekämpfen, empfand ich Scham, Schreck und quälende Sorge, man könnte auch mir mißtrauen, mir mit Unglauben begegnen.
Nadja reiste in den Winterferien nach Kiew zu ihren Eltern, und ich übersiedelte für diese Wochen an Mutters Fleischtöpfe. Eines Abends kamen unerwartet Dus Rabinshanowitsch und Lew Rajew in heller Aufregung zu mir:
»Ilja Frid ist in den Hungerstreik getreten. Man hat ihn aus der Redaktion entlassen und ihm befohlen: ›Geh zurück an die Werkbank, säubere dich dort rückhaltlos‹. Petja Grubnik wollte ihn erst nicht fortlassen, sagte: ›Wir kennen ihn doch alle!‹ Aber im Parteikomitee waren sie fuchsteufelswild: ›Das ist eine politische Sache. Die Sinowjew-Leute haben Kirow ermordet. Und euer Frid war wegen Opposition aus der Partei ausgeschlossen. Seid wachsam! Er soll in die Produktion zurückgehen und sich dort bewähren!‹ Und dabei hatten sie ihn doch gerade ausdrücklich aus dem Betrieb in die Redaktion geholt! Wir wissen doch ganz genau, wie sie ihm zureden mußten, wie einem Elefanten. Nun ja, und jetzt ist Ilja in den Hungerstreik getreten, hat eine Erklärung ans ZK geschrieben, an Stalin persönlich. Er hat sich in seinem Zimmer eingeschlossen. Läßt niemanden rein. Hat geschrieben, er bliebe so lange im Hungerstreik, bis seine Parteisache aufgeklärt, die Wahrheit wiederhergestellt ist. Wir sind zu ihm gegangen. Er hat uns weggejagt.«
Schreck und hilflose Beklommenheit. Was kann man tun? Wohin soll man sich wenden? Ich gelte ja auch als »ehemaliger Oppositioneller« wegen meiner »trotzkistischen Verirrung« 1929. Wenn ich zu ihm gehe, wird man ein Komplott vermuten. Und was kann ich Dus und Lew raten? Was können sie tun?
Über Hungerstreiks – in der Freiheit, nicht im Gefängnis – hatte ich in dem autobiografischen Roman von Wassilenko »Karriere eines Verschwörers« gelesen. Da hatten die Revolutionäre einen Genossen des Verrats verdächtigt. Der trat daraufhin in

den Hungerstreik und überzeugte damit seine Mitverschwörer. Aber wird Frid überzeugen können? Und wie lange wird es dauern, bis Stalins Antwort da ist? Wird er den Brief überhaupt bekommen?
»Ist das Parteikomitee von dem Hungerstreik informiert?«
Dus zuckte die Achseln: »Wahrscheinlich nicht. Wahrscheinlich weiß es auch im Werk noch niemand. Ilja glaubt nicht, daß jemand von uns etwas erreichen könnte. So viele Jahre hat er geschuftet. Und jetzt dieses Verrücktspielen mit der Wachsamkeit!«
Damals glaubte ich – ich hatte es irgendwo gelesen –, daß ein Mensch bei »trockenem« Hunger nach neun Tagen stirbt, wenn er wenigstens Wasser trinkt, erst nach zwanzig Tagen. Man kann doch nicht einfach abwarten, bis Ilja tot ist. Ich rief Alexandrow an, der jedenfalls kannte Frid. Sein Stellvertreter Malinowskij war am Apparat:
»So so, Hungerstreik! Merkwürdig, daß wir erst jetzt davon erfahren. Gut, daß Sie anrufen. Natürlich braucht er Hilfe. Aber Hungerstreik ist, gelinde gesagt, ein seltsames Beweismittel.
Hungerstreik! Das ist unbolschewistisch, nicht unsere Art... Ja, ich weiß Bescheid, kenne Ihren Frid, kenne all seine Verdienste. Natürlich, ihm muß geholfen werden.«

Es vergingen ein paar Tage, und ich erfuhr, daß mein Vetter Mark verhaftet worden war.
Ich wurde sofort zur Bürositzung ins Rayon-Komsomolkomitee vorgeladen. Der Parteiorganisationsleiter der Fakultät, Kublanow, und der Komsomolorganisationsleiter unseres Jahrgangs, Antonowskij, begleiteten mich dorthin. Sie warfen mir vor, ich sei ein unverbesserlicher Trotzkist, unterhalte heimliche Verbindungen mit meinem Vetter und den »trotzkistischen Zentren« im Lokomotivenwerk und in anderen Fakultäten der Universität. Sie nannten eine Menge Namen. Einige davon kannte ich aus den Zeitungen, aus Meldungen über entlarvte Doppelzüngler; die meisten hatte ich jedoch

noch nie gehört oder gelesen.
Der Sekretär des Rayonkomitees fragte Kublanow und Antonowskij:
»Und wer sind seine Kumpane und Freunde in der Fakultät? Aha, das habt ihr noch nicht festgestellt? Die Verbindungen nach außen haben euch natürlich andere signalisiert. Und ihr selbst habt nur mit den Ohren geschlackert. Er gilt bei euch als ausgezeichneter Arbeiter. Hat einen Jahrgang übersprungen. Hat sich in die Redaktion der Universitätszeitung eingeschlichen. Und wer von den Komitee-Mitgliedern hat ihm geholfen? Jemand aus dem pädagogischen Stab? Da hockt doch bestimmt ein ganzes Nest. Nun ist er hier im Rayonkomitee; hört euch das an, wie er auf seine Bewußtheit pocht, wie er schwadroniert, daß er mit ganzem Herzen der Generallinie verschworen sei. Als ob wir nicht wüßten, wie die alle zu reden und zu schreiben verstehen: für die Sowjetmacht – vorwärts, hurra! Aber was sie tun, ist das genaue Gegenteil – heimtückische Wühlarbeit, frechste Doppelzüngigkeit.«
Er fragte nicht einmal, ob einer von den Rayonbüromitgliedern ums Wort bitte. Die Sitzung dauerte schon mehrere Stunden. Dutzende von Personalangelegenheiten waren zu überprüfen; die meisten endeten mit Ausschluß. Im Arbeitszimmer des Sekretärs war es stickig. Trüb-gelbes Licht aus dem Lüster mit Glasperlenfransen schwamm im blauen Tabaksqualm. Alle saßen abgestumpft da, müde und erschöpft, rauchten pausenlos. Auch der Sekretär schien müde zu sein. Er sah mich ohne Zorn oder Feindseligkeit an, mit resignierter, angeekelter Gleichgültigkeit. Wir kannten uns seit langem. Er war früher Sekretär der Parteizelle einer Abteilung im Lokomotivenwerk gewesen, Mitglied des Werkkomitees der Partei, hatte uns auch gelegentlich in der Redaktion besucht. Einmal nach einer freiwilligen Schicht beim Bau des Traktorenwerks war er mit noch ein paar Leuten gekommen, hatte Zwiebeln, Wodka, Soja-Pfefferkuchen in die Baugrube mitgebracht. Wir tranken alle tüchtig. Auf dem Heimweg sangen wir. Mal machte er den Vorgänger, mal ich. Nach diesem Abend begegneten wir uns

als Kumpel. Nachdem er Rayonsekretär geworden war und zu einer Versammlung in die Universität kam, rief er mir freundschaftlich zu: »Grüß dich, Lokomotivenbauer! Hast dich also der Wissenschaft geweiht? Willst Granit knabbern? Philosophie? Das ist eine gute Sache. Halt stramm den Komsomol-Lokomotivenkurs! Wer ist von unseren Leuten sonst noch hier?«

Doch jetzt, als ich versuchte, auf die absurden, verlogenen Beschuldigungen einzugehen, fuhr er mich an:

»Schluß jetzt, ist schon längst genug geredet. Alles klar. Wir glauben Ihnen nicht, und wir werden Ihnen auch nicht glauben. Da gibt's nur eins: Ausschluß. Außerdem: Ausschluß aus der Universität. Außerdem muß Nachlassen der Wachsamkeit der Fakultätsorganisation festgestellt werden. Weiterer Punkt: Verbindungen überprüfen. Wer hat ihm geholfen? Auf wen hat er Einfluß ausgeübt? Der Organisation des Lokomotivenwerks, die ihn in den Komsomol aufgenommen hat, ist Meldung zu erstatten. Wer stimmt dafür? Wer dagegen? Keiner. Stimmenthaltungen? Auch keine.«

Ich ging hinaus auf die abendliche, winterliche Straße. Allein im Menschengedränge. Menschen kamen mir entgegen, Menschen überholten mich, sprachen, lachten. Hinter den erleuchteten Fenstern, rosaroten, gelblichen, verschiedenfarbigen, in den Straßenbahnen und Autobussen – überall Menschen, beschäftigt mit ihren Angelegenheiten, sorgenvollen und fröhlichen. Menschen rings um mich, aber niemanden interessierte, was mir geschehen war ...

Ich dachte, so ähnlich müsse sich ein Scheintoter im Koma fühlen, während um ihn das Leben pulsiert. Freunde, Verwandte, Bekannte wirtschaften herum, leben. Aber ihn trägt man zu Grabe, und niemand hindert es.

Nadja kam aus Kiew zurück. Wie würde sich die Chemie-Fakultät zu meinem Ausschluß stellen? Ich wußte, daß Nadja um nichts in der Welt sich von mir lossagen würde. Aber sie konnte weder energisch auftreten noch diplomatisch lavieren. Und sie war außerstande, die Unwahrheit zu sagen. Was würde ge-

schehen, wenn dort auch so unverfrorene Demagogen wie Kublanow das Wort schwangen?
Zum Glück war Nadja nicht Komsomolzin, und an der Chemie-Fakultät gab es keine krankhaft wachsamen Aktivisten. Man ließ sie in Ruhe. Statt dessen wurde unverhofft für meinen Bruder Sanja ein »Fall« gedrechselt. Er studierte im chemisch-technischen Institut im zweiten Jahrgang und war erst vor kurzem in den Komsomol aufgenommen worden. Ein Nachbar und Freund unserer Eltern, Iwan Iwanowitsch Pliss – Sohn eines Dorfschmieds – war in seiner Jugend Mitglied einer militanten ukrainischen revolutionären Organisation gewesen. Das trug ihm nach der Revolution von 1905 Verschickung zu Zwangsarbeit ein. 1917 wurde er Bolschewik, war Kommissar in der Roten Armee, danach eine Zeitlang stellvertretender Landwirtschafts-Volkskommissar für die Ukraine. In jenem Winter 1934/35 arbeitete er irgendwo in Rußland, aber seine Familie lebte in Charkow. Iwan Iwanowitsch, seine Frau – auch Parteimitglied – und sein Sohn hatten sich Sanja gegenüber besonders freundschaftlich verhalten. Ihr Bücherschrank war die wichtigste Quelle für seine politische Bildung. Hier hatte er auch einen Sammelband gefunden mit dem Titel: »Für Leninismus gegen Trotzkismus«. Er stammte aus dem Jahr 1924 und enthielt Aufsätze von Sinowjew, Kamenew und Stalin. Gemeinsam beschimpften sie Trotzkij – den Autor der »Lehren des Oktober« – als Kleinbürger, Abweichler, Feind des Leninismus usw. Dieses Buch lieh sich der Sekretär von Sanjas Komsomolzelle eines Abends bei ihm aus. Vielleicht war es jemandem von den wachsamen Zimmergenossen im Studentenwohnheim aufgefallen, vielleicht hatte auch der Sekretär selber sich auszeichnen wollen – jedenfalls warnte ein ihm Wohlgesinnter aus dem Komitee Sanja rechtzeitig, daß ihm ein Verfahren wegen Verbreitung trotzkistisch-sinowjewistischer Literatur angehängt werden sollte und daß er bestimmt gefragt werden würde, von wem er das Buch bekommen habe.
Es war noch kein Jahr her, daß man Iwan Iwanowitsch Pliss

während der Parteisäuberung an seine »vorbolschewistische Vergangenheit« gemahnt hatte und ihm wegen einer anderen Bagatelle eine Parteirüge erteilt hatte. Unsere Eltern und Iwan Iwanowitschs Frau gerieten in Panik. Wenn bekannt würde, woher das gefährliche Buch stammte, würden Iwan Iwanowitsch und seine Frau es bitter zu büßen haben.
Sanja war eben zwanzig Jahre alt geworden. Sein Geburtstag am 14. Februar verlief sehr traurig. Gäste hatte man nicht geladen, statt dessen tagte ein besorgter Familienrat. Eins stand fest: Sanja durfte unter gar keinen Umständen Iwan Iwanowitsch erwähnen. Die Antwort auf die Frage: »Woher stammt das Buch?« souffliert das Schicksal. Bei Marks Verhaftung war ein ganzer Sack derartiger Literatur beschlagnahmt worden. Sanja, obwohl er nicht wie ich mit Mark befreundet gewesen war, hatte ihn dennoch gelegentlich besucht, um sich für die Vorprüfungen in Diamat von ihm helfen zu lassen. Es wurde also beschlossen, Sanja sollte sagen, er habe das Buch von seinem Vetter ohne dessen Wissen ausgeliehen, habe es, da er Mark bei seinem Besuch nicht antraf, einfach mitgenommen. Daß es sich um ein schädliches Buch handeln könne, habe er nicht geargwöhnt, denn es enthalte ja auch Artikel von Genosse Stalin. Sanja versprach, keinen Schritt von dieser Linie abzuweichen, sich niemandem sonst anzuvertrauen, den Namen Iwan Iwanowitsch vollständig zu vergessen und mich nicht ohne Not zu erwähnen. Wenn man ihn aber direkt nach mir fragen würde, sollte er antworten: »Mein älterer Bruder wohnt schon seit fünf Jahren mit seiner Frau woanders. Wir haben keine gemeinsamen Interessen, haben uns schon als Kinder nicht gut verstanden.«
Im großen ganzen entsprach dies der Wahrheit. Die Beziehung zu Mark war auch nicht ausgedacht: Sanja hatte tatsächlich Bücher bei ihm ausgeliehen. Und Iwan Iwanowitsch wußte gar nicht, wer in seinem Bücherschrank herumgekramt hatte.
Sanja war verstört und bedrückt. Er kam zum ersten Mal im Leben mit Verrat in Berührung. Und er mußte lügen, um von anderen Menschen Unglück abzuwenden.

Auch ihn, versteht sich, schloß man aus dem Komsomol und aus dem Institut aus.
In diesem Tagen erfuhr ich, daß Ilja Frid verhaftet worden war. Auf der Versammlung des Betriebs-Komsomolkomitees weigerten sich Dus und Lew, ihn zu verurteilen und akzeptierten nicht, daß sein Hungerstreik eine »antisowjetische, konterrevolutionäre Demonstration« gewesen sei. Sie bekräftigten nachdrücklich, daß sie ihn als anständigen Genossen kannten, der ohne jede Rücksicht auf sich selbst bereit war, sein Leben der Partei, der Sowjetmacht hinzugeben.
Der Sekretär des Komitees, Kostja Trussow, der uns alle seinerzeit in den Komsomol aufgenommen hatte, galt uns als Vorbild an Gradlinigkeit, Gerechtigkeit, selbstloser Pflichterfüllung. Er fragte Dus und Lew:
»Habt ihr denn nicht begriffen, daß ihr euch für einen Menschen einsetzt, der sich schon zum zweiten Mal der Partei entgegengestellt hat? Wir alle kennen ihn, und wir haben ihn verurteilt. Er ist von den Organen der GPU verhaftet worden. Wenn Tschekisten sich entschließen, jemanden zu verhaften, bedeutet dies: Es liegt ein Straftatbestand vor. Wie könnt ihr so jemanden noch verteidigen?«
Dus erwiderte:
»Wir kennen ihn besser als ihr alle. Die Verhaftung kann auf einem Irrtum beruhen, in übereiltem Eifer erfolgt sein. Es ist nun mal eine Zeit erhöhter Wachsamkeit. Gerade weil wir wissen, wofür er in den Hungerstreik getreten ist, was ihn dazu veranlaßte und was er damit wollte, können wir ihn nicht verurteilen. Wir sind der Ansicht: So darf man nicht vorgehen – ruck, zuck, Kehrtwendung, gestern unser Freund und Genosse, heute Feind und Schädling. Ich kann es dem Komsomol nicht verhehlen, wenn ich anders denke. Ich kann den Komsomol nicht belügen.«
»Also für wen seid ihr? Für uns oder für ihn?« fragte Kostja leise, wobei er jedes Wort deutlich artikulierte. »Ihr müßt wählen.«
»Wir brauchen Bedenkzeit.« »Und du?«

Lew konnte den Freund nicht im Stich lassen:
»Ich brauche auch Bedenkzeit.«
In derselben Nacht wurden beide verhaftet.

Am Morgen nach der Rayonkomitee-Sitzung, auf der ich aus dem Komsomol ausgeschlossen worden war, hing in der Universität eine mich betreffende Verfügung des Rektors: »Aus den Reihen der Studenten als unverbesserlicher Trotzkist ausgestoßen.«
Ich rief die Redaktion der Werkszeitung an. Petja Grubnik sagte nervös:
»Ausgeschlossen, sagst du? Und du bist überzeugt zu Unrecht? Von Frid hast du erfahren? Auch von Rabinshanowitsch und Rajew? Du warst mit ihnen befreundet. Was soll das heißen, ›wir waren alle befreundet‹? Jeder ist für sich allein verantwortlich. Ich habe meine Fehler schon eingestanden, hatte die Wachsamkeit verloren wie einen alten Hut. Ich hatte Frid und seinen Freunden vertraut. Auch dir habe ich vertraut, hab' dich für die Partei empfohlen, dir die Charakteristik geschrieben. Und jetzt hat man dich aus dem Komsomol ausgeschlossen. Ich werde natürlich nicht leugnen, daß ich dir vertraut habe. Wenn nötig, nehme ich eine Disziplinarstrafe auf mich. Was willst du noch? Daß ich wieder für dich schreibe? Bürge, ja? Nu, was denn, was weiß ich? Wenn ich gefragt werde, sage ich, was ich weiß. Ich weiß auch von Frid und Dus, ihnen hatte ich ja auch eine Charakteristik gegeben. Und dafür habe ich jetzt eine strenge Verwarnung. Und jetzt soll ich auch noch für dich gradestehen? Nein, sag selbst, was du an meiner Stelle tätest? Sag's ehrlich! Du weißt nicht? Da siehst du, ich weiß es auch nicht. Schreib eine Erklärung ans Komsomolorganisationskomitee. Soll das Kollektiv entscheiden, was für eine neue Charakteristik es in Anbetracht des Ausschlusses dir geben kann. Oder schreib ans Parteikomitee. Von uns bist du ja schon vor mehr als einem Jahr fortgegangen. Und was du in der Zwischenzeit getan hast, wissen die, die dich ausgeschlossen haben, am besten.«

Den Sekretär des Parteikomitees Wassiljewskij, derselbe, der 1932 Frid dazu überredet hatte, aus der Werkstatt in die Redaktion überzuwechseln, liebten wir nicht. Wir hielten ihn für einen typischen Apparatschik – gescheit, geschickter Demagoge und Karrierist, zu allen Machenschaften bereit. Sich an ihn zu wenden, war nutzlos. Zu Trussow wollte ich nicht gehen, er hatte ja eben erst Dus und Lew ausgeschlossen, ihre Verhaftung verschuldet. So rief ich wieder Alexandrow an, den GPU-Bevollmächtigten des Werks. Er sprach wie immer freundlich, ruhig, wenn auch in einigen seiner Worte eine neue, strenge Intonation hörbar wurde.
»Weshalb hast du nicht früher angerufen, ehe die Sache vors Rayonkomitee kam? Aha, das heißt: sie haben die Zelle übergangen. Es gibt da bei euch wohl ein paar Übereifrige, setzen sich über das Statut hinweg. Aus der Universität hat man dich auch schon gefeuert? Und was weißt du von unseren Sachen hier? Schon gut, du hast Malinowskij von Frids Hungerstreik informiert. Und die Verhaftung kapierst du nicht? Sie haben es beschlossen – natürlich nicht wir, sondern sie, die ihn nicht nur ebensogut, sondern viel besser kennen als du und ich. Wir haben ihm eine objektive Charakteristik gegeben. Aber höhere Instanzen beurteilen den Hungerstreik als Provokation. Was hast du da zu seufzen? Laß das gefälligst. Begreif, was ich dir sage. Du bist kein Jüngelchen und kein Dämchen mit ach-ach und o-mein-Gott. Alles, was du sagen kannst, betrifft den subjektiven Gesichtspunkt. Subjektiv kann er dir durchaus als der ehrenhafteste aller Ehrenhaften erscheinen, der Sowjetmacht restlos ergeben. Das wollte er auf diese Weise deutlich machen. Objektiv kam dabei eine antisowjetische Provokation heraus. Das ist bei seiner Vergangenheit doppelt schädlich, sogar gefährlich. Auch im Bürgerkrieg gab es solche Leute – in der Armee und auch bei uns in der Tscheka. Ich kenne solche Fälle: überzeugter Bolschewik, persönlich anständig, sogar heldenhaft. Wollte subjektiv das beste, ließ aber versehentlich einen Feind entwischen oder brachte eigene Leute ins Verderben oder knallte Unschuldige ab. So einer gehörte an die

Wand. Da gab es kein Federlesen. Frühere Verdienste und gute Absichten zählten nicht. So ist es auch jetzt. Im ganzen Land herrscht militanter Terror. Und diese Kumpel von Frid hielten sich für klüger als die Partei, für klüger als die Organe. Und was haben sie getan? Sie haben einen Oppositionellen verteidigt, einen Mann, der wegen antisowjetischer Provokation verhaftet worden ist. Wie ist das zu beurteilen? Du hast selber einen Flecken in deiner Vergangenheit... Beruf dich bloß nicht auf deine Jugend! Manche jungen Bengel sind schlimmer als die Erwachsenen. Einen Verwandten von dir hat man auch wieder festgenommen. Also was willst du eigentlich? Daß die Werkorganisation dich verteidigt, sich für dich einsetzt? Oder willst du umgekehrt andere verteidigen? Hast du gehört, wie Rubishanowitsch und Rajew sich auf der Versammlung benommen haben?«

Er fragte nicht besonders eindringlich, auch ohne mißtrauische Verdächtigungen. In meinen Antworten berichtete ich ihm von Frid, Dus und Lew nur Gutes, und ich gab mir große Mühe, überzeugend zu sprechen, erinnerte an die sagenhafte Gutherzigkeit Frids, an seine Bescheidenheit, daran wie er sich der Besprisorniki angenommen hatte. Wieder und wieder betonte ich, daß Frid bedingungslos ehrlich ist, einfach unfähig zu lügen. Um der größeren Objektivität willen sprach ich ein klein wenig von oben herab, fast spöttisch über seine wunderlichen Eigenheiten, seine Scheu in Frauengesellschaft, seine Abstinenz, seinen Ekel vor jeglichem Fluchen. Über Dus und Lew sagte ich völlig wahrheitsgetreu: Sie sind gute, anständige Kerle, politisch allerdings noch unreif. Sie interessieren sich hauptsächlich für Fußball, Mädchen und einen guten Trunk. Sie haben Frid als älteren Genossen verehrt und gleichzeitig als guten naiven Sonderling bedauert.

Anfänglich schien mir, als höre Alexandrow mir mit Anteilnahme zu. Daher begann ich, ihm mögliche Verteidigungsargumente nahezulegen. Ich schlug vor, selber all dies im Detail schriftlich auszuführen. Da unterbrach er mich scharf: »Deine Ausführungen sind ein Quark. Sei froh, daß uns alles bis ins Letzte bekannt ist und daß du überhaupt nicht gefragt werden wirst. Der Fall ist hundert Prozent klar. Da braucht man niemanden mehr mit reinzuziehen. Aber du hast immerhin zu ihrer Kumpanei gehört, und du interessierst dich nicht nur für Fußball! Du solltest besonders streng mit dir zu Rate gehen! Wir kennen dich. Aber deine Universitätsgenossen, die waren ziemlich eifrig bei der Hand, und das – vorläufig jedenfalls – noch ohne konkreten Grund. Jetzt stell dir mal vor, was passiert, wenn du dich zum Anwalt für Verhaftete aufwirfst? Liest du denn keine Zeitungen mehr? Hat diese Studiererei dich schon völlig weltfremd gemacht?«

Ich erschrak. Ich begann, »mich abzusetzen«, sagte, ich hätte schon seit zwei Jahren keinen Kontakt mehr mit ihnen gehabt, bis auf die Begegnung im letzten Monat, als sie mir von Frids Hungerstreik berichteten und ich ihn sofort angerufen hätte. Ich sprach davon, daß ich über die Maßen in Arbeit gesteckt hätte, weil ich vom ersten Kurs gleich in den dritten gesprungen und dabei doch gesellschaftlich aktiv geblieben sei, daß ich fast allein die Universitätszeitung zu betreuen gehabt hätte, daß ich schwer krank gewesen war – all dies hätte mich von den alten Genossen im Werk entfernt.

Das alles entsprach »im allgemeinen« der Wahrheit. Aber ich hob die für mich günstige Wahrheit heraus. Alexandrow hörte wohl aus all dem meine Angst heraus:

»Gegen dich liegt bei uns nichts vor. Das weiß ich genau. Es hat eine Diskussion in dieser Sache stattgefunden. Aber denk an das Sprichwort: Wer an alte Sünden erinnert, soll ein Auge verlieren! Wir haben es ergänzt: Wer alte Sünden vergißt, soll beide Augen verlieren! Deine Sache kommt jetzt vor das Stadtkomitee. Schreib denen, sie sollen sich in der Werkorganisation, die dich in den Komsomol aufgenommen und dann zum Studium abkommandiert hat, nach dir erkundigen. Ich werde als Mitglied des Parteibüros für dich sprechen. Bei uns darf es keine unschuldig Angeklagten geben. Das ist unsowjetisch. Aber sei du vorsichtig. Halt deine Zunge im Zaum.«

Ich befolgte seinen Rat.

Das Stadtkomitee überprüfte meinen Fall nicht, zog nur Erkundigungen im Werk ein und übergab dann das gesamte Material dem Gebietskomitee. Ich wurde vorgeladen. Alles verlief ganz anders als im Rayonkomitee. Ohne Eile. Ruhig. Der Sekretär des Gebietskomitees, Grischa Shelesnyj, referierte knapp über die »positiven Charakteristiken«, die das Lokomotivenwerk abgegeben hatte und zitierte: »Er kämpfte aktiv an der ideologischen Front, auch gegen Trotzkismus und Rechtsabweichung. Unter schwierigen Bedingungen, in Stoßzeiten und bei der Arbeit auf dem Lande verhielt er sich gut ...«

Der Ausschluß wurde rückgängig gemacht. Aber ich erhielt eine Rüge wegen »Nachlassen der Wachsamkeit«. Denn: mein Vetter war verhaftet, und ich, obwohl ich ihn früher als Trotzkisten gekannt hatte, hatte nicht auf seine Tätigkeit in den letzten Jahren geachtet.

Der Rektor, der unseren ersten Zusammenstoß nicht vergessen hatte, weigerte sich, mich wieder in die Universität aufzunehmen. Als Begründung berief er sich auf die mir erteilte Rüge und darauf, daß ich meine Semesterprüfungen nicht abgelegt hatte. Dabei hatten die Prüfungen stattgefunden, als ich schon ausgeschlossen war und sie infolgedessen gar nicht ablegen konnte. Es blieb mir nun nichts anderes übrig, als an das Volkskommissariat der Ukraine für Volksbildung zu appellieren, dazu fuhr ich nach Kiew.

Bis Mitte Mai blieb ich dort, wohnte teils bei Verwandten, teils bei Freunden, am längsten bei Olesja S. In der Schule war sie eine fanatische Sportlerin gewesen. Zwei meiner Freunde waren abwechselnd in sie verliebt, eine Zeitlang auch ich. Ihr Vater, Iwan Fjodorowitsch S. hatte vor der Revolution im Untergrund gearbeitet, war Polithäftling gewesen. Am Bürgerkrieg nahm er als Mitglied von Revolutionskomitees und als Armeekommissar teil. Später arbeitete er als Sekretär verschiedener Stadt- und Kreiskomitees. 1935 war er Volkskommissar für Sozialversicherung. Alle unsere Freunde verehrten ihn. Mir gegenüber verhielt er sich besonders freundlich.

Es gefiel ihm, daß ich so hingerissen Politikwissenschaft und Geschichte studierte, so viel wie möglich über Ereignisse und Menschen erfahren wollte, die in Revolution und Bürgerkrieg aktiv mitgewirkt hatten. Ich erzählte Iwan Fjodorowitsch von meinen beiden Ausschlüssen. Er stellte ein paar Fragen, strich sich dabei seinen Saporoger Schnauzbart.
»Gut, ich werde dir helfen. Aber hab Geduld und unternimm selbst nichts.«
Er war mit dem Volkskommissar für Volksbildung Satonskij und mit dem Bevollmächtigten der Ukraine für NKWD-GPU Balitzkij befreundet.
Ich mußte also warten, während er die »passende Gelegenheit« ausfindig machte, um über die Sache zu sprechen und später daran zu erinnern. (Im Frühjahr 1935 waren die Beziehungen zwischen alten Parteigenossen, die inzwischen zu hohen Funktionären geworden waren, schon ziemlich belastet von Prestige- und Nomenklaturvorstellungen, von vorsichtigen Seitenblicken auf innerparteiliche Bündnisse und Konflikte.)
Iwan Fjodorowitsch hatte schließlich Erfolg: Der Volkskommissar für Volksbildung machte meinen Ausschluß aus der Universität rückgängig und half auch Sanja.
Ich erzählte Iwan Fjodorowitsch auch ausführlich von Frid, Dus und Lew, bat um Rat und Hilfe.
Doch da wurde er streng: »Ich glaube dir, daß sie anständige Burschen sind. Und dieser da, dein Ilja Frid hat eine gute Seele und einen sehr weichen Charakter. So 'ne Art kleiner Christus. Aber der politische Kampf ist eine sehr harte Sache. Sein Hungerstreik war eine sträfliche Dummheit. So was kann man nicht durchgehen lassen, man darf es auch nicht durchgehen lassen. Die beiden anderen, die sich seinetwegen gegen die ganze Organisation gestellt haben, sind womöglich noch schädlicher. In einer Zeit wie jetzt darf man nicht einmal in Gedanken mit Opposition spielen. Siehst du, du hast uns gestern beim Tee von der Saar-Abstimmung erzählt, was für ein reicher Landstrich dem Hitler da zugefallen ist. Und die Herren in Warschau verkehren freundschaftlich mit ihm.

Rumänien und die baltischen Staaten drängeln sich auch an seine Seite. Und bei uns hier passiert der Teufel was! Der Mord an Kirow war ein bedrohliches Signal. Ein sehr bedrohliches. Für uns waren Oppositionen immer eine üble, gefährliche Sache. Du hast selbst von diesem Honig gekostet. Vergiß das nicht. Jetzt ist jede, aber wirklich jede Opposition direkte Konterrevolution! Da kann es keine Nachsicht geben. Stalin ist ein strenger, konsequenter Charakter. Und gerade jetzt brauchen wir unbedingt einen solchen Führer. Süßholzraspler mit schöner Seele, gutmütige Schwafelhänse können uns nur ins Verderben, in die Katastrophe stürzen ... Du sagst, die Burschen wollten nur Gutes, sind durch und durch anständig. Da kann ich dir nur mit einem ausländischen Philosophen – den Namen hab' ich vergessen – antworten: »Der Weg zur Hölle ist mit guten Vorsätzen gepflastert.« So haben auch sie sich ihren Weg ins DOPR gepflastert. Mein Rat und meine Forderung an dich: Misch dich nicht in deren Angelegenheiten. Freundschaft ist Freundschaft. Aber die Partei ist uns teurer als alle Freunde. Ich nehme es auf mich, dir zu helfen, nicht deiner schönen braunen Augen wegen, sondern weil ich weiß, du bist ein eifriger Komsomolze und daher der Partei und der Sowjetmacht nützlich. Aber wenn du derartige Dummheiten gemacht hättest, wenn du dich in solche Sachen hättest verwickeln lassen, würde ich keinen Finger für dich rühren. Vielleicht würde ich dann sogar selber den entscheidenden Stoß gegen dich abgeben. Wer es auch sei – Bruder, Schwager, meine geliebten Töchter –, geht er gegen die Partei, hat er nichts Gutes von mir zu erwarten.«

Im Mai hielt Stalin seine Rede über »Menschen, unser wertvollstes Kapital«. Man müsse mit Takt und Sorgfalt den Menschen begegnen.
Als ich nach Charkow zurückkam, erfuhr ich, daß Frid und Mark Poljak zu fünf Jahren, Dus und Lew zu drei Jahren Lager verurteilt worden waren. In der Universität besuchte ich keine Vorlesungen mehr, brachte nur meine Wiederaufnahmefor-

malitäten in Ordnung, legte die Prüfungen des dritten Jahrgangs ab und ließ mich exmatrikulieren. Mein Vater war nach Moskau versetzt worden, Nadja und ich hatten beschlossen, zusammen mit den Eltern nach Moskau zu übersiedeln.

Mark kam in Kolyma um, Frid in Workuta. Iwan Fjodorowitsch, Satonskij und Balitzkij wurden 1937 verhaftet und erschossen. Dus Rabinshanowitsch kam im Sommer 1957 aus Krasnojarsk nach Moskau, fand mich über die Redaktion einer Moskauer Zeitschrift und verabredete sich mit mir auf einem Platz. Anderthalb Stunden saßen wir dort auf einer Bank. Er fragte nach meinen Kriegserlebnissen, wollte wissen, warum ich ins Gefängnis und ins Lager gekommen war. Erzählte, daß Lew Rajew nach der Verbüßung der Lager- und Verbannungsfrist sich irgendwo weit fort niedergelassen habe. Ich lud ihn zu mir nach Hause ein. Er antwortete ziemlich kühl:
»Danke. Ich weiß nicht, ob ich Zeit haben werde.«
Er kam nicht und rief auch nicht mehr an.
Damals dachte ich: Sein Leben ist ihm mißglückt, er hat sein Studium nicht beenden können, arbeitet als Fotograf, hat eine große Familie zu ernähren, in mir sieht er den Großstadtgemacht. Ich schrieb nach Krasnojarsk an das Adressenauskunftsbüro, erfuhr seine Adresse, schrieb ihm einen langen Brief. Antwort bekam ich nicht. Erst später verstand ich: Er will und kann mir nicht verzeihen. Vielleicht verachtet er mich. Ich hatte mich ja von ihm abgewandt, von Frid, ihm und Lew; hatte nicht versucht, sie zu verteidigen, hatte ihre Angehörigen nicht besucht, ihnen nicht geschrieben, keine Pakete geschickt. Ich hatte zwar nichts Schlechtes getan, aber ich hatte ihnen auch nicht geholfen. Ein paar gute Worte über sie waren in den Wind geredet. Ich wußte, daß sie in nichts schuldig waren, wußte, daß sie ehrliche sowjetische, parteitreue Menschen waren, auf keinen Fall schlechtere als ich, und daß Frid sogar viel besser war. Und doch hatte ich mich von ihnen zurückgezogen aus Furcht und aus Berechnung: ihnen kann ich doch nicht helfen, und für mich ist es gefährlich.

Damals allerdings erlaubte ich mir nicht, vor mir selber zuzugeben: »Furcht und Berechnung«. Nein, ich überzeugte mich und meine nächsten Freunde, vor denen ich nichts verheimlichte, daß es sich hier um eine höhere Notwendigkeit handle. Zum Glück war ich unter ähnlichen Umständen nicht immer so konsequent: Nachdem Iwan Fjodorowitsch erschossen worden war, seine Frau im Lager saß, hielten die meisten Freunde zu Olesja und ihrer jüngeren Schwester. Wir halfen ihnen, so gut wir konnten, damit sie leben und studieren konnten. Olesja wurde Elektroingenieur.

Als 1937 mein ältester Kindheitsfreund in Kiew verhaftet worden war, kam sein Vater nach Moskau, um Bittgesuche zu stellen. Er erzählte mir, dem Sohn würden – außer der üblichen Beschuldigung – noch »trotzkistische Beziehungen« zu mir zur Last gelegt. Ich schrieb daraufhin ausführlich an den Staatsanwalt, legte dar, daß mein Freund sich immer strikt an die Parteilinie gehalten habe, ohne je zu schwanken, und daß gerade er es gewesen sei, unter dessen Einfluß ich mit dem Trotzkismus gebrochen hätte.

1940 kam er frei. Die kurze Zeitspanne, in der nach Jeshows Sturz der Terror nachließ, und die unermüdlichen Bemühungen seiner Verwandten und Freunde hatten meinem Freund zur Freilassung verholfen. In seinem Fall wußte ich mich persönlich mitverantwortlich für das Schicksal eines Menschen. Er durfte nicht meinetwegen leiden.

Doch diese und einige wenige andere »gute Taten« blieben aufs Ganze gesehen Ausnahmen. Die Regel war die Treue zum Götzen, an dessen Erschaffung ich selbst beteiligt gewesen war. Von meinem Vetter Mark erzählte seine Mutter mir später, er sei 1935 zum zweiten Mal verhaftet worden, weil er mit alten Genossen – Trotzkisten, die im Lager und in der Verbannung waren – korrespondiert, ihnen Geld und Bücher geschickt hatte. Ich hatte Frid, Dus und Lew in der Not alleingelassen.

Epilog

Nie vergessen, was vergangen,
Und doch ins Künft'ge schaun,
Neuen Sorgen entgegen,
Neuem Gram, neuer Trauer.
David Samojlow

Unser Jahrhundert ist übervoll von Götzen, es hat mehr Götzen hervorgebracht als jede andere Epoche seit Mohammed. Unsere Vorfahren verehrten Propheten, Zaren, Heerführer, Philosophen, Peter I., den alten Fritz, Napoleon, Bismarck, Garibaldi, Rousseau, Nietzsche. Doch sie sahen in ihnen Helden, Gesetzgeber, Weise, nicht gottgleiche Universalgenies, nicht Führer der gesamten Menschheit – Begründer einer neuen welthistorischen Ära. In unserem Jahrhundert wurden Mussolini, Hitler, Mao zu Götzen gemacht. Ihre Priester und Diener schrieben ihnen übernatürliche Kräfte zu, brachten ihnen Menschenopfer, wollten ihre menschenfresserische Glaubenslehre auf allen Kontinenten einführen. Dazu benötigten sie eine mythische Genealogie, richteten einen Totenkult mit imaginären Vorfahren auf – mit Cäsaren, Kaisern, Helden, Marx, Engels, Lenin ...

Die Pestseuche des Götzenaufrichtens verbreitet sich über die ganze Erde, bricht in immer neuen Eiterbeulen und Geschwüren auf, in neuer »Vorläufer«-Mythologie – Ho Tschi Minh, Che Guevara, in der Kanonisierung neuer regionaler Idole: Fidel Castro, Kim-Ir-Sen, Idi Amin ...

Das Bedürfnis, lebende Götter zu verehren – Führer, Propheten, Heilsbringer –, ist den Menschen von alters her eigen, wahrscheinlich werden noch lange – wenn nicht immer – Mythen geboren und Götzen geschaffen werden.

Mögen sie nur, im Unterschied zu früheren, keinen todbringenden Haß gegen Andersdenkende, Andersgläubige bringen, nicht sklavische Unterwerfung fordern, nicht verhindern zu denken – und das heißt zu zweifeln –, nicht das Gewissen und das Wort unterdrücken.

Der Vergangenheit kann man nicht entrinnen.
Und darum ist es nötig, sich zu erinnern, an alles zu erinnern, was mit uns, mit unserem Land, mit der Welt geschehen ist. Nichts verbergen, nichts unterschlagen. Immer wieder aufs neue Zurückliegendes und kürzlich Geschehenes überdenken.
»In der Zukunft glüht die Vergangenheit. In der Vergangenheit reift die Zukunft«, schrieb Anna Achmatowa. Darauf hoffe auch ich. Auf die heilsamen Kräfte des Gedächtnisses, das von unguten Leidenschaften befreit ist – von ideologischen, ständischen, ethnischen. Ich möchte glauben, daß das Gedächtnis der Menschen und Völker sich von der Lüge aller Götzen reinigen kann, von den grausamen Vorurteilen, von Racheinstinkten und vernunftwidrigen Egoismen – persönlichen und überpersönlichen: parteilichen, kirchlichen, nationalistischen ... Dann wird in unseren Kindern und Enkeln die jetzt noch seltene Fähigkeit reifen, aus der Geschichte Lehren zu ziehen.
Die Geschichte lehrt, nicht mehr jenen Utopien und Ideologien zu trauen, die, indem sie das allgemeine Heil versprechen, einen einzig möglichen und darum für alle verbindlichen Weg zu diesem Heil verkünden.
Dem ungeheuerlichen Aberwitz, den selbstmörderischen Kräften zum Trotz, die heute mein Land und einen bedeutenden Teil der Welt beherrschen, hoffe ich, daß im kommenden Jahrhundert meine Landsleute und alle Menschen auf der Erde besser und vernünftiger leben werden, als wir und unsere Vorfahren gelebt haben.
In dieser Hoffnung besteht der Hauptsinn meines Lebens. Er wird nicht von irgendwelchen irrationalen, göttlichen Quellen gespeist und nicht von scheinrealen Brunnen gelehrten Tiefsinns, sondern vom festen Glauben an den Menschen. Der Mensch ist grausam und mildherzig, vorurteilslos und weise, schlecht und edel. Er hat verkündet: »Begegne Feindschaft

mit Wohltat« (Lao Tse). »Tue niemandem etwas, von dem du nicht willst, daß man es dir tue« (Konfuzius). »Liebet eure Feinde ... Tuet wohl denen, die euch hassen« (Matthäus 8,44). »Nun aber bleibt: Glaube, Hoffnung, Liebe, diese drei; aber die Liebe ist die größte unter ihnen« (Korinther 1,13). Der Mensch zerstört und baut auf, er verzweifelt und hofft, geht unter und wird gerettet ...

Heute bin ich überzeugt: niemand kann den künftigen Weg der Menschheit voraussehen, und niemand hat das Recht, ihr den Weg vorzuschreiben. Aber ich hoffe, er wird heller und besser sein als alle früheren Wege. Die schlichte Erkenntnis, zu der ich mich heute bekenne, hat schon Wladimir Korolenko Ende des vorigen Jahrhunderts in Worte gefaßt:

»... Nach alldem sagte ich mir, daß das Gebot ›Du sollst dir keinen Götzen machen‹ eine große Wahrheit ist, und daß ein Volk, so wie wir es uns oft vorgestellt haben, d. h. einheitlich und unteilbar mit einem einzigen Antlitz überhaupt nicht existiert. Vielmehr gibt es Millionen Menschen, gute und böse, edle und gemeine, liebenswerte und unsympathische. In dieser Millionenmasse, so glaube ich, verbreiten sich Güte und Wahrheit immer mehr. Der Güte und der Wahrheit muß man dienen. Geht man dabei mit der Masse (was ja zuweilen geschieht), so ist das gut. Und wenn man allein bleibt, darf man sich nicht beirren lassen. Das Gewissen muß der alleinige Befehlshaber für alle unsere Handlungen sein, Götzen braucht man nicht.«

Moskau 1960–1977

Anmerkungen

1 ALEXANDER KERENSKIJ (1881–1970)
Nach der Februarrevolution von 1917: Justizminister, Kriegsminister, dann Ministerpräsident der Provisorischen Regierung, floh bei Ausbruch der Oktoberrevolution.

2 ALEXANDER I. (1801–1825)
NIKOLAJ I. (1825–1855)
ALEXANDER II. (1855–1881) hob 1861 die Leibeigenschaft auf.
ALEXANDER III. (1881–1894), der einzige Zar, in dessen Regierungszeit Rußland keinen Krieg führte.
NIKOLAJ II. (1894–1917) verzichtete zugunsten seines Bruders MICHAIL ALEXANDROWITSCH (1879–1918) am 15. 3. 1917 auf den Thron. Michail trat die Thronfolge nicht mehr an.

3 SIMON PETLJURA (1879–1926)
Sozial-Revolutionär. 1917 Vorsitzender des Allukrainischen Armeekomitees, Kriegsminister, November 1918 Oberster Ataman des Heeres, Februar 1919 Vorsitzender des Direktoriums der Ukrainischen Volksrepublik, floh nach Eroberung der Ukraine durch die Rote Armee. 1926 ermordet.

4 BOGDAN CHMELNITZKIJ (1595–1657)
Ukrainischer Nationalheld, Hetman seit 1648, führte einen siegreichen Kosakenaufstand, der sich zum Volksaufstand ausweitete, gegen Polen, huldigte 1654 dem Moskauer Zaren Alexej Michajlowitsch, um sich Rückendeckung gegen Türken und Polen zu verschaffen, geriet dadurch in russische Abhängigkeit.

5 FÜRST SEREBRJANYJ: Roman von Alexej Konstantinowitsch Tolstoj über die Zeit Iwans des Schrecklichen.

LYDIA TSCHARSKAJA (1875–1937)
Populäre Kinderbuchautorin im Genre von »Herzblättchens Zeitvertreib«.

6 NEKRASSOW, NIKITIN, KOROLENKO, NADSON:
NIKOLAJ NEKRASSOW (1821–1878), IWAN NIKITIN (1824–1861), WLADIMIR KOROLENKO (1853–1921) politisch engagierte realistische Lyriker und Prosaiker.
SEMJON NADSON (1862–1887), Lyriker, bezauberte die Leser durch seine wehmütigen, leidvollen Gedichte.

7 NARODNIKI: Die Bewegung der Narodniki = Volkstümler entstand um 1860 mit dem Ziel, das Volk zu bilden und aufzuklären.

8 SHELJABOW, PEROWSKAJA, KIBALTSCHITSCH, FIGNER:
ANDREJ SHELJABOW (1850–1881), SOFJA PEROWSKAJA (1853 bis 1881), NIKOLAJ KIBALTSCHITSCH (1854–1881), VERA FIGNER (1852–1942) organisierten als Mitglieder der Geheimorganisation Narodnaja Wolja Attentate auf den Zaren und hohe Regierungsbeamte. Nach der Ermordung Zar Alexanders II. im März 1881 wurden Sheljabow, Perowskaja und Kibaltschitsch gefaßt und hingerichtet. Vera Figner wurde erst 1883 verhaftet, zum Tode verurteilt, dann zu lebenslänglicher Haft begnadigt, verbrachte zwanzig Jahre in der Festung Schlüsselburg.

9 BESTUSHEW-SCHÜLERIN: Der Historiker Konstantin Bestushew (1829–1897)führte zusammen mit dem Botaniker Andrej Beketow (1825–1902) 1878 Universitätskurse für Frauen in den Fächern Naturwissenschaften, Mathematik, Literaturwissenschaft und Geschichte ein.

10 ROBERT STEPHENSON BADEN-POWELL (1857–1941)
Gründete 1907 die englische Boy-Scout-Bewegung.

11 POKS, KWOS, TOKS: Erste, zweite und dritte Boy-Scout-Abteilung in Kiew.

12 DEMJAN BEDNYJ, TSCHITSCHERIN, LUNATSCHARSKIJ, BUDJONNYJ, KOTOWSKIJ:
DEMJAN BEDNYJ (1883–1945), Agitprop-Dichter
GEORGIJ TSCHITSCHERIN (1872–1936), sowjetischer Volkskommissar des Äußeren von 1918–1930
ANATOLIJ LUNATSCHARSKIJ (1875–1933), Schriftsteller und Literaturwissenschaftler, Volkskommissar für Bildungswesen von 1917–1929
SEMJON BUDJONNYJ (1883–1973), Marschall der Sowjetunion, Chef der Roten Kavallerie, Bürgerkriegsheld
GRIGORIJ KOTOWSKIJ, ukrainischer Bürgerkriegsheld, vgl. S. 88 ff.

13 Narodowolzen: Anhänger der terroristischen Geheimorganisation Narodnaja Wolja = Volksfreiheit bzw. Volkswille, die ihre revolutionären Ziele nur durch Terror glaubte erreichen zu können.

14 Kropotkin, Stepnjak-Krawtschinskij:
Fürst Pjotr Kropotkin (1842–1921), anarchistischer Politiker und Theoretiker des Anarchismus. 1874 verhaftet, floh 1876 aus der Peter-Pauls-Festung, emigrierte in die Schweiz, lebte von 1886–1917 in London und kehrte nach der Februarrevolution nach Rußland zurück.
Sergej Stepnjak-Krawtschinskij (1851–1895), Revolutionär, Publizist und Prosaiker, war erst Volkstümler, dann Narodowolze, ermordete 1878 den Petersburger Polizeichef Mesenzew, konnte fliehen und lebte seit 1884 in London.

15 Michail Bakunin (1814–1876)
Revolutionär, anarchistischer Theoretiker, emigrierte 1840, beteiligte sich in Dresden an der Revolution von 1848, lebte später in der Schweiz und in Frankreich.

16 Alexander Uljanow (1866–1887)
Ältester Bruder von Wladimir Lenin. Er hatte sich an einem Attentatsversuch auf Zar Alexander III. beteiligt, wurde hingerichtet.

17 Alexandra Kollontaj (1872–1952)
Altbolschewikin, Schriftstellerin, behandelte in ihren Romanen und publizistischen Arbeiten die durch die Revolution verkündete neue Moral und die Probleme der »freien Liebe«, vertrat in der Partei die Forderungen der »Arbeiteropposition« nach mehr Mitverantwortung, wurde kaltgestellt, indem man sie als Diplomatin ins Ausland schickte: Norwegen, Mexiko und schließlich Schweden, wo sie von 1930–1945 als Botschafterin wirkte.

18 Alexander Kuprin (1870–1938)
Realistischer Erzähler, emigrierte 1919 nach Paris, erhielt 1937 die Genehmigung zur Rückkehr in die Sowjetunion.

19 Besprisorniki: Auch Besprisornyje genannt: während des Bürgerkriegs und später während der Hungersnöte eltern- und obdachlos gewordene Kinder und Halbwüchsige, die sich zu jugendlichen Kriminellenbanden zusammenschlossen.

20 JAROSLAW DOMBROWSKI (1835–1871)
Polnischer Freiheitskämpfer, emigrierte nach Frankreich, führend am Pariser Kommune-Aufstand beteiligt, fiel im Kampf gegen die französischen Regierungstruppen am 25. 5. 1874.

21 TARAS SCHEWTSCHENKO (1814–1861)
Ukrainischer Nationaldichter, verbrachte zwölf Jahre (1847–1859) teils in Festungshaft, teils in sibirischer Verbannung.

22 HENRYK SIENKIEWICZ (1846–1916)
Polnischer Romanschriftsteller, errang Weltruhm durch seinen Roman »Quo vadis?«.

23 LORD CURZON, TSCHERNOW:
GEORGE NATHANIEL LORD CURZON (1859–1925), bemühte sich 1920 als britischer Außenminister um eine polnisch-russische Grenzregelung. Die von ihm vorgeschlagene und nach ihm Curzon-Linie benannte Demarkationslinie kam jedoch erstmalig 1939 nach Hitlers Sieg über Polen zur Geltung. 1945 legte die Sowjetunion ihre Grenzen zu Polen im wesentlichen ebenfalls nach der Curzon-Linie fest.
VIKTOR TSCHERNOW (1876–1952), Führer der Sozial-Revolutionären Partei. Landwirtschaftsminister in der Provisorischen Regierung, Vorsitzender der Konstituierenden Versammlung vom 18. 1. 1918, die von den Bolschewiki gesprengt wurde.

24 MICKIEWICZ, KOSCIUSZKO, MIESZKO, BOLESLAW CHROBRY:
ADAM MICKIEWICZ (1798–1855), polnischer Dichter und Dramatiker, emigrierte nach Frankreich. Thaddäus Kosciuszko (1746 bis 1817), polnischer Feldherr im Krieg gegen Rußland und Preußen 1794.
MIESZKO, Gründer des polnischen Staates im 10. Jahrhundert.
BOLESLAW CHROBRY (992–1025) erster polnischer König.
Polnische Aufstände gegen die russische Herrschaft: 1830/31 und 1863/64.

25 SCHLACHT AN DER KALKA: Entscheidender Sieg der Tataren über die Russen am 16. 6. 1224, nach anderen Angaben 31. 5. 1223. Damit war die russische Widerstandskraft gebrochen. Die Kämpfe in den folgenden Jahren bis zur Eroberung Kiews durch die Tataren (1240) waren bedeutungslos.

26 FÜRST ALEXANDER SUWOROW (1729–1800)
Bedeutender russischer Feldherr, besiegte 1799 die Franzosen am Gotthard und vertrieb sie aus Oberitalien.

27 LERMONTOW, NEKRASSOW, DEMJAN BEDNYJ:
MICHAIL LERMONTOW (1814–1841), nächst Alexander Puschkin der größte russische Dichter.
NEKRASSOW, vgl. Anm. 6
DEMJAN BEDNYJ (vgl. Anm. 12)

28 KALININ, RYKOW, SINOWJEW, KAMENEW:
MICHAIL KALININ (1875–1946), von 1919 bis zu seinem Tod nominelles Staatsoberhaupt der UdSSR, Mitglied des Zentralkomitees der Partei, Mitglied des Politbüros.
ALEXEJ RYKOW (1881–1938), 1924 Nachfolger Lenins als Vorsitzender des Rates der Volkskommissare, verlor 1930 wegen rechtsoppositioneller Abweichungen sein Amt, wurde 1937 verhaftet und im Schauprozeß der Einundzwanzig gegen den »Block der Rechten und Trotzkisten« vom 2. bis 12. März 1938 zum Tode verurteilt und hingerichtet.
GRIGORIJ SINOWJEW (1883–1936), Leningrader Parteichef, Mitglied des Politbüros, Vorsitzender des Exekutivkomitees der Komintern. Er führte zusammen mit Kamenew und Stalin die 1923/24 gegen Trotzkij gerichtete Hetze, 1925, die gegen Stalin gerichtete »Leningrader Opposition«, die sich als echte Wahrer der Leninschen Politik verstand. 1926/27 kam es jedoch zum Einvernehmen zwischen Trotzkij und den Leningradern in gemeinsamer Gegnerschaft gegenüber Stalin. Der Versuch, sich in einer »Vereinigten Leninschen Opposition« gegen Stalin durchzusetzen, scheiterte. Sinowjew verlor alle Ämter, wurde aus der Partei ausgeschlossen, nach Nordrußland verbannt, 1928 nach umfassendem Reuebekenntnis wieder in die Partei aufgenommen. Im Zusammenhang mit dem Kirow-Mord (vgl. Anm. 112) 1935 verhaftet und zu zehn Jahren Straflager verurteilt, 1936 erneut angeklagt und im »Prozeß der Sechzehn« gegen das »trotzkistisch-sinowjewistische Terrorzentrum« vom 19. bis 24. 8. 1936 wegen Linksabweichung und konterrevolutionärer Tätigkeit zum Tode verurteilt und erschossen.
LEW KAMENEW (1883–1936), enger Freund und Mitarbeiter Lenins, opponierte im Oktober 1917 gegen den Zeitpunkt der Durchführung der bolschewistischen Revolution. ZK- und Politbüromitglied bis 1926. Bekämpfte nach Lenins Tod gemeinsam mit Sinowjew Trotzkijs politische Linie, verband sich 1926/27 mit ihm in der »Vereinigten Leninschen Opposition«. Verlor 1926 alle Ämter, Parteiausschluß und Verbannung nach Nord-Rußland, 1928 Wiederaufnahme in die Partei. 1935 im Zusammenhang mit dem Kirow-Mord zu zehn Jahren Straflager verurteilt, 1936 erneut angeklagt und im »Prozeß der Sechzehn« gegen das »trotzkistisch-sinowjewistische Terrorzentrum«

wegen Linksabweichung und konterrevolutionärer Tätigkeit zum Tode verurteilt und erschossen.

29 NESTOR MACHNO (1884–1943)
Anarchistischer Partisanenführer während des Bürgerkriegs in der Ukraine. Er stand anfänglich mit seinen Truppen auf Seiten der Bolschewiki, seit 1919 bekämpfte er sowohl die Roten wie die Weißen, emigrierte 1921 nach Rumänien.

30 WASSILIJ SHUKOWSKIJ (1783–1852)
Bedeutender Vertreter der russischen romantischen Dichtung. Erzieher der Söhne Zar Nikolajs I.

31 LARISSA REISNER (1895–1926)
Schriftstellerin, Publizistin, erster weiblicher Kommissar des Generalstabs der Roten Flotte.

32 SERGEJ JESSENIN (1895–1925)
Hochbegabter, in der sowjetischen Frühzeit umjubelter Lyriker, beging 1925 Selbstmord.

33 MAZEPPA, PUGATSCHOW:
JAN MAZEPPA (1652–1709), Kosakenhetman, verbündete sich 1708 insgeheim gegen Peter mit Karl XII. im Nordischen Krieg, um mit schwedischer Hilfe die Ukraine von Rußland zu lösen und zu einem selbständigen Staat zu machen. Nach der schwedischen Niederlage bei Poltawa 1709 floh Mazeppa mit Karl XII. in die Türkei, wo er noch im selben Jahr, angeblich vergiftet, starb.
JEMELJAN PUGATSCHOW (1726–1775), Anführer des großen Bauernaufstandes an der Wolga (1773–1775), hatte enormen Anhang, da er sich als der seinen Mördern 1762 angeblich entkommene Zar Peter III. ausgab.

34 GRIGORIJ DANILEWSKIJ (1829–1890) und DANIIL MORDOWZEW (1830–1905), Autoren von seinerzeit sehr populären patriotischen historischen Romanen.

35 ST.-GEORGS-TAG: Bis zum Beginn des 17. Jahrhunderts hatte die bäuerliche Bevölkerung das Recht, am St.-Georgs-Tag Arbeitsplatz und Wohnort zu wechseln und sich einem anderen Gutsherrn zu verdingen. Die Abschaffung des St.-Georgs-Rechts bedeutete die endgültige, durch nichts zu lösende Bindung an den örtlichen Gutsherrn und damit die Leibeigenschaft.

36 NIKOLAJ BUCHARIN (1888–1938)
Parteitheoretiker, Vorsitzender der Komintern 1926–1930, Chefredakteur der »Iswestija«. Als führender Kopf des rechten Flügels der Partei, der eine mildere Bauernpolitik forderte, 1937 verhaftet und im »Prozeß der Einundzwanzig« gegen den »Block der Rechten und Trotzkisten« zum Tode verurteilt, am 15. 3. 1938 erschossen.

37 KASIN, KIRILLOW, SHAROW, ORESCHIN, BESYMENSKIJ:
WASSILIJ KASIN (*1898), Proletarischer Lyriker
WLADIMIR KIRILLOW (1890–1943), Proletarischer Lyriker
ALEXANDER SHAROW (* 1904) Lyriker
PJOTR ORESCHIN (1887–1938) Bauerndichter, 1937 verhaftet, starb in der Haft.
ALEXANDER BESYMENSKIJ (1898–1973), Proletarischer Lyriker.

38 ARKADIJ AWERTSCHENKO (1881–1925)
Gehört zu den bedeutendsten Satirikern der ausgehenden Zarenzeit, gab in Petersburg die Zeitschrift »Satirikon« heraus, emigrierte 1920 nach Prag.

39 NEP = NEUE ÖKONOMISCHE POLITIK: Um die während des Bürgerkriegs (1918–1920) völlig ruinierte Volkswirtschaft wieder in Gang zu bringen und die hungernde Bevölkerung mit dem Nötigsten zu versorgen, führte Lenin 1921 die Neue Ökonomische Politik (NEP) ein: ein gemischtes Wirtschaftssystem, in dem der sozialistische und der kapitalistische Wirtschaftssektor miteinander wetteifern sollten. Diese Wirtschaftspolitik brachte raschen wirtschaftlichen Aufschwung, damit zugleich die »Sumpfblüte« des Schieber- und Spekulantenwesens.

40 G. E. JEWDOKIMOW, P. A. SALUTZKIJ und G. I. SAFAROW hatten zur »Vereinigten Leninschen Opposition« gehört und wurden am 17. 12. 1934 im Zusammenhang mit dem Kirow-Mord (vgl. Anm. 112) mit Kamenew und Sinowjew verhaftet, zu zehn bzw. acht Jahren Straflager verurteilt. Jewdokimow wurde im »Prozeß der Sechzehn« (vgl. Anm. 28) angeklagt, verurteilt und erschossen.

41 NADJESCHDA KRUPSKAJA (1869–1939)
Ehefrau Wladimir Lenins, Pädagogin, Mitglied des ZK.

42 MARTOW, SASSULITSCH:
JULIJ MARTOW, Pseud. für Julius Zederbaum (1873–1923), verließ

Rußland nach der Revolution.
VERA SASSULITSCH (1851–1919) arbeitete in der Emigration mit Lenin zusammen, führende Menschewikin.

43 KLJUTSCHEWSKIJ, ILOWAJSKIJ:
WASSILIJ KLJUTSCHEWSKIJ (1841–1911), Historiker. Seine achtbändige Geschichte Rußlands wurde zum bis heute nicht überholten Standardwerk.
DMITRIJ ILOWAJSKIJ (1832–1920), Publizist, Historiker. Sein Geschichtslehrbuch war vor der Revolution in den meisten Schulen eingeführt.

44 STEPAN RASIN (†1671)
Anführer des großen Kosakenaufstands 1667–1671, wurde nach der Niederwerfung des Aufstands in Moskau öffentlich hingerichtet (gevierteilt).

45 ONEGIN, PETSCHORIN:
Jewgenij Onegin ist der Held des gleichnamigen Versromans von Alexander Puschkin (1799–1837).
Petschorin ist der Held des Buches »Ein Held unserer Zeit« von Michail Lermontow (1814–1841).
Beide Romanfiguren gelten als Prototypen des von Iwan Turgenjew (1818–1883) so genannten »überflüssigen Menschen«.

46 KONSTANTIN STANJUKJEWITSCH (1843–1903)
Populärer Romanschriftsteller.

47 IWAN GONTSCHAROW (1812–1891)
Realistischer Romanschriftsteller. In seinem berühmtesten Roman »Oblomow« schildert er den gutmütigen, verträumten, trägen Menschen, der zu keinerlei Aktivität fähig ist. »Oblomowerei« wurde seitdem sprichwörtlich für Schlamperei und Trägheit.

48 PLJUSCHKIN: Figur eines Geizhalses in Gogols Roman »Tote Seelen«.

49 PFEFFERSACK UND WURSTFRESSER: Spottnamen für die Deutschen.

50 WLADIMIR SOSJURA (1898–1965), ukrainischer Dichter.

51 VIKTOR NEKRASSOW (*1911)
Schriftsteller, erhielt für seinen Roman »In den Schützengräben von

Stalingrad« 1946 einen Stalinpreis. In späteren Jahren wegen der kritischen Offenheit, mit der er heikle Probleme behandelte, scharf kritisiert, 1972 Parteiausschluß, 1974 Emigration.

52 Iwan Franko (1856–1916)
Lessja Ukrainka (1871–1913)
Pantelejmon Kulisch (1819–1897)
Michail Kotzjubinskij (1864–1913)
Mikola Kulisch (1892–1913)
Pawlo Tytschina (1891–1967)
Mikola serow (1890–1941)
maxim rylskij (1895–1964)
Mikola Chwyljowyj (1893–1933)
Jurij Janowskij (1902–1954)
Les (Alexander) Kurbas (1887–1942)
Alexander Dowshenko (1894–1956)

53 Münnich, Barclay de Tolly, Diebitsch, Nesselrode, Todtleben:
Burkhard Christoph Graf Münnich (1785–1831), russischer General, schloß 1812 mit General Yorck von Wartenburg die Konvention von Tauroggen.
Michail Graf Barclay de Tolly (1761–1818), russischer Generalfeldmarschall, 1810–1812 russischer Kriegsminister.
Johann Karl Graf Diebitsch (1775–1831), russischer General, erzwang im Türkenkrieg 1828/29 den Übergang über den Balkan, hatte den Oberbefehl über die russischen Truppen gegen die polnischen Aufständischen 1831.
Karl Graf Nesselrode (1780–1862), unter Alexander I. russischer Außenminister, Staatskanzler unter Nikolaj I., vertrat expansive Machtpolitik und legte daher nach dem verlorenen Krimkrieg 1856 alle Ämter nieder.
Eduard Graf Todtleben (1818–1884) entwickelte in den siebziger Jahren cin neues Befestigungssystem an der russischen Westgrenze. 1878 Oberkommandierender im Balkankrieg.

54 Alexander Araktschejew (1768–1834)
1808 Kriegsminister, 1815–1825 allmächtiger Günstling Zar Alexanders I., schuf nach 1815 Militärkolonien, in denen die Soldaten mit ihren Familien zusammenlebten, Land zugewiesen bekamen und sich selbst zu erhalten hatten. Die Militarisierung erstreckte sich auch auf Mädchen und Frauen. Jeder Soldat hatte die ihm zudiktierte Braut zu heiraten. Die Frauen waren verpflichtet, jedes Jahr ein Kind

zu gebären oder zehn Arschin (7 Meter) Leinwand abzuliefern. Alle Söhne waren dem Regiment des Vaters zugeteilt, wurden vom 8. Lebensjahr an gedrillt und mit 18 Jahren zum regulären Soldatendienst eingezogen. Die Militärsiedlungen befanden sich bei Nowgorod, Mogiljow, Charkow, Jekaterinoslaw und Chersson.

55 ANSIEDLUNGSZONEN: In Großrußland hatten Juden kein Niederlassungsrecht. Ihre Ansiedlungsgebiete waren auf Polen, Ukraine (Kleinrußland genannt), Bjelo-Rußland, Bessarabien und Taurien beschränkt. Seit etwa 1865 wurden Ausnahmen gestattet für wohlhabende und gebildete Juden, insbesondere für Gelehrte und Künstler

56 KAGANOWITSCH, MECHLIS, SASLAWSKIJ:
LASAR KAGANOWITSCH (* 1893), ZK- und Politbüromitglied, maßgeblich an der großen Säuberung 1936–1938 beteiligt, 1953–1957 stellvertretender Ministerpräsident, 1957 aller Ämter enthoben, 1961 aus der Partei ausgeschlossen.
LEW MECHLIS (1889–1953), 1937 bis 1940 Leiter der Politischen Hauptverwaltung der Roten Armee, seit 1940 Volkskommissar für Staatskontrolle, maßgeblich beteiligt an der großen Säuberung und der Terrorisierung der Bevölkerung.
DAVID SASLAWSKIJ (1882–1965), opportunistischer Journalist.

57 LOMONOSSOW, MENDELEJEW:
MICHAIL LOMONOSSOW (1711–1765), »Vater der russischen Wissenschaft«.
DMITRIJ MENDELEJEW (1834–1907), bedeutender Chemiker

58 ALEXEJ KONSTANTINOWITSCH TOLSTOJ (1819–1875)
Lyriker, Epiker, Dramatiker. Berühmt wurde neben seinem Roman »Fürst Serebrjanyj« seine dramatische Trilogie »Der Tod Iwans des Schrecklichen«, »Zar Fjodor Iwanowitsch«, »Zar Boris«.

59 EDUARD BAGRITZKIJ (1895–1834), konstruktivistischer Lyriker
NIKOLAJ ASSEJEW (1899–1963), futuristischer Lyriker

60 MICHAIL POKROWSKIJ (1868–1932)
Marxistischer Historiker, fiel posthum in Ungnade, als die ideologische Linie vom Internationalismus auf Nationalismus umschwenkte und epochemachende Herrschergestalten der Vergangenheit eine Aufwertung erfuhren. Pokrowskij und seiner Schule wurde vor allem »grober Soziologismus vorgeworfen.

61 Sergej Solowjow (1820–1879)
Historiker, Hauptwerk »Geschichte Rußlands seit den ältesten Zeiten« in 29 Bänden.

62 Troika: Dreiergremium von Beamten des NKWD, das ohne Gerichtsverhandlung Fernurteile fällte.

63 Emmanuil Kasakjewitsch (1913–1962)
Prosaschriftsteller, gehörte zu jenen Autoren, die nach Stalins Tod aktiv und unerschrocken an der Regenerierung der Literatur mitwirkten.

64 Michail Kolzow (1898–1942)
Einer der glänzendsten Publizisten und Journalisten der sowjetischen Frühzeit, wurde oft als Korrespondent ins Ausland geschickt, zuletzt Frontberichterstatter im spanischen Bürgerkrieg. 1938 verhaftet, starb im Gefängnis. Hemingway portraitiert Kolzow in seinem Roman »Wem die Stunde schlägt« in der Person des Karkow.

65 Alexander Newskij († 1263)
Fürst von Nowgorod, russischer Großfürst, besiegt 1240 die Schweden, 1242 den Deutschen Orden in der Schlacht auf dem Eise (Peipussee) und 1245 die Litauer. Wird von der russischen Kirche als Heiliger verehrt.

66 Konstantin Simonow (*1915)
Lyriker, Romanschriftsteller (vor allem Kriegsromane) und Kulturpolitiker.

67 Jewgenij Tarle (1875–1955)
Prominenter Historiker, dreimal mit dem Stalinpreis ausgezeichnet. Alexej Graf Ignatjew (1877–1954), sowjetischer Diplomat. Seine Memoiren »50 Jahre in Reih und Glied« wurden 1940 zum Super-Bestseller.

68 Biron, Peter III., Elisabeth, Katharina, Paul, Alexander
Ernst Johann Reichsgraf Biron, seit 1730 Herzog von Kurland (1690–1772), Günstling der Zarin Anna (1730–1740), die ihn zum Regenten nach ihrem Tode bestimmte, wurde durch Palastrevolution zugunsten der Großfürstin Elisabeth gestürzt und auf Lebenszeit nach Sibirien verbannt.
Peter III. trat die Thronfolge nach dem Tode der kinderlosen Elisabeth (1740–1762) an, wurde sechs Monate später durch Palastrevolution zugunsten seiner Frau Katharina gestürzt und ermordet, die als Katharina die Grosse bis zu ihrem natürlichen Tode 1796 herrschte.

Paul I. (1796–1801), Katharinas Sohn und Nachfolger, wurde im Zuge einer Palastrevolution zugunsten seines Sohnes Alexander erdrosselt, der als Alexander I. bis zu seinem nicht restlos geklärten Tod 1825 regierte.

69 Pjotr Stolypin (1863–1911)
1905 russischer Innenminister, 1906 Ministerpräsident, 1911 ermordet.

70 Jona Jakir (1896–1937)
Bürgerkriegsheld, Kommandierender General, Chef des Wehrkreises Ukraine, Mitglied des ZK und des Politbüros der Ukraine, Mitglied des Revolutionären Kriegsrates der UdSSR. Jakir wurde zusammen mit dem Marschall der Sowjetunion Michail Tuchatschewskij (1893–1937) und sechs anderen Generälen am 31. 5. 1937 verhaftet. Die absurde Anklage lautete auf Spionage für Deutschland und Japan, Auslieferung strategischer Pläne der Roten Armee an Deutschland, Verschwörung zum Sturz der Sowjetmacht. Das am 11. 5. verhängte Todesurteil für alle Angeklagten wurde einen Tag später vollstreckt.

71 Nikolaj Schtschors (1895–1919)
Schon zu Lebzeiten legendärer Roter Heerführer und Bürgerkriegsheld.
Grigorij Kotowskij (vgl. Seite 88 ff.)

72 Chlestakow: Figur aus Gogols Komödie »Der Revisor«.

73 Lef = Levy Front Iskusstva: Linke Front der Kunst, von Majakowskij gegründete marxistische literarische Gruppe, im wesentlichen aus früheren Futuristen bestehend.

74 Blakitnyj-Haus:

Wassilij Blakitnyj (1895–1925), ukrainischer Lyriker und Publizist, Revolutionsheld.

75 Kobsar: Hauptwerk von Taras Schewtschenko.

76 Igor Sewerjanin (1887–1942)
Egofuturistischer, später kubofuturistischer Lyriker.

77 Alexander Marjamow (1909–1972)
Lyriker, Redakteur an der Zeitschrift »Nowyj mir« (Neue Welt).

78 Maj-Majewskij: 1927 waren die Erinnerungen eines sowjetischen Spions erschienen, der als Offizier zur Weißen Armee Denikins gehört hatte.

79 PANTELEJMON ROMANOW (1884–1938)
Erfolgreicher Romanautor der zwanziger Jahre, der sich mit der Problematik des neuen Lebens befaßte.

80 PETROWSKIJ, SKRYPNIK, KOSSIOR:
GRIGORIJ PETROWSKIJ (1878–1958), Volkskommissar des Inneren der RSFSR 1918/19, Vorsitzender des Allukrainischen Zentralvollzugskomitees von 1919–1939.
MIKOLA SKRYPNIK: Altbolschewik, Volkskommissar der Ukraine für Volksbildung, setzte sich gerade als Kommunist für kulturelle Autonomie der Ukraine ein, wurde 1933 von Pawel Postyschew, der den Auftrag hatte, das »nationalistische Unwesen« zu liquidieren, in einer Weise »demontiert« (vgl. Anm. 86), daß er Selbstmord beging.
STANISLAW KOSSIOR (1889–1939), seit 1928 Erster Sekretär des ZK der ukrainischen KP. Opfer der Säuberung.

81 KOSMA PRUTKOW: Pseudonym, unter dem Alexej Konstantinowitsch Tolstoj zusammen mit den Brüdern Alexej und Wladimir Shemtschushnikow humoristische und satirische Gedichte und Feuilletons schrieb.

82 SMERSCH: Militärischer Sicherheits- und Spionageabwehrdienst. Wörtlich: Smertj spionam = Tod den Spionen.

83 OSO: Osoboje soweschtschanije = Besondere Konferenz. Sondergremium beim NKWD, das wegen politischer Delikte Angeklagte ohne Gerichtsverhandlung auf administrativem Wege aburteilte.

84 WLADIMIR PURISCHKJEWITSCH (1870–1920)
Reaktionärer monarchistischer Politiker, Ideologe der im Revolutionsjahr 1905 gegründeten Organisation der Schwarzen Hundert, eines »vaterländischen« Verbandes, der die Aufgabe erhielt, den traditionellen Absolutismus durch chauvinistische und antisemitische Propaganda sowie – unter Heranziehung krimineller Elemente – durch gewalttätige Massenaktionen gegen Juden, Intellektuelle und Arbeiter zu verteidigen.

85 ANDREJ SOBOLJ (1888–1926)
Prosaschriftsteller, beging Selbstmord.

86 »DEMONTIEREN«: Die russische Bezeichnung für diese »erzieherische Maßnahme« lautet »prorabotatj« = durcharbeiten und meint das Verfahren, einen Menschen vor einer eigens dazu einberufenen Versammlung in Grund und Boden zu kritisieren, ohne

ihm die Möglichkeit zur Verteidigung oder zur Richtigstellung der gegen ihn erhobenen Anschuldigungen zu geben. Erlaubt wird nur bedingungslose Selbstkritik und das Gelöbnis sich zu bessern, »abzurüsten und umzurüsten«. Da dieses Verfahren unter der Bezeichnung »demontieren« auch in der DDR praktiziert wird, benutzen wir diese Vokabel statt der wörtlichen Übersetzung.

87 ROMAN KATZMAN (*1912)

Wurde als Roman Grigorjew ein bekannter Filmregisseur und Direktor eines Filmstudios, Stalinpreisträger.

88 IWAN KALJANNIK (1912–1937)
Lyriker, veröffentlichte mehrere Gedichtbände, 1937 verhaftet, Opfer der großen Säuberung.

89 GAWRIIL DERSHAWIN (1743–1816)
Hoher Staatsbeamter, 1802 Justizminister. Odendichter.

90 HEREDIA, GUMILJOW, ACHMATOWA, IWANOW, CHODASSEWITSCH, TICHONOW:
JOSÉ MARIA DE HEREDIA (1842–1905)
NIKOLAJ GUMILJOW (1886–1921), hervorragender Lyriker der nachsymbolistischen Ära, wurde 1921 als Konterrevolutionär erschossen.
ANNA ACHMATOWA (1889–1965), in erster Ehe mit Gumiljow verheiratet, bedeutendste russische Lyrikerin des 20. Jahrhunderts.
WJATSCHESLAW IWANOW (1866–1949), symbolistischer Lyriker, Essayist, Historiker, Kulturphilosoph, reiste 1924 legal nach Italien und kehrte nicht nach Rußland zurück.
WLADISLAW CHODASSEWITSCH (1886–1939), begann als Lyriker, wichtiger jedoch sind seine literaturkritischen und essayistischen Arbeiten. Emigrierte 1922 nach Berlin, ging später nach Paris.
NIKOLAJ TICHONOW (*1896), Lyriker, gehörte zur Gruppe der Serapionsbrüder, einer 1921 unter Gorkijs Patronat in Petrograd entstandenen Vereinigung junger Autoren, die sich der Politisierung der Schriftsteller widersetzte. Zwei der Mitglieder machten später Karriere als Literaturfunktionäre, Konstantin Fedin und Nikolaj Tichonow.

91 ARCHIMANDRIT FILARET (1782–1867)
Metropolit von Moskau.

92 PJATAKOW, SMILGA, PREOBRASHENSKIJ:
GRIGORIJ PJATAKOW († 1937), Trotzkist, Mitglied der Vereinigten

Leninschen Opposition, bereute seine politischen Fehler, wurde wieder in die Partei aufgenommen, stieg bis zum stellvertretenden Volkskommissar für Schwerindustrie auf, wurde trotzdem 1936 verhaftet und als Hauptangeklagter im »Prozeß der Siebzehn« vom 23. bis 30. 1. 1937 gegen das »antisowjetisch-trotzkistische Zentrum«, hingerichtet.

Jan Smilga (1892–1938) Trotzkist und Mitglied der »Vereinigten Leninschen Opposition« 1927 Parteiausschluß, in den Fernen Osten strafversetzt, 1938 Opfer der großen Säuberung.

Jewgenij Preobrashenskij (1886–1937), trotzkistischer Parteitheoretiker, Parteiausschluß 1927, nach Selbstkritik und Reuebekenntnis 1929 Wiederaufnahme in die Partei, in nicht öffentlichem Prozeß 1937 zum Tode verurteilt und hingerichtet.

93 Smirnow, Rakowski:

Iwan Smirnow (†1936), Trotzkist, bis 1927 Volkskommissar für Verkehrswesen. Er gehörte zu den wenigen, die nach der Verdammung Trotzkijs nicht sofort umschwenkten und auch später nur ein ungenügendes Reuebekenntnis ablegten. 1933 verhaftet, 1936 im »Prozeß der Sechzehn« gegen das »trotzkistisch-sinowjewistische Terrorzentrum« zum Tode verurteilt und hingerichtet.

Christo Rakowski, (1873–1941), Trotzkist, 1924 ukrainischer Ministerpräsident, wurde kaltgestellt und als Botschafter nach London geschickt, 1937 verhaftet, im »Prozeß der Einundzwanzig« gegen den »Block der Rechten und Trotzkisten« vom 2. bis 12. 3. 1938 zu 20 Jahren Straflager verurteilt.

94 DZ = Demokratische Zentralisten

Diese Oppositionsgruppe hatte sich schon 1923 gebildet, trat für innerparteiliche Demokratie und Bekämpfung des Bürokratismus ein, verband sich später mit der Vereinigten Leninschen Opposition.

95 Dopr: NKWD-Untersuchungsgefängnis.

96 Tschon: Bewaffnete Freiwilligenabteilungen (in der Mehrzahl Komsomolmitglieder), die 1920/21 zur Bandenbekämpfung eingesetzt wurden.

97 Schachty-Prozess: Im Rayon Schachty im Donez-Becken wurden angebliche Sabotageakte im Auftrage russischer und ausländischer Kapitalisten aufgedeckt. Als Schädlinge von Schachty wurden im Mai 1928 mehrere Bergbauingenieure verurteilt.

98 INDUSTRIEPARTEI: Der Prozeß gegen die sogenannte »Industriepartei« vom November 1930 richtete sich gegen »bürgerliche Spezialisten«, die der Sabotage- und Schädlingstätigkeit angeklagt waren, um die Parteiführung von der Verantwortung für die chaotischen Folgen des wahnwitzigen Tempos der Industrialisierung zu entlasten. Die fünf Hauptangeklagten wurden zum Tode verurteilt, dann zu langjährigen Lagerstrafen begnadigt.

99 GRIGORIJ, GENANNT SERGO, ORDSHONIKIDSE (1886–1937) Freund Stalins, seit 1932 Volkskommissar für Schwerindustrie, beging am 18. 2. 1937 Selbstmord.

100 MIKOLA RUDENKO (* 1920) Ukrainischer Lyriker und Epiker. Als Vorsitzender des ukrainischen Helsinki-Komitees 1977 zu zwölf Jahren Haft und Verbannung verurteilt.

DAVID SAMOJLOW (* 1920) Russischer Lyriker. Als Mitglied des Helsinkikomitees in Haft.

101 SOLOWKI UND NARYM: Solowki, Abkürzung für die Solowjetzkij Inselgruppe im Weißen Meer, ein schon in der Zarenzeit berüchtigter Verbannungsort. Narym, Verbannungsgebiet für russische Revolutionäre seit 1905 in Westsibirien am Ob. Beide Areale wurden in der sowjetischen Ära zu Straflagerkomplexen erweitert.

102 JASCHIN, BELOW, SALYGIN, MOSHAJEW, ABRAMOW:

ALEXANDER JASCHIN (1913–1968), Lyriker, Prosaiker, setzte sich nach 1954 energisch für die von vielen Schriftstellern erhobene Forderung nach Aufrichtigkeit in der Literatur ein. Seine späten Prosa-Arbeiten schildern ungeschminkt das Leben auf dem Lande.

WASSILIJ BELOW (*1932), realistischer Erzähler, einer der begabtesten Vertreter der heutigen russischen Dorfprosa.

SERGEJ SALYGIN (*1913), Schriftsteller und Literaturwissenschaftler, schildert in seinen Romanen soziale Konflikte (Bürgerkrieg, Zwangskollektivierung) und psychologische Probleme der heutigen sowjetischen Intelligenz.

BORIS MOSHAJEW (*1923), Journalist, Prosaiker, behandelt soziale und zwischenmenschliche Probleme der Gegenwart.

FJODOR ABRAMOW (*1920), Prosaiker, gehört zu den Vertretern der Dorfprosa, wandte sich 1954 in einem aufsehenerregenden Aufsatz gegen die schönfärberischen Darstellungen des Lebens im sowjetischen Dorf.

103 OBSCHTSCHINA, GROMADA: Landwirtschaftssystem im kaiserlichen Großrußland und in der Ukraine, basiert auf Gemeinde-

eigentum des Bodens. Er wird anteilmäßig auf eine bestimmte Zeit den Gemeindemitgliedern zugewiesen. Nach Ablauf dieser Zeit (drei, sechs oder in seltenen Fällen neun Jahre) wird der Boden neu verteilt, so daß ergiebiges und weniger ergiebiges Land von allen Bauern reihum bearbeitet werden muß.

104 FELIX DZIERŻYŃSKI (1887–1926)
Organisator der 1917 gegründeten »Außerordentlichen Kommission zur Unterdrückung der Gegenrevolution«, abgekürzt: Tscheka.

105 KIROW, BLÜCHER:
SERGEJ KIROW (vgl. Anm. 112)
WASSILIJ BLÜCHER, Marschall der Sowjetunion. Als General Galen 1924 militärischer Berater Tschiang Kai-scheks, wurde im Verlauf der großen Säuberung erschossen.

106 NIKOLAJ JESHOW (1894–1939)
Volkskommissar für Inneres (NKWD) seit 1936, im Januar 1937 zum Generalkommissar für Staatssicherheit ernannt, im Dezember 1938 abgesetzt, 1939 liquidiert. Er war verantwortlich für die große Säuberung der Jahre 1937/38.

107 LAWRENTIJ BERIJA (1899–1953)
Nachfolger Jeshows als Chef des NKWD (seit 1946 MWD), verantwortlich für die Terrorisierung der Bevölkerung und die Nachkriegssäuberungen. Vier Monate nach Stalins Tod verhaftet, im Dezember 1953 hingerichtet.

108 MAXIM LITWINOW (1876–1951)
Volkskommissar des Äußeren von 1930–1939.

109 Vgl. M. MAKSUDOW: »Bevölkerungsverluste in der UdSSR 1917–1959«. In: »Dwatzjatyj wjek« (Das XX. Jahrhundert), Samisdat 1976.

110 NIKOLAJ MARR (1864–1934)
Bis zum Mai 1950 galt die von Marr entwickelte Sprachwissenschaft als die marxistisch unanfechtbar richtige. Stalin verurteilte in seinen »Briefe zur Sprachwissenschaft« Marrs Lehre als idealistische Pseudowissenschaft, ihre Anhänger wurden umerzogen. Seit der Entstalinisierung wird Marrs Lehre als wissenschaftliche Theorie wieder seriös diskutiert.

111 Die Bezeichnungen OFFIZIER und SOLDAT wurden in der Revolution abgeschafft und durch »Kommandeur« und »Rotarmist« ersetzt. 1940 wurden die alten Bezeichnungen und Ränge wieder eingeführt.

112 SERGEJ KIROW (1886–1934)
Erster Sekretär des Parteigebietskomitees Leningrad, wurde am 1. 12 1934 ermordet. Die Große Sowjetenzyklopädie bezeichnet den Mord als »Attentat trotzkistisch-sinowjewistisch-bucharinistischer Banditen«. Obwohl viele Indizien darauf hinweisen, daß Stalin den Mord veranlaßt hat, gibt es bisher keine offizielle Bestätigung dafür. Der Kirow-Mord wurde zum Anlaß der großen Säuberung, die 1937/38 ihren Höhepunkt erreichte.

113 URITZKIJ, WOLODARSKIJ, LENIN-ATTENTAT:
MOISSEJ URITZKIJ (1873–1918), Chef der Tscheka in Petrograd, wurde am 30. 8. 1918 von einem jungen Offizier ermordet.
MOISSEJ WOLODARSKIJ (1881–1918), Mitglied des Petrograder Stadtkomitees, wurde am 20. 6. 1918 ermordet. Beide Morde wurden der schon verbotenen Partei der Sozialrevolutionäre angelastet.
Ebenfalls am 30. 8. 1918 hatte die Sozialrevolutionärin FANJA KAPLAN auf Lenin geschossen und ihn lebensgefährlich verletzt.

114 KUJBYSCHEW, RUDSUTAK:
WALERIJAN KUJBYSCHEW (1888–1935), von 1926–1930 Vorsitzender des Obersten Volkswirtschaftsrates, maßgeblich beteiligt am Aufbau der Planwirtschaft, 1930–1934 Vorsitzender der Staatlichen Plankommission. Sein Tod 1935 blieb ungeklärt.
E. RUDSUTAK, Sekretär des ZK, wurde im April 1937 verhaftet, 1938 erschossen.

115 SAPRONOW, SCHLJAPNIKOW:
T. W. SAPRONOW (1887– nach 1937), führendes Mitglied der Dezisten, schloß sich der Vereinigten Leninschen Opposition an.
A. G. SCHLJAPNIKOW (1885– nach 1937), mit Alexandra Kollontaj führend in der Gruppe »Arbeiteropposition«.

116 ALEXEJ NIKOLAJEWITSCH TOLSTOJ (1883–1945)
Romanschriftsteller, opportunistischer Publizist, emigrierte 1918, kehrte 1923 zurück.